国家社科基金青年项目“乡村振兴背景下农村‘三治’协同机制研究”（18CZZ037）

四川大学“从0到1”创新研究项目“乡村振兴背景下东部发达地区县域治理能力现代化研究”（2023CX28）

农村“三治”协同机制研究

——基于乡村振兴视角

刘锐 著

中国社会科学出版社

图书在版编目（CIP）数据

农村“三治”协同机制研究：基于乡村振兴视角 / 刘锐著. -- 北京：中国社会科学出版社，2025. 3.

ISBN 978-7-5227-4904-4

Ⅰ. D638

中国国家版本馆 CIP 数据核字第 2025DK8086 号

出 版 人　赵剑英
责任编辑　郭　鹏
责任校对　朱楚乔
责任印制　李寡寡

出　　版　中国社会科学出版社
社　　址　北京鼓楼西大街甲 158 号
邮　　编　100720
网　　址　http://www.csspw.cn
发 行 部　010-84083685
门 市 部　010-84029450
经　　销　新华书店及其他书店

印　　刷　北京明恒达印务有限公司
装　　订　廊坊市广阳区广增装订厂
版　　次　2025 年 3 月第 1 版
印　　次　2025 年 3 月第 1 次印刷

开　　本　710×1000　1/16
印　　张　25. 25
字　　数　404 千字
定　　价　139. 00 元

乡村治理如何有效

党的十九大报告提出的乡村振兴二十字方针中包含“治理有效”要求。在国家推进治理体系和治理能力现代化的背景下，乡村振兴一定是表现为国家以低成本、高效率的方式完成基层事务治理。不过，乡村振兴战略的顺利实施，离不开国家体制优势发挥、公共政策的有效执行和治理机制顺畅运行，振兴乡村又以“治理有效”为基础条件。从某方面讲，以推进乡村振兴战略为实质内涵的基层治理，一定是低能耗高效能和密切回应群众需求。

乡村振兴战略是新时代“三农”工作的总抓手，乡村治理以解决“三农”问题为核心目标。从乡村治理要解决的问题看，振兴乡村是迈向基层治理现代化的“里”，从乡村振兴目标的达成方式来看，乡村治理现代化又构成乡村振兴的“表”，即是说，乡村振兴与乡村治理现代化构建当下基层工作“表与里”关系。刘锐的《农村“三治”协同机制研究——基于乡村振兴视角》一书，便是从乡村治理与乡村振兴两条线索，分析当下的基层治理现状与改革。

无论实施乡村振兴战略，还是推行基层治理改革，都需要面对两个现实：一是国家能力提升，二是乡村社会弱化。随着社会主义现代化强国推进，国家多方面能力持续增强，最终体现为国家治理能力强化。现代化的另一面是社会基础改变，我国的城乡关系不仅逐步快速调整，占比越来越小的乡村同样剥离“乡土特色”。国家治理能力走向强化的同时，乡村自我组织能力却弱化。推进乡村治理改革实施乡村振兴战略的关键在于，将强国家能力转换为基层面貌改善和乡村组织能力提升。

实践表明，单向度强国家治理和资源投入，不一定带来基层社会善治，主要源于乡村社会事务性质。正如本书指出的，基层事务具有琐碎性、连带性和模糊性，大部分基层问题不可能靠单一和正式的治理规则解决。强国家治理背景下的资源投入，虽为解决基层事务提供有利条件，却易程序琐碎带来治理成本。层级政府为解决规则和程序治理弊端，试图修改和制定更加完备的新兴程序和规则。基于前述现实背景，国家提出自治、法治与德治相融合的乡村治理现代化路径。

20世纪80年代初期，中国发展出基层群众自治体制，通过村民自治解决村庄事务，基层简约治理传统延续和拓展，切实减轻了国家治理负担。随着国家能力增加和“三农”工作标准提高，国家开始推动治理能力和治理资源的下沉，基层群众自治的政策环境和社会基础变化。强国家治理与基层群众自治如何衔接，构成乡村治理体系建设的关键议题。

国家推进“三治”融合是试图找到既发挥国家治理能力，又能够释放基层自治优势的乡村治理方式。“三治”融合虽然构成基层治理改革的方向，自治、法治与德治如何实践性结合，还需要诸多的经验探索。《农村“三治”协同机制研究——基于乡村振兴视角》将乡村振兴实施作为内容，通过多地广泛的田野调查经验基础，自下而上分析基层治理改革实践。本书呈现的诸多治理案例，涵盖乡村振兴的不同方面，其中的共同点是：广大群众在国家引导下走向组织化，转变为基层治理的真正主体，转变实践契合“三治”融合理念。

本书重点从机制层面探讨“三治”融合。作为治理机制的“三治”融合核心，是将强国家能力转化为基层秩序生成能力。国家治理具有标准化规范化特征，基层治理工作却因情境差异千变万化。要确保国家资源投入既有效，又转变为基层治理的效能，关键是组织和动员农民，引导其成为积极治理力量。如果说法治昭示国家治理，自治即代表着社会动员，二者的结合状态就是德治。德治不是简单的道德之治，而且将农民组织起来，利用国家力量下沉契机，推动基层形成自治秩序。

今天的乡村社会底色已经在发生根本性的变化，国家力量进入是重构基层秩序必要条件。然而，脱离对农民的动员和组织，国家力量的直接和刚性进入，可能会造成农民的客体化，易陷入“政府干、群众看”治理困局。破解基层治理结构性困局，需要将反哺型国家与农民关系转化为国家对农民的组织动员，国家将资源投入转化为物质建设成果的同时，还要将其转化为群众自我组织能力提升和公共意识加强。德治靠引导和动员能实现，即是说，德治是善治的结果而非相反。

在强国家时代，国家与基层关系、政府与农民关系、集体与个人关系均面临重构，“三治”融合的治理机制是实现诸多关系平衡的必由之路。

桂华

武汉大学社会学院教授、博士生导师

2024 年 5 月 8 于珞珈山

前　言

城乡融合发展背景下，分析农村“三治”协同机制，要对农村治理的性质有理解，对乡村事务的属性有认知。我们以事务治理为切口，描述国家和社会转型的条件下，事务变迁过程和治理要求，提出事务的“三治”协同治理机制。

城乡融合发展助力乡村振兴，带来农村基层的三大变化。一是村民生活逐渐脱嵌村庄，推动事务向复杂方向发展，一部分事务具有强社会性，称为“人—事”结合型事务，一部分事务有治理外部性，称为“公共池塘资源”。二是村治的社会基础瓦解，尤其非正式社会规范瓦解，基层秩序亟待法治规范，相对应的问题是，不少新增事务关联政府治责，需要正式规则下沉治理。三是诸事务依托村庄生长，受制于村庄空间的影响，具有拥挤性和模糊性。理论上讲，我们可以廓清不同事务的属性边界，构建“三治”要素的分类治理机制，实际情况是，拥挤空间带来事务连带性，人际关系带来事务嵌入性，资源争夺带来事务政治性，使得构建“三治”协同的治理机制，对农村基层具有现实迫切性。

自下而上看，当前乡村事务的治理问题是，治理任务与治理资源不匹配，多元事务与治理能力不匹配，复杂治理与组织机制不匹配。这就使本应基层自治的事务，向上求援转变为法治事务；本应及时回应的法治事务，下压给基层要求自治治理；本应是德治治理的事务，被作为法治和自治事务治理。“三治”协同治理的内容是：发挥自治治理的主体作用，保障村社自主治理边界，厘清政社组织的治理职责，提高嵌入性事务治理水平；发挥德治的润滑作用，提升村民的道德意识，提高村民参与积极性，重建村治的舆论基础，提高法治的政治德性；发挥法治的村治保障作用，规范行政主体治理边界，规范村组织的权力运用，呼应法治事务的治理诉求，夯实法治的村社合理性。

党建引领“三治”协同治理，是乡村有效治理的核心。党组织凭借治理优势，既可以凝聚乡村社会，又可以引领组织治理，还能弥补法治不足，党组织对协同“三治”要素，促进乡村善治意义重大。“三治”协同治理的难点，是推动法治有效下乡。“送法下乡”应将运行融入自治过程，将自治德治要素融入操作环节，只有解决基层治理难题，保障自治治理有效，赋能德治治理权威，法治治理方能见效。“三治”协同治理的重点，是保障自治的空间。政府当然要规范村治过程，但要从群众中来、到群众中去，通过多方协商多维联动，依法保障村社治理空间；自治的社会基础缺失问题，可以通过德治治理激发，有效德治能调节个体关系重建规则共识，进而引导个体参与和遵守自治决议。“三治”协同治理的基础，是提升德治治理能力。德治核心是组织群众，构建内生性的治理秩序。既需要基层党组织穿针引线，发挥领导力激发德治主体，又需要组织挖掘乡村“五老”群体，保障和支持他们的自主治理，还需要加强法治建设培育公共精神，增强规则治理的意识和共识。

本研究认为，乡村振兴战略背景下，事务治理有三重目标：一是解决乡村社会变迁的诸类问题，二是满足群众美好生活需要，三是提高政策执行能力、夯实群众的社会认同。理论层面需要多元治理，实际需要“三治”协同治理，而基于产业振兴、人才振兴、文化振兴、生态振兴、组织振兴主题，探讨利益协同、主体协同、价值协同、社会协同、治理协同的“三治”实践。“三治”协同治理需要明确事务治理目标，梳理不同振兴主题对应的事务，分析乡村事务的属性变迁和治理困境，借势国家向农村输入的治理资源，尤其项目资源、行政资源、规则资源，构建重点突出、层次不同的“三治”路径。正是“三治”要素的平等互动和合作共治，方能实现全面彻底的治理绩效。

总结起来，事务的琐碎性、连带性、模糊性，要求推动农村“三治”协同治理。构建“三治”协同的治理机制，不仅能实现事务源头治理，还能实现事务精细治理，进而实现事务的系统治理。放眼未来，只要事务属性没有质的变化，我们就应基于“三治”协同的中观机制，探讨不同的“三治”协同治理路径。

目　　录

第一章　导论 ………………………………………………………（1）

　第一节　问题的提出 ………………………………………………（1）

　第二节　文献综述 …………………………………………………（6）

　第三节　事务治理："三治"协同框架…………………………（15）

　第四节　研究方法与田野工作 ……………………………………（29）

　第五节　概念界定与章节安排 ……………………………………（37）

第二章　产业振兴与利益协同 …………………………………（44）

　第一节　产业振兴与要素协同 ……………………………………（44）

　第二节　能人治村与经营治理 ……………………………………（64）

　第三节　党建领办合作社与集体治理 ……………………………（84）

第三章　人才振兴与主体协同 ………………………………（105）

　第一节　人才振兴与治理主体再造 ……………………………（105）

　第二节　法治主体嵌入与无讼治理 ……………………………（125）

　第三节　党建引领与主体协同治理 ……………………………（145）

第四章　文化振兴与价值协同 ………………………………（165）

　第一节　文化振兴与乡村价值重构 ……………………………（165）

　第二节　公共价值重构与动员治理 ……………………………（183）

　第三节　个体价值重构与组织农民 ……………………………（203）

第五章　生态振兴与社会协同 …………………………………………（223）
第一节　政策执行与协调事务治理 ……………………………（223）
第二节　自治下沉与小微事务治理 ……………………………（243）
第三节　诉求回应与自组织治理 ………………………………（265）

第六章　组织振兴与治理协同 …………………………………………（288）
第一节　要素下沉与治理赋能 …………………………………（288）
第二节　属地执法与条块组织治理 ……………………………（309）
第三节　权力规范与法治嵌入社会 ……………………………（330）

第七章　结论 ……………………………………………………………（353）
第一节　城乡融合下的事务治理 ………………………………（358）
第二节　强国家时代的基层治理 ………………………………（361）
第三节　“三治”协同实现乡村善治 …………………………（365）
第四节　“三治”协同的研究展望 ……………………………（370）

参考文献 ………………………………………………………………（378）

后　记 …………………………………………………………………（392）

第一章 导论

第一节 问题的提出

近年来，农村基层治理出现两大基础变化：一是国家对农村的政策定位变化；二是农村社会结构向纵深方向变迁。前者体现在，国家通过巨量项目资源投入，促进城乡社会融合发展、满足农村的美好生活需要。自2006年取消农业税，国家即出台支农惠农措施，加大“以城带乡、以工补农”力度，试图承担乡村治理的全部支出。具体而言，村干部“务工补贴”向“拿工资”方向转变，村组织运行实现财政覆盖；农村公共品供给从预算外支出，转变为以预算内支出为主。国家与农民的关系，由“交够国家的、留足集体的、剩下的归自己”转变为“多予少取放活，让农民得到更多实惠”。国家投入资源实施乡村振兴战略，试图在提高服务水平的同时激发基层创造力。后者体现在，进入21世纪后，市场经济及传媒文化渗透，推动农村结构和交往方式巨变。原有的“内外有别”变成“熟悉的陌生人”，原有的“伦理本位”社会变成“原子化”社会。村民交往的频率减少和深度减弱，越发注重脱嵌的消费愉悦和自我实现，若干法律不及的村庄事务变得无规则，养老问题、婚姻问题、人情异化等现象扩大。村庄冷漠和失序推动村民逃离，主体的空心化和老弱病残化，成为不少村庄变迁的宿命。无序的自由是可怕的，如何维持村庄基本秩序，重构村庄社会公共性，使共同体有效凝聚人心，是基层治理的重要使命。两重变化构成乡村治理的制度环境，创新基层有为有位的治理机制成为客观要求。

2013年，党的十八届三中全会提出推动国家治理体系和治理现代化。当时，不少研究认为国家治理体系包括乡村治理体系，乡村治理应是国家治理的基层形态，理应进入治理体系和治理能力现代化阶段。2016年，中央一号文件提出，“创新和完善乡村治理机制”；2017年，党的十九大报告提出，“健全自治、法治、德治相结合的乡村治理体系”；2018年，中央一号文件提出，“加强农村基层基础工作，构建乡村治理新体系”；2019年的中央一号文件再次回到“乡村治理机制”，提出“健全党组织领导的自治、法治、德治相结合的领导体制和工作机制”。“乡村治理机制”和“乡村治理体系”表述几经变换，既是国家对乡村治理议题认识程度的深化，又是国家对乡村治理多元处境的回应。

一方面，广义的国家治理等同于治国理政，涵盖政府、市场、社会等公共事务，乡村治理与国家治理都是“体系”，且乡村治理体系有明确的治理内容，表明治理体系层次性和关联性，国家治理特指全国性公共产品，包括高级政府的规划和控制等，[①] 乡村治理指向乡村组织主体，面向乡村微观公共事务治理，“三治”结合的乡村治理体系运行效能，取决于要素间的衔接和协同机制，只有设计科学的治理机制，激励相关主体履行治理责任，构建信息反馈和调适机制，完善纵向和横向协作机制，机制实践方能激活“体制效能”。另一方面，不同区域农村受城市化推拉因素的影响，治理机制创新和体制化特征表现程度不同。如长三角农村、珠三角发达农村受城市经济辐射影响，乡村治理机制不仅快速变革还具有示范性。为完善乡村治理体系、提高基层治理能力，东部发达农村治理体制机制创新容易向中西部扩散，构建类科层的分工明确、权责清晰、依法治理的治理体系，正逐步成为全国农村治理体制变革的方向，还有在城郊和发达农村运用较广的网格化管理方式，正作为重要治理手段被引入乡村治理。区位较差的中西部一般农村，市场冲击带来大量人口外流，主体空心化带来事务减少，还带来属性简约及性质简单，“乡政村治”的机制虽然发生变化，治理体系并无本质的改变，体系与机制有转换空间。

---

① 郁建兴：《辨析国家治理、地方治理、基层治理与社会治理》，《光明日报》2019年8月30日第11版。

2017年，党的十九大报告提出乡村振兴战略，要求建立健全城乡融合机制，实现农业强、农村美、农民富的目标。2018年国务院《政府工作报告》明确乡村振兴战略三大方向，即“多渠道增加农民收入，促进一二三产业融合发展”，“全面深化农村土地制度改革”，“使农业农村充满生机活力”，“开展人居环境整治三年行动，推动厕所革命，促进农村移风易俗”。2021年中央一号文件强调，“加强党对‘三农’工作的全面领导”，“解决发展不平衡不充分问题”，“让广大农民过上更加美好的生活”。2022年中央一号文件提出“推动乡村振兴取得新进展”，聚焦“乡村发展、乡村建设、乡村治理重点工作”。

梳理不同时段发布的乡村振兴战略文件，会发现乡村振兴涵盖的内容丰富。其中，“产业振兴”是乡村振兴的基石，发展乡村是解决农村问题，促进持续发展的关键，“产业振兴”需要构建现代乡村产业体系，促进农村一、二、三产业融合，协调好资本、集体与农民的关系，关键是自治和法治协同利用好下沉的资源，德法和自治协同发挥新乡贤作用；“生态振兴”是乡村振兴的重要支撑，促进人与自然和谐共生，构建乡村绿色发展方式，需要改善农村人居环境，加强乡村公共设施建设，关键是党建引领激发乡村建设的活力，提供项目资源和治理制度供给水平；“文化振兴”是乡村振兴的灵魂，移风易俗树立文明乡风，正家风、纯村风、净民风，聚焦农村健康生活方式，需要瞄准重点人群，聚焦社会的突出问题，回应村民现实需要，关键是通过自治组织起来农民，注意公共服务供给的政社边界，发挥农民参与主动性、主体性；“组织振兴”是乡村振兴的第一工程，发挥党支部的战斗堡垒作用，全面加强农村基层组织建设，密切乡村党群关系、干群关系，关键是让法治和规则渗入生活，发挥道德和情感的治理作用，增加村民幸福感、获得感、安全感；“人才振兴”是乡村振兴的核心，除开完善城乡融合政策体系，创新乡村人才工作的体制机制，引导更多城市人才回乡参与治理，更重要的是激活培养内生人才，加强基层党建凝聚内外治理型人才，强化自治主体和自组织建设，通过“三治”机制形成人才合力，增强乡村主体治理的能力。鉴于乡村振兴战略实施内容复杂，我们以制度供给和资源输入为切口，主要探讨当国家向基层输入制度和资源，试图打破“乡政村治”的格局与农民对接时，基层主体如何接应实现乡村振兴战略。

当前学界和政策部门对乡村治理问题的论述，或多或少蕴含着对“治理问题体制化”① 的认知误区，即20世纪80年代以来推行的村民自治制度——以村组织和村干部为主体、村民小组和村民小组长为辅助，借用党政授权和社会基础的治理——以动员治理和民主治理为载体的简约治理机制，因应时代变化越来越失去适用价值，需要进行治理现代化体制变革，基本理由如下。一是社会基础已然发生变化。受市场经济和大众传媒冲击，村民的就业方式、交往方式和生活方式脱嵌村庄，行为自由度增加的同时出现“无公德的个人”,② 基层双重授权体制和传统治理资源淡漠，意味着村组织会借势国家正式治理，法治下乡、资源下乡等有体制实践空间。二是利益密集带来治理混乱。随着城市化进程不断加快，国家加大支农惠农力度，村庄周围会弥漫密集的利益，当村治社会规范失去价值共识，村干部就利用半正式体制，与不同势力结合攫取进村利益，从而造成基层治理的内卷化，引发深层次去政治化问题。三是谁来当村干部成为问题。相较利益密集村庄精英会聚和争权，中西部农村面临村治主体空心化问题。村庄自主生产价值能力的降低，意味着村治社会激励式微。囊括社会激励的务工补贴，无法激励村干部忠于职守，结果是，村干部老化现象严重，没有人愿意当干部。四是村治体制复杂化问题。社会流动速率加快、网络化信息化覆盖，带来城乡融合的特征，当村庄事务数量增多，属性复杂，依靠现行的治理手段难应对，就会倒逼基层专门化治理，不仅增加代办人员从事服务，而且构建专门化治理体制。基层治理的变化，从不同侧面似乎说明，传统村治体制越发难以维系，需要构建现代化治理体制，不过，现代村治体制是什么，并无明确认同的答案。

从各地基层治理实践看，无论是技术层面的精细服务，还是治理层面的督查考核，抑或社会层面的移风易俗，及产业方面的政策激

---

① 欧树军：《“治理问题体制化”的思想误区》，《文化纵横》2012年第4期。

② ［美］阎云翔：《私人生活的变革》，龚小夏译，上海书店出版社2009年版，第20页。

励，典型表现都是将“乡村治理、乡村建设、乡村发展”纳入国家治理过程，国家通过制度和资源激活和整合治理要素，至于治理效果如何有待进行深入观察和总结。从各地调查情况看，政策进入村庄遭遇的挫折，根源是对村庄基础缺乏了解，对基层治理结构缺乏分析。正因为国家力量相对强势和单一，村庄的相对弱势且区域差异较大，使得治理体制下乡易出现问题。从治理结构上看，乡村治理体系是国家治理体系的有机组成部分，乡村治理不能化约为国家治理细枝末节，无论治理内容还是过程部分有别于国家治理，至少 2035 年前乡村治理体制仍需要过渡，[①] 即立足社会基础变迁从治理机制层面着手，构建“三治”协同机制激进调适。从治理方式上看，国家力度向村庄渗透是必然的要求，但是，国家需要正视社会基础差异，如果浅层化、碎片化分析农村的一般变化态势，会造成误判，从而带来指导实践的混乱，“不变体制变机制”[②] 的“三治”协同机制，能立足不同的农村问题灵活调整治理方式，实现治理结构、主体与行动有机统一。

鉴于部分地区的乡村振兴实践遭遇治理困境，乡村振兴战略落地依托制度和资源输入，我们以乡村振兴的子内容实施作为问题起点，探讨国家力量进入如何与治理要素协同。对本课题而言，选择合适的农村场域研究，是研究面临的首要难题。毕竟，我国国土面积辽阔、区域特征差异大，如何将农村基层治理现状挖掘出来，基于新目标探索有效治理路径，是个棘手问题。2014 年以来，笔者及其团队多次赴浙江绍兴、四川成都等地农村调研，搜集并写作了多地基层有效治理问题的调研报告，对以浙江桐乡为代表的“三治”协同机制有深入了解。为梳理乡村振兴战略多元内容实施过程，本研究探讨“五大振兴”的“三治”机制，考察没有外力介入的乡村治理现状，国家与乡村规则和主体的互动，分析不同主体的协同治理机制。

---

① 2018 年出台的《国家乡村振兴战略规划（2018—2022 年）》，将乡村振兴战略按时间分为两个阶段，即 2035 年前“乡村振兴取得阶段性成果”，“现代乡村治理体系初步构建”，2035 年后则是“乡村振兴取得实质性进展”，“乡村治理体系更加完善”，“农业强、农村美、农民富全面实现”。

② 杨华：《“不变体制变机制”：基层治理中的机制创新与体制活力——以新邵县酿溪镇“片线结合”为例》，《公共管理与政策评论》2022 年第 1 期。

第二节　文献综述

“三治”问题研究隶属乡村治理领域，受限于理论基础、研究视角的差异，不同研究对乡村治理变迁目标定位不同，对“三治”要素的关联机制及定位不同。梳理相关文献会发现，既有研究遵循“国家—社会”框架，大致存在三大理论研究视角。

第一，国家建设视角下的自治问题。国家建设视角认为，基层善治不来自社会民主，而是与国家建设的过程有关。国家为了达成自身建设目标，尽量控制或破坏基层结构，扩大对基层治理资源的支配力度，并尝试建构新型治理体制。① 国家建设过程形成的村社，与其说是社会治理共同体，不如说是国家治理的单元。国家推动基层治理变化过程，其实是国家试图加强对社会的控制水平，社会整合和治理有序是目标。国家发展目标及实施过程差异，带来基层控制力度和方式的差异，基层政治作为国家建设的一部分，自治还是他治不由自身决定。

国家建设理论代表人物迈克尔·曼将国家权力分为两种类型。专断性权力是指国家凌驾于社会的权力，该权力不需要进行制度化的协商，国家精英可自行决定权力形式；与其对应的是基础性权力，是指国家成功渗透社会的制度能力，意味着民众意愿和行为与国家规则一致，国家得以协调社会生活、有效贯彻自身的意图。② 国家视角下，乡村治理问题有两个：一是国家如何监控基层代理人；二是国家如何实现基层控制。基层代理人有两大主体，分别是乡镇政府和村组织。“对直接上级而非上级负责”体制，意味着基层政府要受压力型体制影响，基层政府为完成任务实行体制外激励，村治形态就是保护型经纪退出，盈利型经纪走上前台谋取私利，带来乡村治理内卷化问题，③ 复杂形态

① ［美］杜赞奇：《文化、权力与国家：1900—1942 年的华北农村》，王福明译，江苏人民出版社 2010 年版，第 1—3 页。

② ［英］迈克尔·曼：《社会权力的来源》（第二卷·上），陈海宏等译，上海人民出版社 2007 年版，第 3—7 页。

③ 贺雪峰：《论乡村治理内卷化——以河南省 K 镇调查为例》，《开放时代》2011 年第 2 期。

是乡村结成利益共同体，恶人、狠人和混混参与乡村治理，带来越发紧张的干群关系、乡村社会合法性危机。[①] 当然，当任务不是政治性而是行政性的，乡村组织易在国家监控外谋利，典型表现是，乡镇政府作为“谋利型政权经营者”，会利用政策空间打擦边球谋利；[②] 当“三资”管理制度不健全，村组织利用集体产权模糊谋利。不少研究认为，惠民政策实施偏差及农民不满，主要原因是“中央政策是好的，到了下面就乱来”，加强对基层组织的多维控制，能确保国家建设目标实现。[③]

立足规范基层的“法治”视角，相关研究围绕如何输入制度，打破基层利益和私人关系，将基层组织行为纳入国家规范，典型表现是推动运作科层化。科层化主要包括三个层面：一是组织运转有规则、有程序，二是组织间的权责边界清晰，三是治理的专业化、法治化。[④] 将科层治理理念运用到农村基层，演变为对基层治理法治化探讨，无论组织关系还是干部行为，都应遵循制度、坚持依法治理。具体而言，可以分为三个层面：一是探讨村干部公职化现象，主要是对村干部公职化建设原因、村干部公职化各类组织表现、村干部公职化的政治后果等，进行全面多元讨论；[⑤] 二是探讨制度下乡的基层治理影响，尤其是对村级决策、管理、监督等环节的影响，带来的乡村治理规范化表现、过程及后果；[⑥] 三是探讨公共品供给法治化现象，主要是依托新公共管理和合同制理论，探讨在公共品建设中引入市场机制，在

---

① 陈柏峰、董磊明：《乡村治理的软肋：灰色势力》，《经济社会体制比较》2009 年第 4 期。

② 杨善华、苏红：《从“代理型政权经营者”到“谋利型政权经营者”——向市场经济转型背景下的乡镇政权》，《社会学研究》2002 年第 1 期。

③ 张静：《国家政权建设与乡村自治单位——问题与回顾》，《开放时代》2001 年第 9 期；陈家刚：《基层治理：转型发展的逻辑与路径》，《学习与探索》2015 年第 2 期。

④ ［德］马克斯·韦伯：《支配社会学》，康乐、简惠美译，广西师范大学出版社 2010 年版，第 22—29 页。

⑤ 详见张雪霖《村干部公职化建设的困境及其超越》，《西南大学学报》（社会科学版）2016 年第 2 期；李勇华：《自治的转型：对村干部“公职化”的一种解读》，《东南学术》2011 年第 3 期。

⑥ 详见王勇《复合型法治：对破解乡村治理难题的一种制度性框架》，《法商研究》2022 年第 3 期；周庆智：《改革与转型：中国基层治理四十年》，《政治学研究》2019 年第 1 期。

强化农村公共品多元供给机制的同时，提升规则透明度和供给的效率，探讨其打破政府一元治理格局对乡村公正和社会发展的影响。①

国家建设不仅包括监控代理人，还包括国家得到社会认可，“自治”问题成为讨论核心。国家推动基层的正规化建设，确实能带来政策高效执行，但是，也易带来基层组织的行政化，及基层治理形式主义问题。相关研究从国家与社会的互动，分析当前的基层自治问题。该类研究以米格代尔的理论思考为基础，认为国家与社会不是对立的两个实体，而是有内在联系且彼此塑造的混合体。典型研究是黄宗智的“第三领域”框架，他认为，正式和非正式权力在第三领域，是平等主体相互作用的关系。② 在第三领域，不只有国家权力强势，社会同样会生产暴力，国家与社会不只呈现嵌入或断裂关系，而是会出现不同形式的关联状态。模糊的国家与社会边界表征治理过程的复杂性，相关研究应转向法治与自治协同的研究，不只探讨自治体制正式化或行政吸纳自治问题。“法治”主导下的乡村何以实现有效自治，需要基于乡村社会环境依据个案实践来探讨。无论是嵌入性自治，还是社会性自治，抑或协商型自治，还是基于不同村庄结构的权力互动过程，探讨政治引领、社会配合的制度过程，都应是相关研究重点挖掘和详细梳理的对象。

总结而言，国家建设视角的研究，重点关注基础性权力的建立，对公共规则实施表现出研究兴趣，但是，如何健全基层组织制度化建设，使其既能推动基层组织转型，成为基础公共服务的有效供给者，又能推动规则下乡激活自治，是该类研究亟待突破的难点。过于强调基层监管制度建设，容易造成村组织行政化；过于关注法治的主导地位，易带来规范与多样平衡难题。相关研究提出不少有价值的命题，如“社会公共性”“权力共治结构”“法治与自治的结合”，但是，国家权威及规则如何确立基层合法性，突破基层权力网络的同时达成乡

---

① 详见桂华《项目制与农村公共品供给体制分析——以农地整治为例》，《政治学研究》2014 年第 4 期；余信：《我国农村基础设施：政府、社区与市场供给——基于公共品供给的理论分析》，《农业经济问题》2006 年第 10 期。

② 黄宗智：《重新思考“第三领域”：中国古今国家与社会的二元合一》，《开放时代》2019 年第 3 期。

村善治，仍然值得进行理论探讨和实践分析。

第二，民主发展视角下的法治问题。民主治理视角源于村民自治制度，理论基础追溯至20世纪下半叶市民社会理论，从公民权利出发切入民主问题，基本假设是国家与社会对立，社会民主化和政治民主化，是全球各国发展的宿命，国家应保障社会边界。市民社会理论的研究目标是，促进社会和政治的渐进民主。相关研究认为，改革开放后国家权力不断后撤，促进了农村社会组织发育，村民自治制度全国实施，为基层民主政治提供空间。① 不少研究即围绕市民社会的生成，探讨国家与社会的互动问题。相关研究将现代化与民主化挂钩，探讨我国乡村治理和民主政治现状，代表性研究是康晓光等的"分类治理"和"行政吸纳"诊断，他们认为自上而下启动"社会自主化"后，国家就不可能完全控制公共领域，但是，政府不可不顾忌社会反抗力量存在，便采取隐蔽功能替代型控制机制，② 不过，农民的"公民化"进程带来权利发育，将对国家干预机制提出挑战。具体说来，农民会基于其对公民权利认知的程度，选择不同利益博弈或抗争方式，相关研究关注农民抗争策略主要是寻找公民意识发育证据，提出国家应保障农民权利和基层民主。③ 相关研究从两个方面入手：强调村民自治制度的政治价值——是我国民主政治的起点；强调村民自治制度的功能价值——对国家权力进行有效制衡。村民自治未来是实现选举民主，逐渐实现治理民主和参与民主，阻碍村民自治的力量是行政，即政府权力的不合理介入，破坏村级民主完整空间，改革目标是发展民主，"法治"民主是核心内容。

立足健全基层民主视角，相关研究围绕《村委会组织法》，展开理论和实践问题分析。理论层面，相关研究认为，乡村组织应是指导

---

① 详见胡勇佳《村民自治、农村民主与中国政治发展》，《政治学研究》2000年第2期；徐勇：《村民自治：中国宪政制度的创新》，《中共党史研究》2003年第1期。

② 详见康晓光、韩恒《分类控制：当前中国大陆国家与社会关系研究》，《社会学研究》2005年第6期；康晓光、韩恒：《行政吸纳社会——当前中国大陆国家与社会关系再研究》，《中国社会科学》（英文版）2007年第2期。

③ 详见俞可平《中国公民社会研究的若干问题》，《中共中央党校学报》2007年第6期；党国印：《"村民自治"是民主政治的起点吗?》，《战略与管理》1999年第1期。

与被指导的关系，实践变成领导与被领导的关系，“当家人”和“代理人”的冲突即是表现，[①] 农村法治建设的方向是界定边界。具体说来有三个层面：一是探索纯粹基层民主自治体制，即剥离村社组织的非自治职能，交给政府或者派出机构承担，创新方式限制权力干预，使社会相对独立政府，获得民主和善治空间；[②] 二是实施“乡政村治”改革，即在村民小组推动完全自治，在行政村设立乡镇派出机构——村公所，将乡镇改为类西方的自治体，保障行政和政治协同发展；[③] 三是行政改革激活自治，即梳理行政和自治的权力清单，清单外采取政府购买服务方式，或者设置管委会承接“政务”负担，使自治组织能发挥自治职能。[④]

与行政和自治二分对应的是，有研究发现自治制度的落地，不会自发产生基层民主，村民自治精神、公民素养的出现，与民主制度不是直接的因果关系，侧面说明民主的效果需引导，即所谓的政府“培育社会”论。该类研究的重点是探讨自治基因，分析其与民主自治的关联和差别，在该研究思路下，家族政治的演变及其问题，派性政治及组织逻辑，被广泛讨论。民主发展需要“法治”保障，需要外在力量的引导配合，具体包括三个层面。一是国家介入推动社会资本发育。即认为邻里信任是基层民主的基础，国家提供的资源和制度会对基层交往产生影响，特定国家介入方式是社会资本增进动力。[⑤] 二是制度建设搭建公共沟通平台。即认为基层各类自组织的出现，及各类民众间的利益冲突，是市民社会兴起起点，代表着公共空间生长。如果能建立协商民主制度，屏蔽传统政治因素影响，会快速扩展社区社会资本，提升基层民主政治品质[⑥]。三是完善制度畅通社会参与。即

① 徐勇：《乡村治理与中国政治》，中国社会科学出版社2003年版，第48—50页。

② 阮云星、张婧：《村民自治的内源性组织资源何以可能？——浙东“刘老会”个案的政治人类学研究》，《社会学研究》2009年第3期。

③ 沈延生：《村政的兴衰与重建》，《战略与管理》1998年第6期。

④ 徐勇：《县政、乡派、村治：乡村治理的结构性转换》，《江苏社会科学》2002年第2期。

⑤ 刘春荣：《国家介入与邻里社会资本的生成》，《社会学研究》2007年第2期。

⑥ 何包钢：《协商民主和协商治理：建构一个理性且成熟的公民社会》，《开放时代》2012年第4期。

认为基层出现小官贪腐，根源是社会参与过程被扭曲，要实现政治参与的制度化，核心是宪法和法律约束权力，通过有序参与实现有效自治。①

基于市民社会理论的乡村民主发展研究，推导出国家与社会关系的法治化，存在诸多不言自明的假设。市民社会理论建立在西方经验基础上，推崇的自由、民主、宪政等与中国国情差异大，直接套用分析农村现实不太适应，易出现隔靴搔痒的理论臆断。另加，遵循理论逻辑想象的“法治”，是否能实现善治而不出问题，有待经验观察和深入分析。我们在多地调查发现，放权社会不仅不会带来民主发展，还会带来诸多的基层政治乱象，“培育民主”高估了外力对村庄政治的影响，乡村与市民社会存在漫长过渡带。

第三，多元治理视角下的参与问题。治理视角以政府失灵和市场失灵为出发点，研究国家与社会、国家与市场的多层次多中心关系。依据治理理论的演进，大致将其分为两大脉络，一是针对政府能力不足的困境，探讨政府如何发挥元治理角色，自上而下助力社会自主治理；二是抛弃国家权力主导作用的探讨，基于全球兴起的结社革命浪潮，分析如何在公私权力边界模糊的条件下，推动民间力量和组织协同治理，替代国家和政府的若干职能，实现多中心多层次的权力形态。②

多元治理理论的主要论点是，强调公共部门与私人部门平等，政府、社会与市场平等合作，至于合作方式和效果多是仁者见仁。③ 从主体互动角度看，多元治理强调民间力量“自我组织”说、强调国家力量的“嵌入性治理”说、强调政府社会协同治理的“政社共治”说；从权力运用角度看，多元治理的指向有强调社会控制的“柔性治理”说、强调政府转型的“公共服务”说、强调权力认同的“社会参与”说；依据治理运用场景，不少研究把“简约治理”理念、“群

---

① 周庆智：《论“小官贪腐”问题的体制与机制根源——以乡村治理制度为中心》，《南京大学学报》（哲学·人文科学·社会科学）2015 年第 5 期。

② 何艳玲：《公共行政学史》，中国人民大学出版社 2018 年版，第 9 章。

③ ［英］R. A. W. 罗兹：《理解治理：政策网络、治理、反思与问责》，丁煌、丁方达译，中国人民大学出版社 2020 年版，第 14—16 页。

众路线”理论引入治理范畴，探讨农村社会简约治理模式，党政体制主导的统筹治理模式，扩展西方语境的“治理”理念。① 要说明的是，研究者尽管注意结合农村基层状况，提出的治理目标指向不同治理内涵。他们对多元治理的认知类似，即都认可坚持以人为本的理念，认可治理对象和内容广泛性，强调民主协商达成多维认同。②

多元治理思路下参与问题研究，多是多向度多层次调查分析。相关研究基于治理理念指出，乡村治理存在理念落后、主体单一、方式僵化问题。不过，不同学科的具体研究过程存在差异。社会学研究认为，乡村治理问题的核心是结构变迁：一方面，农村社会变迁速度和方向混沌且杂乱，带来不同农村不同的治理情境；另一方面，不同地区政府财力、人事、事务不同，乡村治理制度的变迁路径不同。当政府对村庄没有充分的认知，制度与社会的互动易产生偏差。③ 公共管理学研究认为，乡村治理问题的核心是产权模糊，村组织易因上下权力的监督不力，基于谋利动机组成分利集团，另外，基层财政资源普遍匮乏，政府为推动发展和维持运转，会利用权力谋取土地利益，乡村组织互利合作式治理，造成公权力滥用、居民权益的受损。④ 政治学研究借助法团主义理论对农村诸组织（包括自发形成的自组织、外力诱导的社会组织、经济发展带来的合作社等）进行研究，对不同主体和组织与层级政府的权力互动进行深入研究，总体认为公共规则不健全、治理权威的不足、政府权力和社会权利的不对等，是乡村治理诸多乱象的根源。⑤

---

① 详见俞可平《治理和善治：一种新的政治分析框架》，《南京社会科学》2001 年第 9 期；王浦劬、汤彬：《基层党组织的权威塑造机制研究——基于 T 市 B 区社区党组织治理经验的分析》，《管理世界》2020 年第 6 期。

② 王诗宗：《治理理论与公共行政学范式进步》，《中国社会科学》2010 年第 4 期。

③ 详见杜姣《村庄治理现代化的实现路径》，中国社会科学出版社 2021 年版，第 85 页；欧阳静：《简约治理：超越科层化的乡村治理现代化》，《中国社会科学》2022 年第 3 期。

④ 详见王华《发展与治理：地方政府的角色与难题》，《中国行政管理》2007 年第 2 期；高翔：《放权与发展：市场化改革进程中的地方政府》，浙江大学出版社 2020 年版，第 122—123 页。

⑤ 详见张静《法团主义》，中国社会科学出版社 1998 年版，第 21—24 页；吴毅：《小镇喧嚣——一个乡镇政治运作的演绎与阐释》，生活·读书·新知三联书店 2007 年版，第 614—627 页。

多元治理视角的问题一是如何激活多元参与活力。宏观层面，乡村发展带来治理结构变迁，利益多元及不平等程度的加深，基于参与充实自治体制，构建一核多元参与机制，是多元治理研究的目标。中观层面，多元治理的重心是群众参与，如果只调动村民的参与热情，将综合性的村组织排除在外，就可能带来治理的去自治化。农村发展带来利益多元，如何对接农村综合改革成果，尤其是乡镇服务型政府建设，实现回应与表达的平衡，需要提升参与式治理能力。二是从协同角度分析多元治理创新实践。学界近年对农村治理创新多有总结，其中最有代表性的是，中央编译局联合部分高校对地方政府创新经验的整理，国家行政学院“加强和创新社会管理研究”课题组对基层治理经验的整理。学界普遍赞同构建多元治理机制，以有效应对逐渐增多的农村社会矛盾，但在创新方向和实施路径上，相关研究存在一定分歧。理念方面，分别有“实现政府治理体制转型”“推动社会治理体制创新”“发展社会组织提高参与”等主张。① 思路方面，分别有“以公共服务促进农村整合”“加强基层组织治理能力”“走向总体性乡村治理”等主张。② 路径方面，分别有“构建权力清单促进基层治理规范”“以产权与治理单位对称提升效能”“协商民主纠正村民自治偏差”等观点。③

多元治理视角的研究关注协同，如何协同是研究的用力点。由于多元治理的多义性及农村社会现实的复杂性，带来多元协同的指向差

---

① 任宝玉：《乡镇治理转型与服务型乡镇政府建设》，《政治学研究》2014 年第 6 期；Yijia Jing, “Between Control and Empowerment: Governmental Strategies towards the Development of the Non – profit Sector in China”, *Asian Studies Review*, Vol. 39, No. 4, October 2015；龚维斌主编：《社会管理改革创新》，国家行政学院出版社 2013 年版，第 42—44 页。

② 林万龙：《中国农村公共服务供求的结构性失衡：表现及成因》，《管理世界》2007 年第 9 期；陈荣卓、唐鸣：《农村基层治理能力与农村民主管理》，《华中师范大学学报》（人文社会科学版）2014 年第 2 期；郎友兴：《走向总体性治理：村政的现状与乡村治理的走向》，《华中师范大学学报》（人文社会科学版）2015 年第 2 期。

③ 林尚立：《公民协商与中国基层民主发展》，《学术月刊》2007 年第 9 期；罗峰、徐共强：《基层治理法治化视野下的权力清单制度——基于上海市两个街道的实证研究》，《复旦学报》（社会科学版）2018 年第 2 期；邓大才：《产权单位与治理单位的关联性研究——基于中国农村治理的逻辑》，《中国社会科学》2015 年第 7 期。

异。不少研究探讨的多元治理是有意与政策精神对话，用语境词汇重复治理内涵，对理解生动的乡村治理实践，探讨不同地方的治理秩序，难以产生思维上的触动。我们有必要抛开抽象体制思考，依据现实探讨参与激发机制。

总结而言，无论是民主发展视角，还是国家建设视角，抑或多元治理视角，都是在既有的国家与社会二元框架下，从主体及互动角度进行的研究。潜在假设是只要国家规范自身获得社会认可，社会就可按照类市民社会方式运转。但是，中国快速变迁的农村社会，与西方中产阶层为主的社会，其社会运行逻辑存在本质差异。主要原因是，经济发展会侵蚀传统治理结构，但是，新兴治理结构的建立又需要时间，处在转型期的农村会呈现乱象，如果没有国家权力的适度介入，若干治理问题将长期存在。乡村振兴作为新时代三农政策集成，其实施过程必将对乡村治理产生影响，该影响不仅限于国家资源和制度进村，还会深入村庄公共和私人生活，涉及农村发展治理的方方面面。如果只探讨国家与社会的关系，不探讨制度与生活的关系，就会忽略掉重要的学术维度；如果只关注社会矛盾的化解，而不关注人的全面发展，就会强调消极治理目标，对政府的积极治理角色和满足美好生活的实践，缺少价值思考。更重要的是，国家视角、社会视角和协同视角的研究，均是将国家权力作为重点批判的对象，研究切口多是从外部视角进入的，对组织和制度目标设计着墨多，对经济变迁对乡村治理的影响探讨不多，尤其是对不充分不均衡发展条件下，不同农村治理基础和类型分析少，就无法结合外部视角和内部视角优势，从基层场域角度探讨新时代善治之道。只有当国家权力结合自治，乡村民主发展过程遵循法治，多元治理过程注重村民参与，通过“三治”协同实现诸子目标，方能实现乡村振兴战略目标。侧重宏观分析或微观个案的研究，只能揭示部分农村“三治”协同的特定内容和过程，无法整体分析“三治”协同的经验实践。本研究试图以既有研究为起点，基于乡村振兴子目标的达成过程，完整呈现“三治”协同的机制实践。

第三节　事务治理："三治"协同框架

国家—社会二元分析框架具有较强的价值预设，且有强烈的改造社会关怀，对乡村是什么及如何变迁缺少较为深刻的解释。新近研究基于乡村现状模糊感知，认为应立足中央提出的"三治"结合乡村治理体系，探讨系统解决农村问题的"三治"之道，但相关研究仍着墨于理论演绎和价值发散，对生动的农村治理现状缺乏调查。[①] 梳理中央出台的多个文件会发现，城乡融合与乡村振兴是辩证关系，乡村振兴是城乡融合的过程、城乡融合发展能推动乡村振兴。[②] 从各地田野调查情况看，融合型城乡关系对农村产生影响，带来村民观念认知和行动策略变迁。我们基于"融合型城乡关系"提出事务治理框架，探讨农村事务有效治理如何与"三治"协同机制关联。

一　治理事务内涵

乡村治理要围绕乡村公共事务展开，城乡关系下村庄发展现状不同，乡村事务的内容及属性就会呈现差异性。农村"三治"协同有三大基本目标：提高政策执行能力、激发内生治理能力、满足群众美好生活需要，其中，后一目标的实现以前两个目标为基础，三治协同的乡村治理前提是搞清楚基层事务属性。

一般认为，乡村治理内容是乡村公共事务或共同需求，萨缪尔森曾指出"公共事务是涉及公众的共同需求的活动或事务"。但是，何谓共同需求或事务并无明确标准，萨缪尔森在同一本书中界定了"公共物品"，即"效用扩展于他人的成本为零，并且无法排除他人参与

---

① 详见郁建兴、任杰《中国基层社会治理中的自治、法治与德治》，《学术月刊》2018 年第 12 期；姜晓萍、许丹：《新时代乡村治理的维度透视与融合路径》，《四川大学学报》（哲学社会科学版）2019 年第 4 期；季丽新、陈冬生：《自治、法治、德治相结合的乡村治理体系生成逻辑及其探索》，《中国行政管理》2019 年第 12 期。

② 中共中央、国务院 2019 年出台《关于建立健全城乡融合发展机制和政策体系的意见》，明确指出"重塑新型城乡关系，走城乡融合发展之路，促进乡村振兴和农业农村现代化"。

共享的商品”。[①] 按照萨氏的公共物品界定方式，可以依据事务消费竞争性与排他性关系，将产品分为公共物品、公共池塘资源、俱乐部产品、私人产品。围绕萨氏理论，学界进行了热烈的探讨，尤其是将其引至公共治理领域，发现事务的属性较为复杂，仅挖掘单一属性难以界定清晰，比如，教育是公共还是私人事务，仁者见仁、智者见智。新公共管理理论的应用表明，即使公共物品同样能私人供给。将公共事务概念引至乡村基层治理，同样发现萨氏的界定难以囊括治理内容。奥斯特罗姆借鉴科斯的外部性理论，认为物品生产或消费涉及溢出效应，具有溢出效应的物品在某些条件下，类似排他性、竞争性的私人物品，在某些条件下发挥的是公共品作用。基于事务属性与治理情境的关系，任何事务都从私人到公共排序，但是，不同事务的时空条件不同，形成现实性不同的事务属性，要求采取适当的治理方式，任何事务治理都应在有限的范围，因应事务特定属性促成结果。[②] 换言之，任何治理方式都有局限性，事务治理就是要降低局限性，以良性的安排达到预期效果。依循奥斯特罗姆事务治理思路，我们发现只要事务溢出私人范围，对不直接的相关者发生影响，都是公共治理对象，都应纳入乡村治理范围。

再来讨论乡村基层事务。我们常说的一家一户没办法解决、解决了又解决不好的事务，当然属于公共事务，典型如农田灌溉、婚丧嫁娶，除此，有些事务不一定由自下而上的需求引发，政府的治理供给能改变村民行动逻辑，典型如新时代的精准扶贫和美丽乡村建设，当“政务”进入村庄就演变成公共事务，还有村民交往矛盾（如子女不孝顺、邻里间口角），甚至有些村民诉求增长和扩展，如果公共组织不能及时治理，易引起乡村基础秩序崩塌，进而引发村民人心变化。表面上看，某些事务的私人性强，私人应自行承担治责，但是，公共组织要考虑私人事务的溢出，只有当积极外部效应得到发扬，我们才能说实现了事务有效治理。采用溢出性作为界定逻辑，意味着当

① 刘太刚：《对公共事务概念主流观点的商榷——兼论需求溢出理论的双层公共事务观》，《政治学研究》2016 年第 1 期。

② ［美］文森特·奥斯特罗姆：《美国公共行政的思想危机》，毛寿龙译，上海三联书店 1999 年版，第 60—63 页。

私人领域出问题，影响着价值情感和社会秩序，公共机构要承担连带治责。要注意的是，奥氏只是梳理公共事务内容，没有讨论事务属性结构。事实上，学界流行的公共利益指称并不确定，如满足温饱需求、安全需求、健康需求，是公共管理者必须正视的问题，解决水平关系社会稳定和认同。伴随经济发展和社会复杂化，有些事务难以依靠私人力量完成，某些需求会从私域向外溢，就会对公共管理者提出要求，公共管理者如何决策和回应，直接影响事务治理状态。更重要的是，公共管理者致力提高社会福祉，当溢出的事务超出正当需求，事务如何治理会成为问题。

再来讨论乡村治理事务。事务属性与嵌入的空间有关，事务治理发生于特定空间。从空间治理视角解读乡村治理事务，能辨析清楚事务属性及治理要求。我们通常所说的村庄指向行政村，行政村的形成与新中国改革有关，有的行政村由自然村组合形成，有的行政村是单个家族自然村，有的行政村由人口移居形成。不管行政村构建过程如何，经过三十年的集体化建设，以血缘地缘纽带作为基础，以共同的生产生活为载体，村庄形成内聚性交往形式。基层事务既受物理空间影响，同时会受社会空间影响，[1] 二者相互影响、相互制约形塑出的乡村事务属性，分别是人—事结合和人—事分离事务。

一是人—事结合型事务。比较而言，城市居民人际关系广博，空间分离相互不重叠，村庄社会人口密度弱，关系范围没那么广，但是，村庄的关系却较紧密。村庄社会基本特征是：物理边界与社会边界统一，对外具有一定的封闭性、排斥性，人际关系影响村民生产生活。不仅农业生产需要互助合作，人情交往、婚丧嫁娶同样需要合作，甚至就业打工、日常生活都需要合作。即使城市化大潮带来人口流动，熟悉程度和日常联系有所疏远，人际关系对村民的影响仍然很大，任何事务都要牵连村庄关系，都需要“一把钥匙开一把锁”。

二是人—事分离型事务。形式上看，城市社区生产、生活和交往空间分离，居住在同一小区的人们除开物理空间相近，平时不会有常态的生产生活联系。区别于社区的街头空间，人们的关系同样淡漠，

---

① 陈柏峰：《乡村基层执法的空间制约与机制再造》，《法学研究》2020 年第 2 期。

哪怕是在工作单位，人们只是表面上认识，不会有深入全面的了解，更不会产生亲密的交往关系。但是，村民大部分活动在村庄展开，关系交往同样要依托村庄，除开常规的公共事务需要治理，当个人和家庭活动溢出至村庄，影响村庄秩序和社会关系，同样需要公共管理者来治理。

总结而言，人—事结合型事务，即事务与村庄社会关系关联深，是你中有我、我中有你的关系，关系形态会影响乡村事务属性。人—事分离型事务，一般是就事论事，处置依据规则，但是，要考虑拥挤社会的外部性，创新方式实现规则下沉。“人—事”结合类事务，事务治理不仅要搞清楚客观矛盾，还要缕清楚矛盾背后的关系。“人—事”分离类事务，需要注意两个问题：一是治理事务要遵循规则，存在多个治理规则层次，规则间是相互嵌套的；二是要提高治理效率，需要依托社会规范，而不是强行规则化。

二 事务治理难题

借鉴奥斯特罗姆的多层次分析方法，可以将乡村事务治理分为三层，分别是针对“人—事”结合型事务的社会性治理，针对“公共池塘资源”的自主治理，针对脱嵌村庄事务的规则治理，后两者都属于“人—事”分离类事务，需要构建特定的治理规则。只不过，当事务嵌入村庄且外部性强，就实施“公共池塘资源”治理，[①] 当事务存在于村庄物理空间，受拥挤社会的影响但是脱嵌于村庄，就要结合物理空间下沉规则。要实现变迁的事务治理，满足群众的美好生活向往，不仅要辨析治理事务的属性，建立匹配性的治理机制，还要明确不同治理机制的边界，保证各个治理层次有机衔接。

首先，人—事结合型事务治理难题。顾名思义，人—事结合型事务就是事务受人际关系影响，我们依据关系约束层次将该类事务细化为两类。

一是家庭事务。家庭生活是有规则的，夫妻和睦、兄友弟恭是基

① ［美］埃莉诺·奥斯特罗姆：《公共事物的治理之道：集体行动制度的演进》，余逊达、陈旭东译，上海译文出版社2012年版，第55—65页。

本之义，还包括孝敬老人、爱护小孩等。但是，多重因素影响下家庭事务易溢出，常见的问题不仅有留守儿童问题，还有虐待老人问题、夫妻打架问题，尤其是随着信息网络、交通道路的便利，人们习得各式流行观念和生活方式，因沉溺网络游戏、倾向消费主义等，与家庭成员发生争执，产生不良家庭行为。一般说来，“清官难断家务事”，家庭矛盾属亲密私人领域，理应由家庭成员自主解决。但是，现代化冲击下的家庭难有能力内部消化矛盾，纠纷就易溢出，侵蚀乡村伦理和社会秩序。一方面，部分家庭矛盾关联赡养权、家产分割，需要通过法治程序解决；另一方面，家庭矛盾关联成员道德，很难划定个人正义行为边界，过于依法易造成负面影响。更大的问题是，有些家庭矛盾（如留守儿童管教问题），既不可能通过司法程序强制解决，又不可能指望留守儿童自主表达，乡村干部同样不能发挥治理权力，似乎谁都管不着，谁想管都管不好。

二是村庄交往事务。典型是邻里事务，邻里空间距离较近，抬头不见低头见，日常交往易产生矛盾。如果邻里懂得互谦互让，基于邻里伦理各退一步，有事好商量，遇事多沟通，摩擦性矛盾会容易化解。但是，邻里矛盾牵连的利益大多琐碎稀薄，只要是邻里矛盾爆发大多不是指向客观的事务，而是有前期漫长的情绪利益积累，通过司法解决夹杂着情感的矛盾，不仅裁决成本高而且执行困难。村干部当然可以过去调解，但是，如果其不是双方认可的第三方，不具备弥合关系裂痕的社会权威，矛盾双方可以不听村干部劝告。类似还有仪式性人情，仪式性人情规则来自村庄传统，人们共同遵守不言自明的共识。当人情内容、人情规则等逐渐变异，就可能出现“旧俗”下的歪风邪气。如人情开支的数额逐渐增加，人情开支的名头越来越多，村民身处人情网无法逃离，当村民不堪重负，甚至陷入贫困的境地。该类事务当然需要有人管，政府如何引导公序良俗，村组织如何宣传干预，既需要实践探索，更需要机制转变。

其次，“公共池塘资源”治理难题。“公共池塘资源”意味着竞争和排他，需要村社组织通过治理协调多方利益，依据事务外部性表现程度，将该类事务可细分为两类。

一是动员型治理事务。乡村社会有不少公共事务，受限于事务属性难以切割，必须进行动员型治理。以一事一议修路为例，每户的地理位置不同，修路资金花费不同，不可能无差别修到每户门口，要求每户承担标准修路支出。如果有村民指出，自家房屋靠近大路，是进村道路门户，自己无须筹资，不管是基于谁受益谁出资原则，还是基于协商平等负担原则，都会出现有人不同意甚至退出的情形，即使达成所谓的公共意见，如何强制不服从者出资，仍然是个问题。乡镇政府当然可以协助，但同样不能进行强制。换言之，“少数服从多数”的治理原则，对难分割的公共事务意义不大。理论上讲，只有首先进行政治社会动员，引导个人超越个体性利益，通过“公私融通”弥合不同主体利益张力，才能发挥民主集中制原则协商。[①] 如果动员主体没有嵌入村庄，没有与农民有强关联，没有激活村民参与感，动员就没有社会性，就不可能公私融通；如果动员主体不是基于党政体制优势，不是奉行民主集中制原则，不是为服务广大群众利益，动员过程就无法调节利益张力。类似事务还有农地调整、水利建设等，如果国家过于强调法治抑制自治动员，如果社会松散或冲突缺乏动员共识，该类事务就将难实现民主自治绩效。

二是多元协调型事务。相较动员型治理事务的小微利益，多元协调型事务关联的利益大，如何协调个人权益与公益利益，是个需要认真对待的问题。如果所有“公共池塘资源”治理只依靠动员，只图完成任务而不考虑利益冲突，会侵犯个人权益并影响乡村发展。我们需要正视乡村利益分配的客观性，但是，又不能只顾维护个人利益，否则影响村社公共利益。以美丽乡村打造为例，只要有关键的几户不同意拆房，就会影响整体设施建设规划，乃至影响在外过渡村民的入住进度。类似还有征地拆迁，有村民对补偿标准不满意，要求对房屋进行重新评估，不满足个人要求就难继续推动。干部需要动员村民基于大局妥协，但是，何种妥协是有大局观的表现，何种妥协是要牺牲个人利益，没有明确标准。大多数村民清楚，为了个人利益置公共利益于不顾，会有舆论压力影响村庄交往，但是，谁来确定公共利益、如何确定公共利益，也没有明确标准。基层政府不能不遵守法律，如

① 杜鹏：《农村社会动员的组织逻辑与治理效能》，《天津社会科学》2022 年第 4 期。

果标准合法村民仍有委屈，还需要基于法治推动利益协商。如果只进行情感利益动员，没构建公正法治共识，如果只依靠村组织不断开会，没有有公德心者宣传解释，该类事务同样难以应对。公德与个人、法治与权益需要推动协调治理，需要融合法治的自治机制。

最后，脱嵌村庄事务的治理难题。村庄不只是个社会空间，还作为物理空间存在。如果事物的关系脱嵌属性增加，即人—事分离型事务快速扩大，就要遵照奥氏的治理逻辑，嵌套不同层次的治理规则，既针对事务匹配特定治理规则，又提高多层规则协同水平，尤其规避规则变迁的层次谬误，防止对行动造成负面影响。脱嵌型事务可分为两类。

一是乡村法治事务。村庄空间有不少事务，治理权责并不在村社，有一定专业性规则性，理论上应推动法治下乡。但是，法治事务落在拥挤的空间，权利界定呈现出模糊性，不少都有一定连带性，意味着政府严格依法，不会得到当事人的认可。以货车超载治理为例，不少乡村道路承载量达不到，货运车轧过易损坏道路，乡村组织发现后上报，县交通部门是否执法，充满诸多不确定性。如果不同的执法机构无法合作，执法与非执法机构难以合作，单一部门就难以贯彻法治意图，依法治理会出现孤岛现象。

二是法治剩余事务。相较村治范围外的法治事务，法治剩余事务权责模糊，属于广义的政府治理范围，由哪个主体负责无依据。如农村森林防火，过去村民大多在村庄生活，发生火灾时容易组织扑救；现在大量的青壮年都外出就业，树林起火后不易被及时发现，发现后村组织会选择报火警，但是，消防部门距离农村起火点远，难以及时赶到并有效灭火，而消防部门的职责范围是城镇，火灾事故责任认定主体模糊。法治剩余事务无法进入法律渠道，又符合社会主义法治的原则，属于人民内部矛盾，需要解决，治理主体除了坚持依法治理，还要借助多元治理力量，尤其注意法治与自治、德治结合。

总结而言，乡村大部分事务可自主解决，不过需要政府还权和赋能；即使属于政府权责范围的事务，村组织协助治理必不可少，不同的乡村治理事务，政社协同方式不同。现在的问题是，不少事务聚集于拥挤的村庄空间，使事务带有模糊性和连带性，不少事务属性具有变动性，缺乏明确单一治理权限，无论村组织还是政府，抑或其他治理主体，似乎有治理权限，似乎可以不用管，管了不一定管好。结果是，单一治理主体主导，治理效果并不明显，构建单一治理机制，无法实现有效治理。

三 “三治”协同机制

理论上，可以基于事务属性适配治理方式，但是，不同事务依托村庄有综合性，实施何种治理逻辑既要看事务属性，又要结合事务的治理情境探讨。当基层事务属性发生多元变化，“国家层次”的治理体制没有变化，“操作规则”和“集体规则”就要调整，既要强化自治的主体地位，又要发挥德治先行功能，更要优化法治调控作用，构建“三治”协同治理机制。

自治，是按照“四个民主”原则管理村庄自治事务，动员治理、协商民主、公共参与是关键的自治因素。改革开放后，村民自治获得发展，主要有三重目标：一是自我管理、自我服务维护自治秩序，二是作为国家在基层的治理单元，三是作为民主宪政设施而存在。① 国家将“自治”置于“三治”的基础性地位，可见对基层“自治”有充分认识。随着城乡经济社会变迁，农村的宗族势力宣告瓦解，村社组织成为村民自治的主体。但是，国家要注意充斥基层的各类势力，构建的利益网络对自治侵蚀。“三治”协同下的自治建设，是依赖于公权力的引导发育，还是社会资本的氤氲成长，抑或沿袭社会自治传统，对有效治理而言不是最重要的，自治的机制和方式可以多元，但是，自治构建的村社体制要能治理有效，高效自治机制要能强化“文化领导权”。②

按照1998年颁布的《中华人民共和国村民委员会组织法》（以下简称《村委会组织法》），我国农村构建起“乡政村治”格局。典型表现是乡镇任务要进入村庄，必须获得村组织认可支持，与村组织

① 吕德文：《乡村治理70年：国家治理现代化的视角》，《南京农业大学学报》（社会科学版）2019年第4期。

② ［意］安东尼奥·葛兰西：《狱中札记》，曹雷雨、姜丽、张跣译，中国社会科学出版社2000年版，第115页。

达成合作关系。政府如果有阶段性治理任务，需要村组织的配合来完成，就要调动村组织合作动力，调动方式表面看来较多样，实际主要通过非正式关系。当乡镇有充足的治理资源，包括财政和权威资源，乡镇可以通过正式和非正式运作，动员和要求村组织完成任务，包括基于年终奖的绩效，基于开通人事升迁口子，调动村组织合作积极性。当乡镇需要村组织配合的任务少，常态的基层事务治理就主要依靠村组织，村组织就有一定的自主治理空间，民主自治体制遂有多样实践方式。

自治可用的资源有四类，一类是村庄集体舆论。如果社会相对封闭，村庄有规范共识，村民就会在意村庄评价，脱离村庄规范共识行动，会受到舆论的公共约束。一类是个人的面子资源。村干部一般是社会性权威，不仅有较强的综合实力，还有为民服务的公心，村民一般愿意“卖面子”，村干部既能用力量压制，又能做工作以德服人，还能通过权威来调解。一类是集体资源分配权。典型是集体土地所有权，村组织可利用体制权力，惩罚那些背离公意的人，合理补偿特定村民损失。当前的问题是，体制变迁和社会变迁互构，村干部缺少约束越轨行为的公共权威，利用私人资源易出现侵权的现象，监督权力运行的体制和社会力量薄弱。一类是民主协商自治。针对社会开放程度较高，自治缺少广泛共识的村，民主协商能弥补自治要求。民主协商自治包含两层意思：一是基于平等原则开展民主协商，二是协商出的决议要有执行共识。协商自治必须体现程序正义，协商制度和机制要能建立，要能保证广大村民的参与，要能激发村民的协商议事，维护村民的各项自治权利。

社会性自治基础的丧失与有效自治的矛盾，要求德治与法治协同激活自治机制。自治事务与德治事务具有连带性，如果通过德治机制规范个人行为，调节个体间关系，重建关系规则，就能引导个体参与和遵守自治决议。

典型德治内容是乡风和道德，发挥引领、规范和约束作用，德治的关键是通过村规民约、榜样示范和道德教化等，将村民组织起来提高其参与公共事务的积极性。德治治理大多关联个体道德行为，主要是激励个人遵守规则，不仅包括家庭生活的私德，还包括村庄交往的公德，及为人处世的基本规则。德治关联从“私”到“共”再到“公”方面，[①] 通过德治治理激发村民的主人翁意识，激活村民热爱农村、关心邻里、参与公益，村组织就能基于德治治理的成效，重构自治共识保证全过程人民民主。德治关联事务较多，有些地方性规范与法治规则相交叉，如德治机制要求爱护公共环境，与法治机制的设施侵占规则有关。法治与德治的有机结合，可以对自治过程进行全面监控，毕竟，监督模糊自治事务存在技术难题。自治事务关联村庄公共利益，不一定与村民具体利益相关，即使村民受德治机制的影响，有较高热情监督自治的过程，如果没有法治保障和支持参与，如果没有法治完善自治制度，尤其技术细节上依法细化，就难以做到信息的公开透明，就难以做到权力分工制衡，就可能出现自治名实分离。因此，通过法治、德治结合保障自治，构建“三治”协同的农村治理机制，对有效自治而言必要且迫切。

法治，是以政府推动的法律和制度为主体，推动乡村社会普适的“规则之治”，既包括基层组织的规则治理，又包括行政主体下乡执法，还包括纠纷矛盾司法调解。法治是基层自治开展的保障，为基层诸行为主体提供指引，对基层治理的意义重大，主要表现在三个层面。一是规范基层政府行为，政府治理社会痼疾，有较强现实合理性，但要注意遵循法治原则。由于基层事务的模糊性、变动性，依法治理会遭遇规则空白，政府应学法懂法，创新法治下乡方式。二是规范村组织行为，不少地方的村民自治实践，有选举民主无另外的三个“民主”，村民甚至连协商民主都没听过。村民的参与渠道不畅通，权力监督制度较缺乏，提示政府监督村组织依法自治，规范村级权力是法治下乡重点。三是规范村民行为。送法下乡提高村民法律素养，是农村社会稳定的基础，不过，送法下乡不仅是普法，宣扬依法治理的精神；法治还要能深入群众生活，解决农村琐碎模糊的民事纠纷，引导村民知法懂法的同时，形成村民守法用法意识。现在的问题是，法治治理的抽象性和规则性，与基层事务的不规则性、具体性，存在

---

① ［日］田原史起：《日本视野中的中国农村精英：关系、团结、三农政治》，山东人民出版社 2012 年。

一定的张力。法治下乡要发挥实际作用，需要创新法治下乡的组织方式，尤其注意结合本土德治资源，笼统行政主体治理机制，基于规则整合和规则细化，与村庄社会情况有机结合，获得农民真正内心认可。

党的十八大以来，习近平总书记多次提出“法治社会”建设命题。法治社会建设目标是为了创新社会管理水平，提升社会领域的法制建设水平，更好满足群众的生活需要。纵向来看，社会规范确能解决乡村大部分矛盾，但乡村发展造就村民利益分化，带来基层治理难题和法治建设需求。一是“送法下乡”① 如何应对乡土社会。20 世纪 90 年代的送法下乡的基本背景，是乡土社会的地方规范仍延续。当村庄秩序仍依靠内生权威维持，送法下乡就要依托村社权威进行转换，否则，就带来正式规范和社会权威抵触。二是基层如何运用正式规则解决矛盾。2000 年以后乡村社会迅速变化，村民遇到矛盾时越发诉诸法律，甚至用正式法制规章消解村社治理。为更好推动法律规则服务农村，国家建立健全农村基层服务体系，村民既可以通过 12345 热线反映多元诉求，又可以通过网格化管理机制反映问题，还可以向县乡部门和乡村律师求教求援。以法制为核心的正式制度下乡，既会重构基层组织运行和治理方式，又会快速消解社会性治理规范。如果“迎法下乡”只强调普适规则，忽视村庄本位的多元治理方式，德治和自治机制就易被消解，用“三治”协同保障法治下乡，具有农村现实治理的必要性。三是基层如何应对法治事务。伴随城乡经济社会发展，农村基层出现不少法治事务，既有的伦理、惯例难以有效协调。一般说来，县级会根据乡村法治事务分布情况，决定是否在乡镇设置派出机构，或者要求乡镇政府代为执法，有的地方会借用网格化管理机制，将法治主体直接下沉到基层。法治事务是否能被有效治理，既取决于法治服务机制的便利，又取决于法治主体的协同水平。如果不与基层多元治理主体合作，尤其是德治和自治主体协同，法治治理难应对连带性事务。

---

① 苏力：《送法下乡——中国基层司法制度研究》，中国政法大学出版社 2000 年版，第 45—46 页。

乡村语境下的法治往往是“治理型法治”，即法律被认为是基层治理的工具。[①] 在很长的一段时间里，村规民约构成村民的价值共识，对村民各类行为起约束作用，村治制度和组织承担法治治理主力，法治处于事实性的“休眠”状态。大概有两个原因：一是司法治理具有专门性，介入村庄有场景限制，如果不是基层积极要求执法，司法主体不会介入农村基层；二是司法作为正式制度与村社非正式制度有区分，基层治理主体一般不会将正式制度当作社会性治理资源。当然，乡村事务大多琐碎且模糊，严格依法有处置的难度，司法下沉基层要考虑成本。要避免法治下乡的内卷化，需要协同基层自治机制，一方面通过自治主体的依法转换，提升法治适应性治理水平，一方面通过与自治主体合作，解决乡村广泛存在的“剩余事务”。当农村自治的社会共识不明确，自治主体的法治能力不强，法治主体还应通过行政引导，保障自治主体地位、提升依法自治能力。随着城乡社会融合程度提高，调解矛盾依凭的社会性公理式微，法治下乡越发有现实必要性。现在的问题是，不少法治事务嵌入村庄，与不少非法治事务相混合，有些甚至关联私人生活领域，公共和私人界限不甚清晰，法治下乡如果只讲规则正义，不与关联生活的德治结合，就会遭到村民的反感，甚至引发村民的不满和反抗。另外，基层事务有特殊性、情境性，有些遗留有文化传统和风俗习惯，与法治治理的普遍性有所区别，法治如果只讲刚性标准，会影响法治治理能力。当然，人际关系对法治的约束，拥挤社会对法治的约束，更是司空见惯。法治只有与德治结合，推动乡贤和村民成为治理主体，降低他们学法和用法成本，方能解决“最后一公里”的问题。概括起来，立足实现个人的规则遵从，法治与自治是同一的，都是有效的治理工具；立足提高个人规则意识，法治与德治是同一的，都是有效的行为规则。法治从“司法”和“执法”两个层面，能实现与自治和德治的协同。

德治，指利用道德规范营造文化氛围，从文化和价值层面提供支撑，既包括党建引领又包括乡贤治村，还包括组织农民和集体再造。

---

① 孙冲：《村庄“三治”融合的实践与机制》，《法制与社会发展》2021 年第 4 期。

德治起着润滑作用，主要发挥三大功能：一是通过德治自主解决社会矛盾，作为自治的日常性有效补充；二是通过德治实现协同治理，保证村民参与和多元民主实现；三是通过德治挖掘内生资源，营造良性的权威治理氛围，引导家风、村风和社风都变好。乡村德治治理的重点和难点是，如何与法治和自治有机结合，既激发乡村各类德治有机力量，又能以点带面和点线成面，带动和引导更多参与。从村庄变迁过程及方向看，德治要素广泛存在于乡村基层，关键是如何激活内在德治要素，使德治因素持续发挥治理作用，既实现个人主体性的重建，又获得广大村民的认可。德治的目标很明确，既作为润滑剂助力法治和自治治理，又作为治理的基础培育法治意识。只有当现实治理与精神家园相统一，自治正当性与道德意识有机结合，法治建设成效与村庄公共精神共同成长，德治体现的道德教化、参与意识、道德规范等，方能与自治和法治的治理过程相协同，实现乡村社会共建共治绩效。

德治很重要。从村级治理角度看，随着村民经济条件的改善，不少事务脱离自治范围，演变为村庄社会公德问题；不少行动因日益缺乏共识，演变为村民的私德问题。特别是在乡村社会转型过程中，有价值共识的社会规范瓦解，农村社会亟待形成新规范。乡村社会的现代转型本质，是个体性和个体价值凸显，共同体和价值丧失的过程，塑造乡村社会公共价值，提高村民的道德意识，提升乡风文明的水平，是德治建设的重点目标。乡村德治内容指向多，不仅包括孝道丧失、夫妻矛盾，还包括婚丧仪式、人情往来，不仅包括村庄公共精神，还包括个体生活方式，等等。乡村德治问题变得越发重要，一方面是乡村精神文明出现问题，不仅影响村庄秩序还影响个体幸福，一方面是国家倡导新型社会价值观——社会主义核心价值观，试图满足群众美好生活向往的同时，将其塑造为社会主义现代化人民。

从社会行动的层次看，德治内容至少有三块。一是督促村民讲公德。我们常见的乡村公德积分制、社会诚信档案等均属于该类，主要是规范村民的公共交往。如在福建晋江农村，政府和村庄从狠刹人情风，逐步发展到引导村曲厚养薄葬，广泛推动各领域的移风易俗，再到构建村规民约规范村民行为，就是试图推动村民重视公德，培养村民的良性社会行为。二是引导村民讲私德。我们常见的十星级文明户、好婆婆好媳妇评选就属于该类，主要是引导村民重视私人领域的家庭道德、个人美德建设。如陕西韩城农村，20 世纪 90 年代就开始评选好婆婆，后来发展到好媳妇好老公，再转到十星级文明户评选，直到变成五好家庭评选，主要是为引导好家风好德行。三是树立正确的生活观。村民受不健康观念的影响，或者不健康文明的侵蚀，日常生活易失去基本秩序。典型如受享乐主义影响，宁愿在家啃老和好吃懒做，受消费主义观念影响，不再量入为出和家庭至上。树立正确的生活观，既关联生活方式的调整，又关联个人价值的重构，可以通过由外及内的文化建设，如基于文化组织治理和文化活动开展，深入个人内心促进生活方式改进，更重要的是基于法治保障和自治支持，推动德治主体主导生活方式治理，通过自组织或者小群体治理，实现个体价值观调适的主体性重建。

德治牵连乡村方方面面的议题，既关联行动又关联观念，核心是确立道德规则、增强个体的规则意识。德治治理的难点在于人们认知多元，构建的德治规则不一定会被遵从，依靠村民自发组织难以有效运行，那些溢出自治范围的德治问题，如何利用行政和力量来治理，避免村民的不适感和反抗，是需要认真考虑的问题。德治治理重点在于事务众多，德治事务治理不仅依靠德治主体，还需要与乡镇和村组织合作，与行政部门和司法部门合作，毕竟，不少德治事务囊括部分法治内容，不少德治事务与自治内容交叉。如果德治过程与自治有连带性，可以由村组织用“红黑榜”进行公示，对违反公序良俗的个人行为，村组织可以通过民主协商和社会舆论进行约束。如果德治过程与法治有连带性，可以依法出台细化规则制度，对违法行为进行依法制裁，对英勇助人的行为进行奖励。如果德治机制有强社会性，就可构建自组织自主治理，自组织可以宣传道德榜样，对失德行为进行社会性惩罚，自组织可以依托权威人物，组织弱者维护自身合法权益，自组织可以开展多样文化活动，氤氲价值性和社会性规范，重建个人行为的公私道德共识。鉴于德治事务的混杂模糊，不少缺乏明确的治理边界，需要建立“三治”协同机制，对事务分工合作式地治理，保障德治事务德治治理。

总结而言，学界关于“三治”间逻辑关系的论述，无论是“一体两翼论”还是“组合叠加论”，抑或“自治为基、法治为本、德治为先”的表达，[①] 都不足以探讨事务治理视角下的“三治”协同关系。“三治”协同实现治理有效，源于村庄事务的属性，即无论家庭事务还是村庄事务，抑或脱嵌村庄的事务，都依托村庄治理空间，具有独特事务属性。正是村庄事务的治理属性，关联社会、村组织、政府等主体，使单一治理机制无法奏效，需要自治、法治、德治协同治理。鉴于不同事务具体属性不同，对应主导治理机制不同，形式上易出现主辅协同模式。党的十八大后，中央加大财政支农力度，试图实现群众美好生活需要。基于有效治理维度，主导治理机制可能能解决问题，但如果没有另外的机制配合，就难保证绩效持续并获得群众的满意度。基于治理高线而非底线，我们认为“三治”协同有主次关系，从治理机制看是平等协作关系。

第四节　研究方法与田野工作

一　研究方法

社会科学有两大基本方法：定量研究和定性研究。两大研究方法孰优孰劣，一直都有争论且未有定论。一般说来，定量研究偏重数学规律进行分析，精确搜集的数据是分析的基础。当然，数据不可能直观反映事务规律，需要进行先在的理论假设，再基于科学数据分析方法，检验理论假设是否成立。定性研究思考逻辑有区分，研究者需要走出书桌，与研究事务多维互动。不同的研究者思考重点不同，与事务的互动层次有差异，构建的逻辑因此会有差异，易体现出研究的不科学性。成熟的定性研究者，需要不带任何理论偏见，深入现场对事务定性，即基于对事务的综合考察，如内容、属性、发展的判断，形成具有解释力的理论。定性研究水平的体现，既靠作者深度理解经

① 详见何显明《以自治、法治和德治的深度融合推进乡村治理体系创新》，《治理研究》2018 年第 6 期；李博：《“一体两翼式”治理下的“三治”融合——以秦巴山区汉阴县 T 村为例》，《西北农林科技大学学报》（社会科学版）2020 年第 1 期；刘磊：《“三治融合”实践中的国家与社会关系》，《中国社会科学报》2021 年 4 月 14 日第 5 版。

验，又靠个体发挥能动性，既基于经验现场的提炼，又不断回到经验去验证，进而形成有解释力的理论。

我国农村区域广大且不同农村差别大，研究农村问题宜采用定性研究。一是不同农村受历史文化和区域地理影响，形成差异较大的社会治理形态，目前没有形成成熟的研究框架，大多数研究只能基于有限区域，提出符合特定事务的理论解释，意味着基于广泛的区域调研，提出更有中观解释力的框架，从理论建构层面讲是可能的。二是受所在团队研究风格的影响，笔者不仅长期在不同区域调研，形成了较为丰富的经验感受，而且注意挖掘经验事实本身，意味着提炼有解释力的经验框架，直至构建中观社会治理理论，从实践层面讲是可能的。三是受城乡经济社会融合影响，当前的农村处于剧烈转型阶段，典型表现是不仅社会结构瓦解，私人领域的事务同样发生变迁，甚至观念认知层面都在变动，乡村经验的复杂性及变动性，意味着提取标准的稳定的数据，存在现实难度和操作困难。比较而言，基于深度经验调查和经验建构验证，更能判断农村社会变迁的特征，提出有解释力的解释框架，研究者只要坚持“价值中立”观念，就可以基于多个学科视角切入，从不同视角提出发现、不断扩展研究深度。

从研究过程来看，质性研究需要两个阶段：一是资料搜集阶段，二是资料分析阶段。常规的资料搜集逻辑是研究者深入调研现场搜集材料，基于与研究对象的多维互动，搜集研究客体的信息再回去研究。资料搜集阶段的问题是，研究者拿到的是直观琐碎材料，不同的被访者会表达出不同的意思，不同时间段研究对象表现不同，且多数只是事务片段化呈现，如果没有理论建构和提炼能力，拿到的只是些描述性的资料，难以形成深刻的感性认知，更无法进行有价值的研究。常规的资料分析是，研究者基于直观调研感受，回去找文献翻看理论找框架，试图构建契合的理论解释，分析过程的皓首穷经，分析框架的想象构建，建基于零碎事务的信息，易出现一触即跳式研究。质性研究不仅有丰富的材料搜集，还要悬置理论进行材料分析，基于现象关联找到逻辑关联。即超越机械的分类、归纳阶段，进入经验规律的探讨上来，经验研究不同于现象研究，是透过现象到本质的提炼，是寻找现象的主要矛盾，是探讨主要矛盾间主要关系，[①] 经验研究与现象研究操作步骤表面相似，不同处是经验研究探讨的是稳定联系，是超越变动现象背后的内在的链式关联。只有面向经验进行机制研究，[②] 方能形成有解释力的现象解释体系，形成对复杂现象的全息认知。

机制研究作为经验研究，是以村庄作为研究单位。一次完整的村庄沉浸式调研，不仅能贴近基层社会的真实，还能发现基层各类杂乱现象。从某个时间点看，真相、假象、乱象、表象等，均会进入调查者的资料搜集视域，似乎很难厘清现象真实逻辑。但是，只要调查时间延长，能进行过硬的资料搜集，就能深入基层生活情境，发现更有力的现象佐证，从而使经验在基层生根。机制提炼是经验建构的必要环节，是否有解释力还要进行再验证。验证的途径有两个，一是基于不同的村庄多次调研，通过各类变量的增减汇总，探讨逻辑建构是否有效，尤其注意不同区域特征、区域背后的村庄基础，探讨一般机制是否有效。二是基于邻近村庄的调查，比较二者现象层面的异同，总结和归纳现象发生逻辑，注意经验解释的合理性，区分出哪些是现象逻辑，哪些是经验逻辑，哪些可以上升为机制，哪些只是宏观背景。随着调查时间的深入、调查的村庄和区域广泛，以深度调查为基础的整体经验，就会像放电影一样徐徐展开，不仅情节饱满而且有层次性，不仅有机制还有机制差异。具体说来，机制研究源于三个方面。

一是经验层面的复杂性。有研究依据血缘地缘差异，将一般农村划分为宗族性村庄、小亲族村庄、原子化村庄，或者以“分—合”维度及自然—社会—历史条件，将我国农村划分为七大区域，并分别指出各类村庄的特点，意在剖析村庄社会结构及其类型标准。[③] 我们同

---

① 杨华：《华中乡土派的经验立场》，《社会学评论》2014 年第 1 期。

② 赵鼎新：《论机制解释在社会学中的地位及其局限》，《社会学研究》2020 年第 2 期。

③ 详见徐勇《“分”与“合”：质性研究视角下农村区域性村庄分类》，《山东社会科学》2016 年第 7 期；贺雪峰：《村治模式：若干案例研究》，山东人民出版社 2009 年版，第 78—87 页。

样可以依据事务属性差异，划分不同的村庄主导事务类型。如果村庄越是传统和静态，治理的重点就是“人”，交往关系的情境性特征，会对治理产生直接影响。反过来，城乡融合发展程度越高，村庄越是现代和动态，治理就应该“就事论事”，方式就应是规则治理，而非“因人成事”和“以事聚人”。① 对研究者而言，意味着现象丰富性有待挖掘，本土概念和理论建构有待推进。以案例深描为目标的微观研究，以理论建构为目标的宏大探讨，都有其客观的时代价值性。机制分析既能观照微观又能立足宏观，可以更好总结乡村基层治理“是什么”，同时对接政策实践探讨治理效果“为什么”。

二是机制分析的复杂性。机制研究同样分为两个阶段。资料搜集阶段，有赖调查者的思维能力，构建现象间解释框架。调查者要从琐碎现象、不经意的表情及各类口述过程，抓取到有价值的信息并进行分析，从研究过程看是“透过现象看本质”，从经验分析过程看是“现象之间找关联”，通过“以点带面、线面结合”“大胆建构、小心求证”进行反复分析，逐步接近事务性质并概括规律特征。鉴于机制研究的终点是立足经验，提炼能解释复杂经验的概念和理论体系，构建出的机制就不能只对话，而是要回到经验现场验证。通过经验—理论的小循环转入理论—经验的大循环，就可以不断构建解释框架再否定之否定，从而明确不同的经验研究层次，不同实践机制的本质差异，构建出有生命力的框架。机制研究不仅需要有理论构建能力，还要有经验还原能力和经验质感，通过研究者的感悟、耐心、主动、细致、穿透现象把握本质的因果分析能力等，对以个案为基础的机制研究影响较大。

三是多案例比较的积累性。要突破个案研究困境，需要对学理本身讨论，既符合社会科学研究规律，又符合经验现象发生规律，即解释范围应该较广，解释体系应该深刻。我们采取的学理验证方法是，进行案例调查和经验类型比较。基于多案例调查进行结构分析，村庄结构在一定时空条件下是稳定的，只要搞清楚政治、经济、文化要

① 杨华：《农村基层治理事务与治理现代化：一个分析框架》，《求索》2020年第6期。

素，探讨要素互动何以孕育特定社会结构，对基层治理的复杂因素有理解，方能形成基层经验整体感受，进而以基层社会结构为基础，缕清案例一般性和特殊性。多案例比较的方法是，基于对不同地域个案的调查，及同一区域不同个案的调查，形成对经验整体的把握和理解，再基于案例特殊价值，及背后昭示的一般价值，构建有层次的分析框架。基于单案例调查和多案例比较，提炼和比较影响事务有效治理的机理，就能在相似性基础上发现差异性，以差异性为基础确定一般规律。韦伯提出的“理想类型”构建方法和费孝通所谓的“逐步接近全局”,[①] 与多案例比较基础的“从实践中来到实践中去”的反复修正逻辑有相似性。[②]

二　田野工作

自 2009 年 7 月笔者第一次开始田野调查，至今总共乡村调查时长有 500 多天，除开边疆地区几乎跑遍了全国各地农村。一般而言，短的调查时长为 10 天，长的调查时长为 2 个月，多数调查时长在 20 天左右。在获得国家社科基金项目前，笔者已各地调查 400 多天，前期以社会结构为目标，主要是为训练经验质感，获得基层的整体经验。在训练出调查的基本功后，就开始在各地带队调查。驻点调查又可以分为两块，即集体调研和专题调研。专题调研前的一段时间，笔者大多参与集体调研，即 10—20 人分成几个组，每个组选择一个村进行调查，白天外出找关键人物访谈，晚上采取集体讨论方式，对白天的资料提行提炼，3—5 天后组织大组进行讨论，对调查点的情况总结讨论。长年累月的集体调研方法，增加了笔者的农村社会饱和经验，建立了对基层治理的一般认识。以博士论文研究为起点，笔者开始转入专题领域研究，专注于抓住几个关键点调研，基于前期调研的总体发现，深耕特定问题进行深入调研，很顺利地完成博士论文调查，并写作出符合要求的论文。基于前期大量的集体调查和专题调

---

① 费孝通：《乡土中国》，上海人民出版社 2006 年版，第 425 页。

② 黄宗智：《认识中国——走向从实践出发的社会科学》，《中国社会科学》2005 年第 1 期。

研，笔者写作了不少研究性调查报告，涉及基层社会方方面面内容，形成了对不同地区农村的总体认识，粗略把握到不同农村治理问题。整理出的上百万字调查笔记，为开展本研究提供了经验基础。

课题调查始于2018年7月，前后进行了10个村庄100多天的调研，涉及北京、四川、浙江、湖北、江西、山东等省份，加上前期部分地区的调查资料支撑，构成本研究开展的个案研究和案例比较基础。刚开始，笔者并没有带研究框架进入，收集的资料大多是乡村治理的一般问题。然而，在经过多个村庄连续调研比较后，笔者发现了机制分析的研究奥妙。笔者先是带队在一个村庄调研，经过5—7天后转战邻近的村庄，每天上午和下午均进行访谈，晚上基于治理问题反复讨论，再上移到乡镇和区县部门，逐渐形成县域治理的认知。笔者发现，当前的农村治理问题，除开部分是传统问题，还有不少是新兴问题，与本研究议题高度相关。访谈干部时，不少都提到走群众路线，增强群众获得感、幸福感；访谈村民时，不少都提到“干部在干、群众在看”。不少地方在推动基层治理创新，如福建晋江农村发动的移风易俗探索，四川成都农村集体资金制度改革，北京农村推动的“街乡吹哨、部门报到”，浙江宁海农村推动的“宁海36条”，等等。为理解新时代基层治理变化，厘清和比较新旧治理机制，笔者细分出多个专题进行调研，主要采取小规模的集体调研。即3—5人组成一个调研团队，有时是笔者带着学生下村，有时笔者与研究同人下村，力求搞清楚基层治理性质、基层治理正在发生哪些变化。

党的十八大后，中央提出“三治”结合的乡村治理体系，县域治理组织从早期被动附会，逐步演变为主动探索“三治”经验，基层治理创新的过程值得梳理，基层治理的新经验值得总结。在经历阶段性的各地专题调研后，笔者尝试理解乡村“三治”经验。逐步确定了研究思路，即以典型案例作为基础，基于对乡村事务属性判定，在比较研究的基础上分类，研究不同事务的治理问题，探讨“三治”要素协同治理中观机制，然后是围绕核心主题深度调研，将典型经验框定于不同事务类型，探讨类型中的个案，个案分析中的类型。调研方式类似早期集体调研，即白天进行2—3次调查，每次调查在2—3小时内，广泛把握总体特征，访谈对象则较为多元，既包括县级以下各级党委政府、村两委（村委会、党组织）、社会组织（乡贤理事会、妇女协会等）等各类治理组织，又包括物业企业、农民合作社、工商资本等各类市场组织，以及处于不同权力地位的农民群体、参与农村发展与治理的专家等。访谈内容既有典型事件又有家长里短的社会矛盾，后期集中于事务属性类型比较基础上，对代表性治理创新案例分析，同时结合非典型案例佐证。

为了后文论述方便，便于梳理调查来源，本研究依据乡村五大振兴内容，对在调查各地发现的典型治理案例进行归类，对典型案例调查情况进行说明，对事务治理的问题进行探讨，基于相关地点的调查情况，补充非典型的案例并分析。其中，各章涉及的案例有：产业振兴下的“三治”协同（第二章），典型案例是四川郫都农村、山东招远农村；人才振兴下的“三治”协同（第三章），典型案例是四川大邑农村、山东烟台农村；文化振兴下的“三治”协同（第四章），典型案例是江西赣州农村、湖北荆门农村；生态振兴下的三治协同（第五章），典型案例是湖北秭归农村、四川成都农村；组织振兴下的“三治”协同（第六章），典型案例是北京平谷农村、浙江宁海农村。本研究运用的典型地区农村调查资料，来自笔者及所在团队对各地调查资料的筛选和归纳。

（1）四川成都农村经验来自笔者所在团队 2013 年以来的调查，调查足迹包括成都大邑、成都青白江、成都彭州等地区，主要是调查集体经济、矛盾调解、环境治理。前期以村庄全面调查为基础进行村治调查，后来以乡镇为基础进行全面访谈，调查时间大约有 60 天。2022 年 4 月又在成都青白江区调查，主要调查乡镇和村治治理问题，构成本研究的重要资料补充。

（2）山东烟台农村的经验来自笔者所在团队 2019 年 9 月份的调查，调查在招远市 1 个乡镇的 4 个村进行，访谈了村民、村干部和乡镇干部，对“党建示范区”问题、党建领办合作社等进行重点调查，调查时间 15 天。

（3）湖北荆门农村经验来自笔者 2011 年以来的调查，主要调查当地老人的生活状况，重点对笔者所在团队设立的老年人协会开展调查，关注老年人的精神生活和自组织建设。2017 年以来，围绕老人生活现状和互助养老情况，再赴荆门多地农村展开专题调查。

（4）江西赣州农村经验来自笔者所在团队2019年7月的驻村调查，调查时间15天。赣州农村的特色在于，乡风文明建设做得好，形成一定的治理机制，具有较强典型性。尤其是当地动员在村妇女，开展院落整治形成风气，形成好的家风村风，有一定的借鉴意义。

（5）湖北秭归农村来自笔者2017年10月的驻镇调查，调查时间15天，主要关注当地的“两长八员”制推动的自然湾建设，对县域治理创新全过程进行了解，尤其重视对下沉基层社会治理单元，发动“负担不重的人”治理经验，有深入的调查和理解。

（6）北京平谷农村经验来自笔者2019年的驻村调查，调查时间10天。另外，2020年，笔者所在团队再赴北京平谷农村，开展10天的驻村调查。两次调查写作的基层调查报告，为笔者获得整体的经验感提供来源，主要是探讨农村脱嵌事务的治理。

（7）浙江宁海农村来自笔者2017年7月的调查，调查时间为20天。另外，2020年8月，笔者及所在团队再赴浙江宁海农村调查，调查时间10天。宁海农村作为东部发达农村，主要问题是项目和地利分配无序，带来基层治理混乱和派性竞争，宁海的“宁海36条”经验开展过程及创新意义，是基层“法治”治理研究的重点。

要说明的是，笔者列出上述资料收集情况，打算以其为案例源来探讨，主要是比较研究发现其较为典型，笔者还去过多地农村做调查，没有直接引用相关的案例，只是将其作为农村治理经验源，就没有在此处罗列标出。本研究涉及的部分案例，既有笔者前期的调研积累，又有研究同人的后续发现，还有2018年后的专题调查。主要有两大思考：一是笔者前期调查的典型案例，随时间的推移可能会发生变化，后续调查同人的资料和发现，既可以与其进行对比，又可以通过讨论沟通，获得有益的学术发现；二是部分同人调查的案例，受限于工作忙碌和时间不够，有些笔者没有去学习感受。不过，受益于每年暑假为期一周的集体学术[①]研讨机制，笔者得以在正式和非正式场合用多种方式，与调查者进行过多次有效的沟

① 吕德文：《论集体学术》，《社会科学论坛》2013年第6期。

通和交流，并通过专家咨询费和劳务费形式给予支持，在获得一线调查者一致同意的前提下，得到部分典型案例的调查报告进行系统学习，再就相关议题进行深入交流和研讨，调查群体中的部分成员，大多是课题组核心成员。

考虑到田野调研点的广泛性和代表性，本研究囊括了一般农村和发达农村，治理主体包括县、乡、村三级及村民小组等，研究内容囊括乡村振兴五大内容，以求深刻理解转型期农村治理的特征："三治"要素协同的过程与机制。新时代农村有效治理包括三方面内容，一是自下而上的村庄矛盾要能被有效化解，二是自上而下的政策要能有效执行，三是村民不仅要得到实惠还要总体满意。为系统分析农村"三治"协同的治理机制，本研究试图结合自下而上与自上而下的研究视角，先对自下而上的村庄事务进行分析，梳理事务变迁及治理问题并进行原因分析，再介绍典型农村治理经验形成路径，分析其内在的"三治"协同治理机制。本研究依据事务属性判断，细分出不同类型的治理事务，从空间与治理角度，论述基层事务属性和治理要求，探讨理想类型下的治理样态，事务的空间表现是分析核心。

第五节　概念界定与章节安排

一　核心概念

乡村治理。治国理政包括一切国家事务的治理，乡村治理是其重要的构成部分。按照传统的乡村治理界定，乡镇政府是最基层但大致完整的政权，能够履行宪法规定的基本职能，但是，农村税费改革及其乡镇治理体制改革，使得乡镇政府的不少重要职能被上收，尤其是财权和人事权被削弱，难再作为完整的乡镇政权存在，不少沦为县级政府派出机构。从职能履行看，县级政府的部门最完整，具有相对自主的治理权力，既能协调科层部门治理，又能利用党政体制授权，参与基层事务的治理。理论层面的乡村治理，至少囊括乡村两级组织，鉴于乡镇治理职能的不完善，不少乡镇职能上升至县，因此，我们探讨的乡村治理，应包括县、乡、村三级治理组织，乡村治理与县域治理有交叉。不同地方的基层治理结构不同，县、乡、村三级组织关系构建会有差异，治理过程需要三级有机联动，只是联动的方式和内容，联动的重点有所区分。国家提出健全“三治”结合的乡村治理体系，是以马克思主义城乡理论为指导，构建城乡融合发展体制机制为目标，乡村治理特指以农村为对象的治理，基层治理则是从国家治理视野出发，着力基层治理现代化体系和能力构建，打通“神经末梢”实现与国家治理对接。促进农村社会发展，提升农民生活质量，既需要面向复杂的农村现实，又需要夯实党和政府的“基石”，因此，乡村治理和基层治理，在面向乡村时可混用。

乡村事务。按照2014年出台的《国务院关于调整城市规模划分标准的通知》（国发〔2014〕51号），城市就是城市人口居住生活的空间，农村就是农村人口居住生活的范围。城乡社区的区分标准是，城市空间以工商业为主，农村空间以大农业为主。现象上看，农村和城市社区都称为“社区”，按照腾尼斯界定的社区概念，则农村应称“社区”，城市应称为“社会”。腾尼斯所谓的社区，指以血缘关系为基础形成的共同体，与费孝通笔下乡土社会内涵相似。[①] 具体说来，乡村社会形成于两大要素，即物理空间和自然关系。作为物理空间的村庄，要承载农村人口满足其生存需要，呈现资源匮乏、空间拥挤形态。如果能够清晰界定绝对权利，个体就可以主张绝对合法权益，可以为了天赋的权力斗争，而不会忍让侵权行为。但是，村庄物理空间固定和先在，人们要依托村庄再生产人口，必须接受模糊的权力空间。血缘地缘关系的存在，意味着村民间固有自然关系，至少是有连带的熟人关系，而不是“家门口的陌生人”。尽管随着城乡经济发展，血缘地缘作用在减弱，但是，只要村庄实质性存在，血缘地缘就发挥作用，形成高密度关系网，影响乡村秩序构建。拥挤的空间和高密度关系，影响村庄空间事务性质，要提高有限资源利用率，提高人们的居住幸福感，需尊重事务空间属性。

有效治理。乡村振兴要面对不同农村问题，探讨有效的基层治理方式。有效治理对象既包括“人”又包括“事”，更多的时候是“人—事”结合，事务嵌入村庄有连带性。如果村庄社会有价值生产

---

① 郑杭生主编：《社会学概论新修》，中国人民大学出版社2014年版，第234页。

能力，有约束村民行为的社会规范，就实行李怀印所谓“实体治理”方式。[①] 即国家对村社自主治理不干预，政府利用乡土资源达成目标。伴随着国家政权建设进程，国家权力逐步进入乡村社会，一方面国家利用乡土权力实行乡村治理，一方面会利用国家权力保障自身治理目标实现。随着乡土社会快速变迁，地方性知识宣告瓦解，传统治理资源逐步式微，另一方面，随着自上而下的治理任务增多，政府需要基层组织协助完成，基层组织运转逐渐跟随乡镇政府。乡村治理失效带来两大问题：一是常态治理难约束普通村民，利益增多会带来钉子户增多；二是惠农资源和治理制度输入村庄，易挤压国家—社会的弹性边界，使群众成为“等靠要”的“懒人”。有效治理需要立足事务属性，完善人—事治理基层结构。当村社主导的乡村治理结构失效，国家要保障、支持和赋能乡村治理；当国家向基层贯彻意志和目标，要与基层组织协商合作治理。基层组织应保持一定自主性，基层干部可以有一定自主权，推动基层干部走群众路线，整合逐步散掉的社会资源，对接多样基层社会事务，综合治理回应综合问题。

有效服务。乡村振兴战略实践的路径之一，是有效服务获得群众满意。2005 年 4 月，胡锦涛同志考察提出，加快政府职能转变，建设服务型政府。中央一方面强调“寓管理于服务”的方式，一方面着力推进“行政管理体制改革”。2012 年，党的十八大强调建设“人民满意的服务型政府”，赋予服务型政府法治和满意内涵。服务型政府理念下移，变成构建基层服务组织。服务导向的有效治理，从三个层面探讨服务：一是从技术层面探讨“怎样服务”，服务标准和服务绩效是讨论重点；二是从科层角度探讨服务制度，公共服务供给体制是讨论重点；三是从政治角度探讨群众服务，供给让群众满意的服务，贯彻人民中心理念是重点。“群众满意”目标的服务型治理，不应只用力于方法和制度，而是应传承党的优良传统。只要缕清什么是“群众”、“群众满意”指向的内容，才能明了有效治理目标。潘维认为，有组织的群众就是人民，党和政府不来动员和组织，群众就易成

① ［美］李怀印：《华北村治——晚清和民国时期的国家与乡村》，王士皓译，中华书局 2008 年版，第 15 页。

为一盘散沙，就易用权利来撕裂社会，① 从“群众”转换为“人民”，意味着人的“主体性”产生。转到基层服务治理领域，需要从三个层面着手：一是不仅要提供物质性公共服务，还应注意服务过程和方式，创造条件推动其向“人民”转化；二是注意引导和干预的方法，不能使“精细服务”变成无限满足，要让群众从被动接受的客体，转变为有参与意识的主体，以法治作为服务供给规则，实现基层法治自治结合；三是认识到服务的政治性，即群众不是作为顾客存在，群众满意不只针对服务绩效，而指向服务过程的公平，践行人民性的政治伦理，通过服务夯实群众认同，实现自治和德治相结合。

“三治”协同。当前的乡村治理问题是，随着乡村社会结构的变迁，城乡融合发展趋势增强，事务治理超出“乡政村治”范围。一方面，传统自治事务逐渐分化，依靠传统自治机制难协调，相对应的是民主自治能力下降，协商民主过程或者难以开展，或者精英参与带来民主治理混乱。另一方面，城乡融合和要素流动过程，带来农村新增治理事务，不一定在村民自治的范围，却在村庄空间生长和壮大，政府权力必须有所作为，下沉过程需要面向村庄。受村庄物理空间和社会空间影响，不少事务虽形式上有城乡趋同性，实质是独特的村庄属性特征。体制和空间互动的差异性，既带来人—事结合型事务变迁，又带来人—事分离型事务性状，需要针对不同事务属性进行治理。不过，基于村庄空间事务总体认识，会发现村庄事务的三重属性。一是村庄事务的模糊性。村庄事务呈现公私不清特征，即使其有公共治理效应，不一定是依法治理的范畴。当村庄情感关联缺失，关系网络不再有效，难短时间重构人—事关系，村庄事务就会溢出，兼具私人性、社会性和国家性，明确治理范围有操作难度。二是村庄事务的抽象性。以城乡融合作为基础，村庄进入高速发展阶段，村民生活方式快速转型，对生活质量要求提高，引出不少的新增事务。引导树立健康生活理念，需要法治和自治结合、自治和德治结合，从不同层次切入村庄生活秩序。三是村庄事务的政治性。放任乡村诸类事务

① 潘维：《信仰人民：中国共产党与中国政治传统》，中国人民大学出版社 2017 年版，第 147—148 页。

的自发解决，要么催生横暴权力，要么导致基层矛盾积累，总之会成为政府难以应付的政治事务。日常生活和制度治理间，党组织需发挥和转换治理功能，政府需要界定事务规则层次，还要立足社会原则激活村民参与。事务的模糊性、抽象性、政治性，及新时代高效能治理要求，要求自治、法治、德治协同治理。

二　章节安排

本研究包括导论和结论共有七章。第二章至第六章立足乡村“五大振兴”，分别梳理不同乡村振兴内容对应的治理事务，剖析治理事务属性及治理方式，分析乡村治理困境并探讨“三治”协同价值，基于属性要求探讨“三治”协同机制。鉴于乡村振兴五大内容指向广泛，囊括乡村事务变迁及多元属性，本研究围绕五大乡村振兴主题，从不同角度探讨“三治”协同，注意用典型案例来佐证。

第一章：导论。基于新时代的国家治理目标，梳理对基层治理的新要求，提出本研究的问题意识。通过梳理和述评既有基层治理研究不足，指出新时代乡村治理应该“三治”协同。进而提出本研究的框架是，基于事务属性及其治理要求，探讨如何实现有效治理，注意结合自上而下和自下而上逻辑，既梳理乡村主导治理事务的特征，又注意资源下乡和制度下乡的实践过程。最后介绍研究方法和田野工作，本研究核心概念及章节安排。

第二章：产业振兴与利益协同。发展乡村产业要立足乡村资源。基于对乡村发展资源类型的划分，分析乡村发展资源的属性，本研究认为，一、二、三产业融合有限制条件，部分乡村可以拓展产村发展功能。无论乡村存有哪类发展资源，都分散在集体和村民手中，都需要进行必要的村社整合，然后是对接市场逐步发展。整合乡村资源要获得村民同意，要与利益分化的村民打交道，自治是基础但要与德治结合，即通过党建引领、乡贤带头等，构建农村新型集体经济组织。集体要创新产业形态和经营模式，就要基于法治要求与市场合作，政府要做好服务和依法干预，要用公权力保障合同有效。

第三章：人才振兴与主体协同。实施治理有效的核心是人才，关键是外部赋能和主体激活。完善乡村人才的激励和保障机制，方能发挥其乡村振兴主体作用。从乡村振兴的制度环境看，核心是解决谁来治村、如何治村问题。“内培”的重点应是激活动力，“外引”的重点应是法治赋能。人才建设不仅要发现还要培养，不仅要提升他们的治理能力，还要提升他们的治理效能感。党建引领基层治理有必要性，政府需要支持村社治理，更重要的是搭建平台激发参与。自治、德治与法治要素有机协同，是乡土人才大显身手的关键。

第四章：文化振兴与价值协同。文化振兴载体是文化建设。乡村文化建设要契合群众需求，一方面解决乡村社会变迁中的生活失调问题，一方面要通过文化建设提高村民主体性，从内容上看既包括完善公共文化设施，又包括满足村民文化服务需求，还包括加强社会主义核心价值观的输入。文化建设应立足乡村现实问题，解决过程中通过“三治”协同，达成文化振兴三重治理目标。了解村庄的文化需求，发现村民文化偏好，既需要中坚力量参与，更需要政府引导调动，乡村文化诉求的公私混合性，要求文化供给不仅依赖政府，还要依靠村民自组织和民主自治，只有法治、自治、德治协同治理，方能多层次实现群众的美好生活。

第五章：生态振兴与社会协同。生态振兴的目标是居住环境改善，以厕所革命、村容村貌提升、农村垃圾治理等为主要方向，不仅需要补齐农村基础设施短板，还需要引导村民积极参与，提高农村宜居度。农村人居环境问题的难点和重点，是行政有为有位推动综合整治。即政府一方面引导、动员和激励，一方面注意尊重村庄治理边界，用力过猛易带来村民的“等靠要”。不少整治关切日常生活习惯，个体不仅要认可改变本身，还要知道如何持续推动改变，村民积极参与是核心。氛围营造需要动员型治理，榜样力量需要积极分子参与，外力介入要重视社会主体，“三治”协同机制因此很重要。

第六章：组织振兴与治理协同。组织振兴既是乡村振兴目标又是乡村振兴保障，组织主体包括基层党组织、专业合作经济组织、社会组织和自治组织等，乡村振兴需要多重组织参与，核心是发挥基层党组织的战斗堡垒作用，加强基层组织建设，提高治理能力。无论党组织还是基层组织，提高组织能力都要加强组织建设，提高复杂事务“三治”协同治理水平。一方面，乡村事务越发多元复杂，基层组织应对存在问题；另一方面，变迁的乡村事务模糊琐碎，现行基层组织难有效应对。提高基层治理能力，既需要提高制度治理能力，又需要提高组织治理能力。制度建设尊重村庄主体边界，党建引领强化统筹引领，资源输入就能提高治理能力。

第七章：结论。总结本研究的基本结论与创新点，提出城乡融合下的基层治理，应从国家—社会二元范式，转换到基层事务治理范式。基层治理研究应找回村庄，基于村庄空间探讨基层事务。将事务放在城乡背景下，基于乡村事务的属性，即模糊性、琐碎性、综合性等，探讨如何构建“三治”协同治理路径，实现有效治理并促进群众满意，进而对在乡村振兴背景下的乡村治理重新理解，探讨乡村治理“三治”要素的协同机制。

第二章　产业振兴与利益协同

第一节　产业振兴与要素协同

党的十九大报告作出“打赢脱贫攻坚战”和“实施乡村振兴”两大重要战略部署，并在“产业兴旺、生态宜居、乡风文明、治理有效、生活富裕”总要求中将“产业兴旺”置于首位。国务院2019年颁发的《关于促进乡村产业振兴的指导意见》明确指出产业兴旺是乡村振兴的基础，是解决农村一切问题的前提。伴随乡村振兴战略的实施，大量国家资源与市场资源契入乡村，旨在为农村现代化提供物质支撑，帮助乡村摆脱衰落景象。然而受基层治理因素的影响，资源下乡引发基层责权利不匹配困境，难以弥合“原子化”困境及代理人危机。通过治理调适与发展资源有效衔接，构建“三治”协同的治理机制，是保障产业振兴机制平稳过渡，使乡村产业真正向好、群众切实满意的关键。本节将探讨产业发展的关键要素、主要类型及现实困境，再探讨产业发展的出路及“三治”协同路径。

一　产业振兴的支撑要素

乡村产业振兴是指，以农村资源为依托，以在村农民为主体，以一、二、三产业融合为路径，以农业兴旺、农村繁荣、农民富裕为目的产业。从新农村建设阶段的“生产发展”上升至现在的“产业兴旺”，不仅是对乡村发展提出更高的要求，更是明确了下乡资源有效转化的路径。实现集体经济发展、培育中间结构及治理规则的建立，方能构建紧密的社会网络，进而盘活乡村发展的活力，推动乡村产业振兴战略切实落实。

（一）以资本嵌入为重要途径

产业发展并非单一的经济问题。实现产业振兴需要根植人文与自然资源，因地制宜挖掘农村生态和农业经济价值，推动乡村一二三产业深度融合发展。促进乡村社会经济多元发展的同时，为解决农村矛盾提供载体支持，是农业强、农村美、农民富的应有之义。

1983 年乡镇政权建制恢复、1988 年村民委员会建立，推动基层形成乡政村治格局。国家对乡村资源主要持“汲取”态势，村民要向国家和集体缴纳农业税、“三提五统”费用等，村组织是农村经济建设的重要主体，农民发展需求及农村产业结构较简单。税费改革后，伴随国家战略转变及城镇化推进，促进农村发展弥合城乡差距成为时代命题，发展农村产业和优化产业结构，成为基层政府用情用力的议题。相对应的问题是，不少农业乡镇失去大部分财政支撑，因“财权事权上收”体制陷入治理能力困境，难以应对城乡一体化下公共服务需求，更难以统筹投入产业发展需要的资源。为改善一般农村自主发展资源缺乏的问题，大量投入的国家资源成为乡村建设的倚靠，专项资金以项目化形式自上而下投入，形成农村公共品独特主导供给模式，[①] 农村发展对转移支付的依赖性增加。

除“制度内”自上而下的农村公共品供给，乡村发展有赖于地方工作主线——“招商引资”。[②] 其原因在于要真正实现产业振兴，仅靠农民自己及财政投入远远不够，地方政府引入外部资本进入农村，提供资金、技术、人才等要素很有必要。合理引导资本下乡参与发展过程，成为实现产业振兴的必然选择。为鼓励城市工商业资本下乡，中央陆续出台一系列政策。《中共中央　国务院关于实施乡村振兴战略的意见》和《国家乡村振兴战略规划（2018—2022 年)》提出，“鼓励引导工商资本、鼓励社会各界参与农村振兴”，强调“多措并举鼓励社会各界人士投身乡村建设，积极营造好营商环境、优化工商服务，让农业成为有奔头的产业”；2018 年中央一号文件要求“健全

---

① 桂华：《项目制与农村公共品供给体制分析——以农地整治为例》，《政治学研究》2014 年第 4 期。

② 黄宗智、龚为纲、高原：《“项目制”的运作机制和效果是“合理化”吗?》，《开放时代》2014 年第 5 期。

投入保障制度，创新投融资机制，加快形成财政优先保障、金融重点倾斜、社会积极参与的多元投入格局”；2020 年农业农村部印发的《社会资本投资农业农村指引》，强调“不断调动强化社会资本投资农业农村的积极性、主动性，切实发挥好社会资本投资农业农村、服务乡村振兴战略实施的作用”……若干文件反复强调，足见国家对资本下乡的重视。

基于现行制度环境看，不论是输入项目资源还是引入市场资源，都能为城乡市场一体化发展奠定基础，为构建现代经营体系提供保障，为保障农民的集体成员权益提供条件。基于国家政策目标看，大力推动资本下乡不仅是希望其促进产业繁荣和经济发展，还希望其实现服务农民、带动农村发展的目标。资本具有先天的逐利本性，资本下乡是因为工业化城市化背景下，农村不断产生新产业和新业态且逐渐由小变大，为资本进入农村投资提供了经济机会。合理引导城市资本下乡，解决其潜在与民争利的问题及延伸的系列治理风险，形成良性稳态治理秩序，是发展乡村的考虑重点。

（二）以集体组织为基础载体

乡村是以村社集体为基本单元，进行资源配置、生产协作及社会交往，资源整合分配需要协调集体与个体关系，集体治理安排要照顾个体需求满足。集体经济发展不只具有经济意义，还是凝聚群众有力治理的手段，是提升党组织领导力的载体。以土地集体所有制为基础的集体经济，是公有制经济在农村的重要体现，同时是村社共同体存在和延续的基础。集体经济组织的利益属性与集体属性，使其能够超越村组及相关合作组织的局限性，通过利益共同体建设实现广泛群众动员，构建起承接与转换国家资源和市场资源的平台，一方面实现对多元资源的统筹盘活，一方面通过整合和分配积累组织信任，进而为农民安心上楼、乡村社会空间整合等，提供持续物质支持。①

改革开放以来，国家持续出台政策强调集体经济发展及集体经济组织建设的重要性，典型代表是 2015 年财政部印发的《扶持村

① 王成龙、蔡张瑶：《村级集体经济组织发展的理论逻辑与重要现实问题分析》，《农村经济》2022 年第 8 期。

级集体经济发展试点的指导意见》和2020年农业农村部印发的《农村集体经济组织示范章程》。推动乡村振兴的最终目的是实现共同富裕，壮大集体经济不仅能助力产业兴旺，更是为让村民共享产业发展成果，回应村民的美好生活需求。通过扩大村民参与面，强化利益关联、促进利益动员，让村民切实感受到“发展集体经济和我有关系”“乡村产业振兴对我有好处”，生成“我们感”，促进其对产业振兴战略的“认同感”，进而激发村民能动性，形成共治共建共享格局。

集体土地制度既是产权制度安排，同时承载重要的治理功能。通过集体制度优化与组织建设，将分散的农户凝聚成联合体，有机衔接小农户和大市场，能蹚出产业兴旺、生活富裕的新路子，最符合当下乡村发展现实。必须坚持农村土地集体所有制度基础，完成联结广大农户实现整体发展的任务；借助外来资本克服小农经济的局限性，增强乡村集体自主建设与发展的能力；通过集体经济组织的培育提高集体“统”的能力，保障小农户参与市场经营的基础地位。总之，壮大集体经济是实现产业振兴、推动农村发展的孵化器，对真正实现立农、为农、兴农的综合性乡村振兴目标不可或缺。

（三）以治理有效为关键保障

伴随产业振兴战略的推进，乡村产业发展资源投入与治理规范逐年增加，然而，产业振兴与资源投入间未必存在正向关联，关键就是，承接发展资源的治理主体能否遵循自上而下的政策规范，能否在调和外部规范与内生秩序基础上，构建双轮驱动的乡村发展新秩序。我们调研发现，日益密集的资源及规范下乡，易形成能人主导的村治样态。当乡村由兜底平稳转向发展治理，农村发展难以依靠项目下乡自主实现，有发展眼光、多元资源的能人，就会因特征吻合被推荐治村。当带领发展与能人利益高度相关，地方政府对产业振兴的要求逐渐提高，乡村两级易共谋推动“富人治村”。

表面上看，在中央政策鼓励与地方政府扶持下，富人治村能提升发展项目的执行力，推动产业发展同时改变村庄面貌，但是，乡村振兴的诸要素相互关联，产业发展难以与相关要素脱嵌。“治理有效”

是乡村振兴的基础说明，产业振兴应当寻求效率逻辑与合法性逻辑平衡。[①]“要人要钱要物”逻辑下形成的“富人治村”，易呈现治理的“去道义化”和“去自治化”风险。毕竟，富人治村逻辑易遵从利益交换，[②] 而非乡村的伦理道义准则，易动摇村干部治村合法性基础。当富人倾向用利益交换简化治理任务，群众工作就演变为金钱关系。更大的问题是，富人掌握项目与发展话语权，关注与自身利益密切相关的需要，村民作为产业振兴的主体，却难以有效参与发展过程，结果是，富人治村虽能够取得短期成效，却易忽视群众的公共诉求，带来治理依附发展的维稳陷阱。当项目资源输入转为富人的资本，无法推动村庄公共性与治理秩序形塑，就会消解群众对村治的认同感。

鉴于富人治村逻辑弊端，产业振兴应嵌入治理规则，引导村治主体有为有位；通过调动村民参与推动民主治理，促进规则适配乡村内生诉求；基于正式规则的运行，激活和促进自主治理有效，逐步引导村庄公共性形成，达成“三治”有机协同的发展治理生态。

二　产业发展的治理困境

农村产业发展仅靠农民个体远远不够，还需要组织力和外来资源带动，当然，前提是农业基础设施供给较完善。各地为推动农村产业发展，或者将民生型公共品和发展型公共品叠加，吸引资本下乡，吸纳公共资源发展，或者成立集体经济，组织整合分散的小农利益，通过政策激励诱导集体经济发展，常见情况是，易出现单向主体行动下发展治理困境。

（一）资本下乡的治理困境

产业发展的路径之一是资本下乡，资本不仅要嵌入乡土社会，还要与分散的村民打交道。村庄生产生活互构塑造的乡村空间，表现出物理性和社会性特征，村民在利用乡村空间的行动同时，乡村空间在不断重塑村民行为。下乡资源和资本要实现有效落地促进发展，需要

---

① 郝文强、王佳璐、张道林：《抱团发展：共同富裕视阈下农村集体经济的模式创新——来自浙北桐乡市的经验》，《农业经济问题》2022 年第 8 期。

② 魏程琳、徐嘉鸿、王会：《富人治村：探索中国基层政治的变迁逻辑》，《南京农业大学学报》（社会科学版）2014 年第 3 期。

契合乡村空间双重特征。我们通过调研发现，当资源下乡忽视乡土社会结构，不呼应村民的多元社会诉求，会带来资本主导发展的困境。

一是资本“外来性”与村社“内部性”冲突，引发村民不信任与抗争行为。尽管自2000年以来，随着城乡二元体制逐步解除，农村人口外流规模越来越大，一般农村发生多重变迁，社会边界越来越模糊，村民间熟悉感减弱，农村仍受血缘地缘关系的影响，村民仍遵循熟人社会逻辑。对内讲究人情面子，对外漠视陌生人利益，刻入村民交往过程。其典型表现在以下两个方面。①资本与村庄互动难以摆脱乡情排斥。[①] 我们调研郫都区长生村发现，2008年成都市周边苗木产业兴起，大量外地老板拥入成都郊区种植苗木，每亩土地租金为1800—2000元，长生村大部分人都将土地流转给老板，但在称谓上，村民还是会强调为“外地老板”，在交往上，强调需以熟知的小组长为中介。②村民对外来资本容忍度低。在郫都区的横山村，村组织引进2000亩土地流转项目，村组织和老板反复沟通准备就绪，但个体农户对老板并不信任，连带认为村组织和老板间有利益交换，最终项目未能落地。即使下乡资本成功进入，村民易因为鸡毛蒜皮的小事与其发生冲突，如耕作压坏路面会要求赔偿，村民要求企业高价聘请本地人，村民因生产问题阻拦公司收割，等等。不少企业不堪其扰逐步选择离开村庄，资本与村庄的良性互动关系难形成。

二是资本“专业性”与乡村“连带性”冲突，引发下乡资源运作空间悬浮。[②] 以“熟人社会”为底蕴的乡村社会空间，人情面子构成村庄交往的核心，模糊性、不规则性及碎片化构成公共事务的基本特征，事务治理要关联背后的人际关系，表现出“人事融合”的嵌入式治理特征。比较而言，下乡资本遵循市场规则与企业制度，但要应对关系约束下的事务治理模式。当下乡资本没有进行有效的调适，而是遵循自身逻辑认知展开行动，就会产生两大资本下乡结果。其一为专业逻辑吸纳连带逻辑。我们调研发现，部分村庄遭遇资本下乡

---

① 蒋国河、江小玲：《乡村振兴中的资本下乡与村企关系：互惠难题与合作困境》，《江西财经大学学报》2022年第1期。

② 王伟杰：《“外嵌型悬浮”：新时代资本下乡的空间张力及优化策略研究》，《现代经济探讨》2021年第9期。

后，企业与政府会联合干预，使当地社会环境发生变化。利益交换、契约签订等过程使得法治不断嵌入乡村，村民交往理性原则逐渐压倒传统互惠关系，事务治理的连带性、综合性，被简化为利益交换与权力压制，村民对公共治理更加不关心，基层治理过程易产生矛盾。其二为发展吸纳治理的逻辑。资本凭借优势权力资源，获得相较村庄的优势，表面上能顺利进村经营，但资本整合资源是为了悬浮发展，不会顾及发展的连带问题。当资本发展快、赢利多，不与村民分享发展成果，就会引起村民的不满，会基于道义逻辑进行阻挠；如果资本发展慢甚至亏本，资本不按期给付村民租金，甚至发生突然撤资逃走情况，就会带来后续的治理危机，如村民因不满求援基层政府，倒逼政府层层进行回应，带来兜底式治理逻辑。

总结起来，乡村空间作为产业发展的载体，起着至关重要的基础作用，产业发展要顾及事务治理。资本下乡外部性及理性专业性，难以适配乡村事务属性，难以呼应村民的发展期待。下乡资本要实现外部资源内部化，必须嵌入乡村空间构建连带关系，既增强对农村资源的整合能力，又处理好与村庄社会的关系。

（二）土地整合的治理困境

资本下乡需与生产资料结合，关键就是集体土地资源。作为产业振兴核心要素的集体土地承载生产生活、就业吸纳、产业衔接等多重功能。改革开放以来，集体组织通过“统分结合”机制明晰并强化集体土地权能，极大促进集体经济发展。但是，伴随城市进程加快及农民工群体扩张，土地所有权流转逐渐由私人关系扩展至市场关系，[①]加剧了土地配置的碎片性，难以提供规模经营条件，且农民私下进行的土地流转，往往具有价格低廉的特征，集体土地权益受损严重。为解决小农粗放经营与效率低下问题，中央推动土地确权和“三权分置”，一方面引导集体土地由传统的保障性，朝资本性、发展性方向转变，一方面严格规范土地流转，为资本下乡提供制度性保障。但是，集体土地调整问题多，集体土地经营阻力大。

---

① 罗玉辉：《新中国成立70年农村土地制度改革的历史经验与未来思考》，《经济学家》2020年第2期。

第一，农民流转意愿差异，带来土地整合的困难。我们调查发现，当前农村土地流转有三种形式：农户之间的自发流转、政府和集体主导的招商引资、资本下乡推动的土地规模流转，后两者的难点是，从土地流转到生产经营再到收益分配，各个阶段都关联于在村户的利益关系，资本要降低流转交易成本，就要发挥村组两级的治理优势，即借用其做群众工作和居中协调的优势，实现土地连片集中与利益分配的合情合理。然而伴随土地确权及土地增值，农民土地私有意识得到强化，应对多元异质的利益诉求，需要基层组织既推动政社协商治理，又注意多元主体合作治理。

第二，增减挂钩指标落地的长周期，带来集体项目资源断裂风险。增减挂钩制度实施的基础是土地整理，适用于“城市缺地、农村缺钱”现实，试图通过推动建设用地指标的挖潜和横向流动，使集体获得发展治理所需要的资金。增减挂钩制度强激励下，全国 20 余个省份开展城乡实践，交易土地的面积达 60 余万亩，已然成为集体发展的重要策略。不可忽视的问题是，土地指标从挂钩整理到招拍挂再到资金回笼，具有一定周期性与风险性，如果生产的指标无法及时交易，就可能带来集体发展治理矛盾。

第三，粗放利用流转土地，使集体陷入发展困局。产业振兴的关键是贯彻新发展理念和提升集体经营能力，实现产业发展长效化、规模化、体系化。但是多数农村受历史和现实因素影响，往往采取短视经营方式，或者采取一般经营方式，让渡土地形成“租金经济”。常见情况是出租土地获得地租，自建厂房获取较低物业租金，等等，缺乏长期经营能力与思维。对租金经济的路径依赖，既降低了集体用地的发展效率、减弱了集体再分配能力，又影响资本的持续投入，难以实现外来资源的有效转化。结果是，集体发展陷入停滞，投入产出逐渐失衡。

（三）农村公共品供给困境

多层级惠农政策的实施，在推动乡村产业发展的同时，深刻改变乡村治理格局。围绕资源下乡带来的利益进行合理分配，是政策工具转换为治理效能的关键。其中，公共品供给作为引导经济发展的重要力量，可以强制占有部分社会资源并重新分配，增加受益对象的福利水平，提高生产要素配置效率，进而激发乡村产业内生发展动力，促进乡村产业的优化升级。具体实践中，农村公共品供给却遭遇“最后一公里”难题，即从外部输入的项目资源和公共政策，在村社呈现“执行有效，治理无效，群众无感”的现实特征。具体可以从以下两方面进行理解。

一是单向配置下村民参与缺位。村民既是公共品接受主体，又是公共品供给过程的重要参与者。然而，项目制供给往往形成竞赛逻辑或效率逻辑，前者是将大量资源集中投放至少数的亮点村，以创建“印象政绩”为导向进行资源配置，易形成项目资源分配的“马太效应”，及公共物品供给的“形过于实”。后者的重点是提升公共品供给的部门效率，往往是条条主导单向构建项目资源库，末端的村社主体仅能进行有限申报或直接执行。两种供给路径的差别源于条块关系，共同点在于忽视了村民群体的主体地位，未能在全过程甚至单环节中为村民意愿的有效表达建构适当空间，结果是批量输入的资源难以契合村民需求，遑论服务内生发展动能和促进发展可持续。

二是引导缺失下的组织无力。从国家资源的公权属性与乡村社会集体属性出发，会发现资本下乡的过程实际是政府所代表的“公”，与个体农户代表的“私”及所有集体代表的“共”间的转化过程。个体诉求如何转换为集体选择，进而对接自上而下输入的项目制，是下乡资源转换为治理效能的关键。市场经济发展与现代要素楔入条件下，农民主体的个体理性不断膨胀，带来主体间对“共”和“公”的认知变化，连带影响资源的配置和转换方式，资本进村的协商成本相应增加。包括集体组织在内的中间结构，① 理应发挥出承上启下的作用，即借助集体组织平台实现集体协商和群众监督，让农民能充分表达公共需求偏好，基于不断的政治协商过程达成集体共识。

要注意的是，国家对农村的项目资源输入，不会自动激活农村组织力量，易呈现两种规范机制的缺失。①群众参与的引导机制缺失。我们调查的多地农村，资本下乡未形成体系化的民主参与规范，如对

---

① 安永军、刘景琦：《“中间结构”：资源下乡背景下国家与农民联结的新机制》，《农业经济问题》2019 年第 9 期。

项目申报阶段意见征集的规定，对项目实施阶段的信息公开作出要求等，无法通过规则嵌入凝聚形成集体组织，更难调动普通村民参与项目实施动力，及激发村民参与公共事务的积极性，遑论获得村民社会认同、推动共同体构建。②干部谋利的约束机制缺失。表现为既未赋予群众社会性监督权力，又未制定细致全面的规范，对村干部谋私利行为没有规制，使公共收入被乱用现象频现，招致村民不满的同时，损害政府治理的公信力。

两大公共品供给路径的结果是，体制难与村社主体产生有效互动，甚至引发下乡资源消解基层自治①的怪象。产业振兴最需要依靠的是农民，但其在公共生活中的话语空间却被不断压缩，基层政府与村治能人遵循自利而非公共规则展开合作，产业振兴依赖的集体统筹协调机制难以培育与有效发挥，使得公共品供给的“最后一公里”困境演变成产业振兴的主体参与治理困境。

三　政府介入的产业发展

如果没有加强政府的引导和规范，只重产业发展易出现问题。政府促进产业发展的方式有二，即以政府主导为核心推动发展和政府与资本合作推动发展。政府下沉使村治过程更趋复杂，产业发展走向不同的路径。我们依据政府—资本—村社互动路径差异，分别探讨两类产业发展逻辑。

（一）政府主导式发展实践

政府主导模式强调政府的权力强势地位，主要表现为由地方政府出台政策，为乡村产业发展提供专项资金。政府主导具备政策性和程序性的特征，关联项目制基本逻辑并进行县域转换。政府主导产业发展路径，与产业振兴价值旨归密切相关，即乡村产业发展不仅是经济任务，更是地方政府阶段性中心工作。在压力型体制下，地方政府会构建考核体系，对县级政府行为过程施压，县级政府为保证发展任务落实完成，通过绩效创建争取更大的利益，形塑出行政主导产业发展

① 李祖佩：《“资源消解自治”——项目下乡背景下的村治困境及其逻辑》，《学习与实践》2012年第11期。

的行动逻辑。

1. 通过项目制造典型

鉴于资本下乡与治理下乡几乎同时进行，产业发展会面临过程与结果双考核。从县级政府的角度看，一旦项目落地和内容审批不审慎，进村项目的实施成效不明显，治理绩效就会受到较大影响。县级政府为保障项目数量达标和实施绩效可观，会将项目输入的最大政治收益作为考量关键，通过项目运作过程制造典型成为常见的做法。具体而言，县级政府倾向将下乡项目及外引产业，引至自身基础好、重要领导包点、治理能力强、集中性高的村。我们调查的鄂西樱桃沟村，樱桃种植的历史很是悠久，当地的环境适宜樱桃种植，樱桃存活率高且易打理。村民种植与村干部动员，形成一定的种植规模，每年樱桃花开放的季节，会吸引不少的游客前来观赏，使该村具备一定知名度。2012 年，樱桃沟村被评为县级旅游示范村，后作扶贫重点村被县委书记包点。县乡政府将其选为亮点村，通过大量项目资源投入集中打造，成立樱桃沟示范村指挥部。短短的几年时间里，樱桃沟村紧锣密鼓加大设施建设和景观开发力度，推动环境卫生整治、凉亭水系工程、建设樱桃驿站等，前后投入各类项目资金 3000 多万元。

2. 政府居于主导地位

对于县级政府而言，造典型既是为完成任务，又是为筑好巢以引资。为最大化呈现项目治理绩效，推动乡村产业跨越式发展，县乡政府“管家式”介入乡村产业发展的全过程，占据政企、政村等关系的主导权。仍以樱桃沟村为例，①政府与资本的关系。为保证资本顺利进入村社，政府大力建设基础设施，资本经营几乎无风险支出，只需按照规划经营即可。政府派专人直接与商户接洽，向其描画樱桃小镇的发展前景，并表示短期投入虽然大，但见效快、收益长期。在县乡政府的鼓舞下，资本方轻易介入。有企业老板对我们说，“领导介绍来的，看了觉得还可以，就过来了”。发展初期资本听从政令，事事以政府产业规划为准。②政府与村庄关系。基于“项目造典型”的逻辑，县级政府向村组织下达发展任务，县领导直接挂帅引导项目方向，还成立临时指挥部专门规划指导。樱桃沟的村民和村干部逐渐认识到，要发展就必须获得政府多元支持，紧跟步伐走政府铺设的发展路子，争取政策倾斜，保证资源投入。当后期部分设施与景点运营困难面临停摆命运，失去授意的村干部不知如何发力，只能想尽办法争取县乡政府再度支持。③集体与资本的关系。基于县级政府主导发展的背景，樱桃小镇的土地由村组织统一征收，成立旅游开发公司进行管理，村组织代表村社集体占10%干股，形式上承担樱桃小镇的发展管理任务，实际并不具有市场法人和市场经营能力。村社组织既无力承担市场风险，又不能实质参与市场运作，与下乡资本不是合作伙伴关系。

（二）政企合谋式发展实践

资本主导模式强调的是，政府引进的工商企业起到主导作用，乡村发展话语权、决策权被资本主导攫取。主动性强的资本下乡受多重因素吸引，如政策倾斜与项目资源或村庄资源密集。资本具有强烈的经营和谋利倾向，资本进入受地方政府默许和乡村治理能力弱化影响，往往会呈现膨胀式一元主导发展的形态，资本角色由外来参与者转变为治理主导者，群众主体成为乡村发展的陪跑者和附庸者，乡村社会被整体置于资本管制下，基层治理没有实质性发展。我们结合多地案例，总结资本与政府合作的过程，资本与乡村主体的互动过程，透视政社合作发展模式弊端。

1. 政府与企业合作

外来资本嵌入乡村往往受到地方政府牵引，常见做法是政府在政策和资源上提供便利支持，默许资本将村庄纳入企业经营过程，有学者将其概括为村庄公司主义。① 为了促进农业和农村的现代化，湖北省2008年颁布“回归工程”，动员湖北籍在外成功的企业家回乡创业与参与家乡建设事业有机结合。出身鄂中王坪村的郑中作为重庆湖北商会执行副会长，响应号召出资捐赠1.5亿元建设基础设施，成立现代田园生态农业农民专业合作社。具体运作模式是，将当地王坪片区5个村2089户近5万亩土地流转，由公司统一规划、集中管理、规模经营，农民以土地入社参股分红、参与统一管理，试图实现土地集约化、规模化发展，规划建设的新村对外宣传称“正中水镇”。公司紧

① 焦长权：《资本进村与村庄公司主义》，《文化纵横》2013年第1期。

跟生态农村建设潮流，提出将正中水镇打造成为“自然生态之乡”，吸引消费者到王坪旅游，提供地方政府会议服务，推动村社短期内“改头换面”。

尽管王坪村资本下乡具备特殊性，但仍呈现出诸多一般性特征，即地方政府全力支持和有限参与，试图推动政府与资本“互利共赢”。具体而言，资本主导产业发展模式，地方政府的考虑是保证全局可控，给足政策和精神支持并放权给资本，交由资本自主规划和投入资金，行政主导策略转向引导规范：一方面基于“土地增减挂钩”的政策框架，帮助工商资本对耕地进行“整村流转”，通过土地指标的腾退交易，弥补县乡土地财政缺口；另一方面围绕企业需求推动项目发包，全力服务资本下乡经营的同时，依托资本的造点向上争取项目，实现各取所需下的互惠合作。

然而，受资本积极扩张与乡镇权能有限影响，原先大致平衡的政府和资本关系，会随着项目资源的集中投入，逐步向资本倾斜、变成资本私产。仍以王坪村为例，鉴于郑中的个人实力雄厚，发展模式受到政府支持，大部分村民选择与郑中合作，支持由其主导的美丽乡村建设。村民居住的楼房由公司建设，在村工作岗位由公司提供，土地流转金公司每年会支付，基础设施由公司申请建设。当村庄发展治理的一切离不开公司，村治威望就逐渐转移到公司身上，呈现出“资本吸纳治理”的新兴特点。王坪村所在镇的副镇长表示，由于乡镇本来就没有实在权力，发展过程中能做的就是协助争取项目，当王坪村的发展势头越来越好，发展群体就直接与市级和省级政府沟通，省市领导视察都是郑中接待。高级领导重视和助力的结果是，基层政府和村组织愿意支持和配合资本下乡经营实践。

2. 资本侵蚀群众权益

高级政府和资本密切无间的合作，资本对乡村发展的持续推进，使王坪村的产业发展现状和前景，一度可以用“乡村振兴”概括。无论村容村貌还是村民生活，两年时间里得到显著改善。如果我们重审乡村发展初衷，会发现其主体既非政府又非资本，而应是“以人为本”和村庄主位，毕竟，保障和提高群众的利益，是乡村振兴战略的根本。但在乡村治理能力弱化条件下，政府支持资本下乡并放松过程管控，结果将是群众诸权益难以保证。

一是村民自治权益。政府支持和资本主导条件下，返乡富人往往因其优越的条件赢得选举，进而在村组织占据重要席位。王坪村本该到了换届选举的年份，村社却以“保证建设平稳连续”为由，不按村自治制度开展选举，并对返乡富人郑中进行“特殊情况特殊处理”，使户口不在村又非党员的郑中，未经选举就被破例任命为村副主任。资本下乡模式下，村民诸项权益，因“特殊情况”有意无意特殊处理。即随着资本对基层组织的捆绑，无论县乡政府还是村组织，都围绕公司事务重心来运转，凡乡村发展和治理重大事项，均由少数人员拍板。当村社和村组织被裹进公司化进程，村民自治空间不可避免被压缩。

二是农民的经济利益。王坪村农民专业合作社由公司注册，初期公司承诺农民与合作社签订土地流转协议，合作社优先提供他们就业机会。不过，农业合作社的发展不理想，相较农民自种的土地，效率和质量相差远，发展到后来合作社无力安置过多劳动力，合作社就将土地转包试图挽回损失，土地租金遂成为合作社与农户仅有关联。对公司而言，合作社虽未能规模经营农业盈利，但可以合作社的名义申请政府类项目，加上公司与村组织主我客我不分，涉农项目与惠农补贴可直接注入公司，进而演变成单向扶持下乡资本的手段。国家惠农政策能否惠及广大农户，其话语权和操作权都在公司手上，失去土地和宅基地的农民，几乎没有讨价还价的能力。

三是农民的发展权益。王坪村合作社先实行“农民上楼”，通过复垦宅基地获得1000多亩集体建设用地指标，再利用土地增减挂钩政策将指标出售，不仅公司可以获得几千万元指标收入，还在政府默许下覆盖自家城市用地。理论上讲，村民土地入股能参与合作社分红，但是，合作社经营只有一年保本，其余年份均是入不敷出，后来变为拖欠土地租金。我们调查发现，少有村民愿意将土地流转金留在公司，但是讨要土地流转金有阻碍。合作社经营农地亏损，就将盈利的方向转移，公司先是投资建设物流中心，建现代农产品加工基地，既获得政府农业补贴，又能给村民想象空间，缓解暂时经营危机。公司利用集体建设用地延伸发展链条，发展乡村旅游拓展农业功能。具体路径是，建设高端养老院和拓展训练区，建设豪华别墅群和大型会务中心，建设观光、美食、采摘区等，推动乡村“产观经济”发展。

当集体可用的土地被开发殆尽，均被纳入合作社经营范围，相应的后果是，村社发展机会被合作社拿走。当地乡镇领导指出，“王坪村的规划很宏伟”。但投资规模如此大，市场风险岂容小觑。如果乡村产业发展过程遇阻，出现亏损谁应负责呢。从我们后续跟踪调查情况看，政府同样有风险规避倾向，村社集体又与公司联系过密，合作社会将村民继续“捆绑”，集体产权本身不甚明晰，会使集体成为风险承担者，受损主体演变成全体村民。

四 发展型治理的“三治”进路

从乡村产业发展过程看，政府对乡村建设关注、资本对乡村发展支持，为村社发展带来重大战略机遇，是产业振兴不可或缺的角色。要素下乡调动村社发展主动性需要激发农村活力，重建村社发展和稳定的“蓄水池”功能。即构建政府—资本—村社平衡关系，通过行政和市场要素激励，促进集体经济组织发展，通过自治保障和法治护航，激发乡村的内生发展活力，通过“三治”协同来保障发展。

（一）输入制度保障利益联结

产业发展的旨归是增进乡村整体利益，培育乡村长效发展的内生动力。在实践过程中，资本因逐利性只看重自身利益最大化，基层政府在压力与利益推动下以政绩论英雄，基于资源互惠形成乡村发展共同体。受趋利的外部环境影响，作为主体的村组织和村民，要么成为资本逐利的协作者，注重满足私利而非公利，要么被政府和资本边缘化，难以表达村社公共诉求，导致的结果是，村社公益陷入长期“失语”状态。地方政府作为下乡资源的“守门人”与“中转站”，应当在尊重市场规则的基础上实现公共治理，通过行政主导与规范嵌入促进乡村产业良性发展。自上而下来看，政府主导和规范的目的是通过规则下沉约束主体间行为，通过行政协调资本与村社的利益，建构主体对政府治理的认同。

对企业的规范引领。要协调资本盈利与村社发展目标，地方政府应基于二者的利益联结点输入规则，引导资本与村社建立共赢关系，通过制度保障维持利益联结的稳定。以农业种植业及养殖业为例，在村户有耕作土地获得收入的能力与意愿时，政府应引导资本避免挤占农户生存空间，并在助力农产品生产的同时发挥自身的市场经营能力，打通农产品的市场销售渠道，建立起“产、加、销”的发展产业链，实现农户与企业的互利共赢。①地方政府从制度层面引导资本下乡，基于村社属性制订产业发展总体规划，为资本经营提供宏观框架约束，引导其确定契合的经营内容和经营项目，鼓励资本立足自身优势谋发展，尤其是谋划个体发展难以实现的产业，以工商资本要素融合为基点，撬动产业结构的扩展升级。②以制度设置强化资本运营风险监管。一方面，政府应当规范资本利用土地方式，在资本下乡前进行严格的准入审核，对土地用途、利用程度等跟踪监管，引导工商企业合理运营收获土地效益；另一方面，政府应当完善土地流转制度，既要防止侵害农民利益的非规范流转行为，又要构建土地流转风险保障规制，保障土地流转后农民利益不受风险侵害。③保障和提高农民的发展话语权，如政府引导构建多元协商共治平台，政府牵头推动平等协商方式，制定合理的利益分配关系，预防资本与能人合谋的“精英俘获”现象，助力资本与村民间的利益联结关系，依法为基本权益受损农民提供多元支持。

对村组织的规范引领。富人群体主导的治村格局，耦合产业发展理念与能力要求，易出现治理形式化与私人化局面，如若政府不进行规制和引导，会推动发展成果被少数精英群体享受，利益分配过程易出现问题，结果是大量不契合实际需求的“惠民项目”下沉，既浪费公共资源又压缩自治空间。乡镇政府作为基层发展治理的引导者，一方面应当加强村干部行为规制，一方面应当引导与培育群众的监督制衡能力。①对村干部的行为规制，其一是加强对村社换届选举的规范监督，竞选前加强对富人候选人的资格审查，严查易造成合法性流失的选举行为；其二是完善财务制度与项目审批制度，一方面对公共资源承接利用进行全过程督查，压缩制度漏洞供给的灰色谋利空间；另一方面对村组财务信息公开作出明确要求，保障群众的知情权、参与权和表达权，提升资本下乡的制度化社会化监督水平。②培育普通群众的监督制衡能力，通过规则嵌入尤其民主自治规则的完善，为村民监督资本运行建构制度性渠道，同时注意利用驻村干部与聊天长廊，畅通村民与政府间的沟通渠道，确保对公共项目运行进行实时监督的同时，依托公共资源的治理和转换过程，提高村民对自身合法权益的认知运用能力，培植参与乡村发展的内生力量。

（二）夯实集体促进利益整合

产业振兴需要实现资源要素统筹聚合。理想情况下，只要集体组织具备良性运转能力，就能在基层政府的有效支持下，与下乡资本达成合作关系。但在具体实践中，各地的社会基础存在差异，集体权能实现形式不同，农户进入市场方式有区分，要激发和保障集体主体地位，需花费较大的时间和精力。不少地方政府不愿劳师动众做工作，而是选择投入低、见效快的路径，因此资本介入乡村方式易异化。要让外输资本在乡村场域发挥正向作用，首先要解决的问题是基于“大国小农”背景，矫正“有资源而少集体”的组织困境，推动资本与农村资源的有效整合。

中西部一般农村受打工经济驱动，劳动力要素外流问题严重，耕地分布碎片化、生产主体老龄化现象突出，解决土地抛荒现象、统筹多元主体行为，提升土地生产效益、保障集体组织权益，是乡村产业发展的重要内容。关键路径是通过稳定性和权威性的组织动员，实现对分散化、异质化主体整合。相较后税费时期富人治村模式催生的“精英俘获”现象，造成的公共资源配置效率降低、村组服务能力弱化及公信力衰退问题，根植和发力于农村的党支部，受到制度规范和组织文化的双重约束，先天具备崇高的政治社会权威，能解决产业发展的统筹需求。① 近年来，各地围绕党建引领发展进行实践，我们以山东烟台大户陈村为例，从党组织延伸引领产业发展，动员形成治理合力两方面，理解党建引领的重要性。

一是通过“党建+合作社”方式，推动农业生产组织化。①对合作社内所有农业生产环节进行标准化、流程化统筹，降低个体农户参与合作社经营的技术门槛；②构建村社层面的产业发展公共服务平

① 姜裕富：《农村基层党组织与农民专业合作社的关系研究——基于资源依赖理论的视角》，《社会主义研究》2011 年第 5 期。

台，对接包括市技术专家、烟台农科院、烟台果树总站在内的专家，向下对接分散的个体农户发展诉求，通过供需统筹与衔接提升技术服务普及水平。大户陈村党组织通过不懈努力推动精细化高端农业在村社扎根发展，成功推广进驻一线城市高档超市的高标准农业产品。

二是推动统分结合型的自治，促进农业的现代转型。①发挥区域化党建功能，将闲置土地或低效土地统一收回，集中连片解决土地细碎问题，实现辖区内发展资源的组织整合；②统筹区域品牌发展，以地域有效合作为基础，强调集群性、整体性的产品质量，围绕地域形成规模经营效应，根据政府指导和市场形势，把握强化当地农产品品牌建设，发挥党组织的引领协调作用。

三是将党建与治理相结合，激活党员参与乡村产业发展，强化党组织的引领整合功能。①党组织发动党员为村民服务，为建设美好家园义务劳动。如发动党员清理公共区域杂草，动员优秀党员上山砍树开荒；村民大会和党员大会间隙，评选优秀党员并进行奖励。通过为村谋发展的公共活动，党组织先进性和公共性被确立，党员的荣誉感、先进性被激发。②提升党员开会议事能力，为集体经济发展出谋划策。在尊重党员意见表达的基础上，民主集中公正公开做决策，使得无论坟墓搬迁还是山地开荒，党员参与性主动性都较强。③增强党员参与治理获得感。集体经济发展成果要由合作社成员共享，党员作为普通村民同样能享受红利，党员参加公共活动能获得积分，有劳务需要集体会优先分配，获得感增强，激发党员为民服务的动力。

总结起来，党建引领发展过程，解决三重发展难题：一是将农业生产过程重新组织化，解决土地细碎和公共服务问题，二是供需统筹突破单一主体经营困境，引导遵循市场导向实现全面精准服务，三是通过引领发展的过程，党组织得以凝聚群众诉求，不仅增强了党组织的向心力，还锻炼了党员带动能力。并且，通过党支部领办集体经济发展，能重建组织与群众的联系，进而促进集体经济组织发展，推动发展治理有机协调。

（三）民主协商构建治理秩序

当前，产业振兴对乡村治理能力提出高要求，核心是健全“三治”结合的乡村治理体系，即通过法治，供给治理的法治规范，保障依法自治秩序；通过自治，建立健全协商民主机制，通过民主治理凝聚人心；通过德治，激发群众的参与积极性，层层带动实现广泛参与，提供善治的基础保障。不论实施何种乡村发展路径，“三治”协同目标都是坚持村社本位，强化群众本位和自治本位，毕竟，产业振兴的主体是广大人民群众，不论基层政府还是基层党支部，都应当发挥引领协调而非包揽干预职能。广大群众组织化参与基层治理，方能自主探索不同的发展道路，为产业振兴提供坚实的内驱动力。

自下而上审视乡村发展过程，发现国家输入资源和制度，易带来乡村持续发展困境，这源于公共利益的表达机制、基层治理能力的提升，无法单维度依赖外部直接输入乡村场域后自动实现。外部规范下沉与资本利益嵌入，不仅有可能催生新型利益合作形式，使权力寻租现象密集出现，还会造成资本运行监督成本增加，村社集体话语表达缺失问题。一般农村具有“人事结合”的特征，事务利用和治理需立足事务属性。若制度与资源变迁耦合事务基础，就能够顺应乡村发展治理要求实现顺利发展，重构国家与社会的关联机制，实现发展与治理要素互构，密切干部与群众的连接纽带。具体而言，可以从两方面展开。

第一，依托事务治理构建民主框架，引导群众表达内生性诉求。政府主导与资本主导的产业发展，易将归属于村社的治理资源，扭曲为政府完成治理任务、资本追求私利的载体与工具。要实现资源下沉的价值目标，应以回应内生性需求为目的，实现内外部资源的有机衔接，就要将资源配置权赋予村组织和群众，建立健全公共诉求表达的梯度转化制度。典型经验即成都市村公资金“六步工作法”，即“宣传动员——一户一表收集民意——小组内梳理讨论——村级议事会讨论形成决策共识——实行监督——评议整改”。审视村公资金内容可以发现，“六步工作法”的乡村场域实施过程，实际遵循由分散到集中的路径，形塑公共利益代表者与表达者的过程。①“多”对“多”的上门收集，通过点对点的意见征询，促使差异化的个体诉求表达出来，在公共资源配置过程广泛流通；②“区域化整合”，即将分散的需求整合进村民小组，再将其构建为需求传递的中间层级，并将其作为后续公共讨论代表组织，进而实现分散群体的初步组织；③“区域”对“区域”的诉求表达，通过村庄议事会的讨论，洞察不同区域不同小组诉求的共性与差异，寻找公共资源配置的共识和方向。通过“六步工作法”，广大群众的诉求表达，既通过资金配置与其生产生活衔接，又通过中间主体和组织与既有治理结构衔接，能有效借助外输资源与内生组织力，构筑起个体利益与公共利益的联通与转换渠道。

第二，依托发展利益完善民主协商机制，提升村民民主参与的动力和能力。公共诉求的收集与表达过程，只是回应内生诉求的基础步骤，要实现输入资源的公共配置绩效，需要通过民主协商与集体决议，将分散化的个体诉求表达，整合为具备公共性的集体需求，达成公共资源配置多元共识。我们调研发现，一般农村普通群众参与公共事务热情不高，大多源于其缺乏治理资源的拥有感，个体认为进入乡村场域的资源如何使用、使用后效果如何是“国家的事”，或者“干部的事”“外人的事”。当国家将资源支配权赋予群众，使其拥有资源配置决定权，群众会产生“与我有关”的认知，即决策得好可以受益的感受。要将群众积极参与的动力，转化为有效的参与能力，一方面需要依托村民代表大会、坝坝会等集体会议，赋予小组利益表达与政治博弈空间，推动群众代表的互相表达、理解和协商，形成暗含公意认同的集体方案；另一方面需要基层政府、村组织潜移默化地介入，基于“以奖代补”过程激发群众责任感、义务感，引导群众认识到只有付出努力方能收获支持，逐步构建起基层治理的权利义务均衡观，消弭个体理性影响下的机会主义行为以及政府服务覆盖下的“等靠要”思想，促进有效民主和有机秩序逐步形成。

总结起来，多元外部资源的不断输入，赋予村社强化利益关联、激发群众参与、开展政治治理、达成集体行动的机会，要将发展机会转化为成效，关键是通过制度设置推动民意表达、民主协商与利益调整，实现群众与群众之间、资源与需求之间的实质性整合，培育村庄发展“我们感”的同时，提升下乡资源配置的“效能感”，进而培育群众的全方位参与能力，提升公共治理过程的主体热情。

第二节　能人治村与经营治理

产业振兴的关键是盘活乡村资源。伴随资源下乡与制度调整，大量返乡能人回乡发展。激活能人参与乡村资源盘活过程，可以为乡村带来诸多发展机遇，但同时，易因能人行动缺乏有效约束，在能人经营活力高涨的同时，面临发展与秩序的协调困境。新时代的乡村产业振兴战略实施需要“聚人成事”，即塑造“善经营、懂村庄、会管理”的能人队伍，由他们整合村社内外发展资源并进行合理配置。政府需要动员和挖掘能人基础，对能人经营活动进行有序引导与管理，既维系能人经营乡村的动力，又有效维持基层治理秩序。基于既有的乡村经营式发展困境，成都市郫都区战旗村基于政府搭台、治理赋能，构建共同经营机制激发村庄经营活力；以网络构建与制度建设作为关键，为乡村持续发展奠定基础。本节基于成都市郫都区战旗村调研，梳理能人经营村庄的实践逻辑，为农村资源的盘活提供样本。

一　经营村庄的时代背景

行政和市场资源的大量汇流，为乡村发展提供基础条件。不过，发展的关键不在于资源，而在于如何合理配置资源、活化乡村资源、提高发展能力。就已有的实践看，经营村庄包含两类模式，即经营土地和经营企业。然而无论实施哪种模式，都存在经营活力与社会有序的紧张关系，即精英垄断与集体发展、专业能力与社会能力、经营风险与稳定发展矛盾。解决能人返乡经营的潜在治理矛盾，建立健全乡村经营秩序的同时，平衡资源配置的效率公平问题，是产业振兴下经营村庄的关键。

（一）经营村庄的政策背景

伴随城乡经济发展和要素流动，农村成为大量资源汇集地。资源流入为乡村带来发展机遇，如果无法有效整合和配置在地资源，就会陷入“抱着金饭碗找饭吃”的困局。相较发展农业产业蕴含的分散小农整合问题，经营村庄主要对应集体土地开发。集体土地既包括农地又包括建设用地，二者作为整体被纳入发展过程，对有土地开发潜力的村庄，有效经营是地方政府首先考虑的问题。

一是乡村诸项资源需要专业化配置。自然资源、地理地貌和区位优势，使部分农村成为农业、旅游等产业的核心点位。近年来大量政策指向产业振兴，乡村的经济价值越来越重要。就调查情况看，乡村产业呈现出阶段性特征：既涉及农林牧渔等传统产业，又涵盖旅游、康养、电商等新兴产业；乡村产业既要发挥一般经济功能，又要囊括文化、生态等非经济功能。乡村业态升级背景下，对乡村资源进行合理配置，越来越显示出重要性。一方面，传统的分散经营模式带来业态资源分散，推动多元资源整合成为新要求；一方面，业态升级涉及产业的品牌化、规模化、标准化，需要专业化、知识化人才规划管理，更需要整合资金、技术、人力等进行优化配置。

二是土地增值收益需要合理的配置。城市发展带来的经济流量，带来较强的经济辐射效应，尤其中心城市郊区土地增值，会产生丰沛的利益流量。首先，发达农村就地工业化、城镇化，带来土地资源财产属性的增强。离土不离乡的就业带来村民非农化，传统农业向集聚度高的现代农业转变，乡村社会的“财富和资源总量”极大增加。[①] 其次，工业化、城镇化引发土地升值，包括每亩上万元的农业用地、每亩几十万元的建设用地。土地价值有助于提升村民福利，但如果不注意进行合理配置，就易带来富人治村的困境。近年来，有的地方政府片面追求城镇扩张，使大量农村耕地被占用，有的荒废；盲目发展不切合本村的产业，脱离市场需求带来建设用地浪费。土地资源的不合理配置，既阻碍农村持续高效发展，又会带来基层治理的冲突，因此，有效配置需立足村民利益，形成因地制宜、长远发展能力。

三是资源下乡需要有效承接主体。后税费时代，中央推动城乡统筹发展战略，国家从汲取角色转向供给角色，通过专项资金保障农村发展。[②] 经济发达地区与大城市地带，依靠快速工业化积累的强大财

---

① 韩鹏云：《村民自治实践样态与转型方向》，《中国特色社会主义研究》2015 年第 1 期。

② 渠敬东、周飞舟、应星：《从总体支配到技术治理——基于中国 30 年改革经验的社会学分析》，《中国社会科学》2009 年第 6 期。

政财力，地方政府积极“以城带乡、以工补农”，直接体现就是大量的发展型公共项目进村。地方政府以制造政绩为导向，向重点村庄投放更多资源，通过资源输入的集聚效应形成典型。当政府将大量资源集聚到“明星村”，加强“品牌村”建设力度，普通村民对调动资源缺乏经验，项目资源绩效就将难以实现。只有政府引入适当主体经营村庄，带动有经营能力者自主谋划，对资源进行统合、管理和发展，方能活化资源、实现产业振兴。

四是乡村治理需要和乡村发展同步。经营村庄实践，强调促进经济快速发展，但要注意兼顾发展与治理关系。一方面，挖掘新型农村发展业态，必然会重塑社会结构，大量经济社会主体涌入村庄，必然会扩充基层治理资源。经营者推动资源配置时要调适治理，如注重公共服务供给、加强公共空间建设等。另一方面，集体是村庄发展的重要资源，凝聚村民意志构建新型集体组织，将对乡村持续发展起保障作用，因此，需要经营者创新治理方式。囿于城市化进程中的个体化倾向，经营者要思考如何结合村民诉求，构建合理的发展治理协同运作框架。

伴随大量外来资源的汇入，村庄不再是物理居住空间，更是资源资产管理空间。[①] 将大量乡村场域资源进行盘活，是乡村产业振兴的重要内容。助力乡村发展的村庄经营，囊括“经营土地”与“经营企业”模式。①经营土地。近年来中央严格控制耕地红线，城市开发用地转向从农村建设用地获得。城市要发展就要购买建设用地指标，就要解决推动农民集中居住时需要的基础设施和公共服务，那么，“经营土地”就成为乡村经营的新取向。②经营企业。当下，项目制囊括的项目范围越来越广，包括民生型项目和发展型项目。争取项目资源再整合经营，成为当前的基层治理趋势。将项目转变为企业发展资源，一方面源于项目资源下乡的发展导向，一方面源自地方政府策略行为。[②] 争取多元发展型项目投入某项产业类型，整合乡村内生资

① 唐丽霞：《乡村振兴战略的人才需求及解决之道的实践探索》，《贵州社会科学》2021 年第 1 期。

② 卢青青：《经营村庄：项目资源下乡的实践与困境》，《西北农林科技大学学报》（社会科学版）2021 年第 6 期。

源支持特定产业发展，打造“一村一业”“一村一品”经营典型，成为项目制下“经营企业”的常见操作模式。

（二）经营村庄的治理背景

资源汇入为农村带来发展契机，前提是保证经营过程有效。一方面，要保证资源的最大化利用，经营者要具备经营能力；另一方面，经营村庄的目的是共同富裕，提升广大农民的生产和生活质量，强调经济发展具有促进作用的同时，不能忽略村庄的秩序与稳定。然而，经营村庄本身蕴含的精英化、专业化与市场化特征，实际运行易与集体性、社会性与稳定性矛盾，致使村庄经营陷入活力与秩序协调困局。

一是经营村庄的个体与集体间存在矛盾，村庄易陷入精英主导的多重陷阱。资源流入带来大量利益聚集，掌握权力的经济精英因利益诱导，积极投入对村治权力的竞争。对富人群体而言，成为村干部获得基层政治身份，就能为产业发展拓展渠道，与政府建立关系助力发展。成为村干部掌握村庄资源分配权，能以己为中心建立分利秩序，主要体现是村干部可利用职务之便，获取村庄工程的优先承包权、掌握土地指标生产分配权，基于村治连带获取显性隐性收益。当富人掌握资源优势，更易获取政治权力，在村治过程中掌握大量话语权，村庄资源配置便易脱离集体，被富人及其派性单向决策，成为他们的谋利源。更为严重的是，村民的表达渠道受阻，村治就如同其治理企业，大小事务均由掌权者说了算，权力真空，易滋生出村霸。当地方政府对村治过程的全面监管力度不足，就会导致资源被激活的同时，乡村发展陷入治理陷阱中。长期的公平感、获得感的缺失，演变为村民对基层组织的不信任，成为激化矛盾的历史遗留因素。

二是经营村庄的专业化与社会化间存在矛盾，村社缺乏资源整合与合理配置能力。盘活资源需要专业经营能力，强调推动产业发展的专业技能和应对市场竞争的经营能力。为提升对村庄资源的专业经营能力，村社吸引外来资本帮助经营。如战旗村为发展现代农业，引入公司对传统食用菌产业优化重组，提高食用菌产业的市场竞争力。专业主体进入能提升经营能力，但是易存在和村社利益脱嵌的问题。一方面，资源盘活需要对分散资源整合，往往需要做通群众工作获得群众支持，但村民们对下乡资本难有基本信任，同时遗留问题导致对村组织不信任，将土地资源集中起来需要花费成本。另一方面，多数专业主体属外来群体，对村庄和村民诉求了解不到位，决策时较少考虑村民的意见，易造成与村社利益的脱嵌，村民的参与感、获得感不高。事实上，村庄资源具有经济社会双重属性，聚合资源增强村民信任很关键。

战旗村曾引进专业农业生产企业，对村庄农业资源进行盘活。公司进入村庄便遇到的难题，就是村民因各种原因不配合，号召村民流转土地与入股时，能够整合到的资源很少。问及村民的意愿，有村民表示：“土地是我的命根子，凭什么他说要就要。”村组织只是就事论事沟通，没有触及群众诉求点，致使进度推进困难，企业为了节省成本，选择退出村庄经营过程。

三是经营村庄风险与稳定盈利存在矛盾，易出现投资分配的问题。整合资源进入市场存在一定经营风险，遵循市场逻辑忽略村民利益，无论经营是否走向成功，都易导致集体和农民利益受损。资本寻求利益的动机多元，如果资本遵从投机逻辑，一旦出现问题即选择退出，会损失项目和集体利益。以集体建设用地入市为例，早期的资本鱼跃进村，流转土地发展农村产业，往往具有投机性质。有企业主告诉我们，他们刚开始以为是放开土地市场，经营农村土地的逻辑与城市相似。事实是，经营土地的资金需求大，外加土地政策不明朗，投资的沉没成本较高；资金周转速度过慢，政府支持的不到位，带来下乡资本的资金链断裂，直至依靠政府进入进行“兜底”，既带来村级负债增加，又带来社会稳定风险。另外，有些资本借机圈占大量土地，试图流转土地再抵押贷款，或者为了获取政策收益，选择捂住土地等待制度变革，使得产业发展停滞，有些村民无家可归，基层怨气不断增加。当然，县级政府为提升项目投入水平，提高辖区产业发展的政绩，易追求投入的“多”“快”“好”，带来公共资源集中聚集的局面，甚至动员基层组织“以奖代补”，配套资源投资基础设施。结果是，投资过热要承受巨大财务成本，对产业的持续发展带来影响，且收益无法弥补资金缺口。

村庄经营具有多重属性，如果一味坚持发展主义，强调个体垄断、经营专业及市场逻辑，忽视集体诉求、社会治理及集体利益，不仅不利于资源整合与活化，更不利于乡村可持续发展。化解经营村庄中活力与秩序深层矛盾，是产业振兴背景下经营村庄的主要内容。

二　引进能人参与村庄经营

既有经营村庄困境源于发展主义，忽视场域内部资源的村庄性，尤其是资源的社会属性与集体属性。作为典型的资源汇流型村社，战旗村面临经营村庄困境。为有效盘活村庄闲置资源，合理利用集体土地资源，引领乡村产业持续发展，战旗村吸引能人回乡，提升干部队伍能力；通过党建引领基层治理，为经营村庄扫清障碍；通过共同经营，提升了经营能力。

（一）创造条件吸纳能人治村

战旗村原属金星三大队，1965 年大队分家，战旗村除分得集体土地，集体资产方面基本一无所有，还分得七百多元的债务。改革开放后，全国开始乡镇企业的改制浪潮，战旗村被列为郫县集体企业股份制改革试点村，在能人带头下走向股份合作制的道路。一方面，受客观形势影响，能人经营企业显示出疲态；另一方面，随着时间推移，能人逐渐占据村庄话语权，不少经济精英成为村干部，村治过程易因缺乏民主而混乱。到 20 世纪末，集体企业效益下滑严重，参与的村民利益受损。

为化解集体经营治理乱象，政府加强村社财务管控，形成所谓“村财乡管”制度。繁琐的、细致的财政管控，易压制村治主体经营活力。一方面，当选者大多是老同志，虽然有一定社会影响力，对经营村庄议题不了解，更缺乏专业的经营知识。另一方面，村干部要承担大量的上级任务，每个月获得的报酬并不高，致使一段时间内无人竞选村干部。

伴随城乡经济融合水平提高，集体土地的隐性价值逐步上升，上级又拨付大量的财政资金，用于村社公共品供给，同时试图撬动集体发展活力。乡镇政府逐渐意识到，内向型村干部[1]既无法盘活内生资

[1] 谢小芹、简小鹰：《从“内向型治理”到“外向型治理”：资源变迁背景下的村庄治理——基于村庄主位视角的考察》，《广东社会科学》2014 年第 3 期。

源，更无法活化大量的项目资源，推动发展急需经营型人才。乡镇寄希望于从外部挖掘合适的人才，进而出现乡镇面对的两大难题。一是经营主体谋利空间是否满足，如何调动和维持经营主体的动力；二是引进经营主体可能水土不服，易出现与村民打交道的问题，及资源整合过程的治理问题。平衡经营活力与能力间的关系，成为乡镇主要考察的问题。为打造出兼具有效性与合法性的经营队伍，乡镇积极引导在外经营的乡贤回村，要求是爱农业、爱农村、爱农民，愿意投身乡村发展事业，同时不断优化村社组织结构，加强组织人员建设和协调力度，打造出整体有能力的经营人才队伍，推动其盘活内外潜在发展资源。

一是积极挖掘村社内能人，为经营村庄注入活力。村干部是经营村庄的主体力量，对村庄发展过程起到“领头羊”的作用，村干部选拔和培养的结果，很大程度能决定经营成效。乡镇从在村经营产业的能人入手，扩展到外出闯荡发展的乡贤，再通过情感沟通和社会动员，引导其回村担任村庄主要干部。相较传统乡贤强调村治社会威望，新乡贤强调业务经营上有能力、愿意服务和发展家乡的能人。① 受大城市远郊区位因素影响，不少村民走出战旗村在外创业，不仅自身获得较多经济收入，还逐步获得市场经营能力，拥有经营所需专业知识。不少村民过年过节会回村省亲，保持与村干部和村庄的关联。乡镇瞄准该类人群，联系到不少经营能人，他们对家乡有感情，有发展乡村的动力。乡镇不仅在春节前后，组织召开乡贤座谈会，与内外的能人交流感情，确认合适人选后，采取一对一方式多面沟通，动员和引导其回乡担任干部。多重考虑下部分能人选择回村发展，战旗村逐渐形成“有情怀、懂经营、善管理”的队伍。

最具代表性的能人村干部，当数战旗村村书记高德敏。高书记是土生土长的战旗人，改革开放以后进城打工，年轻时做过多个工作门类。在有一定的积蓄后，开始在市里创业，公司算小有规模。2000年后战旗村开始挖掘有能力的年轻人，从有高中文化水平的人中选拔

---

① 张利庠、唐幸子：《新乡贤、变革型领导力与乡村治理——基于嵌入式多案例研究》，《农业经济问题》2022年第10期。

一批作为培养对象。一方面出于对家乡的情感，一方面镇上干部不断说服，在外经营的高德敏回村当起村干部。高书记从普通村干部干起，直到成为村支部书记，干了 20 年。高书记说："我在这里长大，虽然在外面工作，还是要建设家乡。"

政府引进的村庄经营主体，需要有一定的能力和见识，与富人治村机制有差异。村干部大多具有专业能力，拥有一定的市场意识，虽然拥有自己的产业，但是私人资源不出众，不足以垄断村治过程，引发寡头治理的格局。且乡镇引进乡贤回村初衷，是鼓励其带领村庄发展，乡镇加大对村治过程的监督，有能力约束村干部的行为，不会出现能人变异局面。对担任村干部的能人而言，对村域资源进行管理是其主要职能，他（她）与家乡具有较强的情感关联，社会性激励能提升村干部的治理动力，且能人拥有的资源比不上富人，整合和盘活资源更多体现在"管理"层面，难像富人那样直接参与市场经营。能人构成的村组织只有相互支持共同发力，方能在当好村域"职业经理人"的同时，为自己的产业发展提供有利条件。有村干部就表示："在外工作很久，还是想为村里发展做些贡献，回村算是发挥自己的价值。"

通过引导能人服务村庄发展，为能人发挥才华搭建平台，村庄经营能力会很快提升。一方面，能人不仅具有经营管理能力，且多数是土生土长的村民，和村民抬头不见低头见，不仅相互熟悉还有亲密感，开展工作时具有天然优势；另一方面，能人往往属于农村先行者，有很强的开拓进取发展意识，加上政府积极有为引导其回村，为其带动发展提供有利条件，能人回村后多具有较强能动性。2002 年的战旗村，股份合作社经营不善，集体企业面临破产重组危机，时任战旗村村民委员会主任的高书记，与当时的李书记反复探讨，外出学习考察先进经验，提出重新经营股份合作社，并申请获得乡镇的全力支持，再以两人为主组成村干部团队，到江苏华西村、山西皇城村等地考察，主要学习当地的发展路径，回村后召开多次会议，不断讨论形成经验认知，逐渐形成本村改革思路，即推动"农业规模经营"，推动土地"小块变大块"。正如高书记所说："我们村的创新就是到处学习得来的，干部要积极学习，这看一点、那看一些，主动思考怎么和本地实践结合起来。”

二是构建分工协调有序的村组织结构，推动村干部专业化社会化并存。随着市场经济向农村的渗透，农村发展机会的逐步增多，整合资源推动村庄发展，越来越需要专业人才。战旗村某党员感慨道：“现代农村发展需要越来越多的专业的高学历的人才，要积极发掘年轻人来扩充干部队伍。”为充分挖掘和培养专业人才助力发展，战旗村构建完整的干部选育制度，即形成村干部建设的“五步工作法”，在“找人才、选人才、育人才、用人才、管人才”方面用力。同时，战旗村推出“干部公开遴选”“墩苗计划”“归引计划”及“共享田园·新村民”等人才引进计划，吸引更多的大学生、专业技能人才、军人、离退休干部等志愿回乡参与村庄经营管理工作，不拘一格选育在村年轻人扩充村干部队伍，为多元经营和发展提供源源不断的有生专业力量。选拔、培养和引进人才只是一方面，更重要的是实现人尽其用，提高组织效率和管理水平。战旗村很快发现，村干部年轻化专业化，确实带来村组织应对行政事务效率的提升，无论程序管理还是报表报送，相较以往越发具有现代意识。不过，村组织的工作不只有专门事务，不少工作需要与村民打交道，年轻村干部往往缺乏经验。战旗村合理配置干部队伍，加强梯队建设、优化分工机制。①专业人才和老干部、老党员组合。土地整理过程老干部、老党员负责疏通群众意见，合作社的专业人才向群众勾勒发展前景，通过情感疏导和专业分析结合，村民不仅认可项目目标，而且对发展充满信心，土地整治顺利实施。②完善年轻干部储备培养机制。战旗村坚持现有干部抓提升、后备干部抓储备，年轻干部和老干部搭班子，多岗位锻炼开眼界、提能力，确保村组织有人可用。村组织会对年轻党员做思想工作，引导其关注乡村发展治理，适当时候吸引其进入村治，从做书记助理、普通村干部开始，循序渐进培养其治理能力。

战旗村的易委员家人都在村中参与产业项目的经营管理。当时合作社引进无土栽培项目，需要合作社支付技术管理费，引进方的工作过程很是神秘，不让合作社的成员学习。履行完合同即直接撤走，导致合作社项目搁浅。村支部书记动员他外出学习，学习成熟由其完全接手，易委员开发立体栽培技术，并在村组织的支持下，利用合作社销售网络，很快实现项目发展。2016 年，易委员遂由普通村务人员被选举成党委委员。

（二）多重支持助力能人经营

战旗村搭建平台、加强组织建设，内培外引大量人才回村，既激活了村庄经营活力，又有效提升村庄经营能力，构造了梯度合作、有机协调的队伍，为后续发展治理奠定基础。虽然有了多元经营主体，如何经营村庄仍是问题，乡村组织需有所作为，提升能人的经营能力、为能人经营创造条件。

第一，乡村组织提供学习机会，助力主体经营能力提升。村域资源运营是项专业技术，经营主体能否管理运营好，源于其能否制定有效战略，“让村庄发展走在前面”。为了提升管理的有效性，保障资源运营效率，乡镇每年都会提供资金支持，引导战旗村外出学习提升。战旗村每年都会投入大量资金，供给村干部外出学习经验。一方面，战旗村与不少高校构建合作关系，高校每年输出大学生进行锻炼，给村庄发展提出若干意见；另一方面，战旗村和上海、重庆等地先进村建立合作关系，高书记经常推荐能人村干部外出参观，学习如何把握时代热点，抓住政策窗口机遇期，再结合本土实际进行拓展，逐渐形成独特经营战略。

战旗村的发展长期依赖传统农业，多数村干部很清楚，“问题很明显”，“经济发展不起来，很大程度要看天”。要把村域资源用好用活，就必须扩宽发展思路，形成多业态经营模式。为了少走农业产业结构调整的弯路，高书记走访全国各地优秀村庄，学习先进经验的同时不断思考发展模式，最终确立乡村生活综合体的进路，大力发展农副产品及乡村旅游，“让日常生活融入村庄，既丰富了游客的体验，又能推动农业生产”。战旗村如今发展出乡村十八坊、农耕博物馆、五季香境商业街等业态，将村庄田园景观、生产景观等生态价值转为经济绩效的同时，也让村民生活环境、生活质量得以提升。

第二，乡镇通过干部联村机制，带动经营主体的经营。有效经营有赖乡镇通力配合。一方面，比起传统的经营企业，当前的经营村庄更需要产业资产、市场供应链等方面的管理知识，需要实现业态在地化、全域化、专业化。虽然引进的能人大多具有市场经验，经营村庄的视野尤其是乡土视野仍有欠缺。另一方面，经营村庄涉及村级利益关系，一些干部放不开手脚、不敢经营，导致村级资产增值成为难题，需要乡镇下沉干部去督促。战旗隶属的唐昌镇，每年都会下沉镇里负责农业、经济的干部与村庄经营主体合作，一是监督经营主体发挥作用，二是起到辅助发展的作用。以“农产品经营体系”打造为例，以高书记的村级经营主体设想为基础，联村干部与村组织评估建设用地、耕地、劳动力存量，共同商议出特色产业打造方案。联村干部作为项目联络人，与乡镇和相关部门沟通，争取项目启动资金，如战旗村依托菌类特色，想打造产业加工园，但是缺乏资金支持，联村干部联系乡镇作担保，成功推动该笔项目贷款，产业园得以成功运营。另外，乡镇依托掌握的市场优势，不仅可以提供村庄经营供需市场信息，还能提供与企业谈判相关的法务服务，保障集体资产利益不受损害。

第三，乡镇依托项目资源下沉，调动主体经营的动力。经营主体需要大量资源促进乡村建设，经营能力很重要的一点在于是否会用钱。依托成都市公共财政供给，每年有大量的项目资金下沉战旗村，助力战旗村精准扶贫、产业振兴及公共服务。如何用好下沉的资源，需要经营主体自主决策。一方面，许多项目资金具有时间限制，规定时间没有用完会被回收；另一方面，项目资金使用流向对社会公布，村民不满意可以向乡镇举报，乡镇同样会委派会计进行审计查账。项目资金到来为主体经营创造资源，推动战旗村形成多种经营模式。战旗村整合400多万项目资金，先后与多个农业公司合作，每年稳定收益40余万元；另外，战旗村推动扶贫农业开发、闲置房屋租赁等方式，通过项目拨款将本土资源成功进行活化。

需要指出，经营主体的经营有效，离不开乡村组织的支持。相较上下级领导关系，乡村组织与经营主体类似合作关系，乡镇为能人经营提供资源和服务，村组织为能人经营创造空间。虽然乡镇委派联村干部共同经营，村庄经营主体仍有最终决策权，乡镇支持保障提供了试错空间，为村级经营提供了组织氛围，村级经营活力因此被激活。

（三）能人治理实现资源整合

加强队伍建设提升了经营能力，战旗村逐渐形成经营思路。2002

年，村干部外出考察学习后提出“农业规模经营”理念，准备以社为单位集中土地进行租赁，破除小农经济掣肘的同时推动集体发展。刚开始推行很多村民不理解，不愿意将使用的土地流转。时任村民委员会主任的高书记调研发现，资源整合困境源于两大原因。一是前期经营过程出现乱象，包括村组织的腐败滥权行为，村民对村组织有“刻板印象”，对村干部的不信任情绪重；二是村民的原子化严重，不愿意参与公共活动，遑论关切自身利益的经营活动。高书记意识到，要活化村庄资源，首先要捋顺“民心”。高书记决意通过组织治理，扫清资源整合的障碍。

一是紧密干群关系，让群众对干部“放心”。对村庄经营主体而言，干群关系打通至关重要。村庄中的大量资源是分散在农户手中，实现资源盘活的必要条件是整合。现实情况是，村民的经营村庄认知障碍，很大程度源于集体组织脱嵌运行。要引导村民的积极认知，就要打造党组织的形象，使村民由“人”推及“物”，树立对乡村发展的信心。高书记当选村支部书记后，领着仅有的几个在村党员，挨家挨户上门听取群众诉求，和村民促膝长谈了解其想法，询问村民对乡村发展的建议。在特定节假日，高书记还带领两委干部拜访村民，如重阳节自费买米面油等送给老人。通过村干部的不断下沉疏导，村民集体对村干部的印象发生改变，保证资源整合工作顺利开展。

为维护村党组织和群众间的关联，战旗村将群众路线作为工作方针。在战旗村的党员活动室，张贴《党员联系群众一览表》，每个党员都包保3—5户农户，党员要定期走访农户，面对面听取群众诉求，走访记录都要有存档。党群积极互动下，干群关系逐渐拉近变亲，党组织成为群众的主心骨，村民因认可高书记和信赖党组织，接受党组织推动的经营工作。

二是推动愿景打造，让群众对发展“动心”。对普通群众而言，将长期拥有的资源包括土地和资金投入集体发展是风险经济行为，需要对成本收益进行考量。战旗村党支部走访村民发现，村民内心是想要多赚钱的，但村干部提出的很多想法，村民因没听过有些疑虑，自然会表示反对意见。为打通群众的“心理关”，高书记一方面邀请专业人士召开答疑会，就发展的可行性和支持条件开诚布公说明，推动愿景打造，描绘村庄未来图景。一方面搭配合理的干部队伍挨家挨户讲解改革意图，让村民明白土地整合目的是促发展、谋幸福，高书记指出：“把农村建设得像城市一样，住起来感觉很舒适，让所有人都向往。”村干部承诺，实践工作会尽力做到“三亮”，发挥党员的示范带头作用。三亮即“亮身份、亮承诺、亮实绩”。党组织的积极动员和说服工作，使村民感动并被愿景打动。实际工作过程遭遇不同方面的困难。高书记动员其邻居和党员做工作，激发村民的集体感，村民基于情理认知而同意。

对集中居住社区进行规划时，战旗村村支部书记坚持要配备车库，给主卧配备独立卫生间。当时战旗村没几个人有车，更别提独立卫生间入室，战旗村党委多轮讨论后认为，发展就要坚持“20 年不落后”的精神，虽然现在大家没有车，但未来一旦拥有车，没车库就很麻烦。村民表示不同意，“没有车建什么车库”“村里就会乱花钱”。时任高书记亲自带头，一家一户说自己想法：“现在有车可以方便停车，没有车可以放置杂物。等到以后有车没处停，村里乱糟糟才会难受”“独立卫生间是一样的情况，总有一天是需要用到的”。高书记苦口婆心地沟通，村民选择团结一致向前看，大多数都接受改造方案。事实证明，战旗坚持的愿景打造很有效果，集中居住规划的完善和细致，确实减少很多后续的麻烦。2007 年，战旗村荣获“四川省绿化示范村”。

三是坚持组织建设，让党员对经营“上心”。战旗村认识到村党委走访群众，通过勾画愿景获得大多数群众认可，源于自上而下的说服作用，村民往往是被动接受的，要让村民主动参与村庄经营，需要发挥党组织带头作用，让分散于村的党员站出来，构建惠及全村的党组织网络。党员个人与村民亲密接触，建立与村民间的亲密联系，能增强村民发展积极性。战旗村通过多种方式，激活党员的参与活力，发挥党员的引领作用。①发展年轻人成为党员，引导参与村庄发展过程。自战旗村村党委建立党支部以来，各支部积极发展青年党员，选拔大量本土青年参与党组织。高书记强调发展本土党员的重要性，首先，“本土党员更熟悉了解当地的情况”，其次，“通过吸收这些党员到我们的社会组织、合作社里面去锻炼，也是在为村里培养人才，这样才能可持续发展”。②加强对党员的培训教育，提升党员的先锋作用。战旗村启动“三级书记讲党课”机制（见表2－1），强调要保持和群众的亲清关系；设置“固定党日”“党员e家”等平台，提升党员的党性、培养“四讲四有”[①]党员。战旗村党委指出，党员不只是在政治作风方面要优秀，在生产经营方面同样要有能力，党员必须成为引领乡村发展的主要带头人。战旗村全年常态培训党员，建立“乡村振兴培训学院”，举办农业生产、时政政策、法律法规培训，要求党员干部必须“有知识、懂业务”。

表2－1　　**战旗村党组织“三问三亮六带头”制度**

	具体内容
三问	自己入党为了什么、作为党员做了什么、作为合格党员示范带动了什么
三亮	亮身份、亮承诺、亮实绩
六带头	带头做好自家环境卫生，带头遵守公序良俗，带头学习宣传党的政策，带头顾大局、谋长远，带头树立契约精神，带头解放思想创业致富

资料来源：课题组根据调研资料自制。

基于对群众的情感疏导和价值引导，增强其对村组织的总体信任，是战旗村前期工作的主要内容。正如高书记所说：“农村富不富，关键看支部。只有村民对党认可，才能让村民活起来；只有村民动起来，村里资源才能活起来。”通过干群关系活络、发展愿景打造及组织引领建设，战旗村既成功培养了大量有生力量，为资源活化奠定了主体基础；又密切了干群网络，提升了村治能力，为资源活化奠定了社会基础。

三　治理网络促进利益协同

政府搭台吸引能人进村经营、党建引领扫清经营障碍，能为村庄经营塑造条件，强化集体资产整合盘活能力。如何有效经营资源，推动乡村持续发展，成为下一步问题。传统村庄经营遵从资本投机谋利的逻辑，集体资产易沦为资本牟利的工具，村民感受不到发展的好

① “四讲四有”即讲政治、有信念，讲规矩、有纪律，讲道德、有品行，讲奉献、有作为。

处，经营村庄的合法性易缺失。要有效盘活集体资源，不能重蹈覆辙走老路。战旗村重塑经营程序，遏制小微权力滥用，推动活力与秩序平衡。

（一）输入规范加强经营监管

集体经济发展需要经济精英带领，能人在发展治理间跳跃性转换，单靠社会监督难以扭转精英治村劣势。① 根本上，乡村秩序的经营权与治权交织，一旦经营权出现私人垄断，村治会陷入私人治理困境。相比传统的经济精英，战旗村引进的能人主责是管理资产，确保经营有序，关键在于规制权力滥用。战旗村进行制度化建设，既降低经营交易成本，又最大化避免权力的滥用。

一是推进经营管理活动制度化，让一切经营活动有法可依。经营村庄本身具有专业性，经营者具有能力和信息优势，如果没有明确的制度来规范，经营者可能侵占村庄财产。我们驻村调研时，不少村民提到，前期不愿意入股合作社，确实有信息差的考量，“谁知道他们怎么做，到时候赚了还是亏了，还不是他们说了算”。要保障经营活动的有序，就要提前规定相应制度规范。首先，战旗村在引入资本建立合作社前，理顺村两委和集体经济的关系，建立和完善集体经济组织独立法人治理结构，推动集体经济组织产权明晰、权责明确、管理科学；明确村两委成员不得在母公司领工资，只能从公共支出领取工作绩效；绩效工资要与工作考核、集体经营性收入挂钩。其次，针对公司具体运营过程，战旗村建立具体的机构管理制度，包含人事考核制度、绩效管理制度、利润分配制度等。制度建设广泛征求村民和专业人士意见，做到科学有效、民主决策，既保障经营过程的有序，又推动全过程人民民主实现。同时，战旗村在土地增值收益分配、宅基地“三权分置”等议题上，广泛宣传确保“每户村民都心里有数”，战旗村的村会计说：“要保证经营过程的每一步都是有依据的，出了问题村民可以直接拿着规章制度，直接找我们或者找乡镇反映核实。”

二是推进权力运行制度化，防范其侵占集体利益。战旗村在乡镇

---

① 崔盼盼：《乡村振兴背景下中西部地区的能人治村》，《华南农业大学学报》（社会科学版）2021 年第 1 期。

支持下，推行小微权力清单制度。通过广泛收集群众意见，会同利益相关的主体，反复讨论、协商和修改，确定村干部与经营者的权责关系，通过“清权”“晒权”“束权”，细化和明确村干部权力“边界”，防范集体经济成为腐败的源头。战旗还绘制事项运行流程，规范村级权力运行，保证一切工作有程序、一切程序有控制、一切控制有规范、一切规范有依据。

党组织是村级权力核心，战旗村针对党组织和党组织书记建立权责清单，每年分上下半年要公开党支部的工作绩效清单，村民通过打分对党委进行监督并提出要求。

三是推进权力监督和惩处的制度化，多重监督形塑基层法治效能。保障经营秩序需要多层级、多主体共同努力，为将基层权力关进制度的笼子，当地政府建立多重监督机制。首先，乡镇定期对集体资产运营情况进行调阅、监督，聘请专业人员对集体财务审计核查，凡不符合法律和规定的行为均要求整改。其次，推动建立村级监督制度，即以村民选出的村民代表为主体，村内的人大代表、政协委员、企业代表和村两委干部等 15 名人员组成民主监事会。采取定期列席村内重要会议、开展经营咨询活动、检查重要财务事项、参与社会评价活动等方式，对集体资金的安排使用、重要工程项目及承包方案、村内公益事业兴办、社会保障救助等事项进行监督，独立自主开展监事活动。乡镇保障村监会的权力，并推动构建明确的制度，即一旦发现财务违纪行为，交乡镇部门调查核实。最后，明确群众监督制度，战旗村广泛宣传民主监督的作用，强调民众村社中的监督“实权”，为强化村民监督意识、提高村民的监督能力，战旗村邀请专家、司法人员进村，开展法治游园会、法治思维训练营活动，通过轻松愉悦的形式开展宣传教育，引导村民当家作主发挥监督权，培育法治思维、提高维权能力。

三重监督经营过程，使违纪乱象无处可藏。社会监督效能发挥，需要上级制度保障。将管理活动、权力运转关进制度的笼子，保障政府和村民的监督可及性，能规制权力的无序扩张，避免经营的治理乱象。

（二）民主参与保证经营透明

传统经济中的精英有足够的优势包揽一切，能利用私人资源带动产业发展，同时会带来能人经营的寡头治理问题。战旗村选拔出的经营型干部，大致属于村庄中的“中间能人”，与学界所言的上层“富人”有区别。[①] 其具有一定的经济实力，在村中经营中小企业。虽然属于村庄中间层级，但是其经营规模相对小，没有条件垄断村庄权力，易形成多元共治局面。同时，中间能人有一定的村域资源经营能力，出于社会声誉、扩大关系网络动机，能人有意愿施展治理能力促进其经营活动。正因此，能人主导的村治局面，如果引导和规范得当，能够以能人扮演“职业经理人”的角色，通过运营和管理手段，有效配置村庄资源，实现资源最大效益。战旗村加强组织力建设，不断提升能人经营能力。

一是强化经营活动中的民主过程，强化村民议事、监督、管理权能。村民是村庄的主人，应当成为经营主体。广大村民是乡村发展最基础的人才资源，在集体的带领下村民精诚团结，形成合作、向上的精神风貌，是经营村庄最独特的资源。战旗村将村民纳入决策体系，强调村民参与决策的重要性。村民是村庄生产生活的亲历者，资源经营会改变其生计模式，村民对发展方案更有发言权。另外，资源经营过程关联利益分配，应让利益相关群众拿主意。战旗村出台规定，凡涉及群众生产生活及利益的经营决策，要邀请村民代表、乡贤、土专家等商谈。屋场恳谈会的鲜明特色是，不拘于特定的时间、场合和形式，在大屋场、禾坪上、堂屋座谈；农忙时间就定在晚上开会，充分尊重村民劳动时间，村民随时参会或离会，保证都能够畅所欲言。村民参与机制的相对畅通，为经营提供了有利条件。一方面，村民提出意见是群策群力的过程，高书记说：“高手在民间，很多村民意见比专业人士强”；另一方面，对村民的不满或者意见提前解决，能避免后续经营过程的冲突。事实上，意见的表达和交锋过程，显出村民对村庄发展的重视，干部的意见梳理能拉近距离。乡村发展决策听取村

---

① 魏程琳、王木林：《内外有别：富人治村行为差异的制度逻辑及启示》，《华中农业大学学报》（社会科学版）2021 年第 5 期。

民意见，村民对资源整合排斥力便降低，村干部有时通过恳谈会了解意见，尤其土地整理实施方案意见，既向村民展示政策带来的好处，又能打消村民心里的芥蒂，保障了后期工作的顺利。

战旗村打造村落景观的过程，广泛建立起村民参与机制。在土地整理、资源置换方面，战旗村充分尊重农户意愿，征集村民的意见400余条，提取共性意见20多条，如原本设计的人均居住面积是$35m^2$，很多农户反映房屋面积小，不便于后续的生产生活，要求再适当扩大一点，村议事会经多次讨论，将面积定在人均$45m^2$。针对村民提出的不同意见，村组织对拆迁对象、拆迁面积等进行规范，并主动掏钱让每家每户派出一人，到已完成新村改居村子参观。村民对住上小别墅，用上水电气设施等，反响很是强烈，积极性起来了。在充分尊重村民意见的同时，以合适的价格将土地流转过来，能让村民得到切实的好处，带动村民参与开发的积极性。

对战旗村而言，通过做工作能打开村民的心结，但仍需要构建常态化机制，保障经济精英有序经营，赋予村民监督管理权。首先，战旗村严格落实“四议两公开一监督”机制，凡涉及村民利益与集体经济的重大决策事项，要经过党支部大会提议、村两委协商会议及党员大会审议，由村民全体会议及村集体会议最终决定，对村级决策事务及实施结果进行公开；村庄发展集体经济，集体及党组织要全程接受村民监督，设立监委会对村级资产运营监督。为了让村民参与更彻底、更有效，战旗村每月还举行联席会议，“联席会议包括党委四个人，还有村民代表、合作社的代表八人，加上村民选出来的乡贤两人”，主要由村民对村级决策发表意见，邀请村里的老教师、老党员监督，凡承诺的事项在规定时间反馈。其次，为防止上级政府的转移支付资金被滥用，需强调村民议事决策及监督作用，战旗村坚持“民事民议、民事民管、民事民办”制度，动员党员设立监事会、董事会、议事会等，构建出“战旗工作六步法”。第一步，宣传动员，保证知晓率达到90%以上；第二步，利用一户一表收集民意；第三步，小组内梳理讨论，汇总整理；第四步，村级议事会讨论决定，形成村民决策共识；第五步，实行监督；第六步，评议整改。基于经营活动嵌入村民参与网络，村民的参事议事监督能力得到提升，既保障了经营活动与村民诉求结合，又保障了经营活动的公开透明，规制了经营主体可能的脱嵌式滥权。

2018 年，战旗村准备用 41 万元公服资金进行院落整治，提升乡村旅游产业的公共设施配套建设水平。在具体使用环节，战旗村收集梳理群众意见，再进行民主表决，村民对项目实施全程监督，最后还有评议整改环节。战旗村采用“一户一表一照片”策略，要求征集每家每户的意见，所有意见要留档备查。院落治理决策确定后，村组织将公服资金分配到各院落，指出在依法依规的前提下由院落自主实施，村组织支持院落成为最基层协商载体。

二是推动村、企、农三位一体经营，构建乡村经营共同体。传统小农生产模式的弊病是，分散化经营难以有效进入市场，村民无法获得有利市场地位，资本进入村庄成本同样高。战旗村高书记自己经营着豆瓣厂，对下乡企业的顾虑较了解，更明白村民想要什么。为借助市场让村庄资源真正活化，高书记决定进行经营平台的搭建，推动“共享经济体”联结市场与村庄。2011 年，战旗村进行集体土地确权，遵循依法、自愿、有偿的原则，集体出资 50 万元折股量化，农户以土地承包权入股，组建“村、企、农三合一”的土地股份合作社。高书记提到：“企业与农户单独谈判和签协议成本高。土地适度集中和成立集体公司，方便我们以集体名义引进社会资本和项目。”为提升合作社的管理水平，战旗村组建村两委、企业经营者（含合作社）和村民代表为主体的企业董事会，“三位一体”的合作社模式通过“产权变股权、农民变股民、资源变资本”，把村、企、农嫁接为“共谋发展、资源重组、联股联心、利益共享，溢价分红、风险共担”的“共享经济体”。平台经济的搭建，以集体整合和联动为核心，既能够有效整合村域内外发展资源，又能与市场主体进行合作博弈，无论对村民还是企业均能互利共赢。具体的资源管理运营过程，并非只由市场主体说了算，仍需要村民和村组参与，尤其是针对重大发展决策。值得注意的是，战旗村通过“外引内培”过程，造就出一批有经营能力的村干部，能保证经营决策的科学性，村民基于“股民”的身份参与，一是可以保障村民基本权利，二是能逐步提高经营能力。

对村干部而言，提升资源的发展效能，重在当好“职业经理人”，有效管理配置资源。当战旗村村干部既有经营能力，又有较强学习与专业能力时，就在战略制定上有优势。同时，前期的集体资源整合治理过程，让干部获得较强的社会号召力，能促进村民参与发展过程，为村域共同富裕献谋献力。正是村干部同时具备经营与治理能力，让集体成为市场和村庄资源链接纽带，进而助力村社低成本构建平台，促进村庄资源稳妥有序活化。

（三）收益反哺提升集体能力

经营村庄并非只是获得经济利益，而是要让村民享受到发展的好处。有效的村庄经营以治理有效为目的，既需要发展红利提供物质基础，更需要强调经营的集体本位。战旗村在经营持续前提下，构建集体为核心的利益分配网络，通过经营收益反哺公共治理，村民不仅物质生活水平提升，幸福感、满意度同时提高。

一是构建集体为核心的利益分配网络。战旗村的村庄经营，不以谋求私利为目的，目标是盘活有价值资源，提高全体村民发展利益。经营主体作为管理者，要对集体经济负责。一旦出现经营和治理问题，经营主体既承担发展风险，又要承担社会性的治责。以发展集体为目标，战旗村党支部经营模式并非简单市场经营，而是将集体公共利益放在首要位置。首先，战旗村将集体利益视作经营第一准则，分配首先保障村民与集体的利益。一般来说，市场主体会由集体组织与其对接谈判，战旗村坚持村民入股大于外来资本，收益分配方面村民和集体占比 4/5 以上。其次，战旗村坚持集体掌握分配主导权，外来资本只负责专业化生产，保障集体和村民收益主体地位。经营管理体制方面，战旗村采取“母公司（合作社）+子公司”模式，母公司主要负责集体发展收益分配，除集体资产租赁、承包土地流转等，母公司不得独立参与资源的市场经营，只能通过资产入股的方式，与民营主体成立子公司，由子公司负责经营。战旗村的管理模式切实实现“轻资本运作”，资本仅拥有集体资产和设施使用权，相当于作为纯粹市场经营者而存在；无论资本当年是否能真正盈利，均要支付场地和器具使用费。通过集体为核心的分配网络，既能发挥市场专业配置功能，又能规避市场进入的风险，保障村民和集体的合理利益。

在景区开发阶段，战旗村引进了M公司。战旗村地理区位较好，不少公司曾与其商谈，意欲将资产分配和经营权掌握在自己手里，战旗村经过多轮集体决策没有同意。村里引入M旅游公司，公司负责人表示，愿意出资500万元成立平台公司，获得的旅游收益按五五分成，景区后期维护费用双方共同承担，建设完成后景区采取门票制。集体选择同M旅游公司合作，出于村民利益最大化的考虑。与M公司的合作路径是，战旗村以前期投入和集体资源入股，扣除资本正常收益，按照M公司51%、集体49%的比例进行年终分红。现阶段村庄资本收益是按总收益50%计算，即村庄收益约75%，M公司收益25%。M旅游公司派人员提供技术指导，负责招商引资并对景区统一规划。

二是以经营收益反哺公共服务治理。资产经营通过集体分配，既提升了村民的家庭收入，集体经济也得到发展。集体收益一方面要投入再生产活动，一方面要反哺公共服务治理过程。高书记说：“村庄经营好不好，最后都是村民说了算，你要让村民感受到发展带来的好处”，“就要像经营家一样来经营村庄”。考虑到战旗村学生多、老年人多，党支部和社会组织合作，引入某社会服务中心，实施“促国学经典颂扬家风家训”“老年人健康工程”社会工作项目。为提升群众生活质量、丰富村庄公共生活，战旗村开办国学课堂，推动绘画手工培训，提出“创美家园”的口号，举办大型环保活动；传统节日举办寓教于乐的活动，利用公益收入支持村庄公共活动。所有活动都经过村民代表大会同意，所有公共资金支出记录都有迹可循，甚至村组织贴钱购买公共服务，让村民感受到集体经营好处。当村里的基础设施越来越好，生活环境比周边村好很多，就能发挥整体辐射效应，吸引更多村民回村发展，从而进一步扩充人力资源，更重要的是，村民和村组织关联密切，日常活动更愿意积极配合。

第三节　党建领办合作社与集体治理

脆弱小农经济缺乏风险应对能力，分散的小农无法与市场对接，以集约方式将集体生产资源进行统合，是推动农村产业振兴的必由之路。集体经济是提升经营能力，促进农村共同富裕的重要途径，实践却面临诸多发展问题。根本原因是自治体系瓦解背景下，个体行动与集体经营逐步脱嵌，分散小农经营模式缺乏合作动力。为破解农村产业发展的集体行动困境，山东省烟台市于2017年起推行“党建领办合作社”，发挥党组织的统合引领优势，通过组织建设、群众路线等，提升乡村自治能力，助力集体经济发展，再对村治进行反哺。本节通过梳理烟台市乡村集体经济发展路径，试图分析壮大集体经济与基层治理的关系，挖掘党建引领集体经济发展的机理，为农村集体经济发展提供可借鉴的案例。

一　集体经济发展的背景

发展集体经济的要点有两个：一是将差异的村民组织起来；二是将分散的土地整合起来。但是，农业税费改革及乡村体制改革，使村民脱嵌于社会性的集体，村民间的日常交往逐渐弱化，依靠社会网络发展集体经济，难以解决合作中的搭便车问题。当集体组织既难获取必要资源，又难以实施统一的行动规则，集体经济发展就将面临困境。

（一）小农经济的发展困境

20世纪80年代后我国逐步取消人民公社制度，家庭为单位的联产承包责任制逐渐成为农村经营主流。制度变迁带来资源配置变迁，土地从强制聚拢走向分散，劳动从集中变为独立，呈现小农经济发展特征。分散农业经营模式调动农民积极性，一定程度上解决了人民公社制下的经营弊端，提升了单位面积的农业生产效率。不过，农村产业发展很快遭遇瓶颈。

首先，小农生产能力弱、风险抵御能力低。小农经营的特征是，耕地细碎化、以家庭为单位。虽然分散经营提升了农民生产积极性，但同时也带来个体生产能力的不足及小农户市场风险抵御能力低下的问题。一是小农背景下耕地细碎化，难以进行规模化种植；二是伴随农业税费改革及乡村体制改革，公权力逐渐退出农业发展领域，农村集体组织动员能力较弱。灌溉设施、交通建设、农田改造等旨在提高土地边际生产效率的公共品供给，不仅供给过程不均衡且缺乏自主治理能力，导致小农农业经营效率趋弱，单位土地的农业产值变低。另外，农业生产对种植环境依赖高，产业收益具有较高不确定性，发展高附加值产业要“看天吃饭”，个体需要承担天气变化的风险，农民利益易受到较大冲击。

S村是烟台当地著名的“樱桃村”，种植樱桃已经有数百年历史。在小农经济背景下，单户种植面积很小，“人均不过一亩三分，户均不过十亩”。税费改革后，村里缺乏公共品供给，灌溉系统并不完善，又由于地块分散，灌溉往往需要“满山跑”，甚至有些地块缺乏水利设施，只能够依靠自然雨水来灌溉，“看天收”的结果是樱桃种植效率低，大多数村民只能依靠种植樱桃补贴家用。如果樱桃在成熟季节，碰到连续下雨会开裂，往往损失3—4成的产量，S村的村支部书记说：“每到雨天就能听到村民在家里哭，也是没办法的事。”

其次，小农要发展产业就要直接应对市场冲击，在与资本的抗衡中往往处于弱势地位。要推动小农农业对接社会化大市场，不仅需要政府调整农业产业结构，还需要小农户具备市场经营能力和意识。然而相较集体，小农户的市场化面临诸多问题，与市场主体的沟通难以取得话语权，易受到不公正对待甚至被盘剥。还有，从降低生产成本的角度看，土地细碎化导致农业劳动生产效率不高，在购买农资方面没有谈判优势，进入市场难获得有利的地位。结果是，使小农农业转为市场农业，推动小农户成为市场主体，但因小农经营的固有劣势，易出现少数人获利和多数人受损的局面，进而影响农业秩序和农村稳定。

种植樱桃平时不用进行过多的管理，多数村民将种樱桃作为副业，S村樱桃种植户往往白天务工，晚上回来后再抽空打理樱桃。樱桃收购商晚上收购，了解到种植户白天外出，晚上必须要将樱桃卖出，就会借机不断打压价格，白天13元一斤的收购价，到晚上就成为10元一斤，小农户缺乏谈判能力，只能接受低价收购。

当小农农业与产业振兴需求不符，无法提升农民的收益和福祉，在村农户就会选择多种植大田作物，减少经济作物种植的规模和投入，进而会固化小农农业发展格局。要推动农村产业发展，解决地块分散和统一经营的问题，集体层面的统筹非常重要，即发挥“双层经营、统分结合”的功能，加强农业事务诸环节统筹调配。[①] 一是提升村庄生产资源统合能力，不仅提升公共品与公共服务供给能力，还将农民组织起来增强抗风险能力。二是推动集体凝聚共识聚合力量，通过适度集中实现风险共担，形成与市场主体的谈判能力，增强农户的话语权与市场能力。

（二）集体经济的治理困境

鉴于小农经营与产业振兴要求不协调，发展集体经济有理论和现实必要性。发展集体经济的关键是，推动农村发展诸要素的组织化，解决小农经营难解决的问题。不过，虽然不少地方政府意识到发展集体经济的重要性，尝试通过资源下沉或者引入资本来推动，但集体经济组织构建和运转却存在诸多实践困境。

一是集体经济制度的不健全，使得集体经济发展成为少数人谋利的工具。税费改革后，国家对农村发展的政策扶持、资源给予力度不断加强，在农业基础设施建设、农村劳动力培训、农业保险等方面提供多种资金补贴，涵盖公共服务、社会保障、生产就业等多个方面，然而，资源输入面临交易成本困境和利益再分配困境。[②] 精英俘获和分利秩序的普遍存在，导致村民公共利益诉求并没有得到有效满足，出现资源输入侵蚀乡村公共利益问题。另外，大量惠农资源通过行政体系下沉试图壮大集体经济，无意间增加了集体资金管理和使用的复杂性。当村社缺乏专业的财务人员、科学的财务监督，就会出现财会程序不规范、集体资金收支不透明问题，部分人员利用财务制度漏洞，侵占或滥用集体经济收益，易制造干群矛盾、导致治理不稳定。但是，作为全村共有的集体资产，个人监管的制度成本高，村民往往既没有意愿又没有能力监督，集体资产处置和经营易脱嵌村社。

二是随着经济社会快速发展，村民们的生产生活方式转变，带来个体化与原子化的结构，不利于社会性集体合作机制构建，村民参与

① 贺雪峰：《乡村治理与农业发展》，华中科技大学出版社 2017 年，导言。

② 王海娟：《资本下乡与乡村振兴的路径——农民组织化视角》，《贵州社会科学》2020 年第 6 期。

集体经济的意愿不高。发展集体经济要整合村民利益，需要村民自愿和广泛参与进来，投入土地、劳动、资本等生产要素，通过规模经营获得较高的边际效益。问题的关键是村社公共性逐步解体，原有集体组织机制难再有效。一方面，城乡二元制度的解体，使农户获得较大活动空间，在城市拉力的作用下，大量劳动力外流，在村劳动力剩余量较少，老人、妇女成为主要劳动力。鉴于土地生产收益低，农业逐渐成为村民副业，大量的土地被抛荒，在村农户存在“小富即安”的思想，缺乏长远的产业发展眼光，农村发展潜能未被有效挖掘，村民从事集体生产动力弱。另一方面，农业税费改革后，基层政府和村组织的利益联结被切断，村组织提供公共服务的能力减弱，导致村组织与农民的社会关联变少，农民对村组织的认同减弱。① 当村民只专注个人利益，对村庄公共事务漠不关心，丧失集体责任感、归属感，只为获取利益、不愿承担风险，乡村发展缺乏内生动力，集体经济组织会趋于边缘化，集体合作动机会随之减弱。

X 村原先是典型的小农经济，人均耕地面积只有 1—3 亩。城乡融合背景下，大量劳动力外出务工，造成大量土地的闲置，村里曾想统合土地资源集中发展，现实是只有少部分村民愿意流转土地。同时，村里试图建设集体灌溉设施，动员村民参与建设和维护，但是筹资效果并不好，村民参与度低。结果是村里灌溉以个体为主，供给效率较低。

当前农村集体经济发展面临集体行动困境。当村组织难以聚合村民，村民不愿意参与集体事务；当集体公共品供给难以实现，村民不满意的程度加深，乡村发展就会陷入行动难的境地。集体经济发展需要找到有效载体，加强集体组织建设提升村民参与动力，创新治理方式，激活村民参与动力。

二　党建引领集体经济发展

基于破解集体经济内生发展困境的考虑，山东省烟台市 2017 年

① 周飞舟：《从汲取型政权到“悬浮型”政权——税费改革对国家与农民关系之影响》，《社会学研究》2006 年第 3 期。

试行“党建领办合作社”，旨在通过发挥党组织的政治优势与组织优势，结合合作社的经济优势发展集体经济，形成村民合作经营模式，促进公共服务的供给。截至 2019 年，烟台市已在九百余个村建设“党建领办合作社”，推动集体产业发展，增强村民福祉。“党建领办合作社”不仅构建了集体经济发展机制，还通过集体经济发展保障基层治理，形成乡村发展与治理互嵌耦合。

（一）组织党员参与公益活动

农业是烟台市重要的产业，是农民重要的收入来源。然而，烟台市多数农村自发的农业产业发展过程，面临国内大部分一般农村相似困境。一是土地分散细碎经营，出现小农生产模式的能力瓶颈，逐渐难适应市场经济环境；二是大量劳动力外流，带来土地的抛荒，农业生产效率低下。为化解城乡关系下的农村产业发展困境，烟台市决定在农村发展集体经济，将有发展潜力的生产资料整合利用，提升公共品供给能力的同时，增强应对外部环境的能力。烟台市推动干部大调研、大走访，总结出集体经济发展的困境。

一是增收渠道单一、现有合作社模式缺乏集体性。烟台市农村调研发现，有的村即使有集体资源，但大多依靠自然资源吃饭，进行简单的资源发包租赁，集体经济发展的后劲弱，对项目资金补贴依赖性强。有的合作社往往是精英农户组合，只有一两户产业大户能够获利，调研的村干部感慨道：“一两个人的公司，不是集体经济路子，无法实现共同富裕。”二是村民难以组织起来，集体经济难以形成合力。分田到户后，集体逐渐退出生产场域；税费改革后，集体提供公共品的能力削弱。单打独斗的分散经营模式，割断了群众和集体的纽带，淡化了群众的集体意识，群众往往以自我为中心谋发展，缺乏为集体发展出力的意识，集体经济发展遭遇困境。

为应对乡村振兴背景下的集体经济发展挑战，烟台市市委组织部 2017 年决定在 11 个村庄试点“党建领办合作社”，要求党支部书记担任合作社理事长，党支部书记代表的是集体，而不是单向个人行为，目标是通过党建领办合作社，实现党对生产资料的统筹领导，助力集体经济的科学发展，同时重建党支部与群众的纽带，实现村庄社会的整合治理。要达到党建领办合作社的预期绩效，不仅需要动员村民参与合作社，更需要密切党群间的关系，提升村民对党组织的信任程度，首要任务是加强党组织建设。

一是加强基层党组织的组织力建设，重构集体经济发展主体力量。伴随城市化、工业化发展，村庄的内生精英大量外流，村庄社会的自发散化，缺乏发展的承接力量，将难以有效组织村民。发掘内部资源并将其组织起来，是烟台市发展集体经济的前提。烟台市认识到党员、村民代表等都是村治骨干力量，整合相关骨干力量方能带动群众。[①] 烟台市强调，加强基层党组织建设、培养党员带头意识，构建集体经济发展的核心力量。

Y村是四千多人的大村，全村设有四个党支部，党员数量超两百人。为了对党员进行充分动员，发挥党员积极主体性，Y村要求党员参与党支部所有会议，不参与党员会议的党员需要后面“补课”。在党委严格要求下，支部参会率很高。Y村再借用常态的开会机会，不断强化党员身份意识，提升党员的服务引领意识，逐步形成坚定的党员集体。后来的集体经济建设过程中，党员群体发挥出较强引领作用，当合作社发展取得一定成效，Y村仍然加强党员队伍建设，强化人才培养和能力提升。

二是激发党员参与集体经济建设过程，强调党员奉献精神与带头作用。烟台市要求村党支部肩负起集体经济发展主体责任，发挥先锋带头作用，主动奉献集体事务。考虑到集体经济建设前期，需要整合的分散物土地，涉及开荒等体力工作，不少村庄党员被发动起来当义工，清理公共区域杂草，上山砍树和开荒，自觉承担公益事业、无条件为村民服务。一方面，党员通过做义工更加明确自身主体责任，在自我奉献中逐步形成带头意识，骨干力量通过服务实践被整合起来；另一方面，从事简单的义务劳动，使党员在公共空间展现积极向上的面貌，党组织先进性和公共性被确立，党群关系得到进一步融合。总结经验时，不少村党支部都发出“民心不是牧羊犬赶过来的，而是吸铁石吸过来的”的感慨。值得一提的是，在集体经济建设初期，土地

① 陈义媛：《以村集体经济发展激活基层党建——基于烟台市“党支部领办合作社”的案例分析》，《南京农业大学学报》（社会科学版）2021年第3期。

整合难免涉及村民利益，因而容易带来诸类冲突，但是通过党群间频繁互动，能逐步解决情感价值问题，促进村民集体意识形成。

X村的集体经济发展，经历“迁坟—开荒”两个阶段的前期准备。为了发展集体经济，X村党建领办合作社，决定在村里荒地上种苹果树，发展村里的苹果产业。然而山上有将近500口坟。为了开荒整合闲置土地，同时为解决历史矛盾，合作社发动党员挨家挨户做思想工作，老党员、老干部在村里威望比较高，说服大家族时发挥了很大作用。迁坟工作中党员带头迁坟，成为义工主动进行开荒。村里有个80多岁的老党员，村里召集党员后他报名参与，村里担心党员年龄太大，参与过程易发生意外，本想拒绝他来参与，但是该老党员执意参与，提出虽然不能干大型的体力劳动，修剪树苗等简单工作还能参与。开荒前前后后持续两年的时间，村里集体经济没有发展起来，日常伙食都需要党员自备。村党支部委员兼合作社理事长组织开会并对党员承诺：“等到合作社发展起来，会对党员进行补偿，凡党员在节假日为村庄做贡献，打扫卫生的先记工分，等集体有收入给报酬。”事实上很多党员在参与工作的过程中，感受到自己对村庄发展具有重要作用，党员的积极性被充分调动起来，很多党员都表示自己会义务参加：“我们不是为了钱来做事的。”党员带头参与在村里形成巨大感召力，“党员先锋队”参与开荒工作二十天后，不少村民代表便开始参与开荒工作，有些村民也逐步主动参与进来，为党员日常工作提供伙食。

三是发挥党员引领作用，开会议事让党员参与合作社重大决策，激活党员的主体性同时培育党员参事议事的能力。“党建引领合作社”的关键是党建引领，即党员在重要组织决策上发挥领导作用。为调动党员参事议事的动力，党建引领合作社充分尊重党员意见，通过民主集中公正公开决策。以Y村为例，领办合作社建立前，党员只觉得自己是普通村民，合作社建立后党支部时常要做决策，Y村村支部书记明确乡村发展重要事务，都需要全村24个党员（不包含书记）讨论，所有投票决定的事务有法定效力，如果平票就由书记通过民主集中协商决定。当每位党员的意见都被尊重，被支部听到并纳入决策，他们就会产生价值感与获得感。一次次的开会决策过程，使党员感受到意见对发展的重要性，感受到自己表达的重大使命，加上群众正向反馈提供党员激励，使不少党员深感自身使命和责任重大，积极表达意见和审慎提出建议。另外，有些村庄还对党员进行评奖评优，当集体召开村民大会的时候，党支部书记会给党员颁奖，能在公共场合接受荣誉，无疑会增强党员的身份荣誉感，激活其参与公共事务的动力。

X村迁坟工作关联村民切身利益，需要合作社做出不少决策。党员不仅要做村民和家族思想工作，还要对所有公墓建设内容进行决策，既包括公墓选址、环境打造，更包括墓碑选择、字体大小等，需要党员去与村民沟通后，会上表达进行最终决策。经过大大小小数十次会议，村党支部决定公墓建设具体事宜，提出要打造绿化带，维护好公墓设施，不仅要种树美化环境，将来还要当苗木出售。正是通过参与各种正式非正式会议，党员将自己的意见表达出来。一个小的提议可能改变村庄发展，推动村民对党员身份重视尊敬，使得党组织塑造出良好公共形象。正向激励下的X村的党员们，越来越重视党员大会召开，如果有特殊情况不能参会，会提前两天向支部请假，即使是合作社成立后的阶段，常规会议的参会率同样高。

“党建引领合作社”的关键是党组织建设。调研时Y村支书指出：“要发展集体经济，就需要有套好班子，逐渐吸引群众，众志成城办事情。”为了充分建立起具有代表性、凝聚力、引领性的党组织队伍，烟台市通过党员模范建设、党组织队伍建设形成先锋队，通过开会决策提升党员参事议事的主体意识，为后续党建引领合作社发展打下坚实的基础。

（二）引导村民参与集体经济

“村民合作”是集体经济的主要内容，当党组织的核心地位被树立，下一步就要发动群众参与，推动集体经济组织建设。只有当村域资源能适度集中，形成规模化经营的基础，集体资源的盘活方有可能。S村的村民将种植樱桃作为主业，合作社建立前樱桃多是老品种，成熟后的市场售价只有13—14元/斤，引进新品种可卖到20—30元/斤，然而更新樱桃品种需要时间，村民们担心市场风险，没有动力迎合需求。合作社能提高农业生产效率，通过集体协调实现合作发展的收益，即土地集约、休耕轮作、分批更新。以党支部领办合作社为切入点的发展动能，是村党员干部示范效应和党组织政治引领，撬动和盘活村庄现有的土地、资本、资源、资产和劳动力，通过政策扶持和资源注入将集体经济发展壮大，实现各组织内部、各组织之间、集体组织与农民个体间多元利益联结。[①] 合作社发展的现实困境是，村民们没有动力参与集体经济。烟台市大量村庄是老人和妇女种田，土地产出要么是额外收入，要么是家庭赖以为生的命根子。村民们对合作社的发展前景不了解，对合作的内容和运作不是很熟悉，不愿意将土地流转给合作社统一经营。破解村民“动不起来”的问题，需要党组织主动下沉做好群众沟通，激活村民参与集体经济的动力。

一是充分利用前期基层党组织建设积累的合法性资源，增强群众对党建引领合作社的信任，凝聚的民心能推动村民参与集体经济发展。市委组织部下乡调研时，有村干部指出老百姓诉求其实很简单，“一要公平，二要希望”，根本要做的是“把人盘活”。他指出激活群众的动力很重要，即群众对党组织引领发展的朴素信任，决定村民是否参与集体经济建设。前述 X 村的实践过程是，迁坟目的是避免社会不公平现象加剧，家族间的矛盾影响村民幸福感。迁坟让村民看到党支部为村民办事创业的决心，开荒后不少村民主动将土地转给集体，村民的入股率达到 100% 。重建党组织的社会形象，进而通过党组织的号召和感染，增强合作社的合法性，村民就会参与集体建设。

类似现象在烟台市不少见。D 村成立合作社初期，需要铺设施工管道。为确保施工的质量，及村民筹资不被浪费，村支书虽然已 70 多岁，仍然天天亲自到现场，查看管道施工情况，村民们看在眼里。在村支书的带头下，村民觉得村党支部可以信任，于是村党支部号召村民入股非常顺利。

二是党组织引导构建利益联结机制，聚合生产资料进行统一生产。在原子化市场化的当下，村民是否愿意参与合作社，与其成本收益计算有关。土地对部分村民而言关乎根本利益，要引导农民将

① 马良灿、李净净：《从利益联结到社会整合——乡村建设的烟台经验及其在地化实践》，《中国农业大学学报》（社会科学版）2022 年第 1 期。

土地要素投入合作社当中，就需要对村民进行适度的利益动员。烟台市动员党员干部下沉，到村民家中为其“算笔账”。一方面，土地经济效益降低，大部分村民将土地闲置，受个人认知和情感影响，他们不愿意流转土地；另一方面，靠土地谋生的家庭，每年每亩地有200—300元纯收入，不足以支撑家庭的日常开销。依托合作社进行经营，村民能基于分红机制获得收益，60岁以上可以获得固定红利。同时，合作社做出的决定村民都可以参与，有些村每个月开4—5场代表大会，主要是向村民宣布合作社收支，探讨、谋划合作社未来发展方向及路径，村民们对合作社情况有很好的了解，对合作社的信任程度逐渐加深，进而愿意投入到集体经济当中来。当然，过程中不可避免地出现某些村民不配合的情况，党支部就承担矛盾调解、化解的主体作用，不断到村里做情感和思想工作，满足村民对合作社的利益期许。

土地分散种植、经济效益低下，一直是Y村农业发展的痛点。长期以来，Y村没有特色产业，村民要么外出进城打工，要么在村种植粮食作物。Y村决定整合土地，打造特色苹果产业。为了让村民们参与土地流转，党支部到群众中做工作，动之以情、晓之以理，通过党员身份进行示范和带动，部分村民接受并流转土地；仍有少部分群体不愿意流转，其一是依靠土地能获得不错的收益的人，其二是长期依靠土地养家的人。他们对土地流转诉求不高，严重影响土地成片和规模经营。Y村的党员多次做工作，同时发动已经参与合作社的村民一起做工作，实在不同意就分配边缘性的土地给其种植。事实上，合作社的经济效益大家看在眼里，相较自己耕地的经济效益要好很多。在动员和思想引导下，Y村九成以上土地参与流转。

三是提供多元化的入股方式，发展广泛参与的集体经济。党建领办合作社建立之前，烟台不乏表面成功的合作社，但不少合作社挂着合作社的名称，却是村里2—3个产业大户在经营，每年还会从村里获得项目好处，“不能称得上是正规集体经济”。集体经济的目标是“共同富裕”，需要实现村民的广泛参与。不过，合作社运营具有专业性，村民参与有硬性门槛，村民拿钱入股才可以分红，传统的土地入股方式较僵化，可能对村庄公平造成影响。如Y村曾考虑土地入股合作社，但是，“增人不增地、减人不减地”背景下，不同家户拥有的土地亩数有较大差异，对土地少的农户和贫困户不公。烟台市发挥宏观统筹作用，创新至少四种入股合作社方式：①将土地流转给合作社，合作社会支付流转费；②将土地折价入股；③直接以现金入股，年末计算分红与利息；④以村民劳动入股，产业发展需要大量劳动力，劳动力可以用工钱入股。不同村庄的入股方式不同，有些可能是其中一种入股方式主导，有些则是四种入股方式都有。多种方式扩展了村民参与途径，不少村庄实现100%的合作社入股率。一方面，边缘群体（如老人和贫困户）能参与，享受集体经济发展的红利，另一方面，高参与率塑造的群体认同，提升了土地资源的整合水平，释放出巨大的发展能量。

Y村为办好党建引领合作社，发明了“原始股＋创业股”的办法。所谓“原始股”，是指户口、土地在村的，只要愿意加入合作社就可以分得1股，保证所有农民均享受发展红利。所谓创业股，即指劳动力入股，老百姓可以到合作社打工，不管男女老幼都接受，满2000元折合成1个股，将来既可以享受合作社发展分红，又可以用于购买合作社提供的生产资料，如购买苗木、管道、水费、化肥等，相较资金入股更体现社会主义原则。5年的时间，Y村发行创业股120多万元，将Y村从基础设施差、果树常年缺水的村庄，发展为完成五公里的道路建设，兴建多个水利设施的产业村。

通过党建引领和村民积极参与，集体经济发展逐渐走向正轨。组织起来的集体经济不仅运营规模大，还能实现土地和要素集约化利用，水利土壤、灌溉交通等设施越发完善。党组织的协调构造出强大的集体产业链条，不少村庄依托建立自己的产业品牌，樱桃、苹果等都成为烟台市重要的农作物代表。更为关键的是，党建引领合作社并非只有经济效益，党建引领促使村民广泛参与公共事务，加强了村民对党支部的信任，形成了村庄的集体凝聚力。

三　集体经济发展助力治理有效

集体经济的稳健发展有赖嵌入村社，集体发展成果需要回馈村社。不同于单纯“以钱养村”，党支部领办合作社的组织优势是，聚集民心提高基层治理水平。党建领办合作社组织架构和村党委重叠，村党委既是集体经济负责组织，同时为村庄公共服务出力。依托前期构建的密切党群关系，村党委号召村民组织起来建设村庄，通过筹资筹劳为村庄发展出力。在参与公共环境卫生、设施建设过程中，在自我供给文化服务、社会保障过程中，村民们逐渐培养起自治自立意识，参与公共治理的热情提高，为村治打下良好的基础。

（一）公正分配增进村民认同

发展集体经济的目标，是实现人民共同富裕，[①] 提升群众的生活水平，必然需要进行合理分配。经济人视角下的个体参与经济活动，大多以自身利益最大化为目的，在制度和产权不完善的情况下，会出现富人治村的乱象，不利于村庄的长远发展。烟台市党建领办合作社推动构建民主分配制度，实现村民利益和村庄公平的协调。

一是坚持党组织核心和村民参与基础，构建完善的合作社治理制度。为推动党支部领办合作社健康长远发展，烟台市委组织部协调相关部门，构建有利于集体经济发展的环境，包括对合作社进行思想动员和督查督导，帮助合作社规划并选择适宜的产业，整合涉农项目资金支持合作社的发展，建立章程统一审核、项目统一论证、分配统一规范、财务统一管理、社务统一公开、文档统一保管的“六统一”机制，起步阶段就从章程管理、民主管理、股金管理、财务管理、收益分配等方面进行规范，指导党支部依章办社、依章办事，确保村党支部干成事、不出事。当党支部秉持“引导而不强迫、支持而不包办、服务而不干预”的理念，明确自身的工作定位、发挥自身的引领作用，有了规范的管理过程，就能保障发展有序。要注意的是，党建领办合作社强调党组织的核心作用，领办即直接管理外的统筹指导。党支部要对合作社运行过程进行监督，了解合作社计划、销售、分配方案，合作社对资源经营过程负责，凡涉及重要的经营发展决策，需要上报党组织进行审查，经由党组织拍板决策。合作社践行清晰透明的民主决策机制，重大决策需要召开全体村民大会，日常决策则尽量召开村民代表大会，Y 村村支部书记说：“只有（我们）开了会，把

---

① 江宇：《“烟台经验”的普遍意义》，《开放时代》2020 年第 6 期。

一切给村民看，村民才相信你。”有时候，村民会提出些看法，合作社会进行讨论。但只要决议一旦通过，合作需要严格执行。基于党组织、合作社、村民三者间明确的关系，大部分村庄建立严格的利润分配制度，确保不出现谋取私利、侵害村民权益的行为。

B 村的党支部领办合作社，不仅改变了农民的无组织状态，而且发挥了党组织优势，保护了村民们的合法权益。B 村的果树老化需要推动果树改造，村民很难拿出 3 万元/亩的改造资金，党组织就发挥组织优势，与上级党组织对接协商，决定吸引市场上资金。多次谈判确定方案，合作社再回来与村民商议，经过民主协商和集体表决，党支部再拍板合作方案：前期企业接手履行，按照 1000 元/亩向村民发放保障金，果树产生收益后，按照企业、集体、村民 6∶1∶3 的比例进行分成。等待企业回本后，将合作社和村民的分成比例抬升。事实上，与党组织的谈判过程，企业进行了很大让步，党组织强大的保障作用，让企业决定进入村庄。合作社向村民展示预期收益后，村民对分配方案表示相当满意。

二是坚持“群众优先”的组织运作原则，以党建引领增强村民获得感。合作社发展需要集体治理，但发展要让群众看到“好处”，让群众有实在的获得感。烟台市在股权设置上明确规定，集体组织持股比例不高于 10%，单个成员持股不超过 20%。集体持股比例不大，且大量用于集体公共品供给，限制了管理机构的获利空间，能让村民感受到切实好处，且强调单个成员持股比例，能防止精英掌握话语权，造成的权利不平等现象。合作社统筹土地、资金等资源谋发展，村民既可以享受基础股投资的好处，又可以享受二次分红和多次返利。随着集体经济的壮大，烟台市推动农村民生治理，不断完善公共服务体系，使弱势群体感到集体温暖。如多个村基于集体经济发展状况提出，抽取不低于 5%“公益金”用于村民服务，包括基础设施建设、发展村庄文化活动等内容。相较常规的产业发展模式，党支部领办合作社对上能承接国家资源，对下能将利益分配权掌握在自己手里，防止产业收益被下乡资本攫取，保障村民获得租赁费用和打工收入。

D 村的党支部领办合作社规定，合作社每年的纯利润中，首先提取出5%的公积金，用于合作社发展和弥补亏损；再提取出3%的公益金，用于公益事业和职工培训；剩下92%的纯利润，全部按股进行分配。为了保障群众利益，合作社土地折股比例和土地租金普遍高于市场价格，东院头村土地租赁价格甚至定为4000元/亩，与当地每亩地的最高纯收入基本持平（见表2-2）。

表2-2　**D村集体经济发展相关制度**

制度	具体内容
党支部成员担任合作社理事长	村党支部领办的合作社，理事长应由村党支部成员担任，如担任理事长的村党支部成员职务终止，其理事长职务自动终止，应召开成员（代表）大会进行改选。入社担任理事长职务的村干部，须提前约定声明：若在村“两委”换届中落选或职务终止，将主动辞去理事长职务
村干部利益和项目收益捆绑	村干部的利益和项目的收益捆绑起来。村干部和党员除了以土地入股，还必须以现金入股。同时，实行“两委”与合作社理事会“双向进入、交叉任职”，支部书记兼任合作社理事长，村委会主任兼任监事长，其他村“两委”成员及党员任理事、监事
优先土地入股，提高土地折股价值	东院头村党支部领办的合作社，有四种参与模式。第一种是针对愿意土地入股的，一亩地折合8000股（8000元）加入合作社。第二种是土地置换。承包地在产业园范围但不想加入合作社与土地不在产业园范围但是想加入合作社的村民，可自行协商置换土地。第三种是租赁。社员把承包地租给合作社，每亩地每年租金4000元。第四种是现金入股，现金入股必须以有土地入股为基础
分配优先向普通社员倾斜	合作社每年纯利润中，首先提出5%的公积金，用于合作社发展和弥补亏损；再提3%的公益金，用于公益事业和职工培训。剩下92%的纯利润，全部按股进行分配

资料来源：课题组根据调研资料自制。

三是再分配向边缘群体倾斜，提升村民的参与效能感。合作社要实现社会效益最大化，就要保障社会群体间多元利益，烟台市重要的措施是分配倾斜。发挥党建引领的制度优势，能大幅提升合作社的发展效益，吸引年轻人回乡发展集体经济，在创业股的号召下投入资源，集体经济发展越好，个人能收获得越多。不过，不少合作社再分配收益时，会适度向老年人群倾斜。该做法的初衷是党支部发起号召，尽量照顾失去劳动能力的老人，获得合作社参与者和年轻人的一致认同。一方面，每个人都有一天会变老，拥有美满的晚年生活，能营造对未来的稳定预期；另一方面，不少年轻人家中有老人，对老人进行福利供给，能减轻年轻人的养老负担。如 B 村利用集体公益金建设老人食堂，70 岁以上老人可前往食堂就餐，餐标是每人每餐 15 元，个人需要支付 5 元，剩余从集体中出资；F 村党支部领办合作社为每户贫困户赠送 1 股原始股金，每年从公益金提取部分资金定向开展乡村扶贫；D 村用公益金为分红收入达不到养老院入住费用标准的老人提供资金补充，村庄中的贫困人群、弱势群体、少年儿童等能直接享受集体经济发展的溢出成果。整体看来，分配倾斜让村民感受到合作社优势，带来长远社会预期和生活幸福感，村民更愿意参与合作社，为集体发展做出贡献。

X 村每年的利润分配有三个方向：一是村民的股份分红，即按照入股比例及利息发放红利；二是合作社扩大再生产需要的生产资料投入，包含承诺给农业公司的比例分红、需要的农用工具及基础设施的建设等；三是针对村民尤其是老年人的福利供给。针对 60 岁以上的合作社成员，合作社承诺无论当年的经营状况如何，会保障向老人提供 2400 元的福利。合作社还为老年人提供更多的便利，如端午节旅游、定期体检，入住“夕阳乐园”敬老院。通过不断完善民生福利措施，老年人幸福感得到极大提升。对村民而言，“看着老人的生活变好了，感觉整个村生活都变好了，有活力了”。

（二）党建引领增强村民参与

党建领办合作社，村民的经济效益得到相应提升，集体凝聚力赋能基层组织，形成发展治理互促共生格局。梳理烟台集体经济发展经验，发现其通过利益认同、组织认同及社会认同三重机制，推动外部性、主体性及社会性有机整合，推动合作社在经济、秩序、民主层面系统集成。

一是发挥党员的模范作用。发展集体经济需要整合村民利益，村民要将土地、资金等生产资源投入合作社，一旦合作社经营不当，村民的利益会损失，如何获得农民认可，需要组织者做工作，构建村民和合作社的有机关联，提升村民的集体利益认同。党建领办合作社的优势是，村民对党组织信任程度高，减少了合作社成立成本，降低了合作社治理的负担。在党组织发动和党员带头下，村民意识到发展的好处，厘清了个体与集体间的关系，因而会广泛参与合作社。当然，合作社构建的入股机制及分配制度，让村民感受到集体行动的优势，利益关联提高了村民参与动力。

党员作为集体成员参与村社治理有以下三重角色。①作为投资人和监督者。党建领办合作社需要经常开会，党员可以发挥监督作用，要求合作社的信息公开透明，重要决策要求有村民代表参与，村民对集体经济发展相对敏感，党员可以引导村民进行高度参与。通过投票影响集体经济决策，会让村民感知到利益相关，增强参与式治理的意识。②作为劳动者参与集体经济，创业股、工分制等创新性举措，激励个体参与集体劳动获取集体利益，党员参与既是在为自己获取劳动利益，又能激励普通村民参与集体行动。③作为福利接受者。党员作为集体成员一分子，是集体经济发展受益人。党员基于对村庄生活的了解，可以建言献策于福利政策安排，尤其是针对边缘群体的福利倾斜，当村民感知到党员切实在为民谋福利，就会增强其村庄生活和集体发展预期，从而更积极投身党员引领的组织中。

二是加强党建引领力建设。不同于常规的政策诱导型合作社，党建领办合作社的特殊在于组织基础。建设党建领办合作社，将党组织和经济组织联结起来，一方面是要发挥党组织的统领作用；另一方面是要夯实发挥党组织的主体作用，凝聚人心、形成网络、统合发展。为了充分建设基层党组织，提升基层党组织引领力，烟台市对党组织进行建设，坚持“好人里面选能人”，不断培养和选拔优秀人员加入。在村社治理层面，将党员能力提升融入合作社管理中，促进党员发挥带动引领、与民沟通、监督协调作用。X村迁坟开荒工作中，党员和村民间频繁交往，党员感受到村民的不易，村民体会到党员的艰难，互动过程双向产生获得感，村民对基层党组织的信任感增强，积极参与合作社治理。通过党组织的党性教育，干群关系的价值培育，党员们逐渐形成主体性，无论是在集体经济建设中，还是在村社治理活动中，党员都能起到积极带头作用，党员的组织能力得到提升。

三是加强党建的整合作用。以长期的共同生产为基础，村民生活具有社会性，遇到日常生活中的问题，村民们会相互帮忙。但是，伴随农村经营模式分散，城乡融合带来生产方式变革，村民越发关注自家“一亩三分地”，既不愿了解邻居的事情，对公共事务更是不管不问，自发合作治理机制瓦解。究其原因，是村庄缺乏有机公共生活，村庄社会公共性长期缺失。如果能构建公共生活空间，凝聚村民的集体意识，就能推动集体行动形成。党建领办合作社目的是发展集体经济，引领发展过程能形成整合能力。①党建领办合作社构建村民公共生活的平台，党建领办合作社不只是为激发村民入股，更多时候需要村民参与公共治理，如提供劳力获得积分和报酬、讨论集体经济收益分配等。基于共同参与、共同建设过程，村民从互相割裂的个体逐渐形成相互熟悉的群体，基于党建的政治整合能发展成有机的集体。“有事共商、有难共担、有利共享”逐渐成为公共参与原则。②党建引领合作社带动村民对共同生活的期许，村民愿意建设村庄、发展村庄、治理村庄。合作社基于党组织的还权赋能，利用日常事务治理激发村民责任感，村民就会从政治认同及政治治理，转向整合多元利益的社会治理。

F村长期是经济落后村，受限于没有硬化道路，产业迟迟难以发展。经济落后带来治理难题，村庄生活环境衰败，村民的幸福感弱。2015年，街道动员在外经商的乡贤回村担任书记，新村书记上任后花大量工夫走访村民、了解村民诉求、凝聚村民意见。在基本解决干群矛盾后，召开多次村民代表会，与村民共议道路建设难题。村支部书记会上跟村民说：“修好了路，才有未来。”村支部书记的多次社会动员，党员和村民的出谋划策，使筹资筹劳过程顺利，道路得以顺利修建。有了共同参与修路的基础，兴办合作社就顺理成章。合作社发展需要通畅的水渠，当时正是农产品更新期，合作社流动资金相对吃紧，村党委号召村民捐款，出于对村支部书记的信任，村民们纷纷捐款，成功化解了危机。

（三）集体治理提升自治水平

党建领办合作社的初衷不仅是发展集体经济，还要利用集体发展成果及基层治理。实践中党建领办合作社通过发展经济，建立起来具有强大组织力和执行力的治理组织；集体行动达成，使村民形成集体感，推动公共性依托公共活动不断生产，进而保障村民自治效能快速提升。

一是通过集体经济激活治理热情，建立健全基层党组织网络，赋能基层治理。合作社的建立让党组织和村庄构建深层联系，党员作为合作社发展引领者，需要对村社公共利益负责，需要对每个人利益负责。当党员和村集体构建利益联结，就会愿意参与到公共建设中。合作社运用多种方法激励党员，党员基于政治激励愿意带头发挥作用。

为激发党员参与公共治理，X 村建立起参与“工分制”，村会计负责记录工分。党员参与义务劳动（如扫雪，从事卫生服务、老年人服务等），都会被记录工分，集体经济有盈余情况下，工分会转换为经济效益，让参与的党员有收获。工分制度在迁坟时就实施，当时只是村党委口头承诺，后来在全体村民代表大会上，村民同意将其作为长期制度，毕竟，党员的付出和带头村民是看在眼里的，工分激励往往能发挥象征作用，很多党员领到工分奖励，会将其投入集体资产当中。

二是党组织通过动员引导群众，促进村民达成集体行动。为促进集体经济发展，党员要扮演先锋模范作用，作用发挥得越充分、群众认可度越高、越增强党员获得感。久而久之，村党支部在群众心中的分量越重，村民越发信服村党支部的决策。当村党支部具有强大的号召力，就能有效组织村民参与公共事务，包括常规村社公共治理活动。村民参与有效，能扩充村治能力，凝聚和激发分散的村社自治力量。

L 村在合作社成立前是典型的问题村，村里最严重的问题是卫生问题，由于公共设施较差，村庄缺乏相应的秩序。党建领办合作社成立后，党组织发挥作用有组织载体，村民对党组织的信任度逐渐增强。具体来说，前期党员要走家串户做工作，村民和党员关系大多熟络，日常生活中会互相帮忙。为了营造清洁环境，L村进行卫生整治，具体来说是党员带领3—4个村民义务劳动，负责一定区域内的卫生打扫活动。刚开始党支部担心能否有效组织村民，落实过程发现党员号召力强，很快就形成一组一组的清洁力量，每次村党支部发出卫生清理通知，第二天早上满街都有义工团队，村庄环境逐渐变得干净亮丽。

三是党建领办合作社促进经济往来的同时，提升了村民社会交往的深度和频率，为民主治理开展提供了社会关系基础。合作社建立前村民往往分散经营，很难有关联生产合作的社会机制，连带的日常生活缺少交往机制，当村民间互相不再熟悉，走在路上不会打招呼，遇到问题就会争吵。党建领办合作社的建立，为村民社会交往提供空间，村民在合作社中共同劳动，劳动中会有相应的社会交往，“大家在一起干活，闲的时候说说话、聊聊家常什么的，对彼此都互相熟悉”。一方面，劳动关系确立提升村民交往频率，村民因了解程度加深逐渐具有同理心，有些矛盾在合作社内部能解决。另一方面，合作社通过劳动过程建立紧密的共同在场关系，通过共同的关系培养共同体意识，易使村民产生村社主人翁意识。大家在会上讨论合作社决议时共同向村支书提出建议，会私下集结伙伴跳广场舞。有机的多元的联结纽带，推动村庄公共生活繁荣，村民对集体产生认同，有矛盾就易协调和理解。

M村原来有两户居民是邻居，由于上一辈有误会，平时几乎不往来，在村里分地时，村干部非常头疼，想要让两户坐下来沟通，苦于没找到合适的机会。党建领办合作社成立后，两户都报名参与集体劳动，一起劳动的有威望的老人，在两户之间充当和事佬，说：“每天工作低头不见抬头见，（你们俩人）不说话我们感觉别扭。晚上到我家吃饭，都把事情说开了，把上辈事情和解。”在不断交往中，消解彼此的情感裂痕，关系逐渐融洽。

总结起来，集体经济的发展，不仅带来了经济上的效益，更带来了治理上的效益，通过集体经济促进基层组织发展，进而推动群众动员和公共参与，社会治理效能得到显著提升。需要指出的是，治理效能会反作用于集体经济，村民感受到的公平感、幸福感，会连带产生对村党组织的信任感，进而激发其参与集体经济建设。

第三章　人才振兴与主体协同

第一节　人才振兴与治理主体再造

“十四五”规划对乡村振兴做出全面部署，强调要“吸引各类人才、激发广大农民群众的积极性、主动性、创造性”。伴随城镇化进程的推进，乡村空间不断流变，治理事务快速膨胀，对应的问题是，农村青壮年劳动力大量外流，催生一般农村人才支撑困境，“谁来治村”“谁来兴业”成为回应重点。基于主体与关系视角进行审视，发现经国家政策与社会变迁互构，一般农村广泛存在两阶关系：一是在村群体及其形成的社会关系，主要表现为治村群体与普通村民间的关系，需依托公共活动实现“治理主体再造”；二是外出务工村民与在村村民形成的关系，主要依托乡情纽带和发展机遇建构。两阶关系构成乡村振兴的内生动力，且后阶关系多以前阶关系作为基础，“在村群体再造”应成为人才振兴核心。只有激发内生主体的主体性，提升乡村社会性治理能力，方能实现针对后者的动员，凝聚乡村振兴主体共识。对主体自治能力的激发，依赖德治、法治要素的嵌入，实现三者的互嵌互构。现实情况是，“三治”要素并未嵌入乡村空间，加剧治理主体动能困境。强化国家对基层的法治与德治引领，提升主体治理意愿和治理能力，是实现乡村人才振兴战略，破解主体治理困境的关键。本章结合各地情况，试图以一阶关系为基点，对人才振兴背景、对象及困境阐述，探究人才振兴助力乡村治理的一般路径。

一　人才振兴的治理背景

人才振兴是乡村振兴战略重要内容，是新时代城乡融合发展的需要。人才振兴是基于现实治理经验与历史基础，立足乡村治理新形势调整的结果。由乡村振兴具化至人才振兴，强调治理主体在平衡国家目标与社会自主，耦合乡土性与现代性方面的重要作用。对人才振兴战略背景的考量，可以从城乡互嵌融合、基层治理体系建构、治理问题破解三个层面展开。

（一）城乡融合治理需要

在城乡二元制度下，城乡之间是相互分离的，具有不同的治理结构。改革开放以来，城市化工业化快速推进，大量农村人财物从农村流出，城乡二元结构被强化。城乡资源存在明显的不均衡，城市与农村呈现迥异发展轨迹。主流研究和政策部门认为，农村现代化是我国现代化的前提，城乡间若未能建立良性互动机制，巨大的城乡失衡或城乡落差，将影响社会整体的和谐稳定。打破城乡二元体制，成为学界主流愿望。

很长一段时间里，农村是自给自足社会体制。自给自足不仅体现在生产生活依靠自身解决，还体现为内生治理问题依靠内生资源来解决。当系统的某个或多个环节损坏，基层的自主性就注定难以继续维持。[①] 当乡土中国变为城乡中国，工业化、城镇化快速推进，打破中西部一般农村“超稳定结构”，清晰的城乡边界逐步消解，城乡要素互动愈加频繁，基层主体地位就渐趋弱化。

为打破城乡二元分立格局，让农村与城市共享成果，2005 年党的十六届五中全会提出“统筹城乡经济社会发展”，2007 年党的十七大提出“统筹城乡发展，推进社会主义新农村建设”。我国城乡关系由乡村自主性增长（1978—1984）、竞争型增长（1985—2002）转变为城乡统筹（2002 年以来），[②] 推进城乡一体化融合发展，成为新型城乡关系目标。2017 年，党的十九大报告指出，“‘三农’问题事关国计民生”，必须尽快加以解决，提出实施乡村振兴战略，弥补全面建成小康社会短板。稍微总结即会发现，一般农村摆脱服务治理困境

---

① 刘伟：《论村落自主性的形成机制与演变逻辑》，《复旦学报》（社会科学版）2009 年第 3 期。

② 折晓叶、艾云：《城乡关系演变的制度逻辑和实践过程》，中国社会科学出版社 2014 年版，第 15—18 页。

的核心，是外力资源介入激活乡村社会自主性，但是，资源输入能否转化为治理成效，国家治理体制中内含的“德治”“法治”内涵能否转换为实践效能，有赖于治理主体动力激活与能力提升。对一般农村而言，城乡二元结构扩大的后果是空心村现象突出，治理主体流失与治理能力弱化成为典型问题，中央提出乡村人才振兴战略具有现实迫切性。

（二）基层治理建构要求

实现国家在场与基层治理的有效结合，是国家治理能力现代化的要义，在村群体理应发挥关键性的接点作用。改革开放后，随着国家向农村经济、政治领域放权，以国家主导、高位推动为主要特征的工作队，一定程度退出乡村治理的中心场域。1982 年起全国陆续恢复乡镇建制，[①] 乡镇干部的数量快速增加，机关运作能力得到强化。1988 年，村民自治制度开始试点，标志着“乡政村治”格局初步形成。

随着农业税费的逐步免除，国家与乡村关系发生变化，国家一方面改“资源汲取”为“资源输入”，乡村依托税费收取形成的利益共同体衰减，强人或狠人型村干部逐渐退出治村队伍。同时，税费改革及乡村体制改革，使不少中西部乡镇财政困难，无力满足基层公共品需求，推动农村公共品供给模式调整，通过项目和任务下乡的方式，实现规则与资源的共同输入，以期在激发基层治理活力的同时，实现乡村有效治理的目标。然而，一方面，项目进村及发展主义治理，易推动“富人治村”现象出现，在“要人要钱要物”的村治逻辑下，在村广大群众被排挤至村治边缘，一般农村治理危机持续加剧。另一方面，自上而下的控制逻辑、服务逻辑与理性逻辑，在利益稀薄型农村造就出准行政化困境，本应组织和服务群众的村干部，成为唯上的基层政策执行者，既无法推动治理规则与乡村实情的对接转化，又使普通村民失去参与治理热情。

综合来看，资源下乡形塑出两重基层面向，造成治理主体的形式

① 夏志强、谭毅：《“治理下乡”：关于我国乡镇治理现代化的思考》，《上海行政学院学报》2018 年第 3 期。

化应付，及在村群体的社会关系离散，结果均是治理事务的难有效解决，有悖于现代化治理体系建设的长期要求。着力提升基层干部主体责任意识，依托下沉资源与机制构建凝聚在村群体共识，推动乡村事务治理的行为规则融合、价值文化培植、纠纷化解能力培育，是破解转型阶段的乡村主体治理困境，推进人才振兴战略实施的关键载体。

（三）公共事务治理必需

党的十九大报告明确提出，“人民日益增长的美好生活需要和发展的不平衡不充分成为了新时代我国社会主要矛盾”。伴随着城乡一体化进程推进，一般农村村民诉求渐次变化，政治、经济和社会等方面诉求增加，构成了基层治理的复杂事务体系。政治层面，群众要求民主参与，保障基本民生权利；经济层面，群众要求良好发展环境，给予他们相关发展机会；社会层面，群众要求城乡基础设施均等化，对公共服务多样化提出诉求；等等。多面诉求相互交织，需要主体进行整体性回应。相对应的议题是，自上而下公共政策与资源项目输入，推动基层治理的外部环境变迁，要求治村群体有效整合诉求，实现下乡资源投入与效能的转化。

悖论的问题是，现实实践中的公共事务治理，因整合利益的主体丧失及公平分配机制缺失，呈现出“程序虽已完成，却无法促进群众满意”的样态，主要表现为三种形式。一是体现为村庄“公私对立”，村民退回至原子化的家庭，认为只应管好自家“一亩三分地”，个人外的事务由村干部管理，村干部管不好就交给政府管理，村民个体无须承担公共责任；二是体现为村民政治冷漠，治理行政化使村治与村民的关联减弱，多数村民在不涉及切身利益的情况下，对村组织运转情况漠不关心，对侵占集体利益现象不关心；三是体现为村庄信任危机，村庄共同体的瓦解，使村干部的社会权威弱化，同时村组织的形式化应对，使村民对治理效果不满，连带出对村干部不信任，村干部代表的治理权威，因缺乏公共性难维持。结果是，村治出现动员的困境，公共治理主体不时缺位。

总结起来，不论公共诉求回应，还是公共政策执行，抑或治理资源配置，要实现预期成效，都需要促成集体行动。但是在农村社会开放发展条件下，在村主体自利与理性意识增强，自上而下的制度直接输入乡村时，要么引发治理悬浮，要么造成高昂成本，村庄公共性缺失的结果是，治村主体难做出公共回应。以最小的治理成本促成集体行动，正确做法是引导在村群众参与自治，提供公共平台并组织集体讨论协商，使在村群众表达公共治理诉求，基于密切的互动推动公共意识的达成，培育群众协商能力的同时，重塑生活与治理的纽带。当乡村振兴的群众基础牢固，就能激活内生治理资源，提高乡村主体治理能力，进而实现人才振兴目标。

二　人才振兴的主体内涵

人才振兴不仅是乡村发展的必要条件，同时是基层治理现代化的要求。推动乡村振兴，人才是基本保障，拓展人才在基层领域的作用，能适应基层治理新要求。推动人才振兴的核心是，调动乡村内生治理动力，嵌入乡村发展外生资源，构建乡村治理共同体。

（一）人才振兴的主体

党的十九大将人才振兴作为乡村振兴的核心要素，强调人才队伍提升乡村治理能力的作用，《关于加快推进乡村人才振兴的意见》进一步提出构建乡村人才振兴制度框架和政策体系的目标任务，将本土人才、城市人才、专业人才纳入人才振兴主要对象，中央一号文件明确提出要“积极发挥新乡贤作用”，推动基层治理主体建设走向多元，为人才振兴的对象讨论提供指引。从乡村治理有效性要求看，人才振兴指向治理人才，我们根据基层权力来源、社会合法性及其角色功能，将乡村振兴视域下的治理人才分为五类。

第一类是政党主体，即基层党委和党员。党的十八大以来，中共中央高度重视基层党建引领作用，强调要重视农村基层党组织建设，发挥党组织区别于行政和社会组织的领导力，发挥党的基层组织在整合碎片化乡村、平衡国家与社会关系的引领作用。具体到基层治理场域，政党主体的人才振兴，既包括对基层场域党组织的治理结构重塑，又包括基层党支部的主要负责人即村党委（支部）主体振兴、党员的党员身份和组织网络激活。政党主体的振兴目的，不仅在于提升村支书、党员能力，更在于“以组织力带动教化力”，发挥出政治势能、动员能力与价值引领能力。

第二类是行政主体，具体到乡村振兴场域，指的是乡镇行政组织。随着城市化和现代化的发展，乡镇成为承载城乡融合与乡村振兴战略，满足群众美好生活需求的核心载体。然而，长期以来，由于“条块体制”的分割，财权与执法权的上移，乡镇治权不断被削弱。乡镇政府一方面在层级压力下需要应对上级部门的细化考核，一方面需要在属地责任下应对乡村社会繁杂多样的公共事务，乡镇政府易陷入左冲右突、疲于应付的境地，加之上级考核和监督手段不断强化，乡镇干部的避责倾向不断增强，很难引领实现高效治理目标。针对乡镇治理的总体问题，中共中央、国务院办公厅发布《关于加强乡镇政府服务能力建设的意见》（中办发〔2017〕11号），提出要“强化服务功能，健全服务机制，创新服务手段，增强服务意识，提升服务效能……”。作为农村与城市治理融合的关键场域，乡镇治理现代化的关键是激发乡村自治活力，一方面增强乡镇的治权，推动条块组织协作，保障基层自治空间，一方面通过镇村组织互动引领基层自治发展，赋权赋能基层形成“镇—村”治理共同体。

第三类是村民自治主体。随着1998年《村委会组织法》推行，村组织成为农村治理主体，围绕内生事务推进自治工作，保障村民依法行使自治权，包括民主选举、民主决策、民主管理和民主监督权。新时代强调治理主体振兴，仍有其体制和社会依据，尤其是在中西部一般农村，村民自治主体建设更关键。一般农村受市场经济影响，多元要素向城市外流，尽管从空间形态看，村庄社会边界越发模糊，村民熟悉感同步减弱，但村庄结构仍然存在，多数仍秉承简约治理的逻辑。只要分清楚哪些村民在村，要依托村庄完成再生产，对村庄热爱且有治理潜力，就能发动对邻里信息有充分认知、对内生秩序瓦解有切实感受、对村治主体丧失有所不满、对自治运转有期待的关键分子。

第四类是精英主体，又可称为新乡贤。城市化和工业化进程下，乡村陷入权威弱化境地。立足传统乡贤文化的新型乡贤文化，是解决乡村治理困境的重要资源。2015年至2018年，“新乡贤文化”连续四次被写入中央一号文件。一般而言，乡贤具备三重要素：一是地域性，是指主体与基层场域有联系，对本土本乡有热烈感情，愿意回馈乡村、回报桑梓；二是高道德和高声望，是指主体具有村民认可的道德品质，符合当地村规民约行为要求，因而能得到当地人的尊敬和爱戴，具备发挥“德治”、引领“自治”的特质；三是综合能力，即有突出的知识与才能，既有丰富的专业知识，又对乡村场域熟悉，治理手段较为娴熟，善于乡土人事沟通。进入新时期，高能力还指向具备较好经济能力、产业发展能力、资源统筹能力的村治主体，可以介入乡村振兴相关领域，产生主体示范与引领效应。

第五类是宗族主体，指向血缘关系为纽带的村治成员。一般农村内生要素尤其是血缘网络广泛存在，宗族主体依赖的传统构建基因仍存在，典型表现为村庄治理是“自己人的治理”，村民交往遵循“以群为重，以己为轻”逻辑，会自觉划出“自己人”和“熟人”边界，只要找到自己人和熟人，激活代表“自己人”的治理主体，就能调动内生性权威，重建乡村的内生秩序，推动村社自主治理。

（二）主体治理的内涵

对乡村人才振兴内涵的理解，需审视乡村振兴五大内容。相较产业振兴、生态振兴、组织振兴、文化振兴，人才振兴聚焦深层次的个体行为与意识，依赖显物质倾斜及体制、文化环境支撑，因此与其余四大内容相比，人才振兴成效呈现最为缓慢，[①] 作为治理要素易被忽视甚至搁置。然而，纵观基层治理主体演变可发现，“致天下之治者在人才，成天下之才者在教化”，“谁来治理乡村”问题始终是乡村发展治理的起点，乡村振兴的基础和关键是人才振兴，即激发治理主体的积极性、培育治村群体的能动性、增强多元主体的互动性，通过“动力—能力—关系”三重机制要素嵌入，保障乡村人才储备性与培育性，实现基层的稳定性、长效性与活力性。

第一，治村主体动力的激活。根据基层治理结构的正式化程度，可分为正式治理与非正式治理，二者共存于一般农村治理实践，相互影响且共同发挥效用，形成包含主副职村组干部、老干部、乡贤及热心精英等在内的治理主体，受血缘地缘关系影响主体间存有较多连带，能够形成相对平衡的权威依附关系，推动其共同参与公共事务治

① 李海金、焦方杨：《乡村人才振兴：人力资本、城乡融合与农民主体性的三维分析》，《南京农业大学学报》（社会科学版）2021 年第 6 期。

理，构成简约而不简单的基层治理格局。然而，在科层化、规范化改造下，一方面，村干部成为落实任务的工具，失去个体灵活主动活动空间，丧失践行群众路线的能力，村干部因治理重压与自身能力、所受激励的不对称性，易丧失参与主导基层治理的动力。另一方面，对村民责任意识的强调与引导缺失，使村民缺乏参与村治的积极性，过去干群合作开展的工作，转变为由村干部独立承担。村干部陷入更深层行政化中，为重塑村干部的事务治理活力，矫正规范下乡的目标偏离，需要一方面激发村治主体治理动力，一方面改变普通群众的参与意识，将“政府要我做”转换为“我们要做”，重构和提升“乡—村—组”相关主体的治理合力。

第二，治村群体能力的振兴。伴随社会变迁及国家治理转型，一般农村的治村群体能力弱化。首先是村干部能力弱化，具体体现在两个方面。①社会整合弱化。伴随村庄空心化和村民原子化，自然村或宗族共同体功能衰退，村干部丧失关系网络支撑下的治理权威，乡村共同体从认同单位退化为行动单位。同时，国家为治理资源下乡引发的系列问题，推动基层治理行为规范化，导致其难以基于人际关系网络位置，输出人情面子来灵活治理，进而整合多元主体间的复杂关系。②治理能力弱化。乡村振兴带来村干部能力新期待，其一表现为呼唤治理型村干部，即懂得协商治理、注重群众参与性、促进村民满意的热心人，进入政府的视野被选拔和培养，承担新时代的村治工作；其二表现为要求村干部提升专业技术能力，回应越发复杂的村组织运转要求。相悖的问题是，一方面，在强规定与强监督作用下，村干部面临治理高压情境，主动或被动将治理手段视为治理目的，采取形式主义的执行策略，缺乏对群众工作的关注与投入，推动村社实体治理[①]的能力减弱；另一方面，基层干部的专业能力落后于工作要求，体现为文字整理及信息治理能力不足，以及法治治理能力不彰。其次是在村群众参与能力不足，乡村振兴战略实施要依靠人民群众，全面开展农村社会管理服务，需要真正的“掌舵人”——在村群众的持续参与。

① ［美］李怀印：《华北村治——晚清和民国时期的国家与乡村》，中华书局2008年版，导论。

基于“以民做主”的理念，各地涌现多样农村社会组织，典型如村民理事会式自组织，旨在通过坝坝会拓宽参与渠道，保障在村群众的主体地位，发动群众治理群众。然而我们调研发现，村民自治能力仍存在不足，尤其表现为民主理念薄弱、民主技能匮乏、权责观念异化、自主意识不强，既难以发挥自治的内源性功能，又无法对治村主体进行有效监督。人才振兴应以在村群众能力建设为基础，通过民主培训机制建设、公共事务参与渠道完善，培育村民主体能力与责任意识，打造乡村振兴的组织队伍。

第三，治村主体间关系的融洽。乡村治理本质是多元主体互动，不同主体相互交织和叠加，相互促进或者干扰破坏，构成基层治理复杂样态。单一主体的能力提升与动力激活，仅为乡村治理的前置阶段，要推动城乡社会融合发展，还需要融洽多元主体关系，凝聚自治、德治、法治治理合力，推动协同治理。理想情况下，自下而上的公共事务治理及自上而下的外部资源输入，为多主体间的沟通协商、关系构建、角色重构提供丰富的载体，有助于形成村庄为主、政府引导、市场参与、社会协同的理想共建共治模式。其中，村干部在正式和半正式规则引导下，依托法定授权和社会赋权化解诸类矛盾；村社可以实现自我管理、自我服务与自我监督，依托干群间良性互动构建紧密的村庄关系；政府可以依托资源和规则供给，引领多主体参与基层公共治理，构建松弛有度的政村、政社关系；市场可以依托资源和技术投入，在政府规范引导下为村庄治理提供支撑，形成友好互动的共赢关系。然而，农村社会变迁带来地方规范解体，资源下乡过程夹杂着正式规则下沉，结果是治理主体角色出现错位。具体说来，①农村理性化带来熟人社会解体，基于长期交往形成的稳定预期瓦解，村民关系陷入少共识的原子化状态；②资源下乡进程中乡镇政府与村治精英为完成任务，结成责任共同体应付诸矛盾，易使干群关系趋于不信任，村民对资本的警惕性加深；③随着命令性行政机制扩张，村民逐渐由村庄共同体的一员，转向被统一管理的行政对象，角色异化使干群关系离散。上述造成的结果是，多元主体难以达成互动的意愿，行动难以组织化甚至相互阻碍。

三　主体振兴的“三治”进路

（一）主体治理的多重困境

通过对乡村人才振兴主体及其内涵的分析，我们发现人才振兴的本质，是主体培育与关系构建的过程，需要依托具体的事物载体展开。伴随体制变革和社会变迁，维系村民间互动的事物载体发生变化，服务村民、开展治理逐步取代共同生产活动，成为基层人才振兴的重要依托。人才振兴过程即公共事务有效治理过程，主体治理困境构成人才振兴情境。我们可以聚焦主要村治主体，围绕主体动力和能力进行理解。

1. 主体治理动力困境

乡村振兴是久久为功的系统工程，有赖多元主体的合力推动。为激发多元主体的参与动力，国家下沉大量治理资源与规则，希望能规范群体参与治理机制，匹配不同群体的参与需要。事实是，国家规范作为外部驱动力下沉，易造成不同村治主体动力衰弱，密集的治理资源下乡供给公共品，易转变为治理主体的行动负担。

（1）干部治村动力困境

一般来说，村庄主体愿意参与治理，主要受三方面利益驱动。一是经济性收益，或依托体制身份扩展社会关系网，增加获得潜在利益的机会。二是社会性收益，一般指体制带来的表达性收益，[①] 即参与村治既能获得村民好评，又能实现个人的政治社会抱负，还能够积累声誉获得权威，对部分参与者而言有意义。三是政治性收益，尽管按照既有的乡村行政体制，当村干部鲜有向上晋升的空间，实践中却出现不同地方根据治理需要，开口子给予村干部政治收益的情况。

一般农村村治主体治村动力削弱，是三种治理收益衰弱的结果。第一，村干部全职化下经济收益衰弱。政府推动村组织科层化前，村干部大多由兼业户担任，依靠农副业或攫取经济机会获益，村干部误工补贴由乡村两级自筹。职业化改造后，村干部被纳入行政体系，意

① 贺雪峰、阿古智子：《村干部的动力机制与角色类型——兼谈乡村治理研究中的若干相关话题》，《学习与探索》2006 年第 3 期。

味着难有时间精力继续兼业，为提升村干部的工作动力，满足其家庭再生产需要，政府必须改革村干部收入体制，报酬工资化成为改革路径，多由地方政府财政来承担。村干部工资分为两块，即基本工资和考核工资，有的称为“绩效工资＋绩效津贴”。在东部发达农村，地方政府设置完善的工资福利制度，村干部变成全职工作人员，进而享受全额社会保障，收入水平在当地相对高。干部收入同工作绩效完全挂钩，既提高村组织吸纳精英能力，又使村干部利益与职位捆绑。[①]但是在中西部一般农村，福利工资实践存在问题。①受经济发展水平限制，村干部工资待遇相对低，虽能够提升一定待遇，但与非正规就业收入相比，利益总量仍相对较少，未必满足体面生活需求，甚至难满足家庭开支。②公职化改造局限于村支部书记和村民委员会主任，忽视二者身后的治理主体与分工系统，具体体现为只提高村支部书记和村民委员会主任的工资，对副职干部和小组长工资少调整或不调整。另一方面，薪酬待遇的差距，使主职干部对村组动员能力下降，最终结果是主职村干部承担全村诸事务，主职干部面临的“低工资—高压力”张力趋强。第二，村庄原子化下的社会性收益削弱。社会性收益可理解为非经济收益，即村治精英作为村庄公共利益代表，凭借自身的声望和权威协调矛盾，维持公共秩序获得的表达性收益，诸如积累个人声望、赢得社会性授权、实现自我价值等。然而伴随村庄全面空心化，村庄的社会网密度降低，村民间呈现原子化状态，参与治理社会收益减少，难对精英群体产生激励，部分精英主体选择“少惹事”。第三，行政晋升渠道狭窄，村治政治收益甚微。党中央多次强调，要加大对村干部的政治激励，通过横向流动与向上流动拓宽村干部发展渠道。而我们调研发现，纵向上，一方面，受中西部乡镇财政水平与行政编制的影响，乡镇招录村干部的名额有限且竞争激烈，另一方面，乡镇招录普遍对村干部有年龄、学历及任职时间限制，报考门槛使部分村干部失去竞争资格；横向上，“流官制”虽然为村干部晋升提供制度基础，但村干部可能面临“去权威性”与“非自己人”

① 仇叶：《城乡一体化地区乡村治理逻辑的转换——对沿海农村村级治理行政化改革的反思》，《求实》2020年第6期。

的治理困境，并且流动任职可能增加村干部生活成本，在发展空间与工资水平提升有限的情况下，会对村干部任职意愿造成负面影响。

同时，伴随资源下乡进行的规范化建设，村干部普遍出现职业倦怠心理，进一步消解了村干部的治村动力。首先，过程考核和文本检查成为当前村干部更头疼、更上心的事务，向下治理的动力“被动减弱”。具体表现为，村干部的工作热情在各种各样的程序中耗费殆尽，由具体的群众工作变为日复一日写作，重复性和形式化使村干部身心疲惫，不能真正为村庄治理做贡献。其次，日益严苛的监督考核压力，使被约束的村治干部如履薄冰，开展灵活治理的动力“主动削减”。最后，高制约低自主的责权关系失衡，增加了村干部的无力感，协调治理的动力衰弱。税费改革至今，中央向基层输入大量惠民资源，自下提出规范治理的要求。一般农村常见的情况是，村干部难应对多元治理诉求，群众倾向将一应事务推给村干部，如若在村庄内部难以解决，就通过信息技术输入政府，权责匹配受限的乡镇基于属地原则，再将治理压力重新下沉村庄。村干部夹在政府和群众间，承载着社会压力、政治压力等多重负担，又很难协调好，就会感觉到自身无力感，遑论增强治理动力。

（2）在村村民参与困境

乡村治理是以村民为主体的治理，要衡量外力介入村治的成效，关键是看外输资源能否在进入乡村场域后促成公共活动、增强利益关联，进而构筑深厚的社会基础，调动在村村民的参与动力，建构长效治理内生动力。在村村民的动力不足表现在，国家不断下沉的治理资源不但没能填补社会变迁下产业合作机制式微、集体治理机制式微等带来的村民参与载体缺失的问题，反而弱化资源下沉、服务治理中的村民安全感、获得感与幸福感，村民参与动力消减与村庄公共性衰弱，使乡村治理共同体难构筑。

一般而言，普通村民参与治理的动力形成，与内部、外部双重激励密切相关。前者是指，村民自发的参与积极性，建构在村民对公共与自身利益感知、与村干部的私人关系及对村治的认同上。后者是指，外部环境激发村民参与治理的要素，包括激发村民参与的荣誉奖励等。一般农村村民参与动力的衰弱，是内外部激励要素共同衰弱。

首先是干部治理重心上移，导致的认同性参与动力衰弱。村庄事务的治理过程，是村民诉求的表达、吸纳与回应过程，是干群关系培养与治理认同积累的过程。然而，伴随基层治理理性化建设，一般农村治理事务发生变化，典型表现为政治与行政任务增多，村治的主要内容变成唯上，与村民打交道变成履行任务，村民诉求难通过干群互动得到解决，小微诉求治理矛盾不断积累。其次是下沉资源关联的弱感知，导致利益性参与动力衰弱。伴随现代性要素楔入，主体私利不断膨胀。为增强村民治理成效感知，激发村民的内生动力，国家加大下沉资源力度，探索推动基层民主的途径，希望使村民感受到“与我有关”，形成其参与的一阶动力，进而通过集体行动建构“我们感”，实现主体性向公共性的转化，积累村民参与的二阶动力。我们调研发现，下沉资源受主体利益和权力差异影响，出现很大程度上的实践偏离。典型表现一为，资源投入与公共建设看似风风火火，实际服务效能无法与群众的关联较弱；典型表现二为，尽管村民能从建成的项目中获益，但易产生政治冷漠和看热闹心态。二者的共同结果是，村民无法基于下乡资源的配置过程以及下乡规则的建构过程，感觉到资源、规范与自身利益的关联，双重参与积极性同步衰弱。最后是认同缺失下的激励性参与动力弱化。尽管熟人社会趋于瓦解，村民间仍然存在互动，村民行动仍然受到诸如社会评价、人情关系的影响，希望通过公共参与获得社会认同、积累声誉增强自我效能感的积极分子仍然存在。不同的是，伴随村庄治理规则的变化，村庄社会缺乏鼓励、引导参与的文化规范，甚至出现对积极分子冷嘲热讽，认为其多管闲事的评价，影响在村群体价值选择与参与动力。

2. 主体治理能力困境

在村资源的复杂化，在村群体的多元化，对主体治村提出新要求。通过机制性的还权赋能改革，重塑治理结构提高主体能力，成为乡村人才振兴的关键。但在行政和资源下乡背景下，主体能力出现目标与实践双重偏差，使得乡镇主体开展统筹治理，村治主体开展综合治理，均面临能力不足的困境。

（1）乡镇干部能力困境

乡镇政府处在国家治理与社会治理的衔接地带，向上承接中央至县域逐级细化的要求，向下对接不同发展基础、社会网络的村社，是落实国家治理目标、凝聚村社治理合力、统筹群众诉求的关键层级。伴随乡镇治权衰弱弱化，乡镇统筹能力面临难题。

一般说来，在应对自上而下政治任务，或重大公共建设任务时，乡镇会激活层级动员方式，建构“镇—村—小组”治理共同体。层级动员的有效性源于乡镇相对行政村具备的剩余控制权：一方面，乡镇领导可通过目标设置权，向村社组织和村干部传递治理压力；另一方面，乡镇领导可通过层级动员，强化村干部的参与治理动力。层级动员的一般方式是，由乡镇主要领导组织开会，指出治理任务的政治意义，对治理升级或达标提出高要求，同时建立治理统筹协调小组，负责过程管理和动态协助，推动治理任务高效完成。村干部领会治理要求后，一方面基于乡镇监督考核，会推动工作任务的落实，一方面基于乡镇赋权支持，会汇集可利用的治理资源，创新方式解决政策落实中的矛盾。然而，伴随乡镇体制改革，乡镇治权不断弱化。

受基层治理场域与文化氛围影响，非人格的规则约束并不稳固，使得联村驻村方式广泛存在于基层，目的是通过人格化工作关系的塑造，密切乡村干部交往的频率深度，加强乡镇干部对村社的引导力，实现更为高效的基层治理。[①] 我们调研发现，各地乡镇基本形成结对化管理方式，从运用程度来看却存在较大绩效差异，部分地区如山东烟台，联村制度不仅成为常态干部管理方式，更是推动治理格局有效变迁，而在部分地区如四川成都，联村制度呈现不完备或虚置状态，典型表现是乡镇干部“形式包村”，与村干部日常联系和情感交流较贫乏。

（2）村干部能力困境

村干部是推动国家政策落实、组织村庄公共事务决策、回应群众诉求重要主体，依据不同治理事务的要求，可将村干部能力分为三块。其一是落实政策任务的能力，大多指向层层分解的硬性指标任务，如项目治理绩效、制度创新改革、信息数据收集等；其二是进行

---

① 叶敏：《联村干部：基层治理体系的人格化运作》，《中国行政管理》2022 年第 4 期。

公共事务决策的能力，要求村干部动员群众参与治理，能在公共事务决策过程中，通过与群众的反复沟通，调整利益与缕清关系，维护和增强公共利益；其三是捕捉并回应群众诉求的能力，即通过群众工作的开展，了解在村群众的多元、小微诉求及背后因素，依托干群关系发挥村干部的“自己人”身份优势进行综合治理，化解村庄社会的模糊琐碎复杂问题。

当前村干部的能力困境，源于资源与行政下乡背景下，三种治理能力运用不均衡。首先是对项目落实能力的强调，易形成乡村私人治理逻辑。税费改革以后，乡村治理的资源环境发生很大变化，上级政府层层下达的资源项目，成为乡镇哺育村庄、村庄获取资源的载体。与资源项目一同下达的，是对项目资源输入的绩效考量，县级部门为保证资源输入成效，就要对村庄条件与干部能力进行考量。同时，在项目制运转逻辑下，以村庄为单位的项目资源竞争，实际是各村社主职干部关系网络与争取能力的竞争。争取能力是指，项目在哪个村落地，落地项目量多少，很多时候依赖村干部向上争取程度。对县乡政府而言，跑要部门项目越多的村干部，越显露出提升项目治理绩效的积极性，越具备处置资源进村矛盾的能力，是县乡政府保证项目落实、输出可视化政绩的重要依凭，县乡政府倾向与其建立关系。争取发展资源与创建亮点需要，使富人群体取得村治相对优势。从短期来看，富人具备的能力、魄力与号召力，能调解资源进村后的各类“越轨”问题，并能依托社会网络搭建发展平台，凝聚推动村庄发展的集体力量。长期来看，富人治村绩效呈现明显的“低度均衡”① 特征，即短期治理成效多是依托于私人力量而非公共规则，尽管其能利用经济社会资源摆平矛盾，却未能实际把握村庄社会关系，难以引导村庄建构民主和法治规则；尽管其能发挥个人能力推动治理，却缺乏回应小微诉求的动力能力，难以提升普通村民获得感、幸福感，甚至可能利用制度性漏洞损害公共利益。

其次是行政下乡对治理规范的强调，形成对综合治理能力的削

① 韩鹏云：《富人治村的内在逻辑与建设方向》，《中国农业大学学报》（社会科学版）2017 年第 4 期。

弱。基层治理体系理性化建设下，乡村治理由简约粗放逐渐过渡到规范精细，深刻影响着村干部治理能力的变迁。规范治理能力指向管理规范化、办公痕迹化与监督严密化，要求村干部治理遵循程序要求，制作大量的台账和材料与其匹配，催生出村干部的双重治理策略。①重过程痕迹、轻实际沟通。即村干部将主要精力放在落实规则和程序上，在办公室中完成上级下沉的工作，村级治理变成代理人治理。为破解治理悬浮现状，县乡政府加强过程考核，希望推动村级工作向下，切实回应群众需要。但过程考核具备的量化指标，会影响村干部精力分配，使得其即使需要与村民打交道，也会将其视为搜集资料的过程。想方设法拍照签字留下完整证据链。对过程规范的过度强调与督查，逐步导致村干部综合治理能力与动力减退，并影响到群众对干部的基础信任。②重事本治理、轻综合治理。村庄处于国家治理末端，具备明显的基层性，表现为治理事务具备不规则性与关系嵌入性。前者指事务分布不均匀，难以被标准化规范化，深入“地方性规范”会发现，嵌入村庄社会的治理事务，处置方式受村庄结构影响；后者指一般农村事务治理关键不在于事务本身，而是其背后涉及的错综复杂、相互交织的关系，包括利益关系、社会关系、情感关系等，典型的“人事融合”属性使得事务治理多半呈现“拔出萝卜带出泥”特点，考验干部机动治理与综合协调能力，但正是事务治理过程，使村干部能力得到培养，干群关系得以融洽。然而，在治理体系规范化建设下，不论资金输入还是项目运行，都有标准化的程序要求，为贴合考核指标，规避问责风险，村干部倾向采取事本策略，基于规范简单治理事务表征，不仅未能促进事务的有效治理，同样未能促进多元主体互动。

（二）“三治”协同的主体再造

通过人才振兴的目标及现实阐释，我们可以发现：人才振兴指向治村群体动力、能力与关系振兴。其中，治理资源与规范，既是弥合多元主体参与需要、重塑主体利益与公共利益关联、调动多元主体积极性的重要载体，又是规范主体行为、提供制度空间、提升主体能力的重要保障。治村主体能力振兴，并非单一群体能力振兴，同样非一蹴而就的振兴，而是呈现出明显的层级递推特征。可将人才振兴的关键概括为：实现输入治理资源在乡村场域有效转化，与自下而上主体诉求进行有效对接。转化的关键在于通过党委引领与行政赋能，使干部具备承上启下的组织意识、组织能力与责任担当，促进多元主体与多重要素的融合发展与集成，进而实现多元主体参与局面，推动主体治理的协同有效，复杂事务的有效解决。

1. 主体再造的原则

乡村人才振兴实践困局说明，资源配置失准与规范刚性约束，会削弱人才振兴实践成效，使治理面临主体动力、能力危机。要纠正人才振兴实践偏差，首先要认识到要素合理性，并基于乡村社会的现实特征，对嵌入要素进行重新审视，通过治理资源的精准配置、制度机制的灵活设置、党政主体的过程引领，推动村干部由形式治理走向实质治理，引导在村群众由表面参与走向实质参与，培育乡村振兴的内生队伍力量。

从主体角度审视乡村社会，可以得到治理三重特征。一是治理诉求的多元性，指向资源配置的体系化建设。治理诉求的多元性是指，随着乡村社会的发展，群众的治理需要变化。我们可以依据公共事务范围，将基层事务分为两类：第一类是公共事务，包括（如水电路等）基础设施建设在内的公共品供给，其特点是社会收益范围大、投入成本高。无论农民个体和集体均难完全承担，需要政府承担主要责任，是项目制涵盖的主要事务。第二类是民生微事务，介于公共事务与私人事务之间，兼具私人性与较强的外部性。例如，房顶瓦片整理应是农民私事，但瓦片掉落造成安全问题，出了事成为公共治理问题；又如，不同村民的情感需求、发展需求和互动需求不同，是否开展兴趣活动是村民私事，但当一定数量的村民显露需求，就会对兴趣问题治理产生期待，村组能否提供资金与场地支持，就成为一件值得讨论的问题。相较一般的公共品供给，民生微事务需求规模较小，解决后受益的群体有限，且因为诉求的细碎性与发展性，往往超出基层干部应对范围。解决该类事务，关键之一在于组织群众通过自治进行甄别，基于组织化的协商活动，有选择性地吸纳群众诉求，并运用公共资源回应；关键之二在于依托诉求回应中的对话，培育村民的主体意识，引导村民组织化行动，激发村庄的内生资源，满足不断发展的小微诉求，填补资源治理的真空。二是治理过程的情感性。“自治、德治、法治”三治结合的理念提出，要求推动外部与内部规则互动融合。然而，当前对于乡村人才的赋能与培育，更加聚焦于刚性制度设计和考核，忽视村治主体具备的柔性治理能力，造成法治对自治、德治的侵越，致使村干部与村民之间、村民与村民之间关系疏离。我们调研一般农村时发现，情感与关系作为传统乡村治理基础，在新时期治理仍然发挥重要的治理作用，不论行政动员中的干部联结，还是村干部动员中的干群联结，都应当把握“人心治理”的内涵，重构被刚性制度所遮蔽的、内生于乡村的情感空间，寻找人格化与非人格化间的平衡地带。三是治理对象的差异性。乡村社会的基层性，不仅体现为事务的细碎性和连带性，还体现在不同村庄发展基础差异。如若规则与资源下沉过程，忽视不同村庄的差异，标准治理与监督考核会引发策略行为，反向削弱不同村庄的自主发展空间。要实现对不同村社的全面振兴，关键是依据不同村社的治理基础，匹配契合性治理资源与规则，引领不同村干部在治理工作落实中，制定本村的发展规划，提升事务治理能力，引导多元力量参与，走向协同共治目标。

2. 主体再造的路径

主体再造原则的阐释指明，资源与规则仍是人才振兴的核心载体，关键在于如何通过资源配置规则的设置、主体行动框架的搭建、主体观念与思想的培育、人格化治理的嵌入，推动刚性规则与柔性关系的结合，实现密集资源与治理成效的转化。主体再造的层级递推性则进一步说明，要实现村治主体、普通群众的动能振兴，需要在实践中突出政党统合、政府机构等组织权力的统筹指引，① 实现治理主体的逐级激活、基层主体的赋能与培育。

其一是行政引领主体再造。人才振兴需发挥行政引领机制，通过规则建构与资源输入，吸引多元主体来参与治理，实现治村主体能力

① 何得桂、韩雪：《引领型协同治理：脱贫地区新型农村集体经济发展的模式选择——基于石泉县“三抓三联三保障”实践的分析》，《天津行政学院学报》2022 年第 4 期。

提升。面对不断增长的社会诉求，依靠内部资源显然难有效治理，国家自上而下的项目资源输入，为基层能力提升提供支持。在人才振兴进程中强调行政引领，是强调乡村振兴下的事务治理，应以国家政权支持为后盾，通过行政引导激发主体参与。行政引领与既有研究强调的“法治下乡”有区别，法治下乡的核心是基于法治理念创新法治实践、规范主体行为，行政引领的核心则是通过赋权动员，调动基层干部与在村群众的参与积极性，培育多元主体共同参与治理能力，进而实现乡村事务有效治理。具体而言可以分为以下三个阶段。①对乡镇政府的激活与赋能，即通过体制授权与机制调适，破解乡镇权责失衡与向下卸责策略，通过明确乡镇服务治理职能，使乡镇干部从过去被动回应，转向当下的积极自主和主动回应，承担引领村社发展的治理任务。②乡镇对村干部的激活与赋能，关键是突破基于现有的资源与机制设计，构建激发村干部活力的新路径。一是依托区域化党建或党委推进的平台建设，有效统筹乡村治理可用的资源，一方面增强村干部的竞争意识，一方面增强乡镇统筹调配能力，既推动不同村社差异发展，支持先进村社跨越式发展，又通过整合推动多部门资源下沉，实现基层事务及复杂诉求的前端治理。二是通过考核动员机制的优化，强化不同村社的关系纽带，通过适度的评比表彰，激发村干部竞争动力。引导治理的过程中，通过治理规则的优化嵌入，为村干部规范治理与自主创建构建行动框架，推动村干部能将下沉资源与群众诉求结合，保证村干部的向下治理实践能实现“人—事”结合，基于民主治理过程提升主体社会权威，本质上是以法治、德治要素嵌入培育增强自治能力的过程。③对多元主体的赋能与调动。人才振兴的目的是乡村场域人力全面调动，对多元主体的赋能与激活有两个要点：首先是村干部依托治理任务，动员积极分子参与治理，密切二者的友善互助关系，培育基层治理的中间力量；其次，基于平台建设与荣誉表彰，培植公共参与的认同文化，激发多数主体的参与热情，组建内生性与外输性人才队伍，发挥人才间的感召、集聚和联结效应。

其二是党建引领主体再造。基层党组织内生于乡村场域，基层群众自治制度架构下，始终彰显维护公共利益本质。党的十九大报告指出，要将农村基层党组织建设成为“宣传党的主张、贯彻党的决定、领导基层治理、团结动员群众、推动改革发展的坚强战斗堡垒”，为基层党组织领导乡村治理的能力建设提出方向性指引。具体而言，党建引领作用分为以下三个阶段。①对乡镇党委的激活。乡村振兴战略实施必然伴随资源下乡，既保证资源的安全又提高资源使用效率，国家权力与原子化个人对接的成本大，需要有强大基础能力的基层组织转换。发挥基层党组织在村庄的领导核心作用，是关联权力结构是否合理、运转机制是否协调统一的重要问题。[①] 其中的关键在于，地方政府通过区域统筹和资源整合，推动基层治理由科层制向包干制转变，重新激发乡镇党委统合治理功能，优化乡村组织权力运作流程，凝聚基层主体治理的合力。②对通过基层党员干部的教育建设，实现党对村组织的有效领导，强化党组织的政治社会引领能力。一方面通过干部培育，如开展乡村干部的全覆盖、全周期培训，组织党员干部外出学习和参观考察，提升村干部、党员干部理论结合现实的能力，拓展党员干部应用技能、拓展村干部治理思路。还可以借由联村制度、区域化党建制度等运行，密切镇村干部间的沟通网络，加强对村干部的全过程引领培育。另一方面，将村社换届作为加强干部队伍建设的契机，既落实“一肩挑”政策，推动两委成员交叉任职，稳定党员干部队伍，强化党的领导能力；同时提高村民议事会成员的党员比例，动员党员积极参选村民议事会，以下乡项目资源分配为载体，更好贯彻党组织的意图，引导民众参与党建项目，将自下而上的项目与自上而下的民意结合，提高项目资源利用效率的同时，激发多元主体参与治理意识。③以党员干部、村组织建设为基点，嵌入人格化、社会化治理过程，实现对普通群众的引领带动。一方面将党建落实到村治事务，建设党员作用发挥的平台，引导党员把党委精神传达到位，做好群众思想工作和情感疏导，发动村民参加不同的坝坝会，与群众沟通他们关心的事务、基于收集诉求和整合反馈过程，培育党员“我们感”和责任感。另一方面，通过以心换心和带头行动，激发少数有能力的群众站出来，不仅成为家园建设核心成员，还以层层传导

① 孙柏瑛、邓顺平：《以执政党为核心的基层社会治理机制研究》，《教学与研究》2015 年第 1 期。

激励普通群众，形成“村干部—党员—积极分子—普通群众”的辐射圈，推动形成多元主体全面参与的格局。

第二节 法治主体嵌入与无讼治理

快速城镇化背景下，“处于社会变迁齿轮中”① 的城郊地带同时面临结构巨变与空间变革问题。拆迁安置小区（后文简称为“农安区”）是征地推动的过渡型社区，从空间与社会关系的角度来看由“共同体”向“社会”转型。受安置政策、政府治理、公共服务等因素的影响，农安区仍然保持村社形态的生活，形成有别于城市社区的空间，有学者用“第三社区”进行概括。② 具体而言，处于城乡间的农安区，既有城市现代性，又有村落乡土性，呈现出中间性和过渡性特征，一方面使得治理事务属性趋于复杂，既超出传统自治应对的限度，又因琐碎性、连带性难规范治理，另一方面引发空间拥挤与空间竞争，催生大量的空间社会矛盾纠纷。治理事务与治理能力两极发展，使大量基层治理事务沉淀，造成法治剩余事务③的溢出现象，既使得农安区面临依法治理、长效治理考验，又使县域治理面临基础性秩序构建难题。基于“空间—事件—治理”逻辑审视发现，农安区的事务构成受到空间要素的影响，由此引发的法治事务，是突破农安区治理困境的关键。为突破事务治理困境、促进农安区的有效治理，成都市大邑县推动部门下沉，通过法治嵌入引导自治、激活德治，提升法治剩余事务的治理能力。本章试图明确农安区的事务特征，梳理农安区存在的主要治理问题，基于大邑县无讼社区治理案例，探讨过渡型社区的“三治”协同治理途径。

---

① ［英］卡尔·波兰尼：《巨变：当代政治与经济的起源》，黄树民译，社会科学文献出版社 2013 年版，第 403—405 页。

② 郑中玉、杨静岩：《线性进化，还是城市社区建设的新开端？——对村改居社区的再认识》，《社会科学》2022 年第 9 期。

③ 吕德文：《乡村治理法治化的实践过程——基于 P 县砂石盗采治理的分析》，《华中农业大学学报》（社会科学版）2019 年第 2 期。

一 空间事务的治理困境

城市化率提高的另一面，是农安区增多的社会现实。比较而言，农安区的前身——城郊村同样快速转型，只不过前者是农村社会体制变迁，农安区是空间事务向城市过渡，[①] 事务随空间结构变化更加复杂，要求治理逐步精细化、专业化，当基层治理主体没有跟上，社区管不了，政府又不愿管，农安区就会面临治理困境。

（一）空间变迁影响事务属性

农民居住空间的变革，推动传统社会认同解体、空间事务的新变化。在政府主导的安置社区建设模式下，农民以家庭为单位搬进中高层单元房，单独分散居住被集中居住取代，平面化有距离的居住形态，向立体化距离紧方向转变。社会空间作为社会结构的空间映射，是个体和活动的社会范围和地理区间，[②] 农安区由于非城非乡的特点，加上形成过程非线性被动，使得空间人—事关系变幻莫测，形塑出独特的治理事务特质。

一是产权模糊引发物业费收取问题。城市小区的产权问题，可从建筑物区分所有权界定，分为专有所有权和共有所有权。前者是对专有空间享有占有、使用、收益、处分的权利，具有排他性；后者是对共有部分和共同事物的按份共有，拥有共有部分的收益权即有维护义务。农安区土地理应属国家，实际上多是集体所有。主要原因是，不少地方政府既想快速征地发展，又没有多余资金支付征地费，且部分政府作为“谋利型政权经营者”，[③] 采取能拖就拖和降低支出的手段，试图实现谋利与维稳的大致平衡，导致农安区土地未国有化，村民出售房屋受制度限制。对于共有部分所生的利益，如广告收益、商铺租金等，由于建设过程多由政府和企业承担，共有收益就由社区或企业

① 张晨：《城市化进程中的“过渡型社区”：空间生成、结构属性与演进前景》，《苏州大学学报》（哲学社会科学版）2011 年第 6 期。

② 杨桓：《社会空间视域下的城乡结合部社区治理创新——以成都市犀和社区为例》，《社会主义研究》2019 年第 2 期。

③ 杨善华、苏红：《从“代理型政权经营者”到“谋利型政权经营者”——向市场经济转型背景下的乡镇政权》，《社会学研究》2002 年第 1 期。

获得。没有直接利益关联，就很难有责任心，村民对共用空间、设施设备等，既不会主动维护和关心，更不愿提供必需费用，遑论协商自筹资源。我们调查的数十个农安区，均发现有村民不缴纳物业费，且将服务与治理相混合的问题，以其中三个农安区的调查数据为例。村民普遍对收物业费的说辞持不理解和否定的态度，认为政府既然负责拆迁，应该负责所有事情。物业费由政府兜底，逐渐成为农安区常态。无论是政府找物业公司来管理，还是政府交由社区组织代为管理，都无法解决物业费收取问题。从搜集的物业费金额看，每平方米每月要交 0.1—0.5 元，村民似乎能承担得起。事实是，缺失了有效治理，村民对政府有高服务供给依赖，物业服务俨然成为矛盾主线。

二是空间矛盾。首先，空间压缩会带来供给型矛盾。从散居形态向集居形态转变，公共产品供给和利用存在短板，如宴席区使用、绿地休闲、娱乐交往。集中居住后，村民沿袭红白喜事操办习俗，但小区办宴席区域有限，不少空间条件较简陋，有的要收取占用费用，办宴席过程产生的垃圾，有的会占据公共道路，易引发其他人不满。其次，空间集聚会带来发展型矛盾。农安区的村民，城市社区身份意识未形成，生活方式与城市有差异，村落交往的部分惯习被沿袭，空间集聚拉近了物理距离，紧凑空间与开放生活不合，带来接触型和权利型纠纷。[①] 有些村民在阳台上饲养公鸡，鸡鸣严重影响其他人生活；有些村民家中养狗，遛狗时既不带狗屎铲，甚至放纵狗到处跑，易引发村民间争吵；还有的村民将废品堆在楼道，邻居劝说后仍然不同意丢掉，引发过路困难和楼层矛盾；有的村民习惯了大声喧哗，在家里运动不注意影响，易引起邻里反感和口角；等等。我们访谈发现，村民的社区认同不高，不时有“我们”和“他们”之区分，一旦空间矛盾激发调解诉求，村民会首先找原村落村组干部，社区干部不具备社会合法性。

三是利益矛盾。农安区呈现双重结构变化，其一是空间变化带来社会关联断裂。具体而言，集中居住产生的“过渡型”社区，社会

① 杨华：《陌生的熟人：理解 21 世纪的乡土中国》，广西师范大学出版社 2021 年版，第 225—233 页。

关系网变迁、混杂型社会形成，使内在和外在力量的社会约束力低。对农安区的“新型市民”管理，多是通过“硬控制”手段下达。空间变化形成的新型社区，使“边界、规范、路径”等城市要素，逐步取代乡村人情、情感、面子和关系；统一、整齐、实用为标准的现代公共空间建设，取代承载感情、历史与集体记忆的传统公共空间。那么，依附特定场所的认同秩序会消解。缺乏村落规范约束的村民，遵从利己主义原则参与公共交往，加剧基层矛盾治理的难度。其二是集居多以原村为划分单位，社区内仍以原村作为社会交往边界，不同村落间存在日常互动障碍，带来两类利益矛盾。①空间公共利益流失，典型表现是“毁绿种菜”，即入住村民尤其是老年人，开始只是在房前屋后种植，后来变成在绿化带种植，甚至为了争地发生矛盾。②村庄合并产生的群体矛盾，即多个自然村合并的农安区，各村都有自己的利益纽带，小区运转涉及利益整合，不仅意见难统一，还会产生矛盾。

（二）主体缺位下的治理困境

农安区的矛盾不仅破坏干群关系，还会同时破坏村民间的情感连带，加上原村落的熟人关系与交往规则依然存在，使农安区群体间的矛盾较严重。当空间冲突频发和多发，治理主体介入就很有必要，问题是，农安区的形成过程及空间特征，使得不少事务易超越社区边界，依靠传统自主治理机制难解决。假如县域部门没能适时调整，主动改变行政治理机制，整合资源向下呼应空间诉求，农安区的治理就会面临困境。

一是主体自治能力有限。农安区征地安置全程由政府主导，社区建设内容全部靠政府拨款。政府决策和治理强势，使得无论社区还是村民，有不同程度的心理惯性，对政府有较强的依赖，很可能构建出“等靠要”秩序，引发村民诉求膨胀的同时，消解治理制度供给能力。相对应的问题是，征地拆迁和集中安置，使原有村社治理模式宣告解体，新型空间如何实施契合性的治理，并未有明确统一的复制模式。带来的治理后果是，基层主体自治能力弱，自治事务溢出成为常态。

基层自治能力来源于两块：一块是自下而上的权威认可，一块是自上而下的社会赋权。与村庄体制相比，村干部通过村民选举产生，加上选上者有一定威望，推动自治有关系基础。与社区体制相比，部分小区治理事务，既可以通过物业机构回应，又可以通过业主大会决策，需要广大居民的赞成和支持，需要第三方治理资源赋能。农安区基层组织人员产生，大多是由区县和街镇政府决定的，业主意识及代表大会较少成立，业委会多体现出功能性、应急性，由政府指定忠诚的干部主导。我们调研发现，具体事务处理与纠纷调解中，村民在乎调解主体村落归属，对“他村”干部有天然的防备。群体对立与空间陌生，导致社区内部若干积极分子主动退出，影响普通村民参与治理的积极性。

农安区干部的社会权威弱，可基于政府赋权来弥补。但是，农安区的过渡性和模糊性，使得街镇对农安区治理举棋不定，易出现职责行使的越位缺位。① 具体说来，本应指导和支持社区的镇街，经常向农安区摊派事务，不自觉呈现管理者姿态，将社区当成自己的下级。当政府转移职责范围事务，下沉到农安区的居委会时，社区组织要承担更多的类政府职能。社区对民众诉求无所作为，甚至有时成为政府的代言人，民众感受不到社区的关心，当然不愿意参与社区活动，社区的自治能力遂逐步弱化，影响社区自治活动开展。

自治效果不彰的结果是自治矛盾溢出。从农安区事务特性出发，如果契合性治理模式缺失，就会既丧失传统共同体的内生秩序，又难以形成新的公共治理秩序，出现依赖政府的扶植型秩序。② 地方政府通过大量的资源输入和行政介入，在维系农安区表面秩序的同时，不断生产出村民的行政依赖心理，消解社区内生秩序发育可能，兜底型基层治理格局遂衍生。具体说来，服务型组织建设框架下，社区组织悬浮于社区，被吸纳进街镇一级。形式性任务型工作增多，使社区向下的治理绩效降低，得不到治理的基层事务，不断积蓄且逐渐上溢。

---

① 《中华人民共和国城市居民委员会组织法》第 2 条规定：“不设区的市、市辖区的人民政府或者它的派出机关对居民委员会的工作给予指导、支持和帮助，居民委员会协助不设区的市、市辖区的人民政府或者它的派出机关开展工作。”

② 郭亮：《扶植型秩序：农民集中居住后的社区治理——基于江苏 P 县、浙江 J 县的调研》，《华中科技大学学报》（社会科学版）2019 年第 5 期。

属地管理责任下，基层政府只能兜底治理。另外，当农安区公共需求不仅被满足，而且被政府主动建构出来，村民产生理应享受的认知，公共服务再退出就会变得困难，村民对政府产生反向依赖。

大邑县沙渠镇东岳花苑社区，其作为全县最大的安置区，整合6个村3303户10000余人集中居住。集中居住之初，一方面，新的组织架构不健全，利益主体多元化交织，公共服务、公摊面积、物业管理等矛盾凸显，另一方面，重组后社区干部权威削弱，依靠传统手段化解矛盾的方式难以为继，使频发多发的社区矛盾不断积累。同时，伴随权利意识和法律意识增强，诉讼成为村民化解矛盾的策略，结果是自治事务转移至法院，导致法院的办案压力增大，办案质量不高的问题突出，大邑县法院2018年受理的案件中不乏大量农安区业主日常交往纠纷。

二是政府治理缺位。从城乡治理体制设置讲，农安区应属城市体制，政府应出台相应政策。但是，不少地方对农安区治理体制较少设计，较少设置利益表达反馈机制，带来的问题是，区县部门投入服务精力少。与农安区互动密切的街镇主体，在缺失上级政策的指导，自身没有充足财力的情况下，会淡漠农安区治理问题。加上征地政策变迁带来的差异，增加了被拆迁户的不满意度。

当区镇两级均较少关注农安区，安置过程又斩断原社区秩序，新秩序的建立便成为大问题。空间秩序的缺失，不仅带来日常交往矛盾，还使拆迁矛盾发酵。地方政府形式上承担责任，但处置微小事务较为麻烦，有些事务难明确责任主体，结果是形成两套治理逻辑。一是常态治理中的推诿逻辑，即农安区小微事务治理，易变成县级部门推卸责任，利用层级将治责压回社区，导致社区常规治理压力增大，村民诉求的回应能力不足。二是应急性治理的维稳逻辑，即地方政府为了维持稳定，被迫介入大型风险类矛盾。介入经常是事件主导，介入方式是运动性的，当矛盾逐级溢至区县一级，单一部门难以有效化解，就会转至区县政府手中。区县政府在压力型体制下，高位推动协调相关主体，带来矛盾的高效消解。但是，以“事”为核心的治理，呈现出显著的应急导向，没有群众开展心理疏导，治标不治本的治策，易遗留治理隐患。[①] 具体而言，农安区的矛盾，表面看起来以客观事务为主，事实上不少是“人—事”结合。不少村民觉得，补偿方式和额度不公平，不同区域补偿政策不同，不同时期的补偿标准不同，加上部分基层服务治理工作没有做到位，使得村民进入安置区后，易因诸多琐碎问题心生不满。另外，村民脱离乡村社会归属，失去村庄的实体庇护，不少地方采用城市小区体制。但是，农安区没有小区社会基础，只具有“半城市化”的特征，[②] 既有体制机制转化不彻底，又有村民适应的周期性。当城市治理体制对应“半城市化”小区，相互分离的结构强行对接会产生偏差，典型表现是新增事务治理出现问题。

具体来看，伴随社区发展与村民意识增加，社区新增事务日益多元复杂，纠纷调解“牵一发而动全身”特点逐渐彰显。以拆迁安置和物业费收取为例，不少表面争讼纠纷往往牵扯社会因素，不是社区干部及司法机关独立解决的案件。构建职能部门各负其责和协调配合，社会力量共同参与的“三治”协同大调解体系，成为解决农安区治理矛盾的必要条件。然而，农安区的治理实践，出现部门因职责重叠相互推诿的情况，致使行政调解资源闲置或浪费，遑论支撑社区干部、民间组织调解矛盾。

我们调研的大部分农安区，大多源于区域发展需大范围拆迁，例如大邑县沙渠镇内就有6个村（社区），因产业功能区企业用地全域拆迁。依据调研情况，可将拆迁治理矛盾分为两类。第一类是拆迁动员矛盾，其间对抗主要体现为三点：一是因地区政策性差别，补偿标准不一致；二是群众观念多元，追求个人利益最大化，有的想着一次暴富；三是拆迁需要村干部配合，村干部所在村的熟人关系多，依政策拆迁存在一定难度。第二类是分房矛盾。拆迁矛盾的处置，普遍由乡镇党委统筹应对，大多是由镇村干部模糊解决，结果是短期矛盾得以化解，长期的信任关系难以培育。多数村民将负面情绪带至农安

---

① 吕青：《“村改居”社区秩序：断裂、失序与重建》，《甘肃社会科学》2015年第3期。

② 王春光：《农村流动人口的“半城市化”问题研究》，《社会学研究》2006年第5期。

区，典型表现就是不愿意交物业费，或者对物业服务要求甚高，如有不顺就以拆迁“不公平”为载体，表达不满情绪甚至进行对抗。

二　法治主体的汇聚下沉

伴随城镇化工业化进程推进，大邑县传统行政区被打破，熟人社会环境被瓦解，村民的利益诉求矛盾多发。伴随村民法治意识提升，大量事务进入司法途径。问题在于，当前基层事务多属法治剩余事务，不仅责任主体模糊，且多有人—事结合属性，司法途径难根本解决。党的十九大报告提出，要“加强预防和化解社会矛盾机制建设，正确处理人民内部矛盾”。大邑县深入探索“无讼社区”建设，创新矛盾纠纷的法治解决机制，构建出以“前端治理”为核心的法治格局，筑牢矛盾纠纷化解“第一道防线”，取得明显的成效。

（一）法治服务嵌入基层

大邑县常住人口54万（其中户籍人口51万），辖20个乡镇（街道）218个村（社区），其中城市社区26个，涉农村（社区）192个。全县建成安置小区194个，农村新型社区97个。然而，伴随城乡发展进程加速，农村人口的密度激增，社会法治问题凸显，具体表现为物业服务、邻里纠纷等矛盾上升，案多人少矛盾日益突出。更为严重的是，诉讼表面能排除社会障碍，并不能消除主体的心理对抗。诉讼强化双方的对立地位，还增加彼此间的对立情绪，由个别事实引起的冲突，经过诉讼演变为后续长期对抗。[①]

面临转型社会纠纷数量激增、种类日趋复杂，“诉讼爆炸”现象日益严重的问题，[②] 2016年，大邑县法院提出《关于无讼社区构建的意见和建议》，以“坚持矛盾不上交、就地解决”为导向，要求将纠纷调解机制前置，推动诉前诉外解决纠纷。诉前诉外调解，需要将基层法治流程前移，基层具有一定的法治力量，实际情况则是，大邑县呈现治理资源不足问题，具体表现如下。①基层调解组织弱化。传统

① 顾培东：《社会冲突与诉讼机制》，法律出版社2016年版，第44页。

② 左卫民：《“诉讼爆炸”的中国应对：基于W区法院近三十年审判实践的实证分析》，《中国法学》2018年第4期。

矛盾纠纷化解依赖行政力量，社区人民调解委员会成员由镇、村干部兼任，缺乏专职且懂法的调解员队伍，受工作精力、干群关系和专业知识影响，干部调解行政化、低效化、随机化倾向严重，治理的系统性、整体性、协同性作用发挥弱。②调解队伍水平不高。调解队伍法律水平不高，以干部为主的调解员，调解手段主要凭借既有的经验，对劳动争议、物业管理等领域的矛盾，缺乏法律知识、专业知识做支撑。非干部的调解员大多为义务性质，法律素质不高且专业水平较低。为加快“无讼社区”建设，大邑县立足农安区的事务属性，推进法治前移、下沉法治服务，加快纠纷调解机制转型，扩充基层调解的法治力量。

首先，扩充基层法律服务功能，在街道和社区建立“无讼空间”。社区作为自治空间，长期没有专门司法职能，大多数调解缺乏正式性，农安区带来结构转型，群众对社区调解不信任，更愿意找司法机关解决。为强化基层社区的调解功能，大邑县将法律服务作为社区正式功能设计，结合亲民化改造重组党群服务中心功能，整合人民调解、律师调解、公证调解、劳动仲裁调解等资源，建立社区“无讼空间”，提供大量法治服务，具体包含以下几方面。①综合接待窗口。承担来访人员登记、法律咨询、各类纠纷分流交办、信息反馈等事项。②调解室。为基层调解工作人员与群众进行调解工作提供空间。③心理咨询室。承担当事人的心理辅导、咨询服务等功能。④司法联络点。委派专职人员作为司法联络员驻点服务，对适宜在社区、街道处理的纠纷，由街道自行处置，其他需要上移的事务，由司法联络点联系相关部门解决。同时，大邑县积极宣传社区法律功能，一旦居住的空间发生矛盾纠纷，首先求助社区法律服务。

其次，推动部门力量下沉基层，加强基层法治服务建设。伴随矛盾纠纷复杂化，群众的权利意识提高，单纯依靠社区提供法律服务，面临队伍力量薄弱问题，亟须扩充基层法治力量。调研中有乡镇干部感慨：“我们镇城镇化率有97%，几乎什么问题都存在，万人小区单靠社区搞法律服务，面临小马拉大车问题。”为提升基层法律服务能力，大邑县推动部门力量下沉社区，集合国土、工商、民政等有关部门，协调解决安置分配、物业管理等矛盾，保护社区未成年人、妇女儿童等合法权益，构建“社区呼叫、部门响应”联动机制。同时，大邑建立“一社区一法律顾问”，主要解决基层法律化人才缺口。县法院向试点镇选派一名优秀法官，协助解决社区内部法律纠纷问题，提供专业化的法律咨询服务，同时，维稳办、检察院、信访局、派出所、司法所及法律援助中心下派律师、警察等法律资源，在社区层面帮助及时、有效化解矛盾的同时还为当事人提供多元法律服务，引导当事人产生纠纷后摒弃“诉讼为王”导向，首先选择于双方有利的多元调解方式。

另外，大邑县提供法律服务的同时，还积极推动法律宣传教育，强化矛盾纠纷预防治理。大邑县依托县级财政开展法律宣传教育，采取多种方式强化村民的法律意识，将法治素养培养与无讼社区建设作中心工作抓。一方面，大邑县依托“雪亮工程”建立“智慧司法”平台，让村民足不出户就可以学习到法律知识。同时组织社区每月开展“法治大讲堂·以案说法”活动，组织村民旁听坝坝法庭，引导他们理性解决纠纷。另一方面，针对企业，大邑开展法律进园区，举办企业安全生产、环保等法治讲座，利用片区法庭巡回指导、送达督导司法建议，促进企业生产和服务过程自觉守法。法律教育的意义在于止纠纷于未然，东岳花苑小区就建立起流动法庭，在不侵犯隐私的情况下，让村民参与矛盾纠纷调解过程，让村民产生法律意识增强法律观念，起到“一个案子教育一群人的作用”。其通过多次开展以案说法活动，深化群众意识教育，取得了较好的反响。

（二）构建法治统筹平台

伴随大邑县大量的行政司法资源下沉基层，基层逐渐构建起社区法律服务体系。不过，问题的关键在于，及时解决基层多元矛盾。为提高基层发现问题、解决问题的能力，大邑县积极建设基层法治平台，强调对小微矛盾的治理，进行及时的行政调解。

一是依托网格化管理系统，建设基层矛盾发现平台，及时发现并介入解决。我们调研发现，大邑县每年处理的诉讼纠纷，90%由小微纠纷演变而来，例如婆媳矛盾、物业费缴纳，类似问题过于琐碎细微，即使被发现也可能意识不到其重要性，或者没有及时介入解决，导致问题易激化升级，上升为法律纠纷问题。大邑县基于“9 + X”

网格化服务管理信息系统、“大联动·微治理”信息系统、网络理政平台、“962567 大邑一号通”等，统筹建立小微矛盾纠纷发现平台。一方面，将社区网格员、红袖套人员纳入小微矛盾防治体系，建立“随手调”工作机制并配备手持终端机，开展网格一日双巡活动，及时发现网格矛盾纠纷，对一般纠纷进行现场调查处理，并在手持终端 App 上备案登记。另一方面，网格员会及时介入矛盾调解，如遇到夫妻吵架、婆媳矛盾等问题，网格员向社区报告后即可先行调解。一般情况下，村民比较认可网格员身份，虽然也有“蛮不讲理”的村民，但大多事务可调解解决。现场调处完成后，网格员会和当事人长时间沟通，及时了解后续事务进展，如果双方内心仍有不满，可以及时向网格员诉说，网格员会联系社区工作人员，共同进行第二轮的调解。通过网格化管理系统，社区小微矛盾得到及时化解，网格员充当“摄像头”和“警示器”作用，防止因发现不及时引发更大的矛盾。

二是建立多元调解平台，准确抓住矛盾的核心，高效解决基层纠纷。大邑县在法院等部门指导下，整合司法、公安、社保等多股力量，推动建立“1 + N 综合调解平台”。平台运行遵循以下步骤。①事务分类。凡是进入调解系统的事务，首先确定事务的类型，根据事务类型确认权责主体。②分发任务。根据事务治理归属由相应办公室牵头，提供律师调解、争议调解、公安调解等多元的调解服务。③结果反馈。分析调解情况，追踪调解结果，反馈汇入平台。④司法确认。调解结果最终要由法院进行确认，保障调解结果具有法律效力。“1 + N 综合调解平台”的建立，一定程度上能实现矛盾纠纷的精准对接，但调解平台更倾向部门清晰、内容简单的调解事务，当基层出现复杂模糊、权责不清的矛盾，综合调解平台很难依靠单一主体调解。大邑县就与成都市网上调解平台对接，凡法律政策层面有问题，或者调解过程遇到问题，大邑县就联系更多法律专家，对复杂的矛盾进行“大会诊”，提供更权威的调解方式。如果村民对社区调解或者街道调解存在疑问，同样可以通过网络平台进行法律咨询。针对某些实在无法调解的案例，大邑县建立“诉调对接”三级联动平台，驻点法官现场服务，再在网上进行立案，通过依法渠道解决，当事人可以自主选择。2018 年当年通过各种平台解决的事务数量明显提高，大大提高了基层矛盾解决效率。

不仅是针对民事纠纷，伴随工业化、商业化的兴起，大邑县涌现大量商事诉讼。为解决企业的矛盾纠纷问题，大邑县构建起企业矛盾化解平台，推动组建法治保障促进会。法治保障促进会主要服务对象是企业，无偿给辖区企业提供纠纷化解，涉及打官司的案子收取费用。由于商事诉讼专业化程度高，且和群众的利益密切相关，产生问题若不妥善解决，问题扩展的速度非常快。大邑县整合辖区律师、法官、企业家协会等，发挥不同主体的行政职能；联合企业建立矛盾纠纷应急处理系统，一旦出现因工伤残、酬劳纠纷等问题，社区组织和工商部门第一时间介入解决，稳定当事人情绪基础上，再依法依规进行协商，就赔付事宜进行调解，确保群众利益得到保障，社会情绪能平稳释放。

（三）完善纠纷调解机制

大邑县一方面加大对基层法治建设的投入，建设基层矛盾纠纷发现和解决平台；另一方面，大邑县积极完善基层工作机制，不断明确基层主体的权责，建立纠纷调解考核机制，强化基层各主体的履职。

一是建立分流机制，明确属地责任。基层存在大量“法治剩余事务”，即有些问题复杂难以处理，法律上又缺乏明确的规定，难确认清晰的权责主体。为推动“齐抓共管、主动作为、敢于担当”的纠纷调解格局，大邑县建立“五个三”工作机制，强化基层调解的主体权责（如图3－1）。“五”指代参与矛盾调解的五个主体：党委书记、镇长、分管领导、驻村联社干部、社区干部，难以处理的矛盾依次向上一级主体递交。“三”指代对各级调解干部的三个工作要求，即必须接待群众3次，每次要听取群众诉求、调解不少于2小时，必须留下音像、记录资料备查。大邑县建立“五个三”工作机制，源于对涉及范围广、矛盾突出的问题，各级干部普遍呈现出畏难情绪，踢皮球、不作为现象时有发生，虽然村庄建立有调解中心，相关主体不愿意承担调解责任。“五个三”工作机制确立，实际是明确各主体的权责，凡是矛盾纠纷都会被记录下来，社区—乡镇—县政府形成五级架构，一旦某一级处理不好，就要上移给上级调处。为更好发挥诸治理主体的能动作用，大邑县建立问题治理权责清单。通过问题清

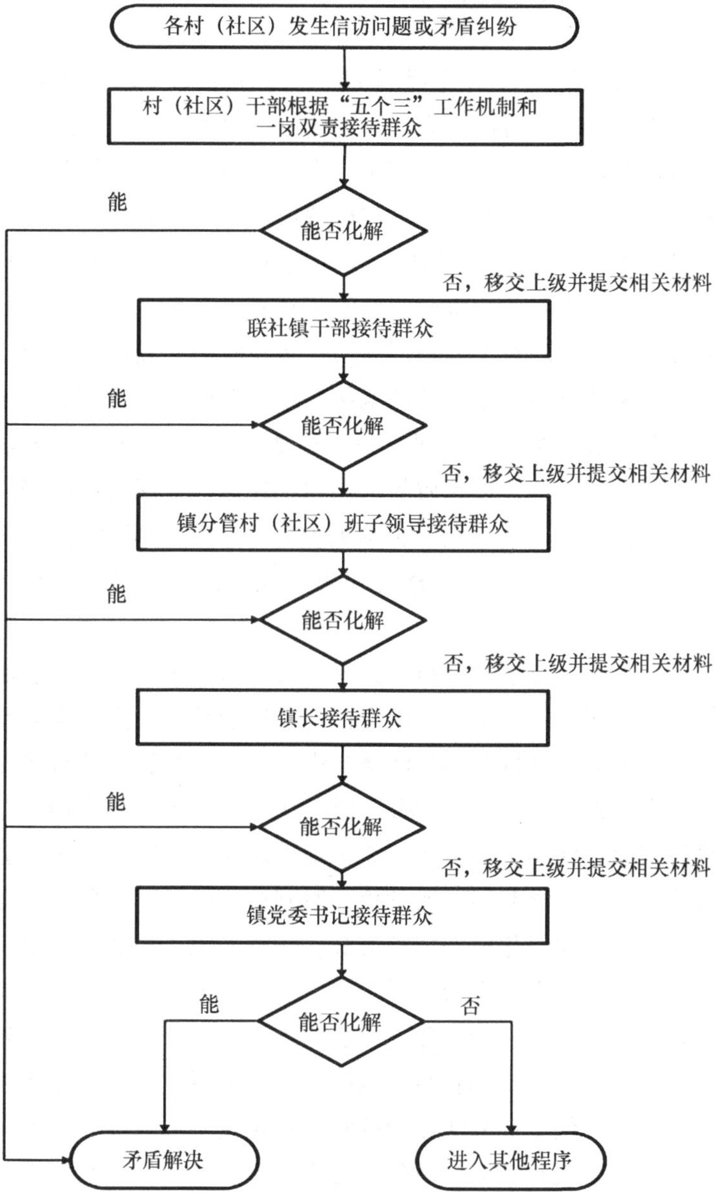

图 3－1　大邑县“五个三”工作机制

资料来源：课题组根据调研内容自制。

单，基层大量法治剩余事务被清理出来，属地治理行为被纳入法治轨道中。

二是将纠纷化解纳入绩效管理机制，推动干部主动下沉基层化解。为强化干部化解纠纷的动力，2020年，“诉源治理”正式被纳入党委政府目标考核。按照问题工作法，大邑县建立矛盾纠纷化解建账销账制度，将网格员、红袖套成员和调解成员等发现的问题，分门别类进行归纳。对群众反映的诉求，建立化解责任清单，落实化解责任，实行挂职督办，明确化解时间。沙渠镇司法所所长表示：“如果有矛盾上移，我们会问村上处理了几回？多长时间？处理都要留存档案，纳入你的考核体系，该扣分的就扣分，干部就会多花精力，用心把矛盾纠纷调解好，避免矛盾纠纷一直推诿。”另外，大邑县要求干部定时下沉基层，了解基层矛盾的指向和变迁情况，深入挖掘当前基层重难点问题，把握问题导向、形成调查报告。通过明确解纷绩效，属地政府和执法部门履职均严格遵守履职规定，基层干部主动化解矛盾。

三是建立解纷能力培养机制，提升基层干部的履职能力。基层问题不好解决的关键在于大量矛盾纠纷往往模糊琐碎，一方面需要干部具有专业调解能力，掌握基本的法律知识；另一方面转型期社区矛盾有人—事结合属性，需要干部掌握基层工作方法，理解群众内心朴素情感，调解当事人间的对立情绪。为了提升基层调解能力，大邑县对干部进行培养。①建立基层法治学校，对基层网格员、社区干部等轮流培训，进行矛盾纠纷化解的模拟演练；法律专家、司法机关等定期进行汇报，主要针对本地诉讼的源头进行分析，形成基层矛盾纠纷化解工作的重点。②推进法治服务与社会治理协同，采取一带一的基层工作方式，即一位法律工作者与一位社区干部配对，法律工作者主要提供法律服务，提供专业的法律业务知识；相较专职人员，社区干部对社区事务更了解，对辖区村民的情况更熟悉，能更好地与村民打成一片，调解过程因此会接地气，有时社区干部兼职网格员，能更好地获取村民诉求，打好纠纷调解基础。通过该种方式，社区干部法治思维和法治能力提升，法律工作者的社会交往能力提升，能更好对基层矛盾进行深层次解决，基层组织的履职能力得到提升。

三　构建基层诉源治理网络

大邑县通过服务下沉、平台建设及机制完善，有效扩充了基层法治力量，推动了诉前治理实现，实践情况却是，单纯依靠政府将调解工作前移，仍难实现真正的“诉源治理”，基层矛盾纠纷仍然频出。事实上，大量法治剩余事务来自城乡转型，村民缺乏社区共同体认同，进行利益分配时各自为营，小摩擦便易转变为大矛盾。为了根本解决群众问题，将“诉前治理”转变为“诉源治理”，大邑县在法治下沉基础上，积极构建法治网络，通过源头治理的方式，从根本上建立社会规范，助力社会的长治久安。

（一）挖掘乡贤力量参与调解

城乡社区转型的过程中，村民的生活方式变化，村民意识发生转变，重视自我利益、集体观念淡漠，社会矛盾越发严重突出。矛盾纠纷发生后，社区组织即下沉调解，但是有许多问题无法解决。①历史遗留问题。许多纠纷源自历史遗留，原先宗地纠纷、拆迁问题、宗族对立等问题，会衍生为新的矛盾问题。许多矛盾背后的问题，其实是村民遗留的不满，社区难对历史问题干预。②利益诉求问题。大邑县建有大量的农安区，存在大量的物业费纠纷问题，村民为了拒缴物业费，甚至掀起集体事件。③村民情绪问题。事实上，许多矛盾纠纷是村民间的“怄气”，遵循调解程序进行调解很难产生效果，甚至会逐渐激化村民的情绪，激发干群对立。访谈中有村干部表示：“最怕蛮不讲理的村民，我好好地给他调解，他一点都不认同我。”相关问题难以解决，源于矛盾具有人—事结合性，调解不仅需要针对“事”，更要重视人的情绪和关系，需要把握群众利益诉求，疏解群众负面情绪。

为了提升基层调解能力，大邑县积极吸纳社会力量，吸纳符合要求的基层调解力量，建立基层人民调解委员会；深入挖掘基层有机力量，动员和引导其参与解纷。一方面，大邑县挖掘村庄积极分子，将其纳入治理结构，发挥主体调解作用。虽然大邑县多地基本实现城镇化，原有农村居住格局发生转变，但社会中仍存在不少积极分子，愿意参与基层事务治理，与村组织保持着亲密关系。为了发挥积极分子的积极作用，大邑设立楼栋长、小组长等基层组织架构，按“政治上靠得住、品德上能服众、工作上有办法”要求及“同心、齐心、公心、热心”标准，通过自愿申请、民主选举与社区认定，赋予积极分子正式身份，交由村社组织直接领导。楼栋长、小组长发现矛盾会上报社区，社区再组织坝坝会进行协商，推动矛盾的就地化解。另一方面，大邑县引导基层力量参与矛盾调解，挖掘社区老党员、老干部、老教师、道德模范、乡贤等，统筹其参与社区矛盾纠纷调解过程。相较普通村民，他们通常比较有威望，在村民当中有威信力，与村民的关系较近，在修复关系、稳定情绪等方面，能发挥出独特又一般的作用。同时，大邑还鼓励能说会道的村民、调解能力较强的调解能手设立调解工作社，形成晋原街道芙蓉社区“王大爷调解室”、出江镇社区“金秋调解室”等品牌调解室。2018 年，仅“金秋调解室”的调处成功率就达到95%，发挥了重要的补充作用。

（二）培育自治组织回应诉求

为更好发挥社会主体力量，大邑整合辖区社会资源，建立纠纷调解类组织，主要是依托人民调解委员会构建调解联合会，建立矛盾纠纷化解的第一道防线。人民调解委员会是以村社区为单位建立的自组织，成员是社区村民共同选举出来的。人民调解委员会包含一位主任和多位调解员，根据社区具体情况的不同，可选择人民调解员数量。调解员的遴选有要求，需要满足至少三个条件：①必须是党员，村社党员和社区关系紧密，而党员具有积极带头作用；②尽量选择退休干部、老教师等群体，该类型群体表达能力较强，调解工作中“能说得上话”，对村庄社区情况较了解；③年纪不能太小，主要出于是否“接地气”的考虑，太年轻很容易不被村民认可，村里很多事务涉及老年人，年轻人去调解不会“服气”。选出具体的调解员后，司法局定期进行培训，法庭庭长不定期下沉基层，对基层调解情况进行评价，调解好的和不好的会点出来。日常工作中，人民调解员不单纯依靠主观判断调解，大邑县要求人民调解过程需要有理有据，关联具体法律如劳资问题、工伤问题判定，需要通过上网连线、开庭观摩等提升意识和能力。

为应对越来越复杂的治理环境，大邑县推动人民委员会升级。一是建立人民调解联合会。人民调解联合会主要由6个村调委会、社区乡贤、镇法律顾问和其他协会调解员组成。会长由专业律师担任，联合会内部的调解委员会由经验丰富、熟悉政策、具有威望的老干部、老党员组成。人民调解联合会的年度经费主要源于每个村缴纳的会费（2000元）、政府拨款（10000元）、企业家协会缴纳的会费（10000元），用于支付联合会成员基本工资和办案补贴。二是人民调解联合会动态加入基层组织。随着空间事务的复杂多元，调解需要法律要素、纳入律师、法律顾问等多主体参与，构建人民调解联合会有必要性。尤其是农民集中居住后，许多问题单依靠人民调解组织，显然力不从心，需要有专门的机构参与进来。举例说来，沙渠镇人民调解联合会包含红白理事会、民间艺术协会等社会组织，镇人民调解联合会会长说："既然我们面对、调解、解决的问题是全社会的，那么只有全社会的组织都参与进来，才能说这个（调解）制度是全方位的。"

业务上联合会接受司法所管理，矛盾协调上基于党委方针，融入乡土人情，做到法理人情兼顾，遵循"调查情况—受理范围鉴别—调解统筹"逻辑。联合会的中心诉求是老百姓矛盾纠纷就地解决，让老百姓少走弯路，就近提供司法资源、法律服务，提升老百姓的公平感，"有矛盾不可怕，要创造条件解决"。就调研情况看，人民调解委员会主要负责事项如下。①物管费缴纳矛盾调解。大邑县有大量农安区，生活方式初步转变，村民不愿缴纳物管费，不理解为什么要交。住户和物管人员发生冲突，调解委员会介入调解。矛盾调解经历两轮，一是劝说，简单将矛盾主体分开，缓解当事人的情绪。二是矛盾调解委员会了解情况，了解村民诉求的同时让村民了解物管工作，包含管理、卫生、楼梯打扫、电梯维修等，引导物管公示小区财务收支情况，让村民逐渐形成理解的态度。当村民产生好印象，就可进行下一步的调解，业委会和物管坐下来谈，针对物业费进行协商。②公共空间矛盾调解。农安区存在大量占用公共空间现象，主要是上楼后原有家具不舍得丢，村民就占用楼梯通道、地下室等公共空间。小区的处理方式不仅效果不好还加剧了矛盾。人民调解委员会介入以后，分头挨家挨户宣传教育，说服村民共同建设家园，村民主动停止不文明行为。③家庭内部矛盾调解。基层大量矛盾集中于家庭内部，其中老人赡养问题是矛盾的主要激化点。④务工、经商矛盾调解。处于中心城市边缘地带的大邑县有大量工厂，村民主要生计方式是去工厂务工，产生了大量工资酬劳、离职纠纷等问题；还有城管负责的摊贩经营管理，处理不好同样会造成双方矛盾。人民调解联合会经常介入解决，总体来看调解成功率较高。

人民调解联合会经常采取“以时间换空间”的调解方式，主要是基层矛盾纠纷复杂，很多问题不是一下子就能解决，争执中的村民通常都认为自己有理，较难注意到他人的合理意见。人民调解委员会了解清楚具体情况，找机会引导村民意识到自己的问题，劝慰矛盾双方放下情绪，理性地就事论事探讨问题。具体的矛盾调解，大邑县探索出辩论调解机制（如图 3－2）：①由调解员组织当事人双方进行辩论；②由调解员进行询问，进行双方逻辑整理；③当事人双方根据陈述的事实，进行举证；④双方进行自主协商；⑤自主协商无果需要调解员，则由调解员出示方案，双方共同决定能否接受；⑥协商无果进入司法阶段，协商结果进行司法确认。大邑县的辩论调解机制具有其特殊优势，一方面充分尊重当事人举证、陈诉的权利，为利益主体提

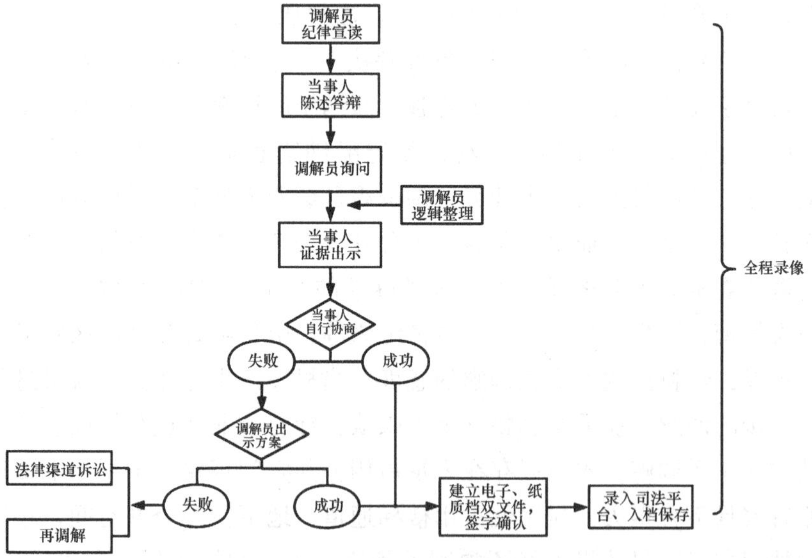

图 3－2　大邑县调解员矛盾调解机制

资料来源：课题组根据调研内容自制。

供公平的调解平台；另一方面采取当事人自主协商，协商无果委员会介入方式，既让双方的不满、诉求等表达出来，更易形成互相理解的共识，同时有委员会的律师、老干部把关，成为双方的矛盾调解的见证者。事实上，委员会在辩论失败后会和当事人商量，向他们阐述走法律途径的时间成本、精力成本，争取在诉外对问题进行解决。调解后五个工作日内，委员会还需要进行回访，询问双方是否达成一致，双方是否有不满情绪，或者存有不公平想法，防止矛盾往后遗留。

通过建立人民调解委员会联合会，大邑县纠纷调解发生巨大转变：一是解纷方式由对抗性逐渐向协商性转化，二是解纷主体从单一性向多元性转化，三是解纷方式从个案处理向诉源治理转化。协商性、多元化及诉源化转变，让基层矛盾更容易解决，更容易从根本上解决，群众的解纷满意度提升。

（三）推动矛盾纠纷源头化解

诉源治理具有两方面含义：一是强调纠纷的诉前、诉外调解机制，二是立足解决纠纷产生机制、从根源上进行治理。大邑县大量问题来自生活方式变迁，村民缺乏相应的规则体系导致行为失范。推动诉源治理，就是引导村民行为方式转变，形成村庄内部的行为共识，固化为村庄的村规民约，让矛盾纠纷止于未发。

以“毁绿种菜”为典型案例，对源头治理进行分析。“毁绿种菜”对农安区而言，是较常见、影响较多的矛盾，可以用细小琐碎来形容。所谓“细小”是指，多数村民“毁绿”面积并不大，种菜大多是种几行，在房前屋后种植，所谓“琐碎”是指，只要有空地没人管，就会老有人过去种，人人参与，每家面积不大，处置起来却很麻烦，常见的方式是政府动员城管或联防队制止，但是，“点多面广”的种菜并不好管，管理过程易产生矛盾，加上行政监控机制存在缝隙，村民总会不经意就种上菜，对政府治理而言吃力不讨好。问题是，如果不采取治理手段，小区形象会受影响、邻里矛盾会增加，不利于小区秩序维护。从种菜人群讲，多是妇女和老人，又以老人为主。他们种菜不只图降低生活成本，还试图减轻心理负担、增加闲暇生活的乐趣。无论是宣传告示，还是政府整治，抑或社区动员，效果都不佳。部分村民当然体恤社区和政府的不易，但是，集居后老人开支增大及生活不适应问题逐步出现，如果只依靠说教或者强制，显然不会带来村民认同。运动式治理短期有效，及常规治理机制的失效，推动探索契合性路径。

首先，大邑县供给服务满足诉求，避免矛盾的扩大和激化。具体说来，街道动员社区作为主体想办法解决，承诺给予社区力所能及的支持。社区采取走访劝说方式，由社区干部包片走访，向群众陈述利害关系，但部分群众只是表面上说好，仍然没有具体行动。走访过程中，社区了解不少村民的想法，疏解他们的情绪，汇集村民的想法和意见后，社区开坝坝会进行解释，承诺尽力解决村民关心的问题，引导村民立足社区大局放弃“毁绿”。分头做工作和组织开会，让村民对某些问题有所释然，增加了对社区工作的理解。但是，部分村民“入脑并不入心”，部分村民只是情感有变化。社区干部意识到，种菜是多数村民的诉求，不让他们种不太现实，尤其是种菜涉及情感，应采取办法疏导诉求，而不是一刀切地禁止。社区改变工作思路，在社区周边规划 10 亩菜地，组织开会推出有种地需求的人，依据种菜的类型、方式、距离等，通过协商和抽签划定地块。当村民有地种菜，基本诉求得到满足，矛盾自然被遏制。事实上，大邑县从 2016 年起，就积极动员基层自组织提供服务，大力培育社区社会组织、自组织和志愿者队伍，积极开展救助困难群众、帮教特殊人群、预防违法犯罪等公益事务。目前，全县社区社会组织 553 个（调解类社区社会组织 22 个）、社区自组织 600 余支，党员志愿服务队 850 支。当社区的自我服务能力增强，当群众的就业、服务问题得到解决，当村民对生活环境感到满意，村民情绪缓解，矛盾自然减少。

其次，大邑县通过基层规则建设，推动公约化、常态化治理。为防止村民胡乱种植，社区动员成立“种菜者协会”，种菜者协会坚持党建引导，引导种菜者都加入协会，再通过自主开会的方式，确立小区的“种菜公约”。种菜者要承诺不再“毁绿”，参与协会的巡查过程，防止他人做违规的事。但是新问题随之出现，小区周边可用地块有限，村民的种菜需求广泛，出现供不应求的情况。小区将地块划分为两类，每个人都有一块小地，要想种菜保证自身需求，就要增加地块种植的面积，就要通过做义工进行积分。做义工方式有很多，如参与社区巡逻、关爱孤寡老人。当村民积累到一定分值，即可增加适量地块。当然，地块的增加有上限，通过人员分流的方式，既能维护村民的土地情感诉求，又促进村民种地谋生诉求，毁绿种菜的现象逐渐减少。不仅是“种菜公约”，自“无讼社区”建设以来，大邑县积极引导村民充分讨论制定村规民约、小区公约、院落公约、行业规章、团体章程等规则，发挥村民认可的公约规范的自律规范作用。东岳花苑社区在专业律师指导下，征集社会各界的意见建议，通过村民代表大会形成10条“无讼公约”，推动矛盾化解向纵深方向发展。无讼公约相当于倡导性文件，实际就是村民行为共识，“无讼公约”制定和出台后，村民均遵守和拥护，诸纠纷进一步减少，社区的和谐氛围显现。

梳理“毁绿种菜”的治理路径会发现，“规则下沉”如果不能创新方式，如果忽视村民普遍情感依托，就会陷入治乱循环的治理怪圈，不利于小区常态秩序的构建。比较而言，采用单一的说教方式，确实能疏导村民情感，密切与他们的关联。但是，当软性治理过软，村民虽会有同情，有理解性参与行动，但不会长期遵守。毕竟，村民的土地情感复杂，只在表层讲道理、做宣传，不从深层解决他们的社会诉求，村民会坚持己见毁绿种菜。“软硬结合”需要“三治”结合，既通过开会传递“法治”理念，引导遵守社区公共规则，又选取种菜积极分子，通过党建引领激发“德治”力量，引导“种菜协会”建立和运转。协会建立的宗旨是，既释放村民的种菜需求，又引导村民遵守规则，协会发动群众参与，通过制定社区公约，激发村民的自治参与。

第三节　党建引领与主体协同治理

若干支撑制度变迁背景下，基层空间呈现多重变化：其一表现为撤乡并镇、合村并组带来治理规模扩张与治理事务集聚；其二表现为空间功能整合引发的公共服务供给压力；其三表现为社会异质与治理多元形塑的复杂治理格局。村民参与不足及村干部动能衰弱，难以回应不断提升的治理要求，破解基层治理的挤压型困境。[①] 伴随的结果是，单主体动力和能力约束下的常规事务处置失效，多主体协同缺失下复杂事务处置失效。空间变化、事务扩增与治理难度提升，要求突破传统基层治理模式，挖掘促进“三治”共融的引领与整合机制。其中，党政组织作为基层治理重要主体，是引领“三治”融合的关键所在。提升党建引领的水平、深度嵌入治理体系，激发并赋能诸主体围绕治理事务互动整合，有效解决基层事务治理困境，成为本节要回答的问题。调研发现，山东省招远市通过“党建示范区”，重塑治理结构、引领干部治理、激发社会参与，构建出党建引领“三治”协同的基层治理范本，本节将对“党建示范区”实践过程展开讨论。

一　党建引领治理的背景

社会结构流变与治理要求提升，使农村治理出现多重困境。既表现为基层自治机制缺失，基层主体政策执行动力能力不足，又表现为合村并组带来治理规模扩大，基层治理体系与乡村社会结构脱嵌。解决关键是，激发基层治理动力、重塑基层治理能力，基层党建应成为抓手，于静态层面推动组织结构调整，于动态层面激活干部有为。然而，科层调适难以提供动力支撑，基层党建面临问题。

（一）基层治理的动能困境

基层治理是国家治理的基石。然而，城乡经济社会变迁，使农村呈现治理困境。一方面，原有治理体系难匹配时代要求，带来基层治理结构性失序；另一方面，基层治理能力面临提升瓶颈，难有效呼应群众多元诉求。当治理主体存在适应性难题，基层就易陷入治理困境。

一是乡政村治格局下的基层治理困境。长期以来，行政村为基础的乡政村治，构成农村基层治理的主导模式，一定程度保障乡村平稳运行。尤其在农业税费时期，源于自给自足型的基层治理体制，乡镇将农民看作财政的“衣食父母”，基层工作的重心在农民身上，群众

① 李棉管：《自保式低保执行——精准扶贫背景下石村的低保实践》，《社会学研究》2019 年第 6 期。

动员成为实现公共品供给，乡镇完成任务的基本手段。基于任务完成过程，干部与群众进行密切互动，干群权责关系得以建构。税费改革后，国家为契合农村公共服务供给实际，对农村公共品供给模式进行调整，[①] 基层干部与农民围绕征收税费中心工作，建立的制度性关联机制消失，基层政权的“悬浮型”特征凸显。对乡镇政府而言，如果没有中心工作需要完成，会尽量少干扰村民自治制度运行，乡镇必要的支持和管控机制缺失，使村治易出现“富灰治理”模式，即村治位置由富人群体和灰色势力把握，易因治理去公共性、去政治性，带来干群矛盾和村庄失序；如果有众多的中心工作需要完成，乡镇就加强对村干部的行为约束，甚至将其纳入基层行政体系，乡村两级为完成任务结成共同体，常态重视中心工作完成效果，项目运作的事本主义与条线治理逻辑，消解了基层干部联系群众的动力。两类治理逻辑的后果之一是治村主体关系脆弱，典型表现为乡镇干部与村干部的联系不稳定、干部与村民间的联系趋于断裂，人格化引领效果不彰；后果之二是村庄自治能力难被激发，典型表现为村干部不愿动员村民、村民因诉求表达不畅而不满情绪加剧不愿意参与村庄治理，干群合力难以形成；后果之三是基层法治难以维系，表现为干部治村的灰色空间未得到有效监管、治理规则嵌入缺乏转化路径。

二是乡村体制改革下的主体能力瓶颈。农业税费改革后，为减少基层组织的运转成本，不少地区进行综合体制改革，例如合村并组就在全国蔓延。治理单元的扩大一定程度上能缓解治理资源缺失的问题，管理幅度扩张却使基层治理出现能力短缺。一方面，治理单元扩张导致治理事务增多，却未匹配相应的规模治理资源，主体治理缺乏权能保障；另一方面，体制改革后基层治理范围扩大，干部所需承担的集约化治理任务增加，加之基层治理体系理性化建设推动下，治理方式逐步由综合治理转为科层治理，基层干部的“国家代理人”身份烙印趋于明显，一方面使干部忙于完成形式工作，逐步脱离农村治理实际，另一方面使干部更多从考核标准出发，遵循流程要求开展指

① 李芝兰、吴理财：《“倒逼”还是“反倒逼”——农村税费改革前后中央与地方之间的互动》，《社会学研究》2005 年第 4 期。

标治理。关键问题是，基层不少事务具有人—事结合属性，需要有情感工作与多元参与，单主体被动回应难以真正解决，一方面易带来遗留事务，长期积累加剧主体治理负担，另一方面，行政任务压倒治理任务难以助力干部能力提升，反而进一步加剧主体治理的能力困境。

（二）党组织嵌入治理困境

立足基层治理社会治理能力不足，党建赋能基层治理是主要做法。党建引领基层治理，不仅需要构建有凝聚力的党组织，更需要有效提升基层组织力量，以契合村庄社会，实现治理能力提升。调研基层党建实践，发现三类问题。

首先，基层党组织建设不力。党建引领的前提是党员队伍建设，有强健有力的党组织方能撬活治理。但是，仍有少数基层党组织常态建设不足。①领导干部领导力不足。支委是基层党建的重要抓手，限于领导主体的领导能力不足，没有足够的能力解决遗留的棘手问题，村民对支委的治理权威认同不足。②城市化带来大量精英流失，党组织缺乏有效人员补充。基于各地调研情况看，村内党员的年龄普遍较高，年轻党员大多流出村庄，“七个人八颗牙”成为不少村的常态。就连正常的党员干部竞选，差额竞选的对象有时都难凑齐。村干部秉持“当天和尚撞天钟”态度，基层党组织“维持会”特征明显，难有动力能力常态走访群众。③在村党员的组织建设不足。调研的部分村庄，党员发展速度缓慢，对基层公共事务冷漠，缺乏强有力的领导和建设，党员易将自己混同于一般群众。

其次，基层党组织嵌入作用发挥不足。党建引领基层治理，需要党组织嵌入村庄，领导构建社会关系网络。当党组织建设没有与为民服务结合，党员干部与村民常态互动不足，就易带来基层治理两大问题。①从基层党组织功能看，囿于乡村社会变迁与治理体制改革，基层党员干部易从“当家人”和“代理人”，转向为单向度的对上政策执行者，只发挥自上而下的行政统筹功能，却缺乏自下而上政治统合功能，组织村民和引领自治的缺失，导致基层治理绩效缺乏社会认同，长期看会带来治理效能下降。②从党员干部行动看，在村党员不仅扮演模范角色，而且理应发挥联系村民作用。当村社党组织建设效果不彰，党员的身份意识和责任意识弱，“担职责、践承诺”方面将难有效，结果是，党组织难构建网络，难引领社会有效联结。

最后，党组织建设效能缺少在地转化。从中央到地方，均强调将党建与治理实践有机结合，党建工作已经成为乡村治理重要部分。调研的不少村庄，包括“两学一做”“三会一课”在内的党组织活动已经常态化运行，并配备专门的党建指导员负责做台账。依托日趋规范的组织培训与队伍管理，党员组织归属感和责任感明显增强。然而部分村庄的党建工作，呈现文牍化和痕迹化特征，有些村“务虚”与“务实”结合得不好，将抓党建强调为做党建台账。乡村振兴战略的实施要求基层党组织突出服务功能，对群众日常生活供给精细服务的同时提升其认同。当基层党建只重视组织建设，没有发挥党建引领的比较优势，党组织就无法有效识别群众诉求，只注重履行党建的治理责任，就难增强党组织的社会号召力。

调研的某些村庄，党委构建基层党建“4 +5 +1”工作制度，分别针对村干部、全体党员和党支部进行考核，具体包括履行职责承诺、联系党员群众、教育培训、述职述廉述德四个方面，其中每项考核都涉及大量的文字材料工作，为此，村组织专门聘请两名人员负责做台账，每年要补贴 2 万—3 万元，尽管如此，仍难以充分应对上级考核。

二　党建引领重塑治理结构

党建引领指向党政统合特质，强调是党委作为领导核心，拥有不同于科层制的组织方式，能围绕不同的治理任务进行差异性的统筹领导，实现治理过程的任务转化、资源聚集、功能重组、主体动员与结构重塑。[①] 对应到基层治理领域，指党委通过党的组织系统，将治理任务进行整合和逐级分解，[②] 依托人格化关系与组织治理关系，构建软硬结合的基层运行机制，从组织与干部两个层面嵌入治理过程，弥合科层体制与主体关系双重缝隙，实现行政与治理的有机衔接，进而

① 张丹丹：《统合型治理：基层党政体制的实践逻辑》，《西北农林科技大学学报》（社会科学版）2020 年第 5 期。

② 杨华：《县域治理中的党政体制：结构与功能》，《政治学研究》2018 年第 5 期。

推动事务有效治理。本节结合招远党建示范区创建过程，对党建重塑基层治理结构的路径展开讨论。

（一）管理区的脱嵌运行问题

山东省招远市的党建示范区由原先的工作管理区发展而来。工作管理区（又称管区）是山东省适应基层治理需要创新的特色管理层级，最早可以追溯至农业税费时期。具体而言，管理区是介于乡镇政府与村集体间的管理层级，设置初衷是加强乡镇与村庄间事务对接。从组织构成来看，管区负责人即管区书记由乡镇领导成员兼任，干部班子由乡镇各部门抽调出来的工作人员组成，根据基层事务治理需要，管区可以自行聘用临时用工，但多数时候以编制内成员为主。从功能设置来看，管区呈现出明显的虚实结合性。①管区的“实属性”。在“乡镇政府—管理区—行政村”治理架构下，管区相当于乡镇政府的下派单位，镇政府通过管区与各行政村对接，其具体运行方式为：当乡镇有具体的工作要安排（如防汛工作、防火工作或所辖村庄出现群众上访事件），乡镇将根据属地管理原则，将工作分流至相应管区，管区领导班子在进行协商讨论后，将任务分配给村干部并进行监督，有需要时会亲自在现场指导，解决问题并支持村干部工作。从治理资源看，乡镇均为管区设有专门办公地，并配备专门的管区活动经费，能保证管区组织的正常运行。②管区的“虚属性”。比照全国县域治理情况可以发现，管区的设置与地方政府的支持、治理工作的需要密切关联，是否设置管区、管区覆盖的范围具有很大的灵活性与机动性。在宪法规定的省县乡三级行政区划框架下，管区的定位属于“党”的范畴而非实体行政层级，并不具备常规科层组织应具备的完整的治理权力。管区一般实行总支书记负责制，内部并无明确的科层职能分工，组织职能设定存在功能性。

梳理管区运行模式可以发现，其设置更多是为助力管理。从结果上看，管区的设置确实能够通过划分层级，加强政府对基层的控制与支持，更好推动政策任务的落实。但同时，管区运行过程中的“虚实失衡”，使得其面临新的组织困境。我们根据调查情况，将其概括为三类。①权责失衡。管区的设置初衷在于构建中介组织，实现繁重政策任务的分流引导，同时为乡村干部卸责提供机制空间。尤其村组织能力疲弱的乡镇，村干部的治理动力易缺失，使得管区干部分流配置的治理任务难以有效解决，逆向传导推动管区由协调者转变为执行者。对遵循结果导向的乡镇而言，只要能够保证上级任务完成，是管区干部主导完成，抑或交由村干部执行，并无多少差异。管区干部被迫承担基层大量工作，但在缺乏独立治理资源的支持下，管区的治理能力往往有限。②认同缺失。从层级划分来看，管区作为乡镇政府的派出单位，与村组织间不存在领导与被领导关系。从权能配置来看，作为“准行政组织”，管区具有传递任务、传达政策的职能，但缺失整合与反馈的权力。对强势的管区班子而言，可以运用班子成员个人权威，赢得村干部的认同与配合，对相对弱势的管区班子而言，就要面临处理与村组织的关系问题，尤其协调与富人干部关系难题。缺失相互认同的组织关系，易转变为任务执行的博弈场，管区干部易陷入治理尴尬的境地。③悬浮治理。从治理制度来看，管区管理主要参照基层政府规章条例，一是要求管区干部坐班，只有必须必要时干部才会下至各村指导工作，同村干部的日常联系、对村庄情况掌握均不足；二是依据部门职务进行管理，造成工作考核脱离实际。结果是，乡镇政府虽然进行体制创新，配备了相应的治理资源，但包区领导的工作核心与重心仍停留在乡镇，实施日常治理的主要单元仍然在村庄，管区只在开展非常规应急工作时发挥作用，奉行的是“不出事”的维稳治理逻辑，村级治理仍未能提效，镇村协同能力仍未提升。

（二）党建重塑基层治理层级

为突破管区运行樊篱，赋能乡村基层治理，招远市2018年牵头推广党建示范区工作，选取24个工作区或社区进行党建示范区试点，通过党建示范区党委的实体化运行，实现虚实治理要素的优化嵌入，重新激活乡村中间治理层级，做实“乡镇—示范区—行政村”框架（详见表3－1）。

表3－1　**招远市党建示范区党内制度要求**

制度对象	制度主题	制度内容
党建示范区党委委员	工作部署制度	由示范区领导统一部署除职能部门的专项任务以外的所有乡镇综合性任务与中心任务，依托党委会进行

续表

制度对象	制度主题	制度内容
党建示范区干部及各行政村干部、小组长	例会制度	两周一次进行例会，由示范区领导组织多主体讨论示范区整体目标与各村的发展规划及面临问题
支部党员	党建管理	示范区党委会每月统计村内开展的党员学习工作，考核联户党员的工作情况；定期召开示范区范围内的全体党员大会，进行学习及相关的考核、评议工作；定期展开“两学一做”的工作并要求党员上传各式各样的照片和学习内容、笔记等；对于不与会和学习不认真的党员实行惩戒机制，例如，三次以上不参加会议、学习和党课的党员，会被示范区的负责人谈话，示范区还会定期开展党员互评，集中性地对不合格的同志进行批评教育

资料来源：课题组根据调研内容自制。

（1）党建示范区班子的优化配置。原有的管区制度下，村庄实行完全自治，管区干部与村干部是“两张皮”，带来行政—自治协调困境。不同于管区制度，党建示范区将党的统筹功能纳入中间层级，在原有的工作区或社区之上增设党委组织，并将培育合格的村干部纳入示范区建设的关键环节，构建“班子成员 + 老乡镇 + 村干部”复合结构，即由乡镇领导班子成员任党委书记，由乡镇政府具有丰富经验的老干部及示范区中心村的党支部书记任副书记，由示范区内所有村党支部书记任支部委员，接受示范区党委书记的直接领导，形成“乡镇党委—党建示范区党委—行政村党委”的三层架构。基层党委实体化运行后，对基层治理发挥出三重作用：其一，横向来看，可以在不增加政府层级基础上，通过对村党支部书记的吸纳，将下辖所有行政村的党支部整合起来，发挥区域化党建协同治理效应；其二，纵向来看，一方面实现了多元治理主体的能力整合，包括乡镇班子成员的统筹能力、老乡镇所具备的私人关系与协调关系、各行政村的优势资源与自治能力等，另一方面在加强上级党委对下级“直接领导”的同时，实现了上级党委对下级干部的直接选拔培育。举例来说，示范区党委构建下沉引领的干部梯队，对少数村治失序的村，党建示范区会下派“第一书记”，既能协调党委与村委的关系，又能考察党员干部工作动力，进而激发村组织治理，提升党员干部的工作能力。

（2）党建示范区运转的制度设置。示范区党委成立后，示范区运转有了组织层面的正式制度。①工作任务分配制度。根据制度规定，示范区成立后，除职能部门的专项任务外，各行政村统一于示范区党委处，领受示范区分配的治理任务，明确了示范区的枢纽职能。那么，乡镇层面党建示范区的建立，就为乡镇综合任务与中心任务布置提供了枢纽性的转换平台。一方面，能将各站办所下沉的“条条”任务进行整合，并通过绩效考核机制的设置，转化为党建示范区自身的“块块”工作，将部门分割式的服务机制，转为示范区打包式服务机制，实现科层制向包干式转变，[①] 既克服了复杂事物因难以界定部门权责、治理性质模糊带来的推诿扯皮与协作缺失，也激发了示范区的治理动力，转被动应对为积极作为。另一方面，充分发挥示范区干部尤其是乡镇领导的人格化关系，推动部门间协调配合与下沉任务优化调适。以陈村党建示范区的刘书记为例，他兼任书记的同时也是金岭镇副镇长，分管民政、信访等四个乡镇部门，当下沉至示范区的各个任务与其分管部门相匹配时，他可以直接协调相关资源；即使条条任务不在其分管范围内，也可与对应的分管领导平级协调。出于工作交叉程度较高、联系程度较为紧密及私人关系原因，乡镇各个分管领导乐于相互配合，从而使示范区可以整合条条关系，形成“条块结合”的工作局面，较好完成诸治理工作。从结果来看，既疏解了乡镇上下两方面治理压力，又为村干部执行任务提供前置支持，有效赋能基层事务治理。②例会沟通制度。在以部署任务为主的党委会外，示范区还设置有每两周一次的例会制度。根据规定，党建示范区辐射的各行政村干部及小组长都需参加，会上示范区领导将组织各村成员讨论示范区的整体目标、各行政村的发展规划及当前难题。由此，以开会为媒介的高频主体互动，强化了示范区治理单元属性，一方面形塑出新的工作推动机制，使乡村治理中的重难点事务得到表达，其中，

---

① 田先红：《行政包干制：乡镇“管区”治理的逻辑与机制》，《理论与改革》2021年第5期。

重难点事务可以经由党委会议，上升为乡村组织中心任务，以政治任务的形式推动执行。调研到的陈家村书记表示，定期会议可以解决80%左右示范区及各村半个月内面临的重点难题，示范区沟通成为甄别基层问题的过滤器，并推动基层治理走向有效。另一方面，制度沟通过程克服了传统管区制度中，管区干部同村干部主体互动的选择性，① 将主职干部外的普通干部与小组长纳入治理，克服了基层治理的信息不对称与行动协调困局。③党建管理制度。基层治理领域的关键问题是，如何调动基层党员参与治理的动力与能力。党委实体化运行同样重视党员队伍建设，通过例会制度加强各村党支部监督管理，要求党员建设符合规范：示范区党委会每月统计党员的学习情况，考核联户党员的工作情况及村民满意度；定期召开示范区范围内全体党员大会，推动党员学习相关的考核评议制度，每个村每月定期展开“两学一做”工作，要求党员上传学习照片和笔记内容；对不与会和学习不认真的党员实行惩戒，例如，三次以上不参加会议、学习和党课的党员，会被示范区的负责人约谈，示范区还会定期开展党员互评，对不合格的同志批评教育……党组织内部制度建设，不仅对基层党组运作起到规范作用，更让村民感受到党组织纪律，增强村民对党组织的信赖度与认同感，实现由村干部向普通党员递进培育。

（三）党建统筹多元治理主体

党组织的嵌入，既指向组织层面的体制嵌入，又指向主体层面的关系嵌入，目的在于通过复合党建机制的推动，纵向上构建“乡镇—管区—行政村”连带责任，横向上构建行政村与行政村之间的互动关联，再造现代社会的协同治理场域。

（1）推动示范区干部下沉办公，缩近干部、干群间的物理距离，充分发挥党委对辖区工作的前置把关与全面领导作用。传统管区时期，管区干部的办公地点在乡镇政府，尽管承担了片区包村任务，实际上是有紧急任务时才下村工作，更多扮演着村治“救火队”的角色，体现出明显的“事找人”的被动治理，遵循的是不出事底线治

① 王荣武、王思斌：《管理区干部和村干部的互动过程与行为》，《社会科学研究》1996年第3期。

理原则。该类治理机制下，乡镇与行政村间虽可以通过管区对接，但不论是乡镇政府还是管区干部，同行政村的关联都较为薄弱。党建示范区建立后，乡镇将镇工作人员的办公地点下沉到所辖工作区的中心村，虽然乡镇政府还保留每个工作区（党建示范区）办公室，但只是作为备用办公场所，党建示范区工作人员每天上班时，要先到乡镇政府办公室报到，处理完相关事务后再下乡，在设立党建示范区中心村的办公室上班，下班前再回到乡镇政府办公室，处理驻村时承接的、需要在政府处理的相关事务，比如“1 + 94”为民跑腿服务事项。示范区的办公场所设有厨房，解决示范区工作人员午饭问题，午饭开销及其他办公经费实行包干制，为工作区干部驻地化提供坚实的保障，其目的在于，一方面提升管区干部对各行政村的村情了解及一线治理能力，另一方面加强乡镇领导、老乡镇同村干部间的互动交流，为后者治村提供陪伴式支持与方向性引导，弥补干部代际转换带来的能力间隙。

（2）创新考核机制，形塑责任连带。党建示范区成立党委后，从组织架构上将所辖行政村统合在一起，与示范区构成了责任共同体，接受乡镇政府整体考评，各行政村的考核构成示范区考核结果。乡镇会在每月、每季度和年终，对各示范区进行考核排名，排名靠后的示范区面临由轻到重的负向激励，包括被公开通报批评、逐级谈话、示范区资源配置调整及干部撤换等，排名结果还将作为乡镇干部晋升、发放干部年终绩效的重要依据。据招远市组织部规定，示范区需要上报各行政村支部书记工作完成情况，确定其绩效考核工资并上报乡镇政府。年终工资发放时，招远市根据各乡镇考核结果，在同一乡镇进行动态调适，具体举措为，扣除考核不达标的村干部的绩效工资，用等量工资奖励干得好的村干部，通过以差补优的公开方式，形成乡镇范围竞争与激励。实际的核算单元与考核结果由示范区及乡镇掌握，示范区领导能充分利用行政考核手段来调动村干部积极性。对乡镇干部而言，示范区得分以 1.2 的系数纳入乡镇干部考核，不仅影响干部年终绩效发放，还将其纳入晋升重要指标，乡镇干部如果被提拔或得到重用，须具备先进示范区工作经验。社会、政治与经济的多重激励，使乡镇干部、行政村干部间形成责任连带，一方面倒逼乡镇领导班子向下治理，协助村干部和村组织开展治理发展工作，另一方面激发村干部向上配合乡镇，协同完成治理任务。

（3）构建熟人场域，密切村村关系，激发竞争合作。乡村社会疏离化不仅体现在行政村内部，还体现在行政村与行政村的互动过程。在管理区时期，各行政村虽同属于一个管区，但相互独立且关联分散，各村的交流互动较少，不利于区域整体发展与资源统筹，更难以通过横向竞争激发村治活力。党建示范区成立后，依托区域性考核、行政村评比与例会交流，强化行政村与行政村间的复合关系。其一是行政村评比与区域性考核，党建示范区通过考核排名将治理工作量化，在示范区和村进行公开化、透明化评比。行政村评比在示范区内进行，并在各示范区例会上进行公布，排名结果与会议位次挂钩。D村的支部书记表示：“第一次参加示范区会议时，因所辖村的经济发展较差，自己在会上位次相对靠后，现在可以坐在前五的位置。”言语间不失自豪。可见示范区的运作能构建乡村干部评比空间，开会的位次安排可以通过面子与荣辱观竞争，调动村支部书记作为当家人的积极性，激发党员干部围绕发展展开竞争，强化横向评比的社会激励属性。区域性考核是指，在以示范区为单位的统一考核与管理下，各行政村间的工作好坏产生关联，各村干部共同承受示范区考核对辖区资源配置、干部考核、工资激励与政治晋升的影响，构建起一定的事业共同体关系。那么，村干部就愿意在常态示范区内部会议中，主动围绕各村的发展困境展开讨论，积极提出建议并给予资源支持，依托治理平台进行频繁互动，可构建起村域合作治理关系。

三　党建引领主体协同治理

从结构制度来看，党建示范区通过再造中间层级，构建起横纵双向治理共同体，推动体制资源与社会诉求双重整合，化解了基层治理的前置困境。但从主体动员来看，党建统合机制能否转化为基层治理成效，关键是激活基层党组织的治理动能。招远市党建示范区的创新处在于，以党组织为核心重塑基层治理体系，通过干部动能激活、基层组织延伸，提升基层党组织的动员与引领能力，形成共治、共建、共享的治理格局。

（一）党建引领行政协同自治

当前农村治理的重要内容是公共服务供给，关键是公共服务内容契合村民诉求，通过服务满意促进治理有效。我们调研发现，招远市每年投入大量项目资金，供给公共设施建设及公共服务，并不能满足群众增长的诉求、收获群众发自内心的满意。原因大致有二：一是山东省行政村大小不一且相对分散，村与村公共服务供给水平差异大。从村庄社会基础考虑，强制合村会激化派性利益冲突。如何在维持原有行政规划的同时，推动区域化公共服务均等供给，成为招远市农村发展的关键；二是群众诉求不断增长，自上而下条线分割公共服务供给，难以实现精准对接，难提升群众获得感。为此，招远市组织部走访各行政村，听取基层干部和群众意见，对当前基层服务问题进行梳理，决定依托党建示范区架构建设党群服务中心，将公共服务下沉至各示范区中心村，化解供给与诉求的矛盾。

（1）整合部门资源，建立健全党群服务中心工作机制。伴随经济社会发展，村民的公共服务诉求趋于复杂多元，既指向普惠性的公共服务诉求，又指向群体化诉求（如重大疾病补助、残疾人补助、低保等），还指向村民的个体化诉求如创业补贴和贷款等，不同诉求需要的权责与程序不一，难通过单一村干部主体吸纳处理，就调查情况看，基层主要有两种供给路径。一是依托村干部进行公共服务事项办理，如若超出村干部职责能力范围，村干部要么将诉求上报，要么直接退回并简单解释，二者的共同结果是，村民诉求长期难以解决，对村组织的不满情绪加深。二是村民自行前往乡镇部门办理，但群众需要对接多个站办所，面临多个站办所间的标准冲突，带来办理效率低下、服务水平不高等问题。并且，乡镇站办所“一对多”开展公共服务，往往需等服务内容累积到一定规模，方能实现适度的公共服务集中，对普通农村而言有难度，易增加办理的时间成本。为推动公共服务供给更加有效，统合各社区的公共服务功能，招远市依托党建示范区建设势能，集中建设党群服务中心，将公共服务下沉至示范区中心村，着手构建“1+94”公共服务事项下沉体系，将党群服务中心整合为综合服务平台。从服务成效来看，党群服务中心辐射3公里半径的行政村，能在推动群众接受公共服务的同时，引导群众自发向中心村聚集获取优质服务，进而有序完成社区集聚与空心村改造。从人员配置来看，服务大厅日常配备有4名工作人员，一是专门管理辖区印章的工作人员，二是提供全科服务的示范区工作人员，三为示范区下辖村组织主职干部，四为从乡镇“站办所”抽调下派的工作人员。党群服务中心的本质是将同质性的行政性较强的公共服务，如盖章、办事咨询、代办服务等通过党委统筹实现规模服务，既降低公共服务成本，又提高公共服务效率。

（2）分类对接诉求，推动公共服务的精准供给。村民诉求的扩增不仅要求治理服务供给的规模化，还指向服务供给的精准化与发展化。党群示范区通过治理事务的分流设置，弥合多元主体的差异公共服务需求。根据服务需求与流程，可将党群服务中心承载事务划分为三类。①基础事务，包括用章办理和就近集中办理事项，后者主要涉及单一的条线部门，如残疾等级认定和补贴发放、医保、农业农机补贴等。未设立党群服务中心前，无论需要村干部批量办理的事项还是群众个人办理的事项，均需前往乡镇政府“站办所”或是县城政务服务大厅办理，距离较远带来不便。示范区成立后，除需要人像识别等技术手段支持，或是流程规范要求较为烦琐的事项，其余能下放的业务均下放到示范区，群众在办事大厅就可办理相应业务。②代办事务，实际上是对集中办理事项的补充，指向公共服务供给中的多部门协调事务，主要由事业编示范区工作人员代理完成。党群服务中心的设置，很大程度上精简了办事流程，但基于下沉成本及办理规范考虑，部分事项未下沉至党群服务中心。为弥补公共服务延伸有限带来的空白，避免烦琐流程给村民带来的不便，党群服务中心设置代办服务，即服务大厅办不了的事情，可以由示范区干部代办。根据流程要求，群众只需根据服务大厅提供的事件办理须知准备好相关材料即可，具体办理将由示范区班子成员带到乡镇，交由乡镇各个业务部门完成。如若该项业务乡镇无法办理，则由专人负责到县里办理，再由示范区干部将办理完成的材料带回服务大厅，并通知老百姓取回。代办服务的设置，将私对公的内外权力关系，转变为公对公的科层制内部关系，能借助乡镇内部的协作，提升公共事务的办理效率。③新增事务，是指根据示范区新增问题提供的创新式服务。例如为解决小学生上放学的接送问题，减轻留村工作的中青年农民负担，部分党建示范区设立“四点半课堂”，对辖区内的小学生提供托管服务。又如，针对辖区内老年群体多的现状，部分党建示范区设立“老年人服务中心”，提供适应本地特点的托老服务（如空巢老人照护等），不定期举办老人健康讲座，满足群众增长的保健需求。新增事务是对区域诉求膨胀的回应，当前的乡镇治理，多强调运动式治理对资源整合的作用，然而，公共服务不同于下沉的行政任务，往往更为精细琐碎和常规，难以被转换为政府中心任务，运动式治理回应有问题。新增事务的设置，目的是发挥党群服务中心的中介功能，一方面，窗口为村民表达异质诉求提供渠道，另一方面，中心通过诉求归类筛选共性强的生活诉求，实现区域化的资源聚集与动态配置，能一定程度实现公共资源的动态分配，进而回应村民的差异化诉求。

党建示范区服务中心创办前，村内公共服务效率较低。以D村为例，虽然上级政府要求村组织实施代办服务，2015年D村代办事项不过30项。党群服务中心建立后，充分发挥党组织的统筹功能，大量规范事务汇入服务中心，中心的服务效率大大提升，仅2017年，一个示范区完成代办服务91600件（其中包含集中办理的服务），既提高了公共服务效率，又解放了村干部的手脚。

（二）党建引领村组协同治理

对基层治理而言，不仅要推动基层党委干部建设，更要让干部有能力去治理，让干部有精力完成各项治理活动。招远市通过党建示范区，一方面推动干部治理向下，提升基层治理的合法性；另一方面通过党小组设置，扩展基层治理网络。

1. 党建引领基层干部治理向下，提升基层治理的合法性。我们调研的部分非示范区农村，村干部每天疲于完成各类表格制作，不少村干部需要来回跑到管区，反倒村内事务处置得不多。不少群众认为，基层党委政府是上级，并没有解决自身的诉求，村民在不少治理事务上不配合。为破解群众和基层干部间的隔阂，党建示范区一方面以党组织建设为核心，推动基层干部的选拔和培育。招远市以党委的名义，选拔出有工作经验的基层干部，要求是能和群众打成一片，同时需要有一定的专业能力。另一方面，党建示范区积极推动干部联村，带领基层党委走街串户，旨在让“群众对党委面熟，最终就会演变成信任”。相较对村干部的固有印象，群众对乡镇干部的信任度更高，乡镇干部在走访过程中，动员村干部在群众面前表态，和群众进行交心式的沟通，既转变群众心中村干部的形象，又密切了村党支部和群众的联系，为后续治理工作奠定基础。

改革开放后的招远市Y村，是第一批建立乡村企业的村。随着企业的发展扩大，村组织与村民的矛盾逐渐显现，后续村组织没有能力和动力解决矛盾，造成干群关系紧张。党建示范区在了解情况后，主动与Y村现任村委进行了沟通，强调基层干部联系群众的重要性，选派经验丰富的C主任下沉，既了解基层矛盾又设法化解矛盾。C主任在Y村足足走访3个月，以第一书记身份做群众工作，挨家挨户了解问题根源，可以解决的即推动当下解决，不能解决的上报示范区党委，引导基层党委和群众沟通，培育基层干部的群众工作能力，打通基层干部和群众的隔阂。

2. 扩大党的组织网络，以自治赋能基层治理。招远市意识到，单纯依靠政府主体推动，很难满足群众多元诉求，更易陷入“无限政府”的陷阱中。招远市依托党建示范区，扩张基层党组织网络，在支部下设党小组，将党小组议事的组织和规则内嵌基层治理，推动党小组运行实现两方面功能。①以党组织网络促进政策下达与诉求上传。招远市曾推动过合村并组，行政村的范围相对较大，难以实现精细化治理，关键问题是，村干部对村民诉求不了解，村民对政策内容不清楚，信息阻隔带来供给矛盾。村民小组作为基层建制，虽然在不少地方已被取消，但是，村民小组作为社会自治单元，小组内部具有较强自治属性。将村民小组纳入党的组织网络，实际是扩充党在基层的抓手，党小组长通常是村委选拔、民众投票选出来的代表，在小组内有强社会影响力，村民的信任程度相对较高。通过定期举行小组内议事会，小组长向村民传达政策内容，村民有诉求会及时向其反映。由于小组范围较小，即使村民因故无法参与会议，小组长能直接上门宣讲，实现面对面的交流沟通。②党小组实体化运行激活组内自治，有效填补基层治理能力空缺。对基层政府与村组织而言，自身拥有的资源能力有限，无法满足村民所有诉求，又要保证群众获得满意，党小组功能就体现出来。一方面，基于小组自治机制，村民提出的诉求会被讨论，能在小组内自治解决的事务，小组长会带领村民自筹自建，不能解决的事务，上报上级党委解决。当村民不同意自筹自建，党小组长就发挥政治社会功能，到村民的家中说服村民，受益于党小组长的号召力，小微事务决议通常顺利。另一方面，党小组长需要进行思想引导，提高村民对村民组的归属感，动员群众更好参与家园建设。当村民从顾客变为“主人翁”，行为方式就会从被动接受服务，转变为主动建设村庄，进而形成小组集体行动能力，构建共治共建共享治理格局。

由于前期的村政失序，S 村上访率一直全市最高。2018 年，S 村推动党小组长实体化，以党建促进村级公共服务供给。通过“村党委—党小组长”队伍进行带动，村庄公共服务逐渐步入正轨。具体而言，村党委选拔党小组长，党小组与村民小组边界重合，注重政策宣传与自治打造。党小组长在自治过程中渐次疏解群众不满，增强了群众的家园意识和主人翁认知。2020 年，S 村获得招远市无讼村庄称号，村庄自筹服务设施达到 20 余项。正如 S 村支部书记所说：“抓基层党建的目的不是念文件，而是让群众感受到党在做事，让群众参与到党的事业当中来，让群众懂政策有信仰有理想，共同参与把村庄建设好。”

通过党委引领治理向下及小组自治共建家园，招远市有效提升了村组治理能力，根本上是依托党建下沉过程，嵌入人格化的治理关系，拓展社会网络连带功能，实现党建引领社会自治，扩充基层自主治理能力。党建引领的目标是，基层既完成治理任务，又能获得群众满意，国家与社会关系在党建引领下，实现有效的联结和良性互动。

（三）党建引领德治主体参与

面对村庄社会原子化现实，构建社会的再组织机制，是提升治理能力的出路，党员政治身份与社会角色合一，为党建黏合诸主体提供条件。一方面，党员是乡村先进力量，身上具有“先进”的政治身份，该身份往往具有“公”的含义，党员隶属党组织，要遵守的党纪律，党员行为受到群众关注，党员自觉遵守村规民约、积极参与公共事务，能带动激发村民形成行为自觉；另一方面，一般党员和党员干部行动有所区别，一般党员保持和群众的紧密联系，共同生活让一般党员有更强的社会性，只要激活党的基层组织网络，通过党的组织网络引导和调动，应能形成遍及社会的组织网络，进而更好推动基层治理有效。招远市依托党建示范区统筹引领，通过党员联户优化基层网格化管理机制，试图将基层党员发动起来，利用党员联结普通村民，嵌入基层网格化管理，激活基层治理的活力。

党员联户是激发党员网络，实现统筹性治理的关键。以网格化管理为抓手，让党员成为基层的“毛细血管”，能有效联结村民的诉求，实现村域的再组织化。网格化管理起始于城市场域的治理创新，主要应用于流动人口及治安管理，网格化管理的核心优势是，通过对治理场域的单元划分及信息收集、整合与对接，实现基层治理风险的预防、治理需求的反馈与治理问题的解决。随着治理技术和治理经验扩散，网格化管理逐步应用于乡村领域，网格化管理发挥以下两方面功能。①有效提升辖区信息知晓度。伴随乡村青壮年人口外流，不少乡镇依据人口基础变化，限制基层公职人员数量。我们调研的地北头王家村，乡镇基于1150人的户籍人口，设置4名村两委职位，随着行政任务的繁重，村干部每天忙于应付，难以深入把握村社情况。相对应的是，嵌入乡村社会微单元的网格员，能通过信息收集与反馈延伸治理触角。②一般农村社会基础与城市有差异，一方面表现为农村问题细碎模糊，难以进行科层化规模化的治理；另一方面表现为农村问题人事连带，不少问题难进行专业处置。引出的网格化管理问题是，网格员收集到的基层问题，还是要回到村干部那里，如何处置与分解待破题。党建示范区通过党员联户机制，推动党员与网格员身份合一，将党建体制优势转换为治理优势，具体体现在以下三个方面。

一是激活积极分子的“公”属性，构建有“公共意识”的党员队伍。从遴选结果来看，党建示范区的联户代表即综合治理的网格员，由服务意识和能力强的党员代表担任。以地北头王家村为例，其在本村56名党员中，选择了相对年轻的、积极的党员16名，将村社按照家户区分为16个网格，每个网格下辖村民20—30户，形成党员联户网格。我们访谈招远市组织部部长了解到，遴选机制的设置考虑是联户工作具有很强的交互性，联户代表要联系30户左右，联户的对象大多经过筛选，多与联户党员有强社会关系，旨在为党员了解30户人的动态，为后续做好服务提供便利基础。对应的议题是，联户干部特质可能影响群众，进而影响乡村德治建设的进程。遴选党员和代表的目的是，通过评比筛选赋予荣誉感，强化党员和联户代表的“公共身份”，使其产生参与基层治理自觉。

二是发挥先进党员精英特征，推动其参与基层治理。党建引领基层治理的关键是，将党建元素楔入基层治理结构。遴选出联户代表只是起点，通过工作内容嵌入基层，方能实现党建引领治理有效。根据党建示范区工作制度，联户代表要承担三项职能：其一，负责联系与自己关系较为紧密的群众，对其生活问题进行调节与反馈，针对自身难以解决的群众需求，可以通过“智慧手机App”上报上级；其二，负责类似网格员的信息报备工作，即及时发现乡村社会的小微治理隐患，如乱搭乱建、侵占公路、卫生整治等，通过“党建示范区智慧云平台”上传，由党建示范区组织人员进行处理；其三，协助政府开展阶段任务，如防火防汛、扶贫走访等。我们调研发现，党员联户工作具有以下两重特征。①推动党员嵌入乡村社会，通过制度设计激活乡村社会网络，为党员开展小微治理提供空间。同时，遴选党员多是中坚力量，具有较强社会精英特质，可以对普通群众形成影响力，依托德治形成风向引导，在非正式场域形成软约束，对村民进行引领型劝导，如帮助村民转化认识等。典型例子是移风易俗行动，在控制酒席异化问题上，以党建示范区为核心，先对党员提出高要求，不允许党员大操大办，在规范党员且党员遵从后，党员会影响邻居、亲戚、朋友，通过滚雪球实现风气净化。党的社会化联结作用，以党员为核心通过说服、带头等，激活社会公共网络，推动群众公共性表达，让群众参与社会治理活动，形成人人有责、人人共享的格局。②将党员联户与治理活动结合，如协助基层干部确定困难户，确保村级福利分配的公正，协助基层干部开展环境整治，既可以减轻组织的治理成本，又可以提供有效治理信息，还可以对接群众的真实诉求。党员联户能重构群众与村组织、党组织间情感与责任连带，基于常态细微的治理过程和结果积累群众认同感。

三是通过考评机制对联户党员进行奖励，加强党员正向反馈与侧面引导。党建示范区通过党员和网格员双重身份，实现政治身份与社会身份的统一。党员联户机制中，党员虽然具有“公”的身份，同时兼有网格员任务，示范区可以给予微弱报酬，并可以通过网格考核，对党员工作进行约束。招远市每年拨款800万元，用于网格员的工作补贴，构建党员联户奖惩制度。如果联户党员的网格工作做得好，上级党委会送出党建大礼包，如在公众号推送事迹、赠送党史党建著作，给先进党员过生日，等等。稍微梳理即可发现，党建示范区对联户党员的激励，分别是经济激励与精神激励。物质惩罚是约束行为的重点，精神奖励是激发行为的重点，奖惩制度对党员参与动力的激发，主要是政治身份和意义感营造，目的是实现“党员与群众”的区分、“先进党员与普通党员”的差别，上级党委可通过具象化考评指标，如党员联户发现、解决了多少问题，直观体现出党员发挥作用情况，再次强化党员“公”的身份与作用。有效的奖惩制度，一方面强化先进党员对普通党员的引领，另一方面让群众对党员模范作用有感知，基于对联户党员的评价积累获得感。最终的结果是，党员联户实现激励党员、引领社会的双重作用。在考评压力的约束下，党员群体半主动靠近群众，积极扎实开展小微治理，能提升党在群众中的形象。

通过减负引领与党员发动，招远市不仅保障了基层治理空间，更赋予基层组织强大治理网络。近20天的田野调查，我们发现党员和群众关系紧密，除去组织安排的大小任务，村民日常生活有什么问题，联户党员会第一时间帮忙。王家村社区活动中心摆放的本子，里面记录数百条党员帮助群众信息，包括帮助失能老人换灯泡、新冠病毒爆发期间为老人送饭等。党员政治身份的塑造及对基层社会的嵌入，让村民对党员及相关组织的认知在改变，党员的良善行为形成新风气，逐渐成为村民学习的榜样。依据党员群体的社会合法性，党组织成为基层主体实现治理、完成治理任务的有力工具。在召开村民代表大会、推进相关的政策议程，说服村民发展集体经济方面，联户党员都能发挥至关重要的作用。当基层党组织有治理空间，党员有作为且获得认可，基层社会就能被整合，形成乡村网络治理模式。

第四章　文化振兴与价值协同

第一节　文化振兴与乡村价值重构

2018年，习近平总书记提出乡村“五大振兴”，其中，文化振兴是乡村振兴重要保障。随着城市化、现代化进程加快，我国文化出现城市和乡村的分野。如何立足乡村现代化转型过程，建设有生命力的乡村文化，成为乡村振兴的新命题。以文化振兴为目标的乡村治理，不仅是为适应现代化转型，更是为找回村庄有序生活根基。文化振兴的核心在于高质量文化供给，通过文化振兴赋予生活的价值感、幸福感，激发起人们愿意在乡村生活，努力振兴乡村的活力动力。[①] 乡村文化振兴的难点在于，把握乡村文化表象与内涵特征，定位文化振兴的层次和目标，构建契合其属性的“三治”协同机制。

一　文化振兴的现实背景

价值生产、社会表达和功能满足，构成文化振兴的三大目标。乡村文化振兴的关键，不在于文化内容的数量多少，不在于文化供给层次高低，而在于三大子目标的协调。当文化价值性、社会性和功能性有机统一，均衡的文化生态就会通向文化振兴。[②]

（一）乡村文化的类型划分

乡村文化产生于乡村场域，是嵌入农业生产和闲暇生产生活，构建的相互交织、相对独立的文化生态系统。基于乡村文化结构的认

---

① 徐勇：《乡村文化振兴与文化供给侧改革》，《东南学术》2018年第5期。

② 杜鹏：《转型期乡村文化治理的行动逻辑》，《求实》2021年第2期。

知，从价值—社会—需求三个层次，梳理出乡村文化的三大类型。

一是价值文化。价值文化是底层架构的文化系统，关联群体的伦理观、世界观、审美观等，会指引个体农民社会行为，并塑造农民的思想观念，影响其生活方式和理念。相较公共文化和功能文化，价值文化更加隐性和抽象，表现为情感心理、行为习惯。价值文化具有根本性，一般而言，我们只能基于个体前台文化行为，即公共文化和功能文化层面，挖掘村民价值观念和社会伦理。价值文化与公共文化相互关联又有所区别，公共文化多是通过社会舆论、人情面子等，构建出村民必须遵守的准则，否则就会面临“社会性死亡”，村民与村民间的关系网络构建，村民公共交往均来自“社会公德”，但是，除开公共文化规定的系列行为准则，村民还会惯例化追求“人生价值”。当村民对乡村伦理的认可度较高，就会将遵守社会公德作为身体自觉，甚至会基于强社会责任感，积极参与乡村集体行动，自觉维护乡村社会“礼治秩序”。如果说公共文化是基于公私关系，构建的有约束力的行为准则，价值文化则是弥散的行动性惯习。

二是公共文化。公共文化是社会性文化，是村民基于血缘地缘纽带，以长期共同生产生活为基础，形成的规范个体的行为准则。多个规则组合成规则体系，具象化为乡规民约、民风民俗等。梁漱溟认为“乡村”是个价值共同体，要遵守“仁义礼智信”规范。① 社会规范连同背后的共识，维系村庄社会共同体生产，对个体行为产生强约束力。在封闭的村庄社会，价值规范以社会结构的方式，要求个体不脱离社会约束。一旦个体行为失范，村庄凭借社会性自治机制，可以实现公共规范再生产。要注意的是，公共文化氤氲形成的社会制度，与正式制度规定的强制义务有所不同，当个体有脱离结构约束的能力，软性社会制度就会遭遇挑战，个体会基于法律底线进行活动，公共文化就会转换为“社会道德”，基于个体思想认知采取行动。乡村振兴五大主题之一的“乡风文明”，就是试图提升村庄道德水平。乡风意指乡村社会风气，虽然没有强制约束力，大家会有遵守的意识。公共

① 赵旭东、孙笑非：《中国乡村文化的再生产——基于一种文化转型观念的再思考》，《南京农业大学学报》（社会科学版）2017 年第 1 期。

文化依托村庄社会生成，村庄结构赋予文化浓厚公共性，典型表现是人们被各种关系缠绕，贯穿于日常的生产生活实践，不仅有仪式性人情，还有节律性娱乐，及风俗信仰仪式。不同年龄段拥有不同文化，共享文化结构多重整合的要求，促进公私生活规矩的链接。

虽然不少研究将公共文化与社会和家庭文化区别，“公”与“私”文化间往往有复杂的连带关系。[①] 一是家庭生活作为乡村文化的有机组成部分，乡村社会能基于共享规则维持秩序，很重要的原因是，家庭伦理规范受到他人关注，优良的家风能上升为道德，转化为公共文化生产的基础，进而影响个体公共行为道德。二是在拥挤的乡村社会空间，家庭虽然作为私人空间存在，私人行为容易暴露于公共场域，私人生活要接受舆论约束，家庭生活同样要依靠升格的文化规范，约束自身行为并规范亲人行为，公共文化会渗入农民家庭生活，“敬老爱幼”同样构成家庭道德约束。三是乡村中的家庭不是完全封闭，家庭生活行为易产生外部性，社会舆论、权威力量等会对其进行反制，对私人生活的外部性进行治理。虽没有明确规定公共空间的物权归属，乡村社会会基于价值文化保障空间秩序，“自扫门前雪”既是村庄公共规范，又是成员奉行的行为准则。

三是功能文化。一般说来，乡村文化功能是满足农民日常生活需求，既包括最表层的物质文化（如农家摆设、宗祠庙宇、传统艺术等），又包括村庄精英组织的节律文化（如赛龙舟、赶庙会、捐丁钱）。功能文化既来自肩挑背扛的劳动，又来自季节性闲暇生活娱乐，是维持乡村秩序推动社会整合的表层，往往是显性体现出特定的功能。虽然功能文化是表层文化体验，要依托长期共同生产与生活，却是村庄场域集体智慧的结晶，关联村庄历史和现实记忆。功能文化虽然是满足需要的展演，却有一定程度的带动感化作用，与价值文化和公共文化有机协调，从而获得社会再生产能力。功能文化作为乡村文化系统表层，易随着农民生产生活方式变迁而变迁。当村民受市场经济和网络传媒影响，习得城市的生活理念渴望过上城市生活，立足乡

---

① ［日］沟口雄三：《中国的公与私·公私》，郑静译，生活·读书·新知三联书店2011年。

村结构生产的功能文化就会衰弱，迎合型的消费主义文化就会侵入，满足村民日益增多的闲暇时间，缓解村民的焦虑感，增加村民的愉悦感。当村庄不再是生产本位，当日常生活越发脱嵌村庄，村民文化需求就越会多样化，越需要多元供给机制满足。

（二）乡村文化变迁的问题

乡村文化变迁，是经验层面、话语层面和规范层面不可逆的激变，[①] 价值文化、公共文化、功能文化的功能均出现不同程度的缺失。从“文化功能—社会结构”的角度进行归因，会发现当前乡村文化困境包含三个层面。

公共文化受市场经济的冲击。很长的一段时间里，村庄弱流动性及农业生产主导，要求个体生活和交往遵守公序良俗。但是在城乡要素流动激增、市场经营方式渗透背景下，农耕价值体系正快速坍塌，个体的行为准则和价值观念，逐渐从依托熟人社会的伦理交往，转向依托于市场的利益考量，个体处事优先考虑利益的得失。法制意识、竞争意识、效率意识日益增强的同时，带来个人主义、物欲主义、功利主义。当价值信念越发具有个体性，个体越轨行为就易成为村庄社会现象。同时，人与人交往的“公德”被现实利益替代，仪式性人情文化缺失个体遵守根基。当仪式性人情不再是凝聚村庄共识的途径，蜕变成炫耀性消费和私人敛财的工具，人情秩序就会紊乱，人情要素就会异化，新型人情的规则构建和发展，就会脱离价值认知约束，影响村庄生活和价值秩序。①村民对邻里情谊重视程度降低，越发没有长远社会预期，一旦受到损失就要及时找回，愿意及时索取而非亏欠，生了“气”就无所顾忌地释放，不愿基于常识的平衡正义感，选择谦和忍让和以和为贵，日常交往中的乖张风气盛行。[②] ②人情交往的金钱因素增加，收入增长带来人情开支上涨，村民身处人情网络无法逃离，当村民不堪沉重的人情负担，被迫增加人情活动以回本，就会造成收入的大量消耗，陷入相对贫困的境地。人情异化的根本原因是，当前的公共文化的社会功能缺失：一是公共文化意识难以

---

① 吴理财：《改革开放以来农村社区文化的变迁》，《人民论坛》2011年第24期。

② 陈柏峰：《“气”与村庄生活的互动》，《开放时代》2007年第6期。

发挥引导作用，二是公共文化规则难以制约越轨行为。虽然多数社会行为不违反公法，但是对村庄正常的人际交往，对公平正义的社会秩序，还是会产生较大的负向冲击。

公共文化变化源自“乡土中国”向“离土中国”① 变迁。当土地作为生产材料和农民生计剥离，城市、工业、市场、科技等力量对乡村渗透，农民就会越发不满足于乡村生活方式。社会层面，城乡融合发展带来乡村社会全面变迁，包含价值变迁、关系变迁和生活变迁。①根本变动体现在价值层面。指理性利益计算替代传统情感义气，任何公共行为首先考量利益得失，不再重视社会性的情感面子。法制意识、竞争意识日益增强的同时，带来个人主义、物欲主义、功利主义盛行。当乡村价值体系变得越发支离破碎，公共文化就会难约束“无公德的个人”。②核心变迁体现为关系层面。即公共性的萎缩与个体性的崛起，“关起门来朝天过”越发有正当性。农民生活会注意空间边界，社会活动缺乏公共联结机制，对乡邻情感的维系逐渐变弱，加上就业多元带来交往分化，传统血缘地缘纽带越发脆弱，亲缘网络向原子化方向转变。③直接变迁体现在生活层面。城乡穿梭经历使村民获得更多城市生活体验，信息技术通过短视频将城市展现给村民，城市生活方式及生活理念越发具有正当性，成为村民的美好生活想象，推动个体诉求行动扩张。当消费主义、享乐主义成为村民追求，而不是围绕生产本位量入为出，当个人越发追求城市中产品位，就易带来现实情境碰撞中的焦虑。

价值文化受“原子化时代”冲击。价值文化对个体有约束力，个体通过参与价值事务，实现结构与行动双向生产。乡村价值约束力减弱的主要原因是，共同体解体下村民生计方式和生活方式多元，个体可以随时逃离原有乡村价值体系，当个体行为准则转向利益计算，人情面子社会约束效力就减弱，乡村社会信任不同程度地下降，就会连带影响价值文化的作用，村庄纠纷调解不再依赖道德权威，而是寻找公权力背书的司法渠道，不再关注情感调适和思想疏导，而是依赖权力地位关系强弱。另外，当价值文化约束力降低，个体就不愿意为他

---

① 孙庆忠：《离土中国与乡村文化的处境》，《江海学刊》2009 年第 4 期。

人服务“给自己惹麻烦”，就会拒绝参与政治性的公共讨论，就不会为推动文化共同体而互动，村民个体行为就会完全依凭意愿形成，不触及乡村价值文化指引方式。如有人经常约人打麻将，形成稳定的麻将群体，逐渐形成生活交流空间；妇女围绕个人的兴趣，找脾性相投者聊天，形成新闲话空间。当家庭收入水平增高，个人的消费能力增强，意愿和需求就会增加，带来行动自由度增大，业缘和趣缘性交往就会占主导，传统交往的价值色彩减弱。人们无意沟通村庄道德问题，尤其是影响邻里关系的德行问题，毕竟，说闲话讨人嫌还易闹矛盾，村民不会主动宣扬“家丑”，而是谈论超越村庄的大事。乡村价值文化式微背景下，个体的自我定义和自我行动，无法支撑价值意识和共识。在没有新型价值文化支撑下，个体思想认知混乱和价值理念歪曲，易导致常态行为的无序。

功能文化无法回应增长的诉求。城乡社会边界模糊的结果是，城乡生活方式和理念交融，带来生活诉求增长和多元。现有功能文化难以承载新诉求，导致村民的文化诉求难满足。个体为了追求美好生活，不仅对生活方式有定义，还真切付诸实践，会带来村庄生活属性。尽管从功能文化角度看，生产型交往不再构成公共集合点，个人却都孜孜于现代生活方式，共同的生活追求构成关联的载体。村庄生活既包括公共设施、消防安全，又包括人文环境、空间卫生，还包括公共服务、和谐宜居等，家门内外多种形式的具体活动，围绕村民生活需求形成公共和私人空间。当人们的混合性功能诉求大幅扩张，依托有限的空间竞争生活资源，就会带来拥挤空间的交往矛盾增加。一方面，生活活动日益脱离生产，要依托狭小的村庄空间满足需求，满足的过程有一定局限性，生活内容受村空间约束。村民越发不满足于常规过日子，健康、休闲、品位等现代生活，逐渐成为村民追求的目标，生活理念越发具有目的性，结果是，城乡公共品供给遭遇个体诉求，带来标准与多元供需矛盾，村民容易出现中产焦虑感。另一方面，村民对房前屋后的认知逐步转变，认为只要是有必要可自由占用，种菜搭棚甚至养鸡等都没有问题。但是，种菜容易越过“领地”，养鸡影响周遭环境，搭棚影响庭院美感。当私人范围的一举一动，惊扰邻居生活、破坏环境，就易带来日常琐事纠纷。类似问题还有，村民在公共空间健身休闲，就要占用特定的公共设施，不可避免会影响他人活动，不仅有环境卫生问题，还对设施安全有影响，如年轻人在体育场打篮球，老年人要利用空地跳广场舞。如果所有个体争取生活权益，都认为拥有平等空间使用权，就会加重资源拥挤和匮乏局面。[①] 如果不能构建起需求满足规则，解决个人行动和互动的摩擦，每个人都可能成为资源使用阻碍者，就易造成权利界定冲突，夹杂关系紧张型的斗狠。

乡村文化困境是文化生产过程中体现的。当乡村由熟人社会向陌生人社会转变，当市场和网络力量渗透进入农民日常生活，当消费主义、享乐主义文化击溃伦理文化，就会带来文化生态支离破碎和文化再生产危机。基于重建转型期的乡村文化主体性，应推动文化振兴，构建文化需求与乡村社会的关联，引导和规范农民文化实践，重构农民主体性。

二　乡村文化的治理困境

乡村文化形式的系统性，要求立足文化三大内容，通过文化治理构建行动正当性，重建农民与家庭、农民与市场的关系，实现文化扎根农村和持续地生产。当前乡村文化的问题是，或者求教于外部文化要素多元供给，或者试图整合乡村文化主体资源。如果不基于文化的各部分是维持和促进生活目的、进行互相调剂配合形成的系统认知，[②] 就会带来客观文化消解主体文化及主体文化丧失主体性问题。

（一）乡村文化治理主体性缺失

当乡村系统缺乏足够数量的行动主体，社会系统和文化模式无法整合，就会呈现出系统不均衡导致的行动失范。[③] 当城乡互动模糊了村庄空间边界，村民交往的松散化和碎片化，就会带来乡村文化生产困境。文化振兴不是回到封闭的乡村社会，而是立足城乡社会融合的过程，需要维系乡村文化不被侵蚀至解体，需要立足城乡社会塑造新文化。维系或者建构文化，需要主体资源供给，但是，空间意义上的

① 寺田浩明、阮云星：《拥挤列车模式：明清时期的社会认识和秩序建构》，《清华法学》2010 年第 6 期。

② 费孝通：《乡土中国》，上海人民出版社 2006 年版，第 5—10 页。

③ 吴重庆：《从熟人社会到“无主体熟人社会”》，《读书》2011 年第 1 期。

人口分散，造成文化主体资源缺失。

一是乡村文化振兴主体缺失。据“农民工文化生活调研”数据显示，农民工年龄大多集中在19岁到40岁之间，城市化和市场化导致青壮年劳动力离开乡村，文化精英的不在村致使乡村文化发展的公共资源（资金、技术、人才等）流失。① 文化振兴需要有主体，青壮年是其中的中坚力量。一方面，青壮年是村庄文化活动最主要的群体，另一方面，青壮年在文化代际传播过程中扮演着重要作用。村庄青壮年从空间上离开家乡，就会导致乡村文化的空洞化，留守老人和留守儿童为主的农村，文化创造和消费动力相对不足，基层政府缺乏对他们的积极关注，导致文化振兴缺乏主体力量。

二是主体空心化带来社会空心化，难以形成舆论、权威等村社资源，文化振兴缺乏内生的动力和能力。村庄空心化往往指城镇化过程中，劳动力逆差导致村庄人口流出，村庄缺乏参与文化振兴的主体力量。在人口空心化的进程当中，村庄社会交往逐渐缺失，一方面体现为人口减少客观上出现的交往缺失，另一方面出现分化后的个体化倾向，传统村落的邻里交往越来越少，村社舆论缺失维系的空间，社会性权威不再权威，公共文化空间不复存在。当文化振兴依赖的社会资源越来越少，村民没有情绪舒展和交流的空间，社会无法有序把控文化发展方向，就会给非法文化组织以可乘之机。

三是文化建设的经济资源紧缺。不少农村集体经济组织力量薄弱，正面文化传播缺乏有效的组织渠道。乡村文化振兴具有进步性，文化振兴会产生进步成果，需要一定的经济基础支撑。文化公益事业、文化书屋等基础设施，都要有集体经济来保障维系。税费改革后村庄能够依靠的资金大量依托上级拨款，文化设施建设或者文化活动举办，不少需要村民筹款或“一事一议”，缺乏集体经济支持情况下，村民难形成组织化力量，文化振兴缺乏基本能力。

（二）政府主导的文化治理低效

文化振兴作为政策任务要求，出现在各地政府任务清单，逐渐泛

---

① 陈波：《公共文化空间弱化：乡村文化振兴的“软肋”》，《人民论坛》2018年第21期。

化公共产品供给，文化振兴的成果如何既具有展示功能，又能内化为村社文化治理能力，考验文化资源的输入水平。各地走访调研过程中，我们发现文化振兴最大的难题是，政府对“文化振兴”的理解多浮于表面，文化振兴多停留于推动物质文化振兴，将文化治理作为次要任务或考核指标，将文化政策执行理解为单方面的服务供给，忽视作为主体的村民文化生活诉求。具体体现为以下三个方面。

一是易出现文化服务的形式化。当地方政府将文化振兴作为指标任务要求层层执行，通过项目拨款和考核监督要求基层组织供给，就会出现常见的项目制治理问题。乡镇文化部门开展文化活动的主要动因是完成上级任务，他们开展文化活动时按照行政程序来进行表演、签字、审批文化项目等，而不考虑或很少考虑农民真实的文化需求和参与度。村级文化组织按照乡镇的要求进行排练、比赛、演出，只有参加比赛的时候或者政府检查、参观时才进行排练和演出，平时并不组织文化活动，可以说其主要的目的是为政府服务。并且出于便捷完成任务的考虑，政府工作人员往往在乡镇甚至是县市举办规模宏大的文化活动，如各种比赛等。即使是“文化下乡”，他们也只是在一些交通方便的村庄举行文化活动，最终丰富的是城镇居民和部分交通方便的村庄的文化活动，导致这些地区的文化供给过剩，而偏远的农村无法分享到文化公共服务。更重要的是，基层文化建设形式合理合法，却没有实质性的内容。在中部某镇调研过程，乡镇分管领导将我们带到农村书屋，展示当地农村文化建设成果，房屋装潢和阅读设施均较为现代，但前来阅读的农民却屈指可数。询问村民了解到，该农家书屋的藏书更新较慢，展示功能大于学习功能。该类现象出现的原因，是缺乏自下而上的文化需求反馈，基层政府往往被动执行政策，对群众的真正文化诉求是什么缺乏认真思考，导致公共文化资源浪费及公共文化服务的形式主义倾向。

二是文化服务缺乏可接受性。文化振兴是为回应美好生活，实现农民“文化感受”的提升，要求文化服务精细化、高水平。过往政府供给的文化，更多是单向度供给。一些外显的文化形式更易被考核，而文化价值和绩效则难以进行量化，文化考核标准就是多少平方米的建筑面积、多少本藏书、多少盘光碟、多少台电视、有无正式的规章制度等，很少涉及诸如文化设施能在多大程度上满足在村群众的需要、文化设施的使用率等指标。各级部门在政绩考核压力下追求看得见的外显形式，政府文化建设努力几乎都集中在为农村提供（诸如广播、电影、农家书屋和文化广场等）文化设施的建设上，内隐的文化价值因难以量度和比较而遭到忽视。政府侧重一些短期内就能够取得效果的文化活动，对长期性的组织体系建立、文化组织和村庄文化人才的培养缺乏动力，使得文化设施得不到有效利用，村庄设施完备但公共活动缺失，群众文化权益仍然得不到保障。建立乡村图书室，摆放的图书不是农民爱看和能看的，造成资源浪费。农村电影“2131工程”，在许多农村放的还是老电影，放电影的比看电影的人多。政府单一主体的文化服务供给，往往是为落实政策执行要求，采取粗放式简单化文化供给，功能文化供给方面易隔靴搔痒，既不能反映乡村多元生活需求，对乡村生活又没有指导价值。那么，公共文化的社会整合能力就会受到影响，价值文化的行为指引能力就难成长。文化振兴要供给多层次生活化的文化内容，功能文化输入兼顾公共文化、价值文化，借助文化服务过程加强乡村的自主供给能力。如家庭养老、家族祭祀等都在变化，政府倡导文明祭祀、互助养老时应考虑老人诉求，弥合“家”文化张力使其有可接受性，既要推动文化需求的满足，又要在价值理念方面进行引导，使其对新生文化产生认同感，进而接受文化供给的方式。

三是文化建设缺乏长效机制。传统乡村是伦理本位的村庄，伦理文化是深层文化价值，伦理文化既作用于公共文化的价值，又能整合公共文化与功能文化，从而能实现乡村文化再生产。现代性的冲击带来文化失调，使伦理本位的社会遭到破坏。[①] 美好生活存在于自我的价值幻想中，毕竟，个人美好生活标准越发个体化。价值文化塑造村民行为依靠道德认同，村民因认同而产生邻居信任，将遵守公共文化视为习惯，同意对不道德行为实施惩罚。依靠村治主体动员能力，动员少数积极分子参与，能完成文化建设目标。但是，文化设施建设

① 龚天平、张军：《资本空间化与中国城乡空间关系重构——基于空间正义的视角》，《上海师范大学学报》（哲学社会科学版）2017年第2期。

好，是为群众使用的，如果村民对文化建设内容无感，外力无法强迫村民使用。建设主体只能是自己付费维持，利益动员村民阶段性参与完成上级检查。带来的问题是，一方面，村民对文化建设“等靠要”，一方面，村民对文化建设内容不满，文化建设在经过起初的热闹后，因没有人参与维护而逐渐废弃。

（三）乡村文化自主治理失效

乡村文化主体缺位不意味着村庄不能自主供给，留守群体在乡贤动员下容易组织起来，建设契合其文化需求的自组织。理论上，建设中老年群体为主要目标，公益性较强的文娱性的自组织，拥有广泛的群众诉求基础，应该能走向成熟，实现文化的繁荣。但是，自发形成的文化组织，易因缺少支持和爱护，走向群体离散命运。我们以实例为证说明。

鄂中农村成立寿北文艺协会，初衷就是出于文艺爱好，主要是农业闲暇增多，村民不知道如何利用，中年妇女不知道做些什么，老年人不爱看电视节目。文艺协会由原市文艺团演员发起，开始是因为回乡后感觉生活单调，就动员中老年妇女成立组织，义务教大家唱地方戏、学习民族舞蹈。协会想吸引更多妇女参与，就将舞蹈搬上公益舞台。文艺协会在老人过生日的时候演出，在协会成员红白喜事上演出，办事者请他们吃顿饭即可。有一次天气太热，演出人员比较辛苦，办事者“不好意思”，就给了若干演出费用，作为其辛苦的报偿。文艺协会发现演出的价值，就将金钱掺杂进人情。文艺协会由健身娱乐的公益组织，演变为半公益半盈利的社会组织。

文艺协会活动有三类，一类是平时农闲的健身与排练；二是为婚丧嫁娶提供文艺演出；三是义务为村社组织举办文艺晚会，吸引更多的群众参与其中，培养更多的文艺爱好者。首先看平时的健身活动与排练活动。文艺协会在农闲晚上演练，既是为健身又是为娱乐，还能促成新节目的演练，长期互动形成亲密关系。团队成员经常排练和探讨节目，2007 年至今已掌握 40 余种舞蹈节目。其次看供给于村民的演出。本村表演不收取演出费，仅是为当事人助兴活跃气氛，利于社区和谐和邻里团结。通过参与公共性的民俗，演出者感觉到有面子，老人觉得自己受人尊重。如果是参与外村节庆仪式，一般要收取一定演出费。随着演出活动的增多，设备置办得丰富，部分费用就在队员间分配，部分费用用于补充设备，组织村社公益文艺晚会。协会组织多次“纳凉文艺晚会”，有很多人跟着学习跳舞，既有小朋友又有老太太。过段时间就有人产生兴趣，报名参加的群众逐渐增多，协会的社会效益明显。协会对教群众学习舞蹈很有乐趣，既为活跃气氛又是精神鼓励。群众聚在一起锻炼，说的说、笑的笑，时间好过一些，个人比较快活。

多年自组织运作积累宝贵经验，归纳起来主要有以下几方面。

一是将公益性与商业性相结合。文艺协会开始是纯粹公益组织，为队员提供健身与学习舞蹈机会，同时为村社提供演出活跃气氛。但是，公益模式无法持续运作，因为没有政府和村组织支持，文艺协会没有任何收入来源，音响设备和服装无法更换，队员自己出钱，价格较高，每个人要支付2000多元，有些队员不愿意掏钱，就逐渐退出协会。为运转文艺协会走上演出盈利道路，通过演出赚钱为团队提供支持。结果就是原本公益协会走向市场竞争道路，从公益文化供给主体滑向市场化文化供给主体。

二是文艺创作与文艺演出结合。协会受群众欢迎，很重要的原因是有众多节目可演出，与市场型乐队演出节目的特征差异明显。文艺协会5年多时间里，只要是农闲、只要有空，就聚集在一起排练新舞蹈，自发创作新的文艺节目，每次可以根据演出情境，选择不同的契合性节目。另外，团队成员经常聚在一起，结合当前农村生活素材，自行编渔鼓、编小品。文艺创作使文艺协会的内容有源头活水，不至于因节目老套为群众所厌倦。

三是文艺建设与群众生活结合。文艺协会演员来自村庄，参与者经常演出互动，有利于加强邻里交往，文艺协会规定，对本村范围内的演出，一律不收取费用，同时在夏天举办舞蹈晚会，丰富了群众的闲暇文化生活。

不过，文艺协会的运转过程还是出现问题，既有组织内部又有外部协调问题。

一是组织自身的整合和协调问题。组织协调来自两方面。首先是团长、演员与琴师矛盾。外出表演有演出费用，如何分配逐渐成为问题，团长从协会发展的角度，希望留下更多费用购买音响和增添设备，演出成员希望能把钱分到手，矛盾最尖锐的是琴师与团队之间，琴师不需要购置设备，只要有胡琴就可以演出，不同意将演出的费用留置，琴师不再参演直至退出。其次，团队成员大部分是同村村民，日常交往过程难免有些矛盾，相关矛盾易被带入团队日常，没有调解使矛盾加深。

二是协会与治理组织关系问题。文艺协会要扩大自己的声望，协调团队发展的关系矛盾，需要乡村组织引导规范，但是，村组织对协会的态度不明确。村支部书记的顾虑是，村组织没有什么收入来源，担心协会要向村里要钱，刻意和协会保持远距离。至于乡镇文化站，只是乡镇落实政策的链条，乡镇对文化建设不甚重视，一人专职的文化站难行动。对文化站而言，没有激励机制，没有工作前景，干得好坏一个样，有时还被乡镇政府借调，配合完成乡镇的中心工作，无暇顾及农村文化管理。更何况，改制后的乡镇文化站，能管理文化市场但无执法权，有建议需要向文体局反映。“看得见管不着”及其应对难度大，催生文化站人员“多一事不如少一事”的心态，对乡村文化组织缺少常态监管。

三是协会的市场发展面临瓶颈。主要是设备、舞台等方面的问题，协会资金筹集主要靠演出所得，乐器更新不及时，即使价格相对便宜，村民并不请他们。

当前不少村庄会自发形成类文艺协会民间组织，比如腰鼓队、秧歌队、广场舞等，供给文化产品的特点是具有较明显的公益性，市场化程度低使得他们要符合乡村文化的政治性、公共性和价值性是较容易的，问题是发展的可持续性，如公益性如何进一步扩大及公益性文艺团体如何避免因组织协调与资源约束而走向解体，因而其面临的主要问题是政府如何扶持和合理引导。

三　“三治”协同乡村价值重构

当前乡村文化振兴的困境，来自单一治理机制难以有效，需要构建协同治理机制。政府作为行政主体，要通过公共文化资源输入，激活乡村社会的主体性，提高村民的道德意识，关键是理解乡村文化振兴层次，保障村社文化自主治理的边界，“三治”协同实现系统文化治理。

（一）乡村价值重构的目标

乡村文化系统分为三个层次，面向不同却又相互关联：功能文化是价值文化和公共文化的表象与结果；公共文化表达能协调价值文化与功能文化；价值文化是维系公共文化和功能文化实现价值整合的关键。文化振兴需要从“个体—集体—家园”维度，实现价值文化、公共文化、功能文化的有机协调。乡村振兴下的文化振兴有以下三大目标。

文化振兴需要回应人本价值。改造和整合个体行为价值观念，是乡村文化振兴基础议题。将文化振兴等同文化宣传或保护，期待通过新旧媒介塑造个体，虽然没有错，却是隔靴搔痒。当文化服务供给难塑造个体行为，现代媒介影响下的价值多元，带来原子化工具化的思维，就要审视和探讨价值文化再造。形式上看，价值观念属私人范畴，公权力无法强制干涉，但是个体价值观指引下的行为，因缺少约束易带来负外部性，要求基于价值文化来规范。价值重建问题需要回答两个问题，一是国家权力和政策如何面对和介入私人生活，二是如何重建集体生活和公共活动背后的乡村文化价值。

文化振兴需要回应社会秩序。当城乡社会融合程度加深，村民可自由选择生活，即会面临多元文化选择，产生多样的文化诉求。外来文化的强功能满足特征，会挤占传统文化作用空间，产生文化冲突治理问题。乡村结构变迁不等于乡村文化无法作用，而是结构变迁下文化没能适配，需要重建“文化功能—社会结构”的关联。当舆论缺乏“自然”的生产场域，乡村组织应夯实社会舆论，如将良善表现印在日历上，向全村村民免费发放，增强邻里事务讨论；乡村组织可以探索构建社会信任体系，通过正式规则输入激发乡村道德，将散掉的信任关系进行整合。

文化振兴需要回应美好生活。文化振兴试图实现美好生活，建立高质量的村庄秩序。美好生活不能依靠文化包装，文化振兴需要构建生活统一性，通过引导激励推动生活进步。抽象来看，每个人对何谓美好生活，会有独特的个体理解，不同生活追求带来不同行动，会带来有限空间资源的竞争，引发权力斗争和空间无序。美好生活具有进步性，不仅需要乡村功能文化快速发展，还需要村民有主体性行动，自主建设完善的文化设施，更新乡村仪式的文化内涵。从公共文化角度看，文化振兴的核心是切入个体意志，升级为公共文化的社会表达，个人行动因为有社会影响和规范，而具有有序性、生命力和持续性。从价值文化角度看，文化振兴应呼应美好生活情绪，通过价值引导、思想改造等方式，将其转换为家庭建设的势能，实现公共—私人生活有机结合。文化振兴更多地针对公共文化，指向公共生活和文化秩序，节日传统、宗祠祭祀等有强公共性，一定程度能整合公共秩序，对私人生活规范的作用少。当公共和私人生活缺乏有机联结，公共生活将难调控个体价值，导致公共活动形式化繁荣，与个体行为的无序相共存。对当前村民的生活来说，最重要、最直接的事情是如何过好私人生活，包含庭院卫生环境、日常起居习惯、家人互动礼仪等，实现美好生活需要从公、私两个方面推动文化振兴。

（二）乡村价值重构的路径

习近平总书记提出，文化建设要“创造性转化，创新性发展”。在党和政府的领导下，各地涌现出不少文化振兴的路径，创造性回应当前乡村文化危机。文化振兴并非简单的公共文化资源服务供给，而是立足乡村文化系统的多元功能，挖掘个体和乡村社会内在关联，将文化功能和乡村生活有机联系，逐步实现个体行为和理念改变。

首先，文化振兴应挖掘主体资源。当前的农民之苦，苦于生活意义丧失，文化振兴需重建乡村生活的价值合理性。文化振兴应指向“乡风文明”“民德归厚”，通过乡风民约来培养人们的道德情操，强化其村社认同与文化自觉。文化振兴不应只是送文化，而是注重对本土文化资源的挖掘整合，通过他们的参与、组织和转换，重建农民的价值意义世界。

充分发掘利用本土文化资源。农村文化振兴主体，既包括自上而下政府投资的公共文化，同时包括自下而上农民自组织传统文化。与群众对政府文化服务活动反应冷淡相对，农民对自组织的民俗文化活动参与积极性高，最突出的表现是部分农村复兴文化仪式。因为具有深厚的文化认同基础，农民不但乐于筹资支持，而且无论在村与否，参与热情都高。如调查的鄂中农村，每逢宗族大型祭祀仪式，现场总是人山人海，相隔千里的族人都前来参加，特别是宗族组织的唱戏活动，十里八乡的村民都会前往。宗族组织民俗文化活动，积极分子愿意参与活动，哪怕牺牲时间和精力。农民自组织的文化活动有生命力，能顺应农民的文化生活需求，通过文化活动的组织动员，重建新型关系文化网络，就可以产生村社权威，不仅得到村民广泛支持，还能推动自组织运作。

充分整合乡村民间艺人群体。乡村艺人不仅生活在村，了解村民的文化诉求，而且不少曾在正式文化组织工作，对组织村民参与有经验。可以文艺分子为抓手，借助他们的组织、参与和奉献，提高乡村文化发展水平。乡村文艺分子的行动活力，来自政府的肯定和支持，通过政府下乡走访进行精神鼓励，给予职责范围内设备设施支持，能调动文艺积极分子的积极性。基层政府应将发展乡村文化纳入考核指标，通过文艺汇演评比调动村民参与的积极性。目前最大的问题是，县乡两级对发展乡村文化缺乏兴趣，普通乡镇难以有财政支持能力，乡镇演变为执行文化政策的链条，村组织只是配合协调政策落地，没从政策、精神上给予鼓励，未基于文艺自组织需求，进行方向性的引导，给予政策性的支持。

其次，文化振兴应改革供给机制。乡村文化振兴是个系统工程。既包括客观供给（如投入公共文化设施，建设文化人才队伍，培育农村文化组织等），又包括文化理念输入（如传播社会主义核心价值观，发扬传统优秀文化内核，再造伦理道德行为规范）。注意客观投入和理念输入结合，需要创新政府文化供给方式，协同乡村德治和治理力量，满足需求的同时提升软治理绩效。

将政府有效履职与市场供给、社会供给相结合。农村文化振兴，基层政府的有效供给是根本，需要加大人力、物力、财力资源建设，保证政府文化供给的主导地位。但是主导供给不等于一元供给，随着市场经济体制的快速发展，应发挥市场机制的配置作用。同时，农民生活水平的提高带来其组织文化娱乐活动的兴趣，进城精英同样有回报家乡、繁荣文化的打算，某些组织基于政府引导有扶植文化项目的考虑，等等。如果能充分整合多元资源，就能有效补充政府单一供给的不足。长期以来，政府主导的文化供给，占据农村文化绝对地位，行政意志对农村文化起决定作用，市场和社会力量参与渠道不畅，影响农村功能文化供需平衡。同时，体制外供给难以形成良性竞争，易带来文化资源输入“效率黑洞”。当政府供给不是农民真正需要的，投入再多只能成为政绩工程。另外，政府行为缺乏有效监督，导致乡村文化组织和管理涣散，文化治理组织工作动力弱。政府应引导文化市场主体和民间文化组织，赋予和培育其参与乡村文化供给的平等机会，尤其需要支持乡村文化的自主供给机制。同时，政府要加强对文化组织的监督管理，做到“有所为、有所不为”的同时，依法发挥元治理功能的同时，引导文化供给契合核心价值观。

政府引进市场和社会力量参与农村文化供给，不是说政府在文化供给中地位降低，相反，政府需要更加积极参与其中，更加主动发挥主导作用。具体表现是：政府应摸清农民文化需求，更有针对性供给文化产品，更有效供给文化服务，提升服务群众的能力。对市场和社会文化服务要分类治理，公益性强、外部性强的文艺组织，需要政策鼓励和资源支持，盈利性强的商业化文化组织，需纳入组织管理范围，规范文化行业竞争，取缔低俗的文化形式，实现政府依法治理和供给文化，与市场和社会供给良性互动。

最后，文化振兴应保障自治治理。农村文化不仅是提供诸多文化形式，丰富农民的文化生活，还在于“应该是使他们团结，使他们进步，使他们同心同德，向前奋斗”①，即农村文化建设是为大部分群众服务的，大众参与才是成功的文化建设，通过优秀的文化作品和文艺活动将道德和价值元素渗透进农民观念，方能教育农民、团结农民，塑造农民社会主义核心价值观。而且农村文化建设要引导农民走出家庭，参与公共文化活动，在相互交往、互帮互助中活跃邻居关系，促进人际和谐，关注村庄事务，发扬村民自治精神。文化场馆、文化设施等是文化振兴的基础，但需要配套与其相适应的文化振兴组织，文化振兴组织建设的滞后易使文化设施疏于管理，进而影响乡村

① 毛泽东：《毛泽东选集》（第三卷），人民出版社 1991 年版，第 849 页。

文化阵地的持续建设。文化振兴的直接主体是村组织，县、乡两级应保障其自治主体地位。

文化局作为县级专门机构，因治理能力不足不愿作为。如县文化局对社会维稳敏感，担心民俗活动冲击社会秩序，不愿意合理规划，加强管理督导，宁愿实施一禁了之。再如，文化局对发展产业文化很热衷，能产生经济效益的文化产业，不一定是普通村民需要的。文化局应关注农村文化诉求，发挥文化管理的主体作用，改变重城偏乡工作的方式，更加注重农民文化需求结构，结合文化公共资源供给的趋势，加强对乡村文化振兴的支持。

乡镇文化站是基层文化治理部门，是农民需要和政府投入纽带。新时代的乡镇文化振兴，应结合公共文化资源输入，增加自身做群众工作能力。乡镇文化站应走家串户，了解群众文化诉求的同时，与村组织携手做群众工作，转变群众“等靠要”的观念，提升文化资源配置效率。群众价值意识关联事务是非观，在长期生产生活交往中形成，需要长期学习积累并内化，乡镇只能对行为进行约束，无法用强制力量进行压制。村组织与农民关系最近，最了解群众的所思所想，乡镇保障村组织主体地位，促进村组织的有为有位，与村组织合作关心群众生活，做好群众工作构建群众主体性，引导和动员群众参与文化建设，激发群众追求美好生活热情，方能对村民价值调控，引导深层认知转变。

文化振兴的核心是村组织。村组织一方面是文化振兴的主体，一方面能为文化组织发展提供环境，一方面可以与乡镇结合综合治理。税费改革后村组织治理能力弱化、财小责大和权小事多的问题至今无解，既无法为乡村文化提供应有支持，又没有动力动员村民建设文化。文化振兴需要依托村庄历史记忆，将情感诉求与家园建设相联系，吸引文化精英回村成为治理型“乡贤”。如宁波市龙山镇建设“乡风文明”，依托农村社区历史挖掘文化，将农耕器具、民间艺术等进行宣传，依托宗祠文化吸纳乡贤返乡，将传统文化嵌入村民生活的同时，吸引文化有生力量参与建设。村庄仍然留存的文化群体，可以自治动员进行建设。如家庭文化治理领域，老人和妇女会扮演重要的角色，善加引导可以建设好的家风，相较外出务工青壮年群体，老人和妇女与村庄的关系紧密，发动她们参与文化建设过程，可以推动形成社会风气转型，实现家风社风世风协调并进。在缺失社会权威背景下，党建引领能发挥作用。党的十八大以来，党组织要求“以人民为中心”，党组织常态下沉基层沟通，能从语言层面打破隔阂，从情感层面增进理解。党员以身作则和积极示范引导，老党员、老干部发挥带头作用，能塑造党组织的先进模范形象，再对周围群众进行说服引导，能实现群众意识的组织化。

第二节　公共价值重构与动员治理

文化振兴的核心是乡风文明建设，旨在应对道德伦理异化、不良习俗泛滥问题。乡风文明问题的产生，源于城市化对乡村共同体的冲击，造成村民行为方式的失序。乡风文明建设的关键是构建公共规则，通过有效下沉实现公共规则与村庄生活协调，让乡风文明不仅顺利落地还能长期维系。乡风文明建设是个系统工程，不仅需要开展乡风文明建设活动，更需要建构乡村文化治理主体，形成乡风文明的整体作用力；通过发育和促进公共性形成，推动乡风文明的持续有效。面对当前乡风文明建设存在的突出问题，赣州市通过群众动员、分类治理与活动激发，不仅实现社会风气的净化，基层治理的活力同样提升，为乡风文明建设提供样本。

一　乡风文明建设的时代背景

乡风文明是乡村振兴战略的重要保障，形成良善公共文化是时代的要求。当前我国不少农村出现文化问题，带来个体行为的乖张，人际交往伦理的缺失。一是村民行为缺乏准则，没有是非观和道德观；二是村庄缺乏有共识的公共规则，缺乏社会认同的公共权威，导致乡风文明建设出现问题。

（一）公共文化治理的现实要求

乡风文明是村庄社会文化的体现，体现为村庄道德与社会风俗，与农村经济社会发展密切相关。伴随城市化、市场化进程，村庄社会边界日渐模糊，原有公共文化遭到冲击，村民行为准则会发生转变，在缺乏外力引导的情况下，造成伦理异化和不良习俗，对农村生活秩序带来影响。

一是村庄伦理异化，出现“道德滑坡”。个体要遵守社会规范，大传统影响下的村庄小传统，仁义礼智孝成为个体行为准则。伴随市场经济对农村的影响，个体的价值取向、思想观念发生很大变化，理性利益计算替代情感义气，任何行为先考量利益得失，不再重视社会性的情感面子，甚至为满足私人欲望，不惜牺牲道德底线。当乡村价值体系变得支离破碎，损人利己、强者欺弱等行为的扩大，影响村民的公平感、正义感获得。

二是不良风气弥漫，衍化为不良习俗。首先是消费主义风气扩张，铺张浪费、大操大办、攀比之风盛行，农村传统礼仪文化、节庆习俗逐渐异化，成为谋利或炫耀的工具。其次是闲暇时间的增多及无处打发，带来村民对刺激活动的追求，缺乏引导形成不良消费习惯。缺乏健康生活价值引导情况下，村民缺乏对习俗好恶的判断，导致不良习俗成为村庄新规范，村民不惜债台高筑也要攀比消费，村庄正常秩序逐步走向混乱。

个体行为失落与集体规范失序，体现的是村庄公共文化式微。公共文化通过非正式手段对村庄秩序进行规范，城市化下的乡村社会结构转变，公共文化社会约束力降低，就会带来村庄社会混乱。面对当前的村庄现实，构建新公共文化，指引村民行为，净化社会风气，越发有必要性。

（二）公共文化治理的实践困境

乡风文明是具有约束力的社会规范，指引村民个体行为良善有序。基层社会的乡风文明，大致包含三部分内容：一是形成具有共识的社会准则，二是产生对个体行为的约束，三是形成村庄舆论推动持续有效。当前不少农村都构建了村规民约，体现对美好村庄的理想追求，问题是村规民约缺乏强制约束力，当村民生活与村规民约脱嵌，治理主体的公共精神缺失，乡风文明建设就难以最终成功。

一是乡风文明建设缺乏建设和治理主体。乡风秩序依靠社会权威维系，他们是村庄意志与村民执行间的桥梁，起到以点带面的治理角色。村庄空心化原子化背景下，乡风文明的诸多维系主体面临缺位的困局，公共权威失去维护秩序的意愿，村民遵循“不管闲事”的行为逻辑，乡风习俗的治理遭到村民的质疑。当乡风和群众间缺乏中间结构，公共规则就无法辐射村民，大部分村民难以自觉遵守。

二是公共精神缺失导致文化功能难持续。公共精神指向村民参与公共事务。伴随公共性的萎缩与个体性的崛起，“关起门来朝天过”越发有正当性。农民生活会注意空间边界，社会活动缺乏公共联结机制，对乡邻情感的维系逐渐不在意，加上就业多元带来交往分化，传统血缘地缘纽带越发脆弱，亲缘网络向原子化方向转变。结果是村民公共精神淡薄，公共事务成为他人的事务。典型表现是，有些地方村民会议长期难举办，农民对公益事业的态度冷漠，“各人自扫门前雪，莫管他人瓦上霜”。当村民缺乏公共精神，个体不会在乎社会性面子，文化功能就难发挥作用。

当前，各地对乡风文明建设路径大体相似，关键问题在于如何落实与维系。由于治理主体与公共精神的缺失，乡风文明建设效用难发挥。推动乡风文明建设不仅是供给，更重要的是推动社会形成乡风文明观念，推动乡风文明与治理有效有机结合。

二　村庄公共价值的培育

面对当前乡风文明建设的困境，赣州市创新“赣南新妇女”运动，旨在以赣南农村妇女为主体，在广大农村开展文化建设活动，推动新时代乡风文明形成。“赣南新妇女”运动作为赣州市力推的乡村治理内容，已逐步扩散成为江西省农村学习模范。自开展运动以来赣州市农村社会文化建设得到广泛关注，2018 年江西省妇联下发《关于开展“推广赣州经验做好乡风文明十件事”活动的通知》，将赣南妇女运动在全省范围进行推广，新华网、中国文明网等主流网站分别进行报道。我们以赣州市的寻乌县为典型案例，分析“赣南新妇女”运动何以实现乡风文明。

（一）政府动员妇女参与治理

2017 年，赣州市妇联党组在广大农村开展实地调研，发现当前农村公共文化存在大量问题，陈规陋习和不良风气严重，调研发现赣州市不少村庄存在铺张浪费、炫富攀比、厚葬薄养、不讲卫生、不讲团结、大操大办等问题，严重影响村民日常生活，产生不良的社会影响。虽然有村民意识到当前社会风气败坏，但由于大多数风气问题实属私人事务范围，村民们即使想去阻拦却“无能为力”。在走访中，妇联发现许多文化问题涉及私人道德、家庭生活，长期负责家庭生活的妇女群体感触更深，对政府改变社会风气有很强烈的意愿，家长里短的交谈当中，妇女对当前农村问题更熟悉，对许多问题有自己的见解。虽然有大量的热心妇女，但是村庄常规治理中，妇女往往扮演边缘角色，且妇女缺乏参与公共事务的途径。为发动妇女文化治理的主体地位，扩充基层妇女组织，赣州市妇联决定在赣南进行试点，建设基层妇女组织，建构“赣南新妇女”运动。

2018 年，中央一号文件提出，要“实施乡村振兴‘巾帼行动’”，为女性参与乡村振兴提供了政策契机，妇女作为推动农村现代化的主体，既是乡村振兴战略实践受益者，更是乡村文化建设的推动者和参与者。推进妇女参与农村文化治理，对促进“乡风文明”意义重大。为响应国家政策号召发扬妇女“半边天”的作用，2018 年 5 月赣州市妇联发起“赣南新妇女”运动，希望通过动员在村的妇女主体，在赣南大地形成“清洁家园、夫妻和睦、孝敬老人、厚养薄葬、婚事俭办、科学教子、勤劳致富、勤俭持家、团结邻里、热心公益”风尚(详见表 4－1)。

表 4－1　**“赣南新妇女”运动治理口号与具体内容**

治理口号	具体内容
清洁家庭	发挥妇女在环境整治中的主力军作用，倡导广大家庭坚持“清早起床，铺床叠被，洗脸刷牙，打扫厅房，身体健康，内外清洁，整齐大方”的良好卫生习惯，保持庭院整洁，消除垃圾乱倒、粪便乱堆、禽兽乱跑、柴草乱放、污水乱泼等不良现象，逐步改变农村脏、乱、差的状况，营造整洁、优美、健康、和谐的生活环境
夫妻和睦、科学教子	提倡家庭内部、夫妻之间和睦相处，倡导夫妻之间多沟通、多商量，避免争吵；在教育方面，要秉承科学教子的理念，强调教育孩子是父母义不容辞的责任，父母要起到榜样作用，推动孩子健康心理成长

续表

治理口号	具体内容
孝敬老人、厚养薄葬	号召广大妇女和家庭对在世老人尽孝心、多关心，使他们老有所养、老有所乐，老人逝世时，不大操大办、铺张浪费、相互攀比，以节俭方式寄托哀思，引导公墓简礼、骨灰存放等生态方式，反对散埋乱葬、修建“活人墓”、执迷风水吉日等封建迷信乱葬陋习，营造简礼安葬新风尚；弘扬科学精神，引导赣南群众节俭祭祀、环保祭祀，逐渐改变烧纸钱、放鞭炮等封建做法
勤劳致富	倡导勤劳致富，反对赌博败家，加强宣传教育，成立妇女禁赌队，引导群众远离赌博，杜绝赌博，实施“巾帼脱贫”行动，建立农村妇女专业合作经济组织，培育“妇”字号农业产业化示范基地，常态化举办农村致富女能人、家政服务员、电子商务等各类妇女技能培训班，切实改善农村妇女缺技能、增收难的现状，着力提升勤劳致富，发展生产能力
勤俭持家	提倡节约粮食、节约水电，低碳生活等
团结邻里、热心公益	积极发动广大妇女和家庭热心参与慈善捐助、义务劳动、社区服务等各类公益活动，积极参加邻里互助、扶贫救困、生态环保、养老助残、法律援助、结对帮扶等各类志愿服务活动，推动形成爱国爱家、相亲相爱、向上向善、共建共享的社会文明新风尚

资料来源：课题组根据调研资料自制。

赣州市制定详细的乡风文明内容，需要动员妇女参与到治理活动中。具体而言，赣州市妇联一是自上而下进行宣传动员，推动社会氤氲形成参与意识；二是通过基层组织构建，培育乡风文明，建设“基层主体”。

赣州市妇联积极推动乡风文明宣传，号召在村的妇女群众积极参与。赣南新妇女运动作为治理活动，是自上而下构建的政策内容，村民对乡风文明内容不清楚，不会主动参与到政府倡导的活动中。为了使乡风文明内容有序铺开，需要进行广泛的政策宣传。一方面，为了推动新妇女运动落地，赣州市召开市县乡村组动员大会，发动妇女群体参与会议，引导其理解政策内容和内涵。另一方面，采取开会和媒体方式宣传政策，能形成乡风文明建设的氛围，但是氛围营造渗透效果不确定，虽然群众了解了政策内容，却不一定对政策内涵有理解。

赣州市充分动用1230支巾帼文艺宣传队，采取小品等“平易近人”的方式号召妇女参与。“巾帼文艺宣传队”构建新妇女运动骨干宣传队伍，将形式性公共活动转为实质公共参与，将政策文本转化为小品、快板等艺术化表达过程，既能推动公共文化创造和生产，又能促进公共文化扩散和主体参与。王阿姨是寻乌县冠村的文艺宣传队队长，负责村庄内文艺宣传活动，2018年县里召开妇女大会，王阿姨积极报名参与，了解到新妇女运动的主要内容，对活动产生深切的认同感，觉得“作为妇女也能为家乡建设做出很多贡献”，主动报名参与了赣南新妇女运动，并且负责宣传小品、舞蹈的编排组织工作。

通过挖掘、选拔培育基层妇女骨干，形成乡风文明建设主体力量。虽然在政府大力宣传动员下，村庄对新妇女运动政策意图有了解，但如何推动活动开展仍然是问题。为推动新妇女运动落地，赣州市要求各县选出得力的妇女骨干担任妇联主席，负责牵头新妇女运动的组织协调工作，而且动员政府下沉基层挖掘妇女骨干，选出村级层面妇联主席、小组层面妇女组长。妇女骨干构成的妇女组织，成为新妇女运动参与主体。调查的村组两级妇女骨干，大多数是35—40岁的中青年人。首先，赣州市加强对妇女骨干培训，县妇联每年将全县所有村妇联主席组织起来培训2天，培训内容以讲解新妇女运动十项倡导为主，第一天集中上课宣讲，第二天开展舞蹈培训，县妇联鼓励村妇联主席行动起来，带动本村文化活动尤其是广场舞开展。在乡镇一级，镇妇联对所有的妇女小组长进行培训，县妇联领导对“新妇女运动”方案进行解读，对妇女小组长培训半天时间，主要是以政策宣传和介绍为主。其次，加强对妇女骨干的动员。鉴于组织动员的形式单一且粗放，不一定能获得基层尤其是妇女小组织认同，赣州市妇联邀请多家省内市内媒体，包括召开宣传联络会、开辟专版专栏、播放宣传片等，不仅加大对“新妇女运动”的宣传力度，而且利用媒体反馈表达渠道，将群众对实施方案的质疑呈现出来，召开新闻发布会进行沟通解释，细化方案与现实情况适配。赣州市创新宣传动员方式，发放“赣南新妇女”运动倡议书，通过图文并茂、通俗易懂的宣传方案，增强群众日常生活层面的了解。最后，增强妇女骨干的参与性。为更好了解层级组织的开展情况，实现工作互动交流的“零距离”，赣州市推动建立妇联微信网络，包括普通妇女的参与群、村妇女小组长群。建立微信群是为构建“比学赶帮”的劳动竞赛氛围，激发村社妇女骨干参与积极性。冠村妇联主席说，全县有个微信总群，各村妇联主席和市、县妇联领导都在群里，各村每月都要发状态（多是照片）到群里。妇女小组长负责家庭生活环境，需要和每户妇女进行接触，既监督又说服还管理卫生。

（二）分类治理激活参与动力

赣州市妇联2018年在村两委换届选举期间，确保3665个村均至少有1名女性当选委员，妇女委员享受与村两委委员类似的待遇。再趁热打铁，全市范围1/3村小组，配备妇女小组长，人数共计1.5万多。赣州市的动员为乡风文明建设提供了主体，问题是主体如何在村庄乡风文明建设中发挥应有作用。赣州市选拔村庄“精英”实现“分类治理”，“以点带面”推动乡村社会形成文明风气，进而推动村民个体行为的改善。

一是发掘村庄的“中坚妇女”，形成村社积极分子。村庄有许多热心妇女，大部分都是中青年群体，相较年轻妇女，她们在村里有更长的生活经历，对村庄事务、村民性格了解更多；同时，相较老年妇女她们思想更开阔，更愿意尝试新鲜的事物，愿意参与到公共活动中，冠村一个村民组长表示：“本来就喜欢和别人打交道，喜欢串门，和村里其他人关系都比较好。”为了吸纳积极分子参与到文化治理活动中，赣州市动员各县、各村组积极寻找，在开展新妇女运动的前期，村、镇两级组织就对具有积极性的妇女精英进行摸排，选拔了一批有能力、较热心的中青年妇女精英作为妇女骨干、妇女小组长等人选的考察对象，然后私下劝说动员、沟通鼓励，再通过正式的组织程序推选出来。冠村妇联主席很自豪地说：“村里大多数小组长都是我叫来的。”

冠村小学艺术老师黄某，在村里有号召力。在工作之余，黄老师积极发动广大女性参与广场舞锻炼身体，担任村广场舞教练团团长，组织大家参与公共活动，在妇女中有着不错的声望。村妇女主任发现黄老师对公共事务比较热心，为人公道，而且有一定的组织能力，希望黄老师能担任村里妇女组长，推动乡风文明建设。听了“新妇女运动”的具体内容，黄老师很乐意参与到妇女骨干队伍中。

二是借力村庄中的妇女骨干，将其塑造为“中坚分子”，推进村域整体治理。村社中的积极分子毕竟只占少数，中间分子和普通群众占大多数，如果不能对其进行引导动员，中间分子就易转为普通群众，积极分子就会因孤立而蜕变，带来事倍功半的治理效果。事实上，类似黄老师的热心妇女还有不少，尤其是当公共活动与私人爱好恰好契合，妇女就有兴趣参与公共活动。当选的妇女骨干大部分是村庄“精英”，她们有闲暇、有余力参与公共文化活动，通过组织路径将其塑造成为乡风文明建设中坚力量，成为乡村公共生活中的“神经末梢”，能起到以积极分子带动中坚分子的作用。

首先，“中坚妇女”具有双重身份，既是普通村民又是“小组长”，有促进村庄文化建设和繁荣的意愿，能和村民之间保持亲密关系，通过“拉家常、说软话”方式，能形成对“中间分子”的引导作用。冠村妇联主席说，有妇女表示宣传册作用有限，但是乡村干部过来聊聊天，通俗介绍说明，会感觉到政策内容切合实际。面对面的干群政策沟通，是将私人生活展现在有限干群范围，通过情感交流、价值引导和思想工作，可以更好结合实际进行多元改变。例如下村干部会向妇女提出具体要求，如农具摆放条件、垃圾处理方式，群众基于干部行为示范和多维沟通，更容易接受实现美好生活价值。此外，群众工作是政策动员关键。不同于直接的政策执行要求，干群间半正式和生活沟通，更能增进政策情感接受。“将心比心”是群众工作的重要技术，不仅是站在群众的立场思考问题，语言表达凸显群众和邻里感情，还要让群众意识到私人选择问题。冠村妇女主任表示，如果跟群众说应该怎么做，群众可能当场照着样子做，但是事后可能不再改善，行为并不具有持续性，而且老是去指导他们，他们会觉得干部很烦。换成“别人若那样做，你感觉怎么样”，修辞表达会将群众情感带入政策过程，让群众从公共情感的角度去理解，为什么要邻里互助，为什么尊老爱幼等。动员是为针对个体生活开展情感治理，群众工作需要技术和艺术支撑。

冠村有一户农户住在马路边，由于家里是做工程的，许多工程模板杂乱地堆放在门口，来来往往的人都能看到，显得十分杂乱。妇联主席下村视察看到，对这户农户做工作，虽然当时收拾了起来，但是后来又将模板乱堆。为了解决这个问题，小组长专门去做工作，说“大家都是邻居，这样堆得不好看”“别人这么做你也不喜欢”，刚开始妇女比较抵触，觉得自己方便比较重要，小组长做了两三次工作，还动员周边农户去她家做客，后来她自己也想通了，家里很快就变了样。

其次，妇女委员和妇女小组长作为组织节点，能够培养构建其成为乡村动员网络，通过“滚雪球”方式将本村本组农户联系起来，组织网络依托群众间的非正式网络。乡村妇女骨干并非机械执行政策，宣传政策时会依托半正式“亲民”角色，利用、整合和塑造潜在非正式关系。一般情况下，妇女委员和妇女小组长要作为本乡本组成员，进入村民的日常生活强调情感建设。我们调研冠村发现，家庭院落打扫、房前屋后整治等事务，本来就是村民长期诟病的话题，只是多数时候是松散的评论，没有形成有力的公共舆论。只要有人组织进行深入探讨，互相沟通后会形成“热闹的讨论”，讨论的过程便是情感交互过程，普通村民大多会感同身受，村民会和妇女小组长产生共鸣。情感融通推动集体形成舆论共识，对不道德不文明行为共同谴责。

冠村一户家里比较杂乱，妇女运动对家庭卫生有要求，小组长就需要去做工作。打听得知这户男人外出务工，只有一位妇女在家，平时和大家交往不多，一般不参与公共事务。妇女组长先去做工作，提醒她要保持清洁，这个妇女很不乐意。小组长向妇女主席反映情况，妇联主席就下来做工作，通过在其家门口张贴黄牌（红色牌是“清洁家庭”，黄色牌是“不清洁家庭”）等方式对其进行劝阻，经过多次情感沟通和做思想工作，该名妇女终于开始积极爱护家庭卫生。

三是塑造“中坚妇女”的组织身份，增进“妇女骨干”的效能感。“赣南新妇女”运动作为当地的中心工作，并不缺乏横向和纵向组织力量的支持，关键是激发半正式力量的积极性。问及妇女小组长为什么要承担公共责任，许多人表示单纯就是想做些事情，服务公益能得到村民的认可，村庄改变会内化其行为动机。不过，单纯依靠非正式治理身份，易出现治理效能感不强的现象。虽然多数妇女骨干参与并非出于经济因素，管理的过程毕竟需要和群众打交道，尤其涉及钉子户治理时会感觉较棘手。且部分妇女要么在工厂务工，要么忙于农村果树种植，较少有闲暇时间做工作，虽然弹性管理制度给了妇女选择空间，但是参与治理只依凭个人兴趣，如果付出大量时间和精力，却没有出现明显的改变，没有收获支持和赞誉，妇女组长就易怀疑参与本身，“以为自己是在做无用功”，长此以往参与力量会解体。赣州市积极塑造“中坚妇女”的身份感，强调动员型治理的组织支持。一方面，“妇女组长”身份要先公共认证再通过组织选拔，赣州市妇联定期举办妇女骨干评优活动。全村村民都会被动员起来参与身份竞争，有公心有能力的妇女骨干被推出来，易因塑造公共身份获得社会激励，易因选拔过程获得体制性激励。另一方面，赣州市妇联每个月给妇女组长发放补助200元，补助经费来自县妇联的误工补贴，对妇女小组长而言200元报酬不算高，但是200元搭建妇女骨干和政府的联系，妇女组长会认为是“政府对我的信任”，因此，妇女骨干的参与效能感被激活。同时，村组织会常态支持妇女骨干的工作，妇女组长处理杂物乱堆乱放问题，有时需要村民帮忙，村组织就动员村民筹工支持。共同治理公共生活事务，推动妇女骨干产生获得感，她不会再觉得公私事务分离，而是会注意公私结合治理。家庭卫生、道德标准等事务逐渐走出私人领域，变成组织和群众认可的公事治理。

李阿姨在冠村周边的工厂上班，担任村里的妇女小组长期间，每周都有两天投入村里乡风文明建设事务。问及为何要担任妇女骨干，其表示当妇女主任有“成就感”，之前碰到过一些钉子户，经常和妇联主席抱怨，甚至想过要退出，觉得很“无力”。妇联主席经常安慰她，让她觉得这份工作有意义，应该坚持做下来，现在她在村里人际关系好，多数村民都认可她。

（三）开展活动强化公共关联

如果村民文化主体性没有真正形成，只是基于强势的组织网络屈服，就易带来一刀切治理问题。在动员治理之后，乡风文明建设需要思考维系的问题，探讨常态乡风文明再生产机制。“赣南新妇女”运动为促进乡风文明建设持续发展，将公共活动融入日常生活秩序，将弥散的村民聚拢起来，推动社会参与公共事务，构建起村庄舆论公共性。

一是繁荣公共生活构建关联机制。伴随村庄向半熟人社会转变，村庄内部公共活动逐渐式微，村民的日常交往逐渐断裂，难以形成整体友善氛围。赣州市妇联意识到，要维系乡风文明的有益氛围，促进积极分子参与，需要发动更多的村民参与，要建立起村庄社会关联，否则妇女骨干会丧失参与治理动力，进而引发村民不愿参与情绪。建立社会关联最重要的方式是繁荣公共生活，通过兴趣活动促进社会交往，形成集体行动。

南桥镇2019年6月组织广场舞比赛，是县妇联找到县农商银行赞助的，主要目的是在各个村庄建立起广场舞队伍，妇女日常可以参与广场舞活动。冠村妇联主席带动本村妇女跳，只要不下雨每天都会跳广场舞。音响设备、跳舞的服装是扶贫对接单位赞助的。妇联主席说，有些男性不让老婆去跳广场舞，觉得女性跳广场舞不像样子，通常会以“没有时间”为借口搪塞。妇联主席就会去家里说服，发动更多的女性参与进来，村里建立有村务微信群，她会把跳舞视频发到群里宣传。在妇联主席的带动下，村里大部分妇女只要没事，都会积极参与广场舞活动，大家会聚起来聊家长里短，相互的关系越来越熟络，越来越在乎他人的看法。妇联主席说：“现在工作比较好做，大家毕竟比较熟悉，你叫她还是会参与。”

二是围绕面子竞争引导行为改善。熟人社会内部，人们对“面子”和声望十分在意，村庄诸评选对村民都有约束力。“赣南新妇女”运动为推动村民养成“黎明即起、洒扫庭除；内外干净、整洁大方；讲究卫生、身体健康”的生活习惯，构建良性的社会竞争氛围，实行村民小组“清洁家庭”周周评，村级（社区）“清洁家庭”月月评，乡级“清洁家庭”季季评，县级“清洁家庭”半年评，市级“清洁家庭”年度评。评选过程广泛动员村民参与，评选一般在小组长下班后进行，2人一组检查各户的家庭卫生，由她们推选本小组清洁家庭，告知妇联主席，主席再组织所有小组长去待选的家庭检查并拍照，上传到县妇联群里。妇联主席还需要在全村范围内推选一户清洁家庭参与镇级评选，由村委会决定名单，奖品由镇妇联发放，多是比较实用的东西。县里要求每个村75%以上的家庭都是清洁家庭，因此基本上每个月评选的家庭都会不一样。评选后，对先进模范家庭挂红牌进行鼓励，有待改进的家庭挂黄牌提醒。据妇联主席所说，运动效果不错，“村民的观念变化还是比较大的，家里比较乱的一次比一次干净；已经评选为清洁家庭的都保持得比较好，不干净会没有面子”。

除了评选“清洁家庭”，县政府会让妇女小队牵头，评选“孝老爱亲示范户”，每村每年仅有一个名额，被评上的农户可以获得一床被子作为奖品。该评选是由妇联主席、妇女小组长和村两委共同商议的，大家共同推选出一户。除此之外，妇女小队牵头的评选还有“星级文明家庭”（遵规守法星、诚实守信星、孝老爱亲星、尊师重教星、清洁卫生星、脱贫致富/退出星），也是每年每村一个名额。村庄生活具有开放性、日常性，邻里能一目了然觉察到变化，能看到谁家清洁得好，谁家清洁做得不好，变化大的村民易被集体点赞，不愿改变的易被村民讽刺嘲笑，当村民要依托村庄生活，因此无法暂时离开村庄，就必须正视村民的评价，避免自己遭遇“社会性死亡”，就会为了面子而做出改变，久而久之形成竞争氛围。在面子的驱动下，冠村有农户意图将黄牌摘掉，妇女组长就会上门进行劝导。深层公共意识和公共面子竞争，使乡村内部的社会关联机制被激活，村民自发进行行为评比评判，个体开始注意自身行为的外部性，开始关注私人生活外的公共规范，愿将优良作风作为追求目标。当公德意识重回村民心中，行为规范成为公共约束力量，道德秩序就会逐步渗透，形成公私生活的参照标准。

冠村妇女主任主要负责“清洁家庭”的评选，主要是动员村民注意门前屋后及家里庭院卫生，找到几个做得不错的家庭上报给县级妇联，县里面会专门下来视察。2018 年，冠村有两户“清洁家庭”，两户妇女和妇女主任到县里开会，问及感触时妇女主任表示“是对自己工作的认可”，两户妇女表示“感觉很自豪，是一种肯定”。妇女主任说：“清洁家庭不是说每年就看一次，而是确实平时做得都很好，大家都有目共睹，才会拿去申请，才会评得上。大家平时会互相比较，看谁家做得好，谁家不好，都更在乎卫生了。”

三是助力社会道德舆论空间形成。当前的赣南乡村，家庭卫生、邻里关系、子女孝顺、婆媳关系等都是村庄舆论焦点，依托一系列公共活动村民得以相互交往，社会舆论空间逐步形成。“赣南新妇女”运动设立奖惩机制，每到固定时节都召开表彰大会，既让表现好的村民到台上领奖并发言，同时用洗衣粉、香皂等礼品对其奖励。依托评奖过程形成的公共空间，村民们会共同参与共同交流，一方面会对获奖的村民进行评价，看实至名归还是名不副实，一方面会对照反观自身作为，看是否有提升和纠正空间。村民间的相互评价，尤其基于公共组织过程，形成的是非曲直判断，推动着道德舆论形成。即使对道德新星无感者，参与评奖过程加强相互交流，同样可能触动其内心。对表现好的模范家庭，村组织会将其推荐给乡镇，再推荐到县级参与活动评选。从个人角度看，家庭参与获得荣誉是私事，但是，代表所在的村镇进行参评，获得奖项是集体荣誉，参与者无论于公于私，都会重视奖项的获得，村组织一方面会积极支持并给予鼓励，一方面会出谋划策和组织监督，形成互帮互助的良好氛围。除开私人卫生整治全过程参与，赣州还发起公共参与活动，试图实现乡风文明整体改善，树立新时代公共文化和行为公德。如为实现“孝敬老人”的文化目标，赣州市妇联组织宣讲团开展孝道文化传播活动，设立红黑榜对不孝敬老人行为进行曝光。对相关“乡风文明”建设内容，只要农户家庭有模范做法，妇联会就会进行广泛宣传，通过公众号、微信群等方式，让每户人家都能有所了解。对表现不好的现象会首先介入调解，如对养老问题进行调解、对家庭暴力司法调解，妇联会推动集体公开讨论，进行适当的批评和引导。通过一件件周边具体事件的说明和引导，个体会进行社会表达和集体交流，表达是思考的结果，思考会塑造价值，交流是价值间的碰撞和趋同，最终是构建共同的社会价值。道德舆论激活和整合了村民认同，推动公共和私人领域都遵守规范，反过来重塑个体的价值体系，实现乡村伦理和道德秩序。

妇女组织起来后可以参与不少公共事务。冠村在妇女骨干的基础上建立起一支“调解队”，通常是村里表现比较活泼、口才较好的妇女，还会定期举行“婆婆夸、夸婆婆”主题活动。如果哪家出现婆媳矛盾、儿媳对婆婆不孝，妇联主席会找几个妇女小组长一起，到妇女家里坐坐，聊聊天并进行劝解，让她对婆婆好一些。妇联主席说，她们听到类似事情，就会主动介入，但会讲一些技巧，如处理婆媳矛盾，不能让儿媳觉得妇女小队就是针对她去的。除开养老问题，还有婚姻问题。夫妻和睦是新妇女运动倡导之一，如果听说有家暴问题，妇女小组长就会去做工作。当前，调解队日常调解已是村庄日常活动，不仅是发生问题调解队主动上门做工作；村民也会主动找调解队，抒发自己的各类情绪。

公共活动作为集体行动具有组织性，能起到维系动员型治理的作用。赣南新妇女运动通过三重公共活动，逐步推动社会形成公共氛围，一是推动社会关系的再生产，将公共活动和私人兴趣相联系；二是推动面子竞争，形成社会性竞赛，既要由政府行动起来，又要推动群众广泛参与，扩大乡风文明作用范围；三是建立产生舆论的公共活动，赋能社会治理推动社会公共性的产生。

三　村庄公共价值的重构

“赣南新妇女”运动，通过群众动员、分类治理与公共活动，让妇女成为乡风文明建设主体，倡导并促进乡风文明持续发力。乡风文明不同于文化建设，根本要求主体行为转变，构建新时代农民行为意识。纵观赣南新妇女运动，体现了乡风文明建设对村庄动员、乡村建设等的作用，剖析实现机制对理解乡风文明建设有重要意义。

（一）多重动员再造参与主体

在农村公共文化变迁的背景下，乡风文明已然很难自发维系，需要依靠自上而下的动员。“赣南新妇女”运动是运动式治理的延续。运动式治理是通过发动群众，形成运动来实现特定社会治理目标。运动式治理产生有其特殊的政治社会背景，作为治理路径能低成本完成治理目标，有重要的现实治理意义。运动式治理同样有较大局限性，易因动员势能过强过急，带来社会依附及基层秩序破坏。与运动式治理对应的是制度治理，社会治理领域更多强调后者，主要是运动式治理既要打破科层架构实行联合治理，同时要做大量的宣传动员工作推动群众参与治理，“兴师动众”的运动式治理可以短时间达到预期成果，但是易出现效果反弹，治理机制难以持续，带来治理资源浪费。

“赣南新妇女”运动作为社会治理运动，有运动治理的若干治理特征，如治理主体的权威性、治理方式的动员性。“赣南新妇女”运动属动员性治理范畴，由赣州市妇联组织牵头，进行市—县—乡—村层层动员，政府工作人员全都参与其中，运动要广泛发动群众参与，通过发传单贴告示、干部政策传达等方式，号召农村女性积极参与运动，主体是妇联组织及村民小组长，具有较高笼罩性文化治理权威。不同于传统的动员机制，赣南新妇女运动以多重动员，从“妇女”群体入手实现层层扩散，逐渐形成社会整体治理效能。

一是主体动员，通过挖掘吸纳乡村“剩余力量”，实现治理主体的“从无到有”。受经济社会发展，乡村文化振兴主体大量外流，原子化社会加上村庄“空心化”，使公共文化难自我维系与发展。但村庄内部还有可供利用的剩余社会资本，① 基层政府需要因地制宜挖掘“中坚力量”。如我们调研的浙西农村，依托地方政府政策鼓励和资源支持，外出务工人员回乡创业并参与乡村治理，推动高质量发展和高效能治理结合。不同村庄经济社会现状不同，可挖掘的治理资源有一定的区分，不过，多数村庄都有诸多待挖掘资源，包括老人、妇女、中坚农民、青少年。结合不同群体的日常生活诉求，构建契合性的公共文化服务，可以引导其参与乡风文明建设过程，利用组织动员发育不同的自组织，从而提高文化自主治理能力。赣南妇女运动是利用妇女力量来推动的，长期以来，妇女处于文化生产的边缘地位，缺乏话语权，但是有较强的公共参与意愿，同时有乡风文明建设能力，激发引导能推动其成为主体力量。主体动员并非简单动员妇女个体参与，而是引导其对乡风文明建设理解，赣州市通过培训、宣传等多种方式增进主体的了解，为后续其参与乡村文明建设奠定基础。

妇女小组长的积极性很高。刚开始时，县镇政府组织力量对她们培训，培训地点设在镇政府六楼会议室，当时正值夏天，会议室没空调，还是有 100 多个妇女小组长参加，基本没有缺席。

二是组织动员，通过“积极分子”带动“中间分子”，实现治理主体的“从有到多”。组织群众要搞清楚团结谁、依靠谁的问题，依

---

① 杜姣：《村治主体的缺位与再造——以湖北省秭归县村落理事会为例》，《中国农村观察》2017 年第 5 期。

靠乡村权威人物或积极分子，动员他们积极参与公私生活重塑，渐次引领和激活普通村民参与感，就能做到深入群众组织群众。村民就业方式和收入结构不同，日常生活和交往体验会存在差异，文化输入虽然出现价值判断分层，热心群众仍会结构性存在并生活交往。热心作为利他的情感，目标是收获人际关系，获得社会性认可。组织动员是依托组织治理资源，动员热心群众和骨干参与治理，利用积极分子重塑社会关联，通过赋能增加乡村治理资源，搜寻潜藏的公共治理资源，动员其转化为公共行动。中坚力量是文化建设的组织者和推动者，无论是关系维护还是行为方式，都能恪守规范注意维护伦理，动员他们参与治理有较高示范性。在赣州表现为大量的“精英女性”“积极分子”的存在，她们嵌入村庄当中希望发挥自己的力量，她们不希望独善其身，而是出于利益、声望、面子等考量，希望参与村庄公共生活，推进村庄整体风气改善。[①] 赣南不少妇女骨干都是“精英”，以冠村为例，8位妇女骨干或者在村建厂，或者是乡村退休干部，或者是小学教师（详见表4－2），在妇女群体中属“先进分子”，对周边村民影响力较大，管理和组织能力较强，平时是“谁都认识、谁都能说上话”的群体，能够促进中间分子的行为转变，是乡风文明的倡导者、管理者。积极分子会基于强大的动员势能，引导“中坚农民”注意艺术和技巧，既动员其完成政策任务，又维护其社会诉求和期待。只有当“中坚农民”获得半正式身份，能感受到组织支持的效能感，参与过程和结果收获荣誉感，他们才会基于公共和私人诉求，将私人资源转换为治理能力。

表4－2　　**冠村“妇女骨干”**

姓名	年龄	职业	村内职务
罗某	35	村卫生所医生	妇女小组长
刘某	39	镇政府食堂经理	妇女小组长
赖某	37	村小学语文老师	妇女小组长、村民理事会成员

① 海莉娟：《从经济精英到治理精英：农村妇女参与村庄治理的路径》，《西北农林科技大学学报》（社会科学版）2019年第5期。

续表

姓名	年龄	职业	村内职务
丁某	40	村米冻厂老板	妇女小组长、村民理事会成员
张某	43	原村委会干部	妇女小组长、村纠纷调解组组长
乌某	38	村蜜饯厂老板	妇女小组长
黄某	40	村小学艺术老师	妇女小组长、广场舞教练团团长
谢某	36	镇制衣厂老板	妇女小组长

资料来源：课题组根据调研资料自制。

三是社会动员，通过社会交往，实现治理主体“从散到整”。社会动员是为激活社会交往，重构乡村社会舆论的公共价值，关乎乡村生活能否长期有序，行为规范能否有高约束力，公共文化能否增进道德伦理。赣州市妇联动员积极分子，积极分子影响中间分子，只是进行单向度动员，多数群众并未参与，社会基础仍是“散”的，如何推动乡风文明，需要对普通民众进行动员，核心在于增进公共交往。通过建构足够多的公共活动，激发村庄社会内部交往，方能实现浸润式的治理，让乡风文明渗入社会基层。

（二）面子竞争强化舆论约束

乡风文明建设的核心是群众生活习惯改变，既包含私人生活中的教育、婚姻、养老，又包含公共生活中的参与、建设、奉献。问题在于生活方式是个体选择，尤其是乡村社会结构变迁背景下，村民行为价值内敛、村庄公共生活萎缩，公私生活场域转换为私人场域，个体行为越发不受村社价值调控。外力介入群众生活没有合法性，甚至容易遭到群众的厌恶，加大群众对乡风文明的不理解。一方面，动员方式很重要，采取柔性动员，激活内生主体存量，能够避免群众排斥；另一方面，动员的内容同样重要，需要和村民日常生活有关，尤其和村民的生活习惯相关，逐渐引导其进入公共生活，实现公私生活有机协调。

一是推动乡风文明和私人生活的耦合。赣南妇女运动涵盖公共文化所有内容，治理策略上则是以“人居环境整治”作为抓手，强调对家庭内部环境卫生的治理。从治理内容看，妇女在乡风文明建设方面有优势。具体来说，一方面，妇女角色与家庭卫生有亲和性。在农村的家庭分工体系中，家务一直都是妇女的工作，就家庭清洁卫生而言，妇女是亲身实践者，她们知道做好家庭清洁的条件，并且对操持家务深有体会。另一方面，妇女于私人生活领域有亲和性。家庭本身就带有一定的私密性，卫生清洁工作的沟通对象主要是家庭妇女，男性治理主体的介入易引起村民的抵触情绪，比较起来，柔性形象的妇女群体介入，进行宣传和动员会更加容易，女性往往更有耐心和细心。妇女既易介入私人生活领域又知道如何做好，妇女做好家庭生活工作的同时即是做好妇女工作。

二是扩展私人生活边界，助力乡村文明持续。“赣南新妇女”运动大致分为三个阶段。第一个阶段是对私人生活的动员，围绕乡村农户家庭里屋、庭院卫生进行针对性整治，“五净一规范”指向“院内净、卧室净、厨房净、厕所净、个人卫生净、门前屋后干净整洁规范”，对缺乏自我照料能力的贫困户和老年人，通过政策动员和治理下沉，县乡政府对其进行帮助。第二个阶段是从私人生活向外扩散开来，不再局限于“自己家内”的模糊事务，将家庭院落的环境整治上升到公共干道的清洁卫生，号召在村妇女小组对道路进行清洁维护，对邻里杂物乱堆、乱摆乱放等行为正面引导和提醒。整治完自家的私人卫生和连带区域的同时，发动妇女对邻里卫生进行检查、监督、引导，让生活事务治理突破单向私人场域，引导村民关注邻里事务。第三个阶段是将内容扩展到公共文化，试图推动移风易俗、家庭教育及公德培育。梳理“赣南新妇女”运动的治理目标会发现，乡风文明建设起点是围绕私人生活，先通过自上而下宣传动员、党建引领的价值动员，实现强私人性弱公共性的庭院治理，村民道德意识的提升带来治理内容的扩张，从私人空间生活发展到公共空间生活，目标是基于个体内源性参与动力的塑造，扩展到村域整体的内源性能力，推动公共和私人的有机转化，构建价值文化实现公共约束。需要指出的是，在村妇女有较强的身份意识和参与动力，参与乡风文明建设活动和妇女情感诉求匹配。

乡风文明建设是为保障乡村公共秩序，基于生活方式连带性构建规范。公私生活具有连带性、模糊性，意味着乡风文明是公私结合，两者相互影响又共同发力。文化治理更多的针对公共文化，指向村庄公共生活和文化秩序，节日传统、宗祠祭祀等有公共性，一定程度能整合公共秩序，对私人生活的规范相对较少。当公共和私人生活缺乏有机联结，公共生活将难以调控个体价值，导致公共活动形式化繁荣，与个体行为的无序共存。私人生活充斥个体化认知，包含个人对公共生活的理解。对当前的村而言，最重要最直接的事是过好私人生活，包含庭院卫生、起居习惯、互动礼仪等。赣南新妇女运动是以私促公的治理方式，依靠的是农民对日常公私连带生活的价值体验。动员型治理的非强制和公益性，为政府介入私人生活提供合法基础，通过连带性公共文化重构价值，激活村民对生活价值的重视，就能突破公共和私人二元文化视角，塑造有公共性的文化生活，构建公私融合价值体系，从而构建私人生活主体性。

（三）社会舆论保障公共价值

乡风文明建设既要依靠有效动员，还要保证建设成果长效维持，村庄公共性构建是基础的基础。乡风文明建设的成效来自村民的集体认同，来自村庄的舆论压力。村庄公共规则赋予积极分子行动合法性，使干部对村民尤其是对钉子户具有约束力，村民有按照规范达成集体行动的能力。乡风文明建设试图建立规则体系，涵括村庄生活的方方面面，构建起新时期村庄公共性。传统公共性是村民生活在村庄，无法脱离村庄的互助协作，且对村庄生活有长远预期，行为逻辑就要遵守规则，与他人的行为保持一致。个人如果只考虑自己的利益，会被认为是自私自利的人，不仅难获得村庄的帮助，还易遭遇村庄排斥。惩罚的严厉处在于“社区性死亡”，生活在断绝联系的村庄，个人易遭遇生产生活窘境，如找媳妇没有邻居说媒，红白喜事没有人帮忙。公共规则不仅对农民个体行为有约束作用，防止个体对集体利益的侵害，还能对村民行为有约束力。赣南新妇女运动并非简单动员，而是希望从根源实现共性再造，基于乡风文明建设促进社会舆论发展，进而推动乡风文明持续有效。

公共性生产是乡风文明的必要条件。当村庄有公共生活，村民基于共同价值和情感参与，对公共权威自觉认同和自愿合作，就可以完善村民的社会人格，形塑公共精神和理性行为，超越“集体行动的困境”，实现内源与外源动力结合。在后集体主义时代，村庄内部结构重组嬗变，村民交往形式随公共空间的消解而改变，个体主义倾向下不愿参与公共活动，传统公共活动同样失去文化整合的内涵，导致公共舆论的社会功能难以形成，公共性自然难以建立。类似赣州的中西部农村，乡村社会本就零散，缺乏宗族凝聚力，乡村逐渐变得零散。为了使乡风文明真正浸润乡村生活，就需要建构新型乡村公共生活，公共活动开展是重要的推动载体。村庄社会大量的公共活动，能将个体行为和集体联系起来，形成有主体地位和实体意义的集体，村民会对维护乡风文明有共识。基于公共活动的开展情况，可看出公共性构建层次。

一是在结构层面上，村庄通过兴趣式、生活类公共活动，如舞蹈队、话剧团活动供村民参与，镇里定期播放契合性电影，还会发动村民自发表演，丰富村民的精神文化生活，虽然形式上和公共秩序构建无关，实质上增强了村民的互动频次，形成了村民间的地缘关系。冠村广场舞领舞的黄老师说：“每天跳广场舞，首先是吃完饭没事锻炼身体，其次就是和村里的人多交流。村里固定有二十多个妇女来跳舞，现在和她们都很熟悉了，也会经常串门做客。”

二是在功能层面上，村民有社会性的情感和利益诉求，参与公共活动希望有获得感。赣南新妇女运动构建“清洁家庭”活动，通过竞赛将私人和公共生活相联系，村民们参加活动时会有情感变化，或“有面子”的自豪感，或“不服气”的不甘感，总之能为个体行为改变提供激励，为下次参与公共活动提供反馈。在村民广泛参与的基础上，提供更高层级的活动，例如以村为单位的竞赛，村民还会收获集体感情，如安全感、归属感等。县里要推荐一户年度“清洁家庭”到市里评选，妇女组长开会时觉得是“集体荣誉”，会产生集体自豪感。近年来，赣州市要推选“文明村落”，妇女主任说：“一户搞得再好，村搞不好不行。我们村搞好了，我出去说我是这个村的，别的村人也看得起我。”评比竞赛增加了公共活动吸引力，提高了村民对村庄生活的长远预期，他们积极参与村庄公共生活，保持了村庄公共生活的完整性，促进村庄情感共同体形成。

三是在价值层面上，村民共同参与、协调矛盾的过程中，塑造了公共规则和公共精神。如少数要服从多数的规则，个人利益不能损害公共利益，等等。村庄秩序是通过公共事件建构，重复发生的日常性和突发性事件，使应对事件的村民能重复博弈，重复博弈形成人与人之间隐形的、模糊的“约定”，约定各方可对对方的行为有明确预期，各方共享一种“承诺”或认同一种“游戏规则”，该种“承诺”或“游戏规则”构成吉尔兹所说的“地方性知识”。[①] 赣南新妇女运动建立常态的交流、调解机制，当村庄出现行为失范现象，村民会组织起来讨论，讨论后的共识便成为规约，村民会以此指导自身行为，形成生活耦合递进效应。冠村妇女小组长潘某说：“很多时候参加妇女调解会，一是想要听听村里发生了什么，发表下自己的意见，有时候是为了听听周边人的事情，或者别人对自己有意见，也能够顺便听到。”社会交往过程中，村民会逐渐形成公共观念，养成参与公共生活的习惯，当村庄舆论空间被重塑，村庄公共性就会再生产。

总的来说，多样的乡风文明关联性公共活动，有目的地将分散个体聚集起来，推动公共精神的产生。在社会主义核心价值体系的引领下，各地对何谓乡风文明已有共识，但动员后的公共活动开展情况更具有基础性，对维系和促进乡风文明更重要。实际上，动员是主动塑造村民行为，公共活动通过公共性的生产，使村民“自主”参与并维系，实现由外向内的主体转型。

第三节　个体价值重构与组织农民

文化振兴的最终目标是价值重塑。伴随城乡整合发展进程加快，城市生活理念不断侵入乡村社会，引发乡村伦理文化的全面变革。具体而言，理性元素渗入使得社会结构、生产生活、文化观念、价值标准发生巨变，传统伦理文化越发难支撑现行生活样态，伦理价值的缺位衍生出大量乡村变迁的社会问题。政府需要治理伦理变迁引出的问题，服务供给却易脱离村社结构，导致低效或者无效的困局。解决问题的关键是，厘清农民伦理系统的维系基础，激活村庄的文化主体

---

① 梁治平编：《法律的文化解释》，生活·读书·新知三联书店 1994 年版，第 72 页。

性，构建文化自主治理机制。我们调查的湖北省L村，通过建立“老年人协会”吸纳老年主体，利用低成本的自主模式培养老年人的文化主体性，推动服务供给与治理效能双重提升，为乡村价值治理提供经验样本。

一　个体价值治理的背景

随着现代化、城市化的推进，乡村社会遭受巨大冲击，出现系统的价值危机，一是支撑村庄生活的价值文化瓦解，新的价值系统却没有供给，村民缺乏生活意义、村庄共识规范以及合理生活方式；二是为解决当前村庄价值缺失的问题，政府向农村输入公共产品和服务，但是忽略了文化的主体性，往往治标不治本。观察老年人的生活样态会发现，伴随老年人在村庄社会的边缘化，老年人的价值失落与行为失范逐渐增多。

（一）乡村价值文化变迁危机

价值文化是乡村文化的基础，从根本上指导着村民的日常生产生活实践。然而，多元因素影响下村民价值观念发生巨大转变，价值文化自然变迁，没有合理引导的后果便是村庄道德缺失、村民行为失序，村庄出现养老等问题。具体来说，价值文化危机体现在三个层面。

一是村民的日常生活缺乏价值依托，村民缺乏生活意义。价值文化首先体现的是个体的生活意义问题。传统村庄生活具有丰富的个体价值体系，个体依赖着世代相传的生活方式，进行结婚、养育、赡养等一系列的生产生活，这种生活方式不仅给予其生活意义，更赋予其对于天伦之乐、老年生活的期待。但问题在于伴随城乡经济社会发展，家庭规模减小，子女外出务工使老人赡养成为问题，精神上更是得不到应有的关爱。随之而来的是代际交往模式转变，伴随父代资源供给能力的丧失，代际凝结的尊老价值被剥离，老人安身立命的价值系统坍塌。在家庭内部，子代逐渐掌握资源配置权，主干家庭快速向核心家庭转变，老人逐渐转变为依附角色。

二是乡村共识瓦解，使得村庄生活缺乏公共规范。价值文化不仅局限于私人个体层面，价值常常具有社会表达功能，在村庄社会交往中存在公私转换。然而，当前农村伴随城乡边界模糊以及市场化作用，村庄越发难以形成一种公共的价值规范。主要体现在两个方面。①受消费主义观念影响，村民消费易走向异化。市场经济对农村交往方式产生影响，“金钱至上”成为个人生活意义追求。一方面，村民消费价值观异化扭曲，出现刻意攀比等现象，村庄弥漫着消费风气。另一方面，受理性主义的影响，村民变得原子化、利益化，本体性价值和社会性价值丧失，个人行动逻辑逐渐去道德化。[①] ②公共交往淡漠，价值互动缺失。村庄并非物理空间范畴，更蕴含社会交往空间，价值生产离不开舆论网络。伴随个体主义的兴起，村民逐渐内敛于家庭，公共空间日渐趋于瓦解，社会性公共生活丧失，[②] 公共价值失去现实的支撑。在村里观察老年人的公共生活交往，看到的都是零零星星几个人忙活在田间地头，或者坐在自家门口；村里比较活跃的地方都是年轻人的舞台，农村很少能够再见到老年人的公共空间。老人们更多的是在自己家里待着，或者少数几个人聚在一起打麻将，相互之间串门聊天少了；即便在一起聊天，也很少涉及家里的事，尤其是生活政治方面的事，“那是别人家的事，不好说”，“会得罪人的”。当老年人呈现出对社会规范的淡漠，社会规范对老年人的约束力也随之减小。

三是日常生活方式难以维系价值生产，导致村民行为失序。价值指引村民日常生活，但也需要日常生活进行维系。伴随农村生产力的发展，村民如何有意义地对增多的线下生活进行时间分配，是价值再生产的关键。传统农民的生活以农业生产为核心，随着农业机械使用，劳动生产率提高，村民闲暇可支配时间增多，会选择熟悉的方式进行消遣。然而，受村庄社会自发变迁影响，传统消遣活动越发空洞和难开展，又没有新型有价值的消遣活动供选择，村民就易追求不良的生活方式，如依靠打牌甚至赌博消遣时光，或者依靠玩手机、刷视频获得新鲜感。价值观变迁会导致行为失范。老人作为边缘群体，易

---

① 贺雪峰：《农民价值观的类型及相互关系——对当前中国农村严重伦理危机的讨论》，《开放时代》2008 年第 3 期。

② 曹海林：《乡村社会变迁中的村落公共空间——以苏北窑村为例考察村庄秩序重构的一项经验研究》，《中国农村观察》2005 年第 6 期。

发生越轨行为。子女外出务工，年轻人远离村庄，使农村公共空间暂时消失，老年人作为乡村附属主体，即便有公共生活也仅限小范围。问题是，市场化带来社会关系疏离，村庄舆论方向发生转变，老年人的公共活动逐步消解，且外在消费主义、享乐主义观念侵袭，引起老人的价值和社会认同危机，老年人陷入自我否定的恶性循环。对于农村大部分老人而言，静默夕阳、得过且过成为常态。当老人所期待的养老生活和代际伦理，与其所处的情境形成巨大的反差，必然带来价值崩溃和认知错乱。鄂中某村村医指出：“大多数老年人都是独自生活，平时几乎没有人和他们交流。他们没事的时候就东想西想，很容易出现心理问题，而且容易钻牛角尖。农村老人面临的价值和现实问题，反映出乡村社会的价值危机，治理村庄价值已然是迫在眉睫。

（二）乡村价值文化治理困境

价值缺失导致村庄行为失序，政府会采取多种方式治理，但是往往出现治理困境。老人作为当前村庄价值危机的核心群体，对其治理的集中体现为养老供给。就我们调查情况看，县域社会养老主要是政府主导投入养老资源，而无论采取何种供给方式，村庄养老服务都会呈现出脱嵌化、高成本、低效率的结果，仍难解决村庄老年危机。问题在于村庄养老事务本身原是私人事务，在社会变迁背景下衍化为公共问题，解决方式上通常采用外力供给，难以切入文化需求本身，带来治理困境。当前，解决村庄养老危机，迫切需要从文化主体性角度入手，让价值治理嵌入老年人的日常生活。

首先，政府投入大量资源供给乡村养老服务，却难以契合村民养老诉求。以豫东南淮阳区调研为例，人群选择方面侧重困难群体和在地精英，对多数的普通老人缺乏应有的关注。我们搜集到的淮阳区民生项目内容，发现该区养老事业除改建、扩建、新建敬老院外，侧重健康养老产业园建设、智慧养老平台建设等。项目投入资金大、受惠群体规模小。一方面，当地公办敬老院不对普通老人开放，主要用于特困老人集中供养；另一方面，高端养老理念与本地老人需求不符，较高的成本只能选择在地精英养老。另外，城乡投入方面，淮阳区侧重城市养老，忽视农村养老投入。农村除开敬老院项目，除开必要的文化广场投入，没有其他养老项目支持，全区只有 2 个城区乡镇，完成日间照料中心建设。访谈民营养老机构负责人时，他表示“城企联动，城就是城市，不包含农村”。

其次，养老市场化供给面临运营难题，机构养老的成本和质量成为问题。基于对淮阳区民办养老机构调查，我们发现运营成本大、管理难度较高。我们对三个典型的民办养老机构调查，发现共同点是机构盈利空间小，县域市场付费养老能力弱，进一步限制市场养老体量与质量。当养老机构的质量无法保障，人们对养老机构偏见增大，老人去养老机构的意愿减弱，进而形成恶性的市场循环。站在民营机构角度看，只有达到一定的入住率后，机构才能逐步走上正轨，但是，民营机构入住率较低，多数民营机构加上政府补贴，方能维持基本运营能力。

管理难度大是一方面，调查来看老年人的晚年生活质量并未得到提升。调查淮阳几个村的养老机构，发现养老机构基本是封闭管理模式，老年人只能满足基本生存需求，一些老人的家虽然离机构不远，但机构为了避免老人外出发生意外的风险，限制老人的行动，出入机构要先和家属联络，确有需求才可外出。保护老年人的行为无可厚非，但是养老机构里缺乏活动空间和娱乐项目，老人每天除了吃饭吃药就是看电视，即使周围有同龄人也不会互相交流。调查中发现80%的老年人并不是自愿选择机构养老，而是子女送过来，许多老年人也不喜欢机构养老的氛围，即使在养老院里，每年仍会出现不良现象。从县域社会养老需求端看，普通家庭有自理能力的老人，会优先选择家庭养老，他们在家带孙子的同时顺便耕种几亩地，半自理老年人由老伴在身边照料，或者是子代留一人在家给予照顾。熟人社会里，子代不养老人会被村民议论，子代碍于情面不会不照顾老人，完全抛弃老人的情况几乎没有。纵观整个县域社会，社会化养老动力不足，社会养老需求不旺盛，相较养老机构的封闭管理和脱嵌村庄，老人更认可“社区嵌入式”养老服务机构。

最后，村庄层面缺乏治理主体，养老成为一种边缘事务。伴随养老问题的加重，各地积极探索依托村庄建立养老机制。调研的福建甘地，当地政府甚至给了硬指标，养老院入住率须达到一定指标。不少村干部对下养老指标不解，认为养老本是私人事务，干涉他人家庭选择，觉得会多管闲事。更大的担忧在于养老纠纷问题，机构养老大多是高龄失能老人，这些人生活自理能力差，行动不便，容易出事故。曾有一个老年人在夜间起来摔倒受伤，所幸没有造成大事故，子女也就没有上门追究。村干部担心的是万一有子女上门，起了纠纷就不好办了，老年人在家出事，责任都是农户的，在机构出事，村级组织就脱不了干系，所以村干部很不愿意担负起养老治理的事务。

现实情况是村级养老机构入住率通常达不到要求，机构退出率居高不下，晋江一乡镇引入 30 余家村庄养老机构，最后留下的只有一家。在村庄日常治理活动中，老年人关怀也没有得到重视，村干部很少与老年人打交道，村里的老人逐渐成为边缘群体，养老成为村治的边缘事务，即使一些村干部试图对老年人进行管理，但仍是治标不治本。关键问题在于养老涉及老年人的个体价值问题，既有治理机制既难从根本上转变老年人生活方式，治理主体的动力也不强。可见，当前养老问题需要重构村庄的文化主体性，让老年人成为文化生产的主体。

二　村庄个体价值的治理

湖北省 L 村属于偏远的一般乡村。由于村庄缺少发展前景，L 村的青壮年大量离乡，中老年人被迫留在农村，逐渐成为最大的留守人群。随着代际养老模式转变，老人出现多重价值感危机，引发系列家庭社会问题。2003 年 5 月，省某驻村工作队和某乡贤合作，在 L 村打造“老年人协会”民间文化组织，为老人提供日常生活娱乐场所。老年人协会建立的十余年里，起到积极的文化治理作用，受到相关政府部门的关注。基于对 L 村老年协会的考察，发现老年协会基于组织建设与运行，三个层面构建乡村价值重塑路径。

（一）政府支持老年人协会建立

L 村是典型的老龄化村庄。2020 年，常住人口老龄化率超 50%，其中，60 岁以上的老人有 280 人，其中超过一半长期生活在村庄。村中留守老人大致分为两类：一是长期务农生活在村庄，或是外出务工返乡村民，老人在完全丧失劳动能力，或是照顾完孙辈任务后，重返乡村自我养老。二是从政府机关、事业单位等退休后，返回农村进行养老的职工，经济上有较高的保障，尽管老人有文化知识，有些还有一技之长，但缺乏公共生活，没有施展平台。返村乡贤与某驻村领导商量，在村内建立老年人协会作为试点，为老人提供公共生活娱乐场所，成立有组织架构的老年人协会，由村内老人自主管理、自主运转，为老人养老提供新的方式。从做法上看，老年人协会是民间组织，政府只是外部的发动者，提供经济支持与组织援助，日常的老年人协会运作过程，政府象征性提供情感支持。

首先，政府通过资源动员方式建立老年人协会。老年人协会建立是为供给文化服务，丰富老年人的晚年精神文化生活，让老年人重拾村庄生活意义。老年人协会活动空间是村里的空闲房屋，内设有棋牌室、阅读角、电视等，政府补贴的资金并不很多。老年人协会运作资金来源有以下几个方面。①会员会费。老人入会后每年交15—20元会费，一般一年可以筹集到几百元，该笔经费虽然相对固定，却不足以支撑协会活动。②区老龄委专项经费。老龄委每年拨给老年人协会800元活动经费，被老人们称为“报纸费”。③村委会拨款。村委会每年拨给老年人协会若干经费，一般几百元到几千元不等。④社会第三方力量捐款。政府不定期给予补助奖励，文化服务开展有时依托市老龄办和文化办，不定期举办歌唱比赛和老年人运动会，减少了部分文化服务开支。另外，政府动员村两委参与老年人协会建设，为老年人协会的组织运转提供服务支持。总的来说，老年人协会并不需要耗费大量的资金，更不用政府购买公共产品或公共服务，资金投入更多起到“撬动”文化的作用。不同于物质性的公共产品供给，文化服务供给需要老年人的主体参与，当老人无法自主实现时，政府就会建构组织，开展活动进行动员，老人从“观察者”向“参与者”转变，一定程度能获得主体性认知。

其次，政府通过社会动员，让乡贤参与老年人协会。老年人协会是民间组织，政府委托村组织进行管理，协会有一定的组织架构，包括协会管理群和兴趣小组。L村的老年人协会成立初期设置制度框架和人员分工，规定协会主要负责人通过村组织推荐选举产生。成员共12人，其中包含会长、副会长、会计、出纳，及兴趣小组的组长和村组代表，村支书会作为“名誉会长”，遇到重要问题时会出面，一般不参与协会日常运作。协会的理事会成员都没有工资，大部分负责人都是村“赋闲”精英，一方面，他们中的多数有退休工资，完成了人生任务，有充足闲暇时间；另一方面，他们有独特人生经历或个人能力，在乡村社会有着一定的社会威望，同样有追求村里“面子”的意愿，成为理事会成员，参与日常管理，有助于该类人群实现价值地位。

村里老协现任的孙副会长，早年在外地经商，在当地比较有威望，经常组织人去他家打麻将。早期孙会长作为老年人协会普通会员时，对参与老年人协会的日常工作不上心，“经常不到会”。村委会推荐孙会长担任副会长后，孙会长对老协建设方方面面都很重视。平时只要一有空就会来协会看看，他把家里电动麻将桌搬到协会，供村里老人日常消遣。

另外，除开经济支持及组织基础，政府会通过视察输入价值。老人价值诉求来自脱嵌家庭和公共生活的虚无感，更重要的是老年人强烈的“边缘感”。老人希望自己在社会具有话语权，希望自己工作能得到他人的认可。L村老年人协会建立后，村社干部会参与到老人组织活动的当中，退休干部会到老年人协会担任职务。老年人协会取得成效后，县乡两级领导会来视察，隔几个月会过来慰问。领导视察并不产生实际效益，不增加老年人协会的收益，但会增强成员对协会的认同，脱离积压的社会边缘感。协会前会长说：“每次领导来视察我都会认真准备，把它当作一份工作来做。领导们很亲切，会仔细询问老当地老人及老年协会发展情况。他们很认可我们协会，还说要把当典范来宣传，说实话肯定很自豪，就想着要给继续办好。”党委政府具有官方身份，虽然视察只是简单鼓励，却会塑造老人心中的价值感，形塑老年人协会建构动力。

（二）老年人协会的自主治理

外源支持能激励价值再造，长期维系需要自我生产。老年人协会成立是为解决当前养老问题，老年人协会一方面积极推动村庄养老实现，另一方面将文化供给服务外推，使老年人协会获得村庄认可，破除了老人的边缘地位。通过老年人协会自我运转，实现村庄价值文化的生产。

随着家庭养老的部分缺失，养老问题逐渐从私人领域外溢至社会层面，[①] 越发成为基层公共治理事务。在养老资源供给短缺情况下，人们期待老年人协会不仅成为活动场所，还能成为自主养老服务供给主体。一方面，老年人协会开展一系列活动，能增强老人的价值效能感；另一方面，老年人协会不仅补充养老服务，还能填补老人精神价值层面的空虚。总结来看，老年人协会提供服务有以下几方面。

一是在老年人协会中提供文化服务。老年人协会一大任务是重塑村庄的闲暇生活，避免“闲暇无意义”。老年人协会一方面会安排周密细致的文娱活动，包括宣传知法维权、技能培训、健康保障知识讲授、电影会、举办棋艺大会等。以 L 村为例，老年人协会每个月在老协活动中心开展讲座、授课，邀请老年大学的老师或者是村庄内具有相关知识背景的人来授课。授课内容也比较丰富，包括老人健康保障、基本法律、社会新事件、手机微信使用等课程。定期给老年人宣传防骗维权知识，帮助老年人分辨打着“半价、不要钱”旗号卖劣质锅、虚假保健品、保险销售等行为，为老年人预防诈骗敲警钟。此外，每周五老年人协会在村庄广场上放映电影，电影类型主要为抗日战争、农业科技片两种，尽管每家每户都有电视，但是看电影的人数依旧较多。另一方面建立了 6 个小组，负责日常老人文化生活的供给，号召村里有才能的老年人来组织，诸如成立象棋组、腰鼓队、乐队、龙灯队等。

L 村的肖大爷，如今已经 88 岁，在老年人建立时，由于读过十年古书，学习过一段时间的书法，属于村庄中文化程度较高、书法水平较高的老人。在老年人协会成立时，建立了书法小组与评书小组，负责评书，通过将自己的兴趣、特长与老年人协会相联系，就能够塑造出很强的价值感，他认为：“自己能够把自己所学到的教给其他老人，帮助别人学习、培养情操，这也是在为村庄做贡献。”

二是构建养老互助体系，为村庄老人提供生活慰藉关怀。在“老年人协会”的互助模式下，村庄内成立了养老互助中心户，经过自荐

---

① 钟曼丽、刘筱红：《农村家庭养老的家国责任边界》，《西北农林科技大学学报》（社会科学版）2018 年第 2 期。

和投票选出了中心户长。在户长的带领下，开展老年人养老互助活动，为生病、行动不便等生活有困难的老人提供服务。此外，在“老年人之家”的活动中，在自然村一级，设置一名家长，经常慰问留守老人，提供简单的照料服务，提高其生活状况。除构建养老互助体系外，老年人协会组织建立了“爱心夕阳红”志愿服务队。老年协会不仅动员协会会员参与志愿服务队，还发动组织内部精英，说服动员村庄村民加入志愿服务队，不断吸纳志愿者，扩大志愿服务范围。截至2021年，“爱心夕阳红”志愿服务队人数达100人，其中除协会会员的人员占比已高达60%。志愿服务队的工作包括：①开通电话专线，每日轮流值班，对帮扶对象进行电话咨询，并接受来电咨询；②慰问探访，对空巢老人每日进行登门拜访或者电话服务，及时帮忙解决困难；③陪护照料，为有困难的老年人家庭提供水、电等费用代缴服务，陪护就医，代购药品，帮助购置基本生活用品。尽管L村老年人协会经费较少，但是老年人协会都会尽量给老人生活关怀：老年人协会会关注并参与村庄红白喜事；有老人生病，协会会员便带上简单的慰问品看望生病的老人；逢村庄老人生日，老年人协会会在主人允许的情况下，买上寿鞭，与腰鼓队一同为老人祝寿；当村庄老人过世，老年人协会也会为其献上花圈，并组织人力帮忙，为老人家庭提供物质资助和精神慰藉；不定期为贫困老人“送温暖”，发放少量的慰问品。

村里有户老人患上血吸虫病，家里本就困难，儿女在外打工，赚钱不多，自己也没有保险，老人不愿意麻烦儿女，看病需要的经济开支既是生活压力，又是心理压力。L村老年人协会了解清楚具体情况，私下进行筹资为其提供经济资助，在出院后，协会还组织村里老人去看望。老协理事会成员说：“人老了不想给其他人添麻烦，儿女在外打工，很多老人有病就拖着，也不跟儿女说。老协也就是能提供一些力所能及的帮助，让大家感觉到很温暖。”

L村所在地区有厚葬的习俗，在不大操大办的前提下，低档的葬礼花费也要三万多元。丧葬环节一般有两个环节花费较大，一是当地有请乐队演奏的习俗，要花几千元；二是按照传统要请“丧夫”，也需要几千元，儿女们的压力比较大。为了减少家庭丧葬负担和烦恼，老年人协会自己成立了专门的乐队，购置了锣、鼓、钹，平时组织联系，免费为本村去世的老人送葬。另外，老年人协会也试图替代丧夫的角色，由老年人协会派人，免费“抬杠”，减少孝子的负担。

三是组建“生产”帮扶会。随着老人年龄的增长，身体机能变差，身体无法承受高强度的劳作。但L村绝大多数老年人都是以农业为经济收入，种植农作物的收益决定生活水平。因此，需要团结互助形成合力以破解生产层面的难题。[①] 基于此，L村老年人协会组建“采茶协会”“养蜂协会”等互助会，在协会共同体内实现互帮互助。积极引导村庄老年人开展生产互助，例如低龄老人帮助高龄老人担水、运送肥料、除虫、收割稻等，共同守护灌溉水渠以及水库。同时，积极号召具有丰富农业技术经验的中青年参与其中，为老年人提供志愿活动。

养老协会会员ZRS，有着多年丰富的养蜂经验，长期帮助周边十几户老年蜂农义务割蜜。主动传授养蜂技术，用自己的车为老人们搬送养蜂材料，鼓励蜜蜂养殖。在他的带领下，村庄有多位独居老人开始蜜蜂养殖，改善了他们的经济情况。

L村的老年人协会日常运作推动了老年人生活价值的自我生产，为老年人寻求到了在村庄中的定位。第一，在家庭养老缺失的情境下，留守老人的养老成为问题，当老年人找不到生活的意义，觉得自己成为子女负担，可能会做出极端的事情；第二，老年人的价值感还包含着自己在社会中的主体地位要素，自身要感知到自己在社会中有用，需要成就感和获得感，否则老年人的边缘感会引发越轨行为。老年人协会建立后，一是提供群体性的公共福利，老年人在公共交往过程中实现了有意义、有价值的闲暇获得，并且在公共服务过程中形成老年人的社会交往，村庄整体形成一种互帮互助的养老氛围，老年人会觉得自己并非个体，而在集体养老的过程中获得了生活价值。二是老协将老年人推向了村庄社会的中心，虽然老年人目前已经较难完成高强度的体力劳动，淡出村庄生产关系，但在社会交往中，老年人可

① 刘超：《“老人不老”：乡村自组织养老模式及其社会基础——基于湖北省G乡老年人协会的调查》，《农村经济》2022年第5期。

以扮演很重要的角色，一系列的公共活动让老年人收获“自豪感”，破除了“老无所用”的固化思想，老年人重回村庄公共生活，赋予了老年人参与公共生活的正当性。

（三）协会老人参与村社治理

当老年人协会的价值自我生产功能逐渐扩大，老年人逐步走向村庄中间。不仅仅满足于日常的养老服务供给与文化服务供给，老年人还希望能够扩大自己的功能角色，老年人协会逐渐参与村庄的日常治理活动。当前，L村老年人协会已然成为村庄公共治理过程中不可缺少的一部分，弥补村庄治理能力的同时，老年人的价值感会逐渐弥散村庄整体，塑造村庄整体价值提升。具体来看，老年人通过多种方式塑造自身价值，并推动治理达成。

一是老年人协会介入民间调解，重塑公共权威。在传统乡土社会，老人在村庄中往往扮演着重要角色，由于老人社会阅历丰富，受村民共同的尊重。不仅仅在家庭内部，老人往往可以决定大事，在村庄中，老人也扮演着公共权威的角色，能够仲裁、调解村庄矛盾，发挥着公共治理效能。伴随时代转型，老人不再成为公共权威，“老无所用”的观念就在村里盛行，老人自我感知被社会抛弃，就会出现价值危机。在L村老年人协会建立之初，就有村民表示：“村庄的这些事务，如果老年人协会能办成的话，那真的是稀奇。”这一说法中便体现出社会对于老人的定位。在L村老年人协会建立并初具规模之后，老年人逐渐成为村庄公共活动的中心，老年人日常有交往诉求，与村民们也日益熟络，逐渐形成了以老人为核心的社会网络。

在此背景下，一些有权威的老年人，尤其是协会的理事会成员在村庄纠纷化解方面的作用日益显著，尤其是在子女赡养老人方面具有不可替代的作用。L村有一些能说会道、社会阅历丰富的老年人，在协会担任主要职位，上文提到的肖大爷就是典型代表，由于在村里办了几次书画展，村里对他都比较尊敬，在日常调解过程中，肖大爷经常作为调解员的身份出现，村里人会觉得“他知道得多，调解得会公道”，久而久之就重塑了老人的公共权威的身份。在村庄纠纷时，L村老年人协会不会以协会的身份出现而是以具体的个别的老年人的形式出现，调解员可能是老年人协会会员，亦可是由老年人协会出面邀请的具有一定权威、影响力的人士。从实践情况来看，L村老年人协会处理矛盾类型主要有两类：邻里纠纷和家族内部支系矛盾。L村老年人协会成立以来，调解纠纷矛盾记录在册的案件数量有显著增长。

L村黄书记是村里的村支书，在老年人协会建立之初，作为“名誉会长”成为老年人协会的一员。除了重大问题的决策，黄书记一般不参与老年人协会的日常运作。在日常的治理活动中，黄书记经常遇到矛盾纠纷。在调解矛盾的过程当中，黄书记经常叫上老年人协会一同参与。

二是老年人协会参与公益服务，推动美丽乡村建设。除开日常性的调解活动，老年人协会根据村庄情况会组织老年人做一些力所能及的公益性服务。村庄有很多事务由于权责边界模糊，常常属于“三不管”区域，大多要靠村民自主管理，尤其是生态环境，依靠村民文明意识提升。自20世纪90年代以来，L村湖蟹养殖产业迅速发展，随着规模扩大，过多的饲料投入湖中改变湖水的水质。收获时期村民随意丢弃死蟹，湖边环境恶化。同时，由于居住在湖边的村民时常将各种生活垃圾随意倾倒在湖边，经风雨拍打便进入湖中，湖水遭到污染。在此背景下，老年人协会经过考虑和征求会员意见后，决定每年在村落进行清洁运动，这也成为老年人协会每年固定志愿服务。从确立活动至今，每次活动都有约40位老人参加，在村头巷尾开展垃圾清扫，且以身体比女性更加康健的男性老人为主力。在参与公益活动的过程中，老人为村庄做出贡献，收获了“价值感”，这种价值感也逐步感染着其他村民，其一是让社会整体摒除了“老人无用”的思想，其二是其他村民看到老年人协会的劳动成果，会自觉形成珍爱家园环境的意识，“他们年纪那么大都知道爱护环境，我们怎么好意思再破坏环境”。在老人们的影响下，不少村民也被带动到清扫活动中，老年人协会也逐渐扩大了公益活动的内容，依托协会形成了多个志愿小组，无论男女老少，只要有意愿都可以参与进来。通过组织行动，老年人协会逐渐收获了价值，这种价值扎根于家园意识当中，由于家园意识是一种集体性共识，当老年人群体进行推动，自然就会引发社会整体的价值重塑，逐渐形成社会整体对美丽家园的美好追求。

三是老年人协会成为治理主体，协助村组完成治理任务。在乡村振兴的要求下，L村需要开展一系列治理活动，包括移风易俗、环境整治、厕所改造项目等，老年人是重要的治理对象，以移风易俗整治工作来说。L村大量青壮年外流，移风易俗、环境整治很多涉及群众工作，村里能够起到辅助的只有已经具有一定规模的老年人协会。为了推动工作落实，黄书记决定以老年人协会为切入点，逐步推动治理达成。L村召集老年人协会理事会开工作会议，说：“老年人是村里的长辈，老年人协会是要成为村里的榜样作用的，村里人要向老人学习，首先要把老人自己整治好。”为推动移风易俗项目开展，老年人协会召开老人会议和知识课堂，不断宣传移风易俗相关规定，积极分子带动消极分子，通过不断说服、开导，破除老年人传统迂腐、不良的思想习惯。老年人的风气整治好后，老年人协会便成为村庄整体的治理主力。老年人协会积极动员老年协会成员以及村庄老年人参与到移风易俗工作之中。组建移风易俗宣传队，每个星期固定开展宣传活动，向村民宣传移风易俗的内容；开展破除“旧”行为等文艺活动，将优秀故事改编为小品，通过故事演绎的方式向村民宣传良俗。“老年人每月25号开会学习报纸、上面发下来的‘三农’方面的政策，然后再对其住在城头的家人宣传政策，帮我们村干部减轻了工作负担。”此外，在日常生活中，老年人了解到谁家最近将要办酒席，会第一时间告知老年人协会，老年人协会成员会主动前往，劝说主家不要大操大办。在移风易俗项目推动期间，以老年人协会出面调解、劝导、解决的事件达50余起；协助村组织开展强抓强管整治活动，通过教育疏导，实现疏堵的柔性治理。在各方的努力下，L村的移风易俗工作推进得比较顺利，取得了良好的实践效果。L村老年人协会由于贡献突出，荣获S乡移风易俗整治项目“突出贡献”奖。

为了推动村庄整体治理，L村老年人协会在2015年起，每年会举办评选“五好家庭”“好婆婆、好儿媳”“最美家庭”等社会活动，弘扬传统文化价值观。在这个过程中，乡镇政府、村组织会经济支持，协会会购买一些奖品激励村民整体参与。评选主要是L村老年人协会主导，理事会制定规则，包括“孝老爱亲”“夫妻关爱”“教子有方”“邻里友善”等一系列评选标准，评优活动先由会员们提名与表决，评选出十户优秀家庭，并上门举行挂牌仪式。自评奖活动举办以来，L村各群众视其为家庭任务之一，每家每户都会掂量自身家庭情况，努力向评优标准靠齐，形成了优良的村庄风气。

三　村庄个体价值的重构

当前农村面临的许多问题来自价值缺失，新的价值体系没有建立，在追寻新价值过程中呈现出矛盾关系。老年人是其中的代表，相比起其他群体，老年人在代际关系、社会关系中都处于边缘地位，更容易出现价值迷失。对于老年人来说，其首要需求并非简单生存，而是寻求生活意义，需要从边缘走向中心，找回意义世界。L村通过塑造老年人协会，实现了村庄价值的重塑、内嵌与拓展，推动价值塑造与价值整合，帮助老年人乃至村庄整体找到了生活价值，形塑着个体行为。不同于一般公共物品的简单供给，价值治理是一个发展的过程，具有递推性。老年人协会从创立到不断发展，推动着老年人价值的“体验—参与—付出”的线性过程，在这个过程中，村庄闲暇文化得以确立、自我实现诉求得以满足、村庄治理能力得以提升。从个体到集体，老年人的价值寄托也在不断变化，推动着价值治理的常态化实现。

（一）引导老人参与公共活动

闲暇是村庄生活的重要组成部分，尤其对于老年人来说，脱离生产力后，闲暇生活如何安排、闲暇意义如何获取成为关键问题。调查老年人的生活方式发现，老年人生活缺乏交往，留守老人因缺乏子女陪伴，闲暇生活只能在家里“发呆”，久而久之失去生活意义，进而导致极端行为的发生。如果有交往生活，不知道如何打发闲暇，不良生活习惯就易盛行。闲暇是村民的生活习惯，更体现着价值缺乏文化依托。L村老年人协会建立后，以组织为载体，通过组织运作开展各项活动，改变了村民的生活方式，最关键的是丰富了老年人的闲暇生活。老年人协会主要通过两种方式组织闲暇生活，一是提供空间和一些娱乐设施，供大家休息聊天打牌；二是提供公共活动，激活村民参与。

闲暇生活并非村民自主组织起来的，而是由协会推动的，许多的活动并非村民自主构建，而是依托相关部门合作，有些活动还需要资金支持，单靠老年人很难组织起来。在实践中，这些自上而下组织的闲暇生活获得了村民们的普遍支持，很多村民甚至“不知道活动干什么，但是有时间就会去”。可见，村民并不在乎闲暇生活是什么，而在于闲暇生活有了选择，村民在乎的是自身有“体验感”，在村庄生活中有自己的一席之地。“体验感”是村民对于闲暇生活的期待，是对自己在村庄中生活体验的想象，体现了村民价值的寄托。当老年人协会的公共生活吸引了老年人的注意力，老年人的行为失范就会自发调整。调研时，不少村民说老年人协会建立了以后，老人的同辈社会交往增多，心里空虚问题得到解决，当地的极端行为相应减少，反映出老年人协会的建立能够提供新的生活体验，让生存价值有所依托。在老年人协会建立后，村民们的心态改善也体现出了实践成效，“心情舒畅了”，“时间过得快了”，“身体变得好了，因为每天来来回回，路走得多了”，“每天都有事情做”，“日子有所期待”是村民们的主观感受。

老年人协会成立后，聚会中心经常上演各种精彩节目，进行各种丰富的娱乐活动，为老年人创建了一个发泄情感的空间，老年人终于有地方可诉说衷肠、发泄不满、絮絮叨叨，这对老年人无疑也是一个强有力的吸引。老年人不再因现实生活遇到困难，找不到排解的方式被动加入地下教会。针对地下教会各种骗人的把戏，老年人协会自创歌曲和小品来抵制其传播。

闲暇文化并非简单打发时间，而能够起到价值导向和伦理引导。闲暇生活需要打造健康休闲的生活方式，老年人协会每天有限定时间进行娱乐活动，从早上 10 点到下午 4 点，理事会成员有钥匙，负责每天的开门和关门。一些老年人质疑娱乐时间能不能延长，理事会成员会劝说和引导，“享受快乐而不放纵”成为老年人协会价值生产的宗旨。老年人健康的闲暇生活会获得村庄社会的认可，村民会支持老年人形成积极的生活方式，形成村里的一道风景，子女在社会舆论下也觉得老人去老年人协会是参与一种良好的生活方式，会主动推动老人多去参加老年协会活动，多与其他老人交流。

当闲暇文化逐渐获得村庄整体认同，就会突破群体界限，村民会对闲暇生活体验形成期待，逐渐引领村庄的闲暇生活。在调研时，不仅仅是老年人期待老年人协会的闲暇生活，不少中年人也翘首以盼体验丰富的闲暇生活，50 多岁的中老年人期待“过两年就可以去老年人协会”。老年人协会的闲暇生活有时也不仅仅局限于老人，协会也经常举办象棋、围棋、桥牌等社区性比赛。村庄内只要感兴趣、有时间的村民都会积极参与。因此，老年人的闲暇生活逐渐形塑了乡村整体的闲暇生活。

（二）增强老人主体价值感受

体验感是通过闲暇生活获得的，一旦没人组织或举办公共活动，价值感就会缺失依托，老年人协会需要寻求进一步的价值生产。当前，老年人价值危机在于缺乏身份认同，由于传统文化价值观中老年人是依托于家庭的，一旦缺乏家庭支持，老年人只能面临被动淘汰。老年人协会为老年生活提供了不同的选择，老年人通过走出家庭，进入村庄公共空间，在与其他老年人的互动过程中，逐渐形成身份认同和群体认同。老年人协会为村民晚年生活提供最后一个节点，年满 60 岁便可以成为会员，在重阳节时享受老年人协会的福利，老年人协会会提供养老互助服务和生产服务，老年人协会还重视丧葬服务。老年人协会为老年人提供了完整的人生体验，老年人有了群体依托，即便脱离家庭也不会被社会遗弃。有一些老年人表示：“加入了老年人协会，想着有老年人协会为我们撑腰，干啥都更有底气。”

从家庭到协会活动空间的转变，也是老年人从依附关系向自主关系的转变，老年人在群体中获得主体感，认为通过自己的行动便能够建构自己的生活体验，在这个社会中努力寻求自己的主体角色。典型例子是老年人协会文艺队建立后，不用再跟年轻人争夺舞台。村庄日常生活中，年轻人有着比老年人更多的发展空间和表现舞台，老年人往往不再有舞台以表现自我，在自己的小房子外就无所适从，而老年人协会的出现，给了他们一个可以去的地方，也给了他们非常强的主体感，给了他们和年轻人协商活动空间的勇气。离开了年轻妇女组成的文艺队，L 村老年人协会的各种文艺活动依旧在开展，协会的文艺顾问杨某正在新的文艺节目上琢磨，他说要争取创作让更多老年人参与其中的节目。老年人的腰鼓队依旧跳得欢天喜地，假日以外的每个上午，依旧有不少的老年人在协会门前的广场上，认真而精神地跳舞。

L村村民WLX，2014年因大儿子意外去世，精神不振，卧床一年多。同村文艺队队长TZY老人，常上门陪她聊天，帮她疏导情绪，并鼓励她加入文艺队。文艺队里活跃的气氛以及充实的排练，使得老人逐渐走出阴影。如今，WLX成为村里文艺队的骨干。老人谈道：“大儿子去世给我的冲击极大，二儿子离家又远，我觉得生活没意思。自从加入文艺队以来，每天都会和老姐妹一起排练，一点都不孤单。马上要准备重阳节文艺汇演了，时间紧迫，我们每天都练5个小时，生活可充实了！”

老年人协会给老人们创造了一个展现自我的机会，让老人们在这里切实感受到自身的价值，活出自己的尊严。一位老人回忆三年前参加市第一届油菜花节表演的情景时，仍激动得无以言表，她说总想起那时的情形，镇里派专车来接，镇里还请她们在小餐馆里吃早点，知道得奖的消息后，镇里领导专门过来表达感谢。在市2007年的油菜花节上，L村的老年人协会获了奖。不在于谁得第一，也不在于谁的更好，而在于以前不仅在村庄中，而且在家庭中，均处于边缘地位的老年人，现在却能为集体的荣誉而战，他们不再自顾不暇，而是希望通过参加文娱、参加老年人协会的活动来表现自己。如村里老人所说，每天下午四点左右结束全天活动后，一些老人走在村里，很有一些人气，老年人自己也似乎有了年轻时代作为村中核心人物的感受。

老年人协会往往在春节、重阳节等重要节日，组织老年人乃至村庄村民开展一些社区型文化活动。L村老年人协会在协会周年庆期间，组织起来连续唱了3天皮影戏，曲目包括《岳飞传》《棋盘山招亲》《苏映雪代嫁》等，活动期间，不仅本村老人积极参加，老人还会邀请家人甚至其他村庄村民前往观看或者到场助阵，观众最多时120多人，最少时也有50余人，活动气氛十分热烈。L村当地有舞龙灯的历史传统，但是由于历史发展便逐渐失传。老年人协会成立后不久，会长决定要激活本地的舞龙灯习俗，一方面是和村里的村委会主任商量，决定举办拜神活动，以减少村里农户养殖亏本；二是村里缺少自己的文化习俗，村支书建议可以搞一个玩龙灯。依托上级财政支持，老年人协会花了2000元扎了龙灯，并成立了龙灯队，不少老人都加入进来。春节时，老年人协会成员自发组织玩龙灯活动，从正月初二一直持续到正月初五，从本村老年协会活动中心开始，先在本村巡游，然后到附近的村落，凡是有鞭炮接引的农户都去。玩龙灯使得老年人协会打出了名声，为村庄争得了名誉，老人也由此出了风头。周边村庄老年人协会也纷纷效仿，挖掘自己村庄的文化传统，组办了诸多兴趣小组。

当老年人将情感价值寄托在群体性的协会后，会自发形成关系紧密的群体，不仅可以增进相互之间的友谊和信任，而且可以主导村庄的舆论，再造村庄道德舆论。遇到一些受委屈的事情，老年人在中心表现出抑郁不快，其他老年人会关心、询问和评论。正直的老年人更是会仗义执言。

当老年人协会成为村民价值的依托，老年人生活体验就会内嵌于组织当中，并有很强的主体性进行日常活动，老年人协会就能够实现自我运转。村民们在老年人协会内部收获了作为老年人的尊严感，能够以此为依托完成晚年的自我追求，村民们由此收获新的人生价值和意义。

（三）重构老人村庄社会关系

村庄是大多数农村老年人晚年生活的时空场域，“落叶归根”体现着老年人对于晚年生活的美好想象，但现在村庄社会网络解体，老年人晚年生活回归个体，和村庄失去了关联。在传统乡村治理活动中，老年人扮演着重要角色。当老年人逐渐缺失劳动生产能力，老年人在家庭和村庄中承担的重要功能成为老年人晚年的生活意义，在为老年人提供价值的同时，推动着村庄治理能力提升。事实上，相比起年轻人在为自我事业奋斗，缺乏对村庄发展的关注，老年人更将村庄作为自己的人生归宿，更希望村庄发展得更好，环境更加美丽，社会风气良善，更有意愿付出努力，为村庄做出一些力所能及的贡献。这种价值立意体现着长远生活的预期，当价值和村庄发展相捆绑，人生意义就无法被轻易剥夺。老年人协会的建立激活了老年人价值，通过老年人协会的自我运转，以养老服务和文化服务促进老年人价值的不断生产，最终通过一系列的治理活动，老年人的价值和村庄治理能力相捆绑，老年人重回治理舞台，扮演起重要的角色。

自老年人协会成立十几年以来，村庄无论是整体环境还是社会风气都得到了很好的净化。一是老年人又重新回归社会网络的核心位置，构建了公共权威，整个社会形成了尊老的氛围，老年人协会的价值准则会逐渐拓展为村社整体的价值规范，规范村庄行为形成。二是老年人会通过多种活动塑造村里的价值观，以老年人为核心构建了村庄整体的共识规范。三是老年人主动参与村庄治理，如村里事务的调解、公益服务的提供，起到了榜样的作用，很多政府无能为力的事情，通过老年人协会获得了解决，老年人收获了参与感和付出感，村庄社会治理效能也得以提升。

协会有时不便于直接干预家庭生活，但完全可以开会宣传的形式进行教育，比如召开重阳节庆典大会时，许多儿子儿媳都会一起参加，这时老年人协会通过公开表彰，或自编自演文艺节目间接讽喻，以达到德育效果。L村老年人协会曾编演了一个小品，动员自家的老人“少劳动，多去协会玩”，“不要做得太累了”。文艺作品的社会影响力即在这里，虽不是精英艺术，但因为来自百姓自己的生活，反映自己的生活世界，也就能非常有效地打动他们的心灵。

当然，老年人的持续付出要以反馈作为基础。一是村庄整体面貌的改善对于老人来说是一种反馈，当老年人协会发现越来越多的年轻人参与到公益活动，或者政府组织更多的人和老年人一同参与到村庄建设过程中，老年人会觉得自己发挥了作用，而且是“领头”的作用，体现了老年人在社会中的核心地位。二是村组织会提供组织支持，村里黄书记和老年人协会成员关系都非常好，老年人协会在日常活动或者治理过程中遇到什么问题都第一时间找黄书记，黄书记对老年人协会成员都非常尊敬，老年人协会感知到被尊重，觉得自己在为村里办事情，收获到了组织的认可。同时，在重阳节、春节等重大活动时，乡镇领导会参观视察，举办活动后领导还会握手交谈，即便是简单的话语也会让老年人认为自己被政府认可，自己的努力、付出是有价值和意义的，形成反馈激励治理再生。

第五章　生态振兴与社会协同

第一节　政策执行与协调事务治理

习近平总书记指出，“生态环境是关系党的使命宗旨的重大政治问题，也是关系民生的重大社会问题”。伴随国家的基层治理目标转型，大量环境任务通过政策推动。借势公共政策实现环境治理实效，成为生态振兴的重点与难点。当基层治理难以适配政策要求，就会出现政策执行对接基层诸问题，政策势能难转化为治理能力。结合各地农村环境治理案例，本部分拟对环境政策执行进行探究。我们发现，农村环境事务具有多重属性，政策执行需要顾及政策对象属性。基层有效执行政策的关键，是充分激活治理主体、提升群众的参与性、引导群众协商共治。其中，构建基层政策执行的适当转化空间，实现政策执行与事务治理结合，构建“三治”协同的基层治理机制，能实现乡村环境治理持续有效。

一　环境事务治理困境

中国乡村环境治理可分为三个阶段。第一个阶段是宏观层面生态环境保护，主要内容是水土保护、农业生产环境保护、多污染源治理，旨在解决城市化中的污染转移问题。第二个阶段是对农村进行基本公共服务供给，以水电路气等公共设施建设为主要手段，着力推动城乡基本公共服务均等化，正式提出“生态宜居”的治理目标。第三个阶段是当前的环境治理，为实现群众“美好生活”推动“人居环境整治”，基本思路是实现村容村貌提升，农民生活环境和生活质量提升，建设新时代的美丽宜居乡村。纵向来看，乡村环境治理呈现从“水土”到“人居”、从“生产”到“生活”、从“公共”到“私人”的路径，体现为环境需求变迁与政策供给目标有机结合的思路。

（一）农村环境事务属性

政策是对现实问题的回应。当前农村环境出现治理困境：一是村庄环境问题呈现新特征，村民生活幸福感受到影响，亟待通过环境治理来提升；二是传统的农村环境治理机制失效，村域治理资源难以自主解决现实问题；三是城乡融合带来群众环境诉求变迁，需要立足新诉求提高治理水平。

1. 环境事务内容变迁

中华人民共和国成立之初，党和政府就重点关注生态环境，推动农村生态环境保护。伴随经济发展及农村城镇化进程加快，农村环境问题呈现阶段性变化，主要包含三方面内容。一是生态环境污染问题，主要是在工业化城市化阶段，对农村环境保护重视不足，带来“三废”向农村的转移，农村环境遭到破坏。① 农村发展呈现出无序扩张态势，表现为周围荒地、林地、水源等被无序消耗，农村生态系统遭到严重破坏，生态环境出现恶性循环。② 二是农村环境建设问题，主要表现为在后税费时期，设施建设成为环境治理主要问题，水电路气建设是乡村建设的前置条件。三是新时代农村环境治理问题，村民的生活环境问题突出，公私场域出现人居环境的无序化，对村民幸福感造成很大影响，成为环境问题的主要内容。

当前环境治理主要针对村民生产生活场域问题，大部分是村民直接接触或感知到的问题。大致可以分为以下三个方面。一是生活设施类环境问题。随着水电路气等基本公共服务设施落地，基础设施问题主要集中于私人生活方面，以灶房、厕所等家庭设施为主要治理内容，不少农村存在烧煤、烧柴灶和旱厕现象，不仅易造成个体卫生问题，还会带来大量废气污水，造成生态环境的整体破坏。生活设施没有适时提档升级，环境治理目标就将无法实现。二是公共空间类环境

---

① 杜焱强：《农村环境治理70年：历史演变、转换逻辑与未来走向》，《中国农业大学学报》（社会科学版）2019年第5期。

② 李芬芬、王春鑫：《新中国成立以来农村环境治理逻辑：理念变化、政府职能转变及模式变迁》，《城市学刊》2020年第4期。

问题。公共空间包括无主土地、公共道路，房前屋后的公共生活空间，关联墙面立面、公共路面、水域绿地等。公共空间环境视作公共资源，如果没有治理主体及时治理，会带来公共空间的无序利用。村民生活排放的生活废水和固体垃圾，例如瓜皮果壳、剩饭剩菜等，没有进行统一管理，会造成下水沟里污水横流、公共道路满是垃圾的问题，带来疾病传播和安全风险的同时，造成群众对生活环境的厌恶，并演变为其对政府服务不满。当个人不再满足于私人生活空间利用，在公共空地上乱堆乱放农具和杂物，随意搭棚乱建的行为会造成道路拥挤。三是家庭内部的环境问题。家庭内部包含庭院卫生环境，除去前文梳理的生活设施，更多关联家庭成员生活习惯。家庭环境属于私人领域，本应推动个体自主治理，不应演变为公共治理问题。但是，村民的房屋庭院往往具有开放性，家庭环境对村容村貌产生影响，私人环境问题易溢出进入公共领域。

当前的农村环境治理事务，既涉及客观层面的生活设施，又涉及主观层面的行动参与。不难发现，大部分问题聚集在公众日常生活，许多事务产生于家庭内部，涉及私人的情感和价值认知。但早期环境治理重视基础设施供给，忽视生活方式变革延伸问题，大水漫灌式投入未能关联村民生活方式，造成资源输入与村民生活脱节，伴随城乡社会融合水平加速，环境治理与村民认知隔阂加深。事实上，当前环境问题大多聚焦生活场景，村民对环境问题的日常感知明显，对村域空间环境出现不满的声音。即使农村基础建设水平提高，交通、水电、网络等都有效供给，群众环境满意度也不易自发提升。

2. 环境事务治理特征

乡村振兴下的环境事务多是村庄事务，随着国家治理水平的变化及村庄社会变迁，推动人居环境整治、厕所革命、垃圾整治等内容，成为基层组织需要完成的政策任务。乡村环境需求和政策供给目标，对基层治理能力提出新挑战。制度环境下的农村环境事务，主要表现为三大治理特征。

一是小微性。精细治理要求政策面对异质个体，环境治理事务遂呈现小微性，小微性是环境事务的规模特征。推动农村环境治理，一方面要承接并落实国家任务，一方面要处理群众关心的环境事务。时代发展带来环境事务变迁，环境事务越发细小琐碎。主要原因是，当前环境问题多源于行为方式变迁，个体行为的异质性带来环境问题，影响村民对居住环境的满意度。①环境事务内容广泛。村民对生活宜居的要求提高，带来基层环境事务的增多，给基层干部带来不小的压力。调查的部分村庄，基层干部要处理大量环境事务，既包括公共领域的乱贴小广告、乱扔垃圾等，还包括常规垃圾桶清洁、杂物清洁等，甚至需要调查重点户家庭内部卫生情况。环境事务囊括村庄方方面面，不仅包括管理还包括维持，很难明确说明治理内容，只能因应各地情况治理。小微环境事务不整治好，影响整体居住舒适度，治理主体要做出回应。②环境事务的差异性。各地出台的环境治理政策，不仅要求实现村容整洁，还要满足情境环境诉求，甚至需要由“公”及“私”推动，实施村民家庭环境改造。但是，个体的诉求呈现较大异质性，老一辈村民会习惯原有居住环境，不愿意更换灶台、厕所等工具；有些人希望实现设施现代化，要求提供优质的公共服务，最好是按顾客导向供给……个体诉求的多元性和差异性，需要基层治理主体多元回应。一方面，基层组织要有效执行政策，另一方面，基层组织要非标准地供给，带来的治理难题是，如果基层无内生治理能力，无法平衡主体不平衡的诉求，政策执行可能激化矛盾。

二是外部性。外部性指个体行为对邻近主体造成影响，却没承担相应义务或者获得回报，容易体现在模糊的公共事务使用领域，当前农村环境治理就是典型案例。对长期生活在村庄的村民而言，村容村貌、区域空气、水源绿化等，都属广义的公共物品，没有明确的个体权责归属。如果没有制定明确的分配和使用规则，会造成奥斯特罗姆所谓的“公共池塘资源”问题。[①] 关联村民生活的环境事务，利用过程会呈现外部性，如乱堆杂物挤占公共空间、家庭不卫生影响村容村貌。要注意的是，不少农村环境事务是新生的，既源于公共池塘资源自治瓦解，又源于村民环境问题感知增强，小微环境事务演变成公共议题。外部性衍生的问题是事务弥散化，即个体选择弥散成集体行

① ［美］埃莉诺·奥斯特罗姆：《公共事物的治理之道：集体行动制度的演进》，余逊达、陈旭东译，上海译文出版社2012年版，第36—37页。

为。当破坏环境被“竞争网络”放大，村民们为多占空间资源“划分地盘”，就会氤氲形成新型不良“风气”。整体看来，农村环境关联个人，具有生活层面小微性，权责关系难完全厘清，环境治理既要解决资源挤占，又要解决个体环境行为溢出问题。

三是价值性。政策指向和村民口中的环境事务，大多不是大型工农业污染带来的，环境问题需要追溯到个体行为上来。个体行为具有时空分散性，技术规制的成本较高，环境治理只依靠高强度服务供给是不够的，还需要依靠价值观念改变来规范行为。现代化介入农村日常生活，当村规民约、道德文明的约束力减弱，村民会觉得乱丢乱放和不爱卫生，只关乎自我利益和道德感知。针对文明观念淡薄、集体意识削弱问题，环境治理要引导价值改变，治理的重点要由“物”转变为“人”。①需要介入村庄生活。介入村庄的公私生活，是为构建生活公共性。调查某些地方的卫生整治，政府发动个人自我清洁，易遭遇“门难进、脸难看”的问题，不介入生活场域进行动员疏导，很难改变个体的社会认知。②需要情感而非物质。情感是人与人在交往中形成的，和群众生活体验密切相关。个体行为或许会因为利益而改变，行为方式改变需关联情感。情感改变要求治理方式转变，转向情感治理[①]而非行政要求。当然，个体情感受社会结构调控，社会结构是集体情感的基础，良好村风同样引领个体价值。

（二）农村环境治理困境

不仅是农村环境事务属性发生变迁，自上而下政策要求同样变迁。理想的治理模式是，政策执行过程激活基层治理要素，政策执行主体整合基层治理主体，实现政策执行与基层治理协同，促进环境政策有效执行的同时，激发村民的环境治理参与。实际情况是，政策与基层治理割裂，引发环境治理困境。

1. 环境政策要求变迁

2017年党的十九大报告明确提出进行“人居环境整治”，标志着环境治理越发聚焦于生活场域，一方面体现出国家对农村生态环境问

① 文军、高艺多：《社区情感治理：何以可能，何以可为?》，《华东师范大学学报》（哲学社会科学版）2017年第6期。

题的精准把握，一方面体现出人本型、服务型组织建设初衷。习近平总书记强调，“良好生态环境是最公平的公共产品，是最普惠的民生福祉”。生态环境和民生民情紧密相连，通过自上而下的生态政策供给，推动农村环境有效治理，具有重大的现实意义。环境治理包括以下两个方面。

一是通过资源下沉强化基层服务供给。从近年的国家改革内容看，基层事务治理方向发生变化，国家强调“建设人民满意的服务型政府”，基层政府的职能定位发生变化，从原有的注重经济发展职能，转向经济发展和社会治理并重，基层政府要提供高质量服务，要围绕社会治理创新展开竞争。政府对农村环境问题进行干预，是服务型政府职能的体现，内涵管制到服务的目标转向。当前我国出台的农村环境治理政策，大多是引导资源下沉进入基层，推动公共服务政策有效执行。例如，《农村人居环境整治三年行动方案》出台后，地方政府即抽出专项资金开展“厕所革命”，虽然文件强调一定自筹比例，但多数地方仍依靠财政拨款。

资源下沉，一方面弥补了基层治理资源短缺，一方面重塑了基层治理体制。税费改革前的乡村中心工作，主要是“收粮派款”和“刮宫引产”，为更好贯彻落实上级政策，县级利用压力型体制推动。[①] 为保质保量完成上级交办的任务，乡村组织合作形成“利益共同体”，创新方式破解资源汲取的矛盾。管制型乡村治理带来基层危机，强调管制和义务而忽视服务和权利，当上级政府严重依赖下级组织落实，就会带来弱监督、弱核实情况。党的十八大后，中央明确建设“人民满意的服务型政府”，上级通过政治动员推动中心工作，要求下级合规合法完成中心工作，同时用多种手段提升监督力度。监督技术运用和跨层级监督压缩了基层自主治理空间，基层组织须严格遵照从上到下的政策规定。乡村不按照规定行事，会带来层层考核和问责，为了集中注意力完成中心任务，基层组织转向公共服务职能。

二是环境治理从“粗放”到“精细”的转变。很长的一段时间

---

① 杨雪冬：《压力型体制：一个概念的简明史》，《社会科学》2012 年第 11 期。

里，乡村环境问题通过群众自主治理来实现，社会结构稳定带来地方性规范约束，国家介入模糊环境领域并非易事。乡村现代化浪潮下的环境治理，不再只着眼于大型生态项目，不再局限于农业污染源治理，而是聚焦于生活领域的环境“小事”，“小事”回应能力成为关键议题。毕竟，村民诉求增长带来不少关乎幸福感的“小事”，只有针对群众环境需求一件件解决，方能防止环境小事累积扩展成大事。从基层治理角度看，做好小事即是构建与群众的关联，只有把群众关心的小事当作重要的事来做，回应诉求过程让群众有切身感受，环境治理结果得到群众认可，村民才会由“事”及“人”对治理主体认可，进而升级为对基层组织的认同。关联村民生活的环境事务的有效治理，需要基层组织有感受，经常下基层跟群众多沟通，觉察到村民诉求的变化。要注意的是，村民对政府治理有一定期待，政府介入并非一元主体治理，有位有为的治理很重要。

农村环境政策供给，一方面带来治理所需要的资源，一方面要求落实政策要求。政策对象和内容变迁对基层治理提出要求，群众感知的环境问题不能再被忽略，村民满意的生活环境成为新型衡量标准。服务型组织建设压力下，环境治理势必扩展内容，构建高质量的人居环境。环境治理的关键议题是，伴随农村环境问题的演变，原有治理机制不再有效，基层治理需要构建新机制，以承接自上而下的政策任务，破解“有资源、没能力”的难题。

2. 环境自主治理失效

理论上，村民关心的不少环境问题，属于农村基层治理事宜，包括垃圾处置、道路清洁、立面改造等，需引导培育自主治理机制。问题是，税费改革后基层治理能力弱，伴随城市化、工业化的快速发展，农村自治体系逐渐失效，环境自主治理方式难维系。

一是环境治理需求提高。村民的环境治理需求，不仅表现为解决当下问题，更表现为追求高质量居住环境，体现为群众对“美丽家园”的向往。农民外出寻求务工机会，空间上呈现出城乡流动过程，会感受到公共服务的城乡差异，对城乡生活环境差异有认识。而且，随着信息技术对村庄生活方式的冲击，村民会自发追求优美的自然环境，对空气质量、空间景观等提出较高的供给期待。问题在于，环境诉求需要治理资源匹配，需要区分哪些是村民的义务，哪些是基层政府的治理职责，哪些是正当可以治理的事务，哪些是虚妄难实现的目标。如果政府没有针对村民诉求进行治理，没有调适村民诉求推动共建共治，村民会对居住环境产生厌烦情绪，连带出对村集体和政府的不信任，进而易使环境治理陷入僵局，甚至出现外出务工人员不愿意回村，在村户设法脱离村庄的现象。

二是环境治理资源短缺。税费改革后，国家向农村输入治理资源，试图弥补乡村体制改革问题。虽然总体实现了基层治理资源平衡，却带来资源输入的不平衡问题。不少基层组织物质治理资源少，环境治理依赖筹资筹劳，不过，农村劳动人口大量外流，村民的异质化程度提高，“一事一议”的结果经常是“议难决”，形成的决策难以有效执行。国家推进资源下乡，试图依靠“输入型供给”①，解决农村环境问题。但是，间接式治理带来利益平衡难题，精英运作易侵蚀乡村社会信任；乡村两级易形成庇护—附庸关系，村组织受到干扰难自主治理。缺乏必要、自主的治理资源，村组织无能力供给服务，难通过自治推动治理。不少村民关心的村务出现管理真空，村组织悬浮化及村治的脱嵌化，带来民心分散、集体事业荒废的结果，村民缺乏自主转变的意愿和能力。

三是内生治理能力弱化。环境治理需要明确基层治理主体，民主选举的村组织应承担治责。刚性考核能促进公共品供给，提高生活环境设施的建设水平，但难推动村组织向下开展自治，村民关心的环境问题易被忽略。即使国家推动基层治理内容转型，通过政策资源下沉推动农村环境治理，基层组织的落实问题也难被理解，更难推动村民环境行为的改善。当然，有的地方为减轻财政负担，提升村组织的工作能力，会推动治理单元重组。合村并组既扩大了治理单元，同时增加了村治空间事务，打散原有的社会自治网络，削弱了羸弱的自治功能。与其对应的是，随着农村卷入现代化进程，村民生活从乡土转到城市，村规民约的约束力式微，村民越发不在乎他人看法，行动方式

---

① 耿羽：《“输入式供给”：当前农村公共物品的运作模式》，《经济与管理研究》2011年第12期。

越发自由无序，会影响公共领域环境。典型例子是，热心群众想为环境治理做贡献，被周围的邻里有意泼冷水，贴上“多管闲事”“无事献殷勤”等标签，造成内生治理动力缺失。

二 环境政策执行的困境

新时代农村环境治理事务，既源于自下而上的事务变迁，又源于自上而下的治理要求。环境治理的现实是，基层政府想办好事，却出现政策绩效差，治理成果难持续的难题。究其原因，是当前环境治理呈现任务性。“任务”是指政策通过科层组织分解，以必须完成的要求交到基层组织手中，政策下沉伴随治理资源下沉。基层政府既要面对科层考核，又要协调政策过程和执行结果，当基层缺乏有效的衔接转换策略，政策落实就易出现“最后一公里”困境。为更好阐明农村环境治理问题，本部分以“厕所革命”基层政策执行为例进行说明。厕所革命是农村人居环境整治三大工程之一，是基于现实农村环境问题提出的重要民生措施。对厕所革命的基层执行过程进行梳理，有利于以点带面廓清当前农村环境治理的重点难点。

（一）政策内容忽视事务属性

2015年，习近平总书记提出推进农村“厕所革命”，将厕所改造作为乡村振兴具体工作。“厕所革命”一词最初指向对旅游景区公共厕所改造，后来逐步扩散至农村指向公厕户厕改造。2018年底，中央八部委印发《关于推进农村“厕所革命”专项行动的指导意见》，指出当前厕所革命的重点和难点都在农村，同时提出厕所革命的目标、原则及任务。围绕中央下达的重点任务，地方如火如荼贯彻落实。2019年7月，四川省发布《关于做好2019年农村人居环境整治重点县和农村“厕所革命”示范村建设项目实施工作的通知》，对农村人居环境整治行动——厕所革命进行安排，提出实施重点环节和整体工作要求。

2020年6月，四川省G市N区发文明确农村户厕规划建设、改造提升和管理维护由区农业农村局牵头负责督促指导，各乡镇（街道）负责辖区内的组织实施，省厅下达到N区的“厕所革命”整村推进项目任务涉及30个示范村近9000户，配给的财政下沉措施要求厕所改造全区范围覆盖，并附上相应的验收标准与检验要求，厕所改造后会有省市领导来验收。N区“厕所革命”是环境治理政策的基层落实缩影，国家将农民的环境诉求和政策目标捆绑，通过外输资源和层级下沉推动农村环境改造。环境治理需要对外输资源进行再分配，直面环境事务小微性、外部性、价值性和任务性。虽然近年来农村卫生厕所普及户数呈现指数增长态势，但“厕所革命”不可持续、建设成本高、群众意见大等问题经常被报道，反映出农村环境政策基层落实过程的问题。N区政策过程遭受许多困境，具有案例研究的典型特征，本节将以N区为例进行分析（详见表5－1）。

表5－1　　　　**G市N区农村“厕所革命”相关政策**

文件名称	印发单位	发文时间	相关内容
关于推进农村“厕所革命”专项行动的指导意见	中央农办等八部委	2018.12	目标：切实增强农民群众的获得感和幸福感，到2020年中西部有较好基础、基本具备条件的地区，卫生厕所普及率达到85%左右 内容：指导性地说明基本原则、重点任务。可以县域为单位合理确定农村改厕目标任务、因地制宜编制方案、各级财政以奖代补
关于印发《G市N区2019年“厕所革命”实施方案》的通知	G市N区人民政府办公室	2019.6	目标：明确全年农村户厕与公厕改造任务、界定工作目标 内容：农村户厕的规划建设、改造提升和管理维护由区农业农村局负责督促指导
关于做好2019年农村人居环境整治重点县和农村“厕所革命”示范村建设项目实施工作的通知	四川省省农业农村厅	2019.7	目标：明确各县（区）改厕村名单和改厕户数。基本实现无害化厕所普及率90%以上 内容：①给出财政补助标准方向；②指出重点环节及总体工作要求；③各地根据实际确定具体内容编制方案

续表

文件名称	印发单位	发文时间	相关内容
关于加快推进2019年农村人居环境整治重点县和农村“厕所革命”示范村项目实施的通知	G市农业农村局	2019.8	目标：完成省级下达目标 内容：要求及时完成项目实施方案编制、摸清底数建档立卡、提出工作要求
关于进一步完善2019年农村人居环境整治重点县和农村“厕所革命”示范村项目实施方案的通知	G市农业农村局	2019.8	目标：进一步完善项目实施编制方案 内容：明确实施方案报送要求，给出编制提纲
关于印发《G市N区2019年农村“厕所革命”示范村项目实施方案》的通知	中共G市N区委农村工作领导小组办公室	2019.9	目标：完成省级下达目标 内容：明确建设标准、建设方式、资金补贴、管理验收等内容

资料来源：课题组根据调研资料自制。

厕所革命有两大目标：一是政治目标，即实现“美好生活”，获得“群众满意”；二是具体目标，即以G市提供的验收标准为依据，上交检验报告。N区农业农村局在执行政策时，瞄准的是第二个目标。政策规定有具体时限，涉及的群体广、内容多，政府要按照查验清单逐条落实，项目查验主要看户厕资料是否规范全面：①建设资料，通过资料了解施工建设程序规范，包括验收办法规定的内容、施工前中后的照片等；②资金情况，了解自筹资金是否到位，咨询以工代付情况；③建材质量安全合格证明资料，包括预制产品质量说明书、质量合格证、检测报告等。现场验收采用比对改厕方案的方式，既看地下构筑物又看地面建筑物：①厕屋位置选择，地面、墙体、地下部分是否按照技术要求施工，是否符合设计标准要求；②便器及冲水设施安装是否符合设计要求；③化粪池使用效果情况。项目验收对文书材料和项目标准要求严格，N区要将大量精力用于文书制作及硬性设施建设。

（二）政策执行的治理困境

“最后一公里”指向政策的基层执行问题。基层政府作为政策任务主要承担者，负责将自上而下的资源供给转化为治理绩效。从科层组织的角度来看，基层政府只需机械化执行政策，然而，面对农村环境事务治理的复杂情境，尤其是环境治理事务多重特征，基层政府不得不对多重困境进行回应。N 区农业农村局作为基层职能主体，承担落实上级政策的重要任务，实际政策执行过程却层层受阻，在政策执行的各个阶段，农业农村局面临不同的困境。

1. 执行主体协同困境

政策执行责任通过层层下沉落到 N 区农业农村局，其首要任务是确立具体的实施方案。一是要将上级任务转化为清晰目标，确立执行方案明确推进手段；二是要联系下辖的乡镇与街道，动员相关单位形成合作关系，划清不同主体的权责关系。具体协调落实过程，农业农村局遇到协同困境。

一是区级部门割裂，难以形成配合关系。厕所革命涉及的内容较复杂，既需要对村庄内的村民旱厕户数进行统计，又需要针对村社具体环境，选择合适政策执行方案，需要满足自上而下的财政落实要求，需统计、住建、财政多个区级部门，与平级的农业农村局合作协同治理。负责厕改专项的周局长协调相关部门遭遇梗阻，致使厕改方案迟迟难以定夺。周局长只好找到区直管领导，阐明厕改的协调执行困境。① 最终，区委政府召开厕改专项工作联席会议，咨询厕所改造供应公司，推动政策执行方案确立。结合周边实施“厕所改造”的区县方案，决定建设三格式户厕模式，既方便统一施工标准，又确保农户间大致统一。基于政策文件提出要求“群众参与”，资金方面要求居民“比例自筹”，N 区农业农村局采用“四免四出”资金筹集方式。② 针对资金筹资比例，农业农村局向区上汇报，又与区财政局协调，与村镇代表多次讨论，最终确定筹资比例为财政补贴 90%，村民自筹 10%，每户村民承担几百元。

二是村镇改厕意愿不高，试点工作难以推行。为了推动政策基层

① 陈家建、甘瑞霖：《县域治理中的协调型部门——对 D 县发改局的个案研究》，《社会科学研究》2021 年第 2 期。

② “四免”指的是低保户、贫困户、残疾人户（一、二级）、特困户等四类农户免交个人应承担的费用；“四出”指的是非四类农户集资方式可以采取有钱出钱、有力出力、有物资出物资、有服务出服务的方式折资筹集。

执行有效，周局长准备选择几个村进行政策试点，考察具体的改造实施情况，争取将改厕做出亮点来。但当周局长联系下辖乡镇，表示区上有改厕的惠民工程，要选择有意愿、有条件的村，不少乡镇领导表示，不愿意主动承接惠民项目，区上可直接联系村组织，当然，村组织意愿同样不强烈。原因是当前乡镇和村组两级日常工作量大，突发工作、应急工作、文书工作堆积成山，乡镇本就对应多个条线，承接多项中心工作，没有余力再承担。村干部大多是乡镇选出的中坚力量，同样需要承接乡镇下达的条线工作，村组不愿意再增加负担。为推动改厕工作有序推进，周局长只得和直属领导商量，将区里的商业仓储项目和厕所革命试点工作捆绑，再说服乡镇有实在的利益，乡镇终于同意改厕工作。

政策启动阶段是后续执行的基础。在政策启动阶段，N 区农业农村局需要将模糊政策转换为清晰的目标，并确立多元主体协同制定政策执行方案。然而，条块主体割裂的现实，使政策决策出现协同困境。一方面条线部门间无法形成协同，政策在区级难以有效转化；另一方面上级和下级主体难以配合，导致执行方案难清晰明确。

2. 介入环境治理困境

确立具体方案和执行对象后，政策落实要基于相关程序。首先是对政策的宣传。N 区农业农村局将政策执行方案向下转发，按照政策要求村干部进行宣传，保障每户村民都了解厕改政策，并基于政策原则收取自筹资金。令 N 区农业农村局没有想到的是，政策宣传后村民表示反对。村民不同意的原因有三点：一是村民秉持传统观念，认为旱厕使用无任何缺点，不愿意改变多年的如厕习惯；二是对“厕所革命”的意义不理解，认为政府是在做面子工程，对村民们来说没有收益；三是改厕需要自筹 10% 的资金，村民不愿意出资改厕，希望政府能直接出资。

村民反对造成政策执行阻滞，主要体现在两个方面。第一，村民反对带来政策合法性缺失。从政策出发点来看，厕所革命是为了村社环境宜居，进而实现群众的美好生活，是以人民为中心的服务型政府的体现。然而，当政策指向村民的私人生活环境，在没有对农户意愿进行具体了解的情况下，基于行政强制介入要求私人选择，不具有社会合法性。第二，村民作为政策参与者，配合与否直接决定执行效能。对N区村民进行访谈，有村民表示不愿意配合，政府无权强行进入私人空间，哪怕改造环境目标很正当，在群众明确不配合的条件下，厕所改造政策难以落实。同时，农业农村局对厕所改造筹集资金，出现村民不愿意交钱的情况。对村民而言，厕所革命只是政府政策，自己是“被动”卷入政府政策过程，对厕所改造本身没有责任，政府应全权负责该政策。科层执行逻辑下的村民行为动机，直接阻碍厕所革命绩效达成。整体看来，村民既是政策执行的对象，同时是政策执行参与主体。政策要求村民进行自筹，需要自身付出利益资源，村民不同意就缺少执行资源；私人厕所改造要进入村民私人场域，村民有权拒绝政府直接进入，村民配合过程直接决定执行的效能。

N区农业农村局遭遇村民反对后，要求村组织针对村民展开动员，引导村民支持农村环境整治，宣扬“厕所革命”实施的优点。但是，不少村干部表示村民们很难听进去村干部的话，村干部深表无奈且无计可施。事实上，村民和村干部关系僵化早已存在。税费改革后，国家通过项目下乡建设村庄，带来精英治村和“私人治理”诸问题。虽然近年来各地加大整治力度，基层滥权和微腐败问题得到解决，但干群间友好关系没有相应产生。同时，伴随基层行政工作激增，村干部忙于应付上级考核，没有精力再和村民打交道，培育民主自治的过程少。

环境政策能否在基层有效落实，取决于环境供需的匹配程度。“厕所革命”政策假定改厕是村民有环境公共诉求，但是，村民的共有诉求和具体诉求不同。村民会理性计算成本，选择适合的参与策略。在强力工具失效的情况下，政府和群众构建起不对称的博弈关系。一方面，地方政府部门承接的是政治任务，政策执行好坏影响主体政绩；另一方面，改造对象关联的是私人厕所，私人配合程度决定着执行绩效，群众处于“讨价还价”优势地位。立足日常生活过程，多数村民无自我改造意识，不愿意为厕所改造花钱，如果政府没能做通思想工作，多数人觉得他们是在配合政府，政策供给就会出现“等靠要”现象，若政府工作做得不细致，村民很可能产生不满情绪。当涉及群众私人生活问题，政策的强制性就受到限制，出现嵌入式治理的一般困境。矛盾的关键在于，政府供给时将政策视作简单物品供给，环境事务治理需要对私人诉求进行考量，忽略个体情感认同导致政策执行阻滞。

3. 环境诉求协调困境

政策决策后就需要探讨执行过程。厕所革命工程却遇到技术难题——预期方案无法匹配私人生活环境，导致厕所改了用不了、改好了用不上、改了不方便等问题出现，再度激发广大群众的不满情绪。究其原因是前期制定的方案，农业农村局购置的是三格化厕所，政府确定“厕所革命”统一型号，不能满足农户诉求和改厕环境。有些农户家庭和三格化厕所型号不符，房前屋后没有足够的安置空间；有些农户长期从事畜禽养殖，户厕用三格式厕所不合适……总结起来有以下两方面原因。一是每个农户的家庭空间特征不同，地理条件的限制出现匹配难题，一些农户家庭空间狭小，缺乏安置空间。不同家庭硬件条件不同，需要政府异质化考量。二是村民的厕所功能诉求不同，有家庭有养殖诉求或者农业利用诉求，厕所使用是重要的环节，要考虑厕所社会功能，前期施工图纸只考虑工程问题，导致多数群众的不满，进而导致执行阻滞。

表面上看，政策执行过程遇到的技术难题，可以通过技术的修正进行解决。剖析农村厕所事务属性，会发现厕所改造工程嵌入村社，体现环境事务的小微性特征。地方政府提供的同质建设方案，没有考量群众利益诉求、建设地点差异等，造成管道长短不符合具体要求、建设场地无法满足基本要求，有些甚至影响群众日常生活。村民生活过程本身就受多重因素影响，村庄经济、文化、社会等决定村民生活方式，加上城乡关系变化、村庄结构变化等形塑村民行为动机，使得不同村庄村民生活方式具有较大的差异性和抽象性，连带引出环境事务具有不确定性。以村民生活多元性为前提，要想执行手段契合农村实际，就需要对村民生活过程有深入了解，选择契合性的统合治理方式。

4. 执行绩效维持困境

厕所改造是一项长期的基层治理工作，涉及后期粪池清洁、管理维护。如果只是推动建立户厕，村庄环境不仅不会明显提升，还会带来更多环境维系问题。如有部分村民向政务平台反映，村里河水绿地污染情况严重，“臭气熏天，难以忍受”。调查发现，后期的清理管护措施没有及时匹配，村民将废水随意排放致环境污染。周局长首先联系环保局，试图推动常态整治活动，避免污染进一步恶化。但是区环保局表示，进行整治活动没有意义，还容易遭到群众反对。一是用环境法规规制村民行为，首先要找到排放重大污染物的个体，能将肇事村民找到已很不容易。即使发现违规乱排放者，同样会出现各种扯皮，甚至导致村民们埋怨，不配合政府供给服务。制度难有效规制，就只能另寻他路。周局长只得将问题汇报给政府，希望通过财政拨款解决污染问题，但是区、县政府本就财政吃紧，后期维护又无涉政策绩效，政府提供财政支出存在困难。当然，一直依靠财政推动后期管护不现实，改厕还需寻求构建长期有效的维系机制。

三　政策执行的“三治”路径

立足N区的“厕所革命”落实过程，我们发现环境治理的问题，即重“改”不重“治”，重“标”不重“本”，使得政策悬浮化，与现实需求脱节。从政策势能有效转换角度分析，基层治理短板在于环境治理和任务承接不适配，当务之急是建构适配的治理机制，优化治理体系、挖掘治理资源、推动政策落地。

（一）政策执行嵌入事务治理

当前环境政策执行面临“最后一公里”困境，根本原因是政策和治理逻辑矛盾，政府以完成政策任务为导向，未考量环境事务内涵与特征。从有效治理角度看，农村环境治理有三重目标，即激活自治主体、重构价值关联、建设村庄公共性，只有当政策目标呼应环境事务，方能推动环境政策有效落地。

一是激活自治主体。虽然国家下沉资源的力度增加，但基层治理方式没有更新，仍然难满足环境事务治理要求。具体到环境政策执行过程，政策执行架构非常重要。虽说政策执行主要由科层组织负责，面临具体的基层执行场景，在涉及群众小微事务时，还是需要村组织灵活运作，保障政策和复杂基层匹配。矛盾处在于，环境事务的固有属性，要求基层干部发挥自主性，行政组织强制介入解决，易引出事务变异风险。日常环境事务没有解决，就会出现干群情感的疏离，农业农村局要发动村干部动员村民，村干部同样表示无能为力。村治的重要性在于，村干部和村组织作为自治主体，可以介入小微性、价值性的环境事务，成为诉求收集、资源整合的关键层级。积极挖掘基层自治主体，保障村社自治主体性，方能激活自治的潜能。

二是重构价值关联。环境治理“最后一公里”困境，源于村治组织的悬浮化，村治过程无法有效整合诉求，难以与上级组织有效协调，加上资源输入注重规范建设，未能提供村民表达意愿的合理空间，导致资源输入难以契合村民诉求。从 N 区的村民表现看，他们有利益表达和价值表达的意愿，不仅希望政府能进行物质性回应，还希望得到情感回应解决其困惑。当政策目标只是完成工程任务，不注意调控村民情感认知时，就会带来村民的不满意，氤氲成集体不满情绪。环境事务具有价值性，村民可能出于利益计算，成为环境治理钉子户，可能是主观上不理解，对现行环境感觉不错，不愿参与政府“折腾”事务。环境治理需要介入村民情感认知过程，引导和激活村民判断与政策目标相符合。

三是建设村庄公共性。村民不在乎人居环境状况，体现的是村社“公共性困境”。公共性缺乏表现有以下三点。①体现在村庄公共性缺失上。村民退回至原子化家庭，认为只该管好自家的“一亩三分地”，个人以外的事务理应由政府和村组织管理，日常生活讲权利而不讲义务。②体现在村民的政治冷漠上。基层治理的行政化发展，使得治理制度越发刚性，与村民的利益关联减少，结果是，只要不涉及个人切身利益，对村组织的行为漠不关心，对公共事务治理不再关心。③体现在村庄信任危机上。村组织无论是对上还是对下，均采用形式化方式应对，致使正常服务效果不佳，村民对村治心有不满。加之村庄共同体瓦解，日常生活缺乏社会权威，出现矛盾后诉诸村组织，带来“去政治化”的回应过程，[①] 村民对村干部的不满加剧。环境治理需要构建村庄公共性，完善村民与村民、村民与村干部的社会

---

① 李祖佩：《项目进村与乡村治理重构——一项基于村庄本位的考察》，《中国农村观察》2013 年第 4 期。

网络，将个体转变为环境治理有生力量，避免“无公德的个人”现象产生和扩大。

（二）“三治”协同促进有效执行

基层环境政策执行，应考虑如何介入模糊的村庄生活，如何协调差异的村民诉求，如何执行促进群众满意。面对不同阶段的政策执行难题，农业农村局积极寻求破解方式。

一是推动情感治理，化解村庄生活进入困境。部分村民到乡镇集体上访，N 区就指派人员了解来访人员的诉求。厘清改厕的难点是群众不愿意，关键是做群众工作获得理解，N 区就基于平等的身份，与群众进行沟通协商。首先，N 区农业农村局发动村组织积极行动，动员和支持老党员、老干部做群众工作。他们是村里的“五老”群体，对村庄的“人”和“事”认识充分，长期基层生活积累有声誉，有公心、有热情做公益事业。农业农村局负责人亲自联系，表达改厕政策精神的同时，讲解各个层级的改厕政策，强调党员模范带头作用。经过多轮的政治社会动员，村里有 10% 的老人行动起来，走街串户和邻居交谈引导，总算扭转部分人群意愿。

一方面，村庄有很多潜在资源可以激活，N 区发动退休干部、党员及积极分子，通过群众带动群众和以点带面方式，层层递进塑造群众的政策遵从。另一方面，群众间的非正式网络仍然存在，走访、劝说、交流等情感表达，易激活自治主体参与热情。通过社会活动激活村社“面子”，勾连村民的私人伦理情感，对村民的认知进行引导，塑造政策与村民的多维联系，尤其是基于公私利益融合载体，构建政策与村民的价值联系，就能实现环境政策有效落地（详见图 5－1）。

二是推动共识协商，化解多元诉求协调困境。为解决村民家庭空间和三格化粪池匹配问题，N 区农业农村局向村民承认“厕所革命”细化决策不严谨，自我批评事先没有了解清楚基层的情况，邀请村民主动提出自身各个方面的诉求，承诺在更改方案时一定会认真考虑。鉴于“厕所改造”工程涉及众多的利益相关者，农业农村局牵头组建临时会议小组，包括户厕供给公司、住建局、农业农村局及村民代表，反复共同商讨后续政策落实工作。

会议给村民提供表达途径，村民代表反映出三个问题：①村庄地

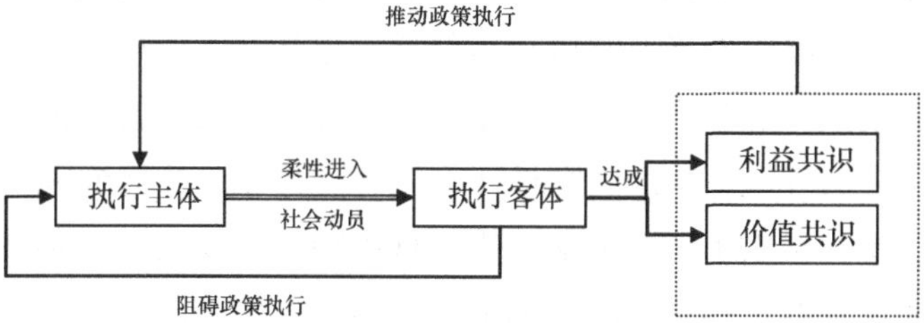

图 5－1　情感治理推动政策执行的转换逻辑

资料来源：课题组根据调研资料自制。

理条件差，许多农户的房子建在坎边、崖边，重修或者安装成品的三格化粪池空间不够；②搞畜禽养殖的农户占比多，改厕不符合他们的发展利益；③水泥盖板太重了，清理起来很费劲，在村户多是老年人，不容易将其抬起来。另外就是群众的环境诉求多样，不少人表示对专业技术不了解，需要住建局和改厕公司多做解释。在与施工团队多次商量后，农业农村局询问村民的意见，拿出修改方案并上会讨论，最终达成一致执行方案，即使用双瓮漏斗的样式，少一个格沉淀发酵，将盖板改换成不锈钢，既节省了占用的空间，又能满足村民需要，材质还轻便耐腐蚀。同时，农业农村局向村民们承诺，只要建设过程出现问题，直接找到村干部反馈，最终目标是群众满意。N 区的努力得到村民认可，反对者看着邻居都干起来，着急向村组织申请报名改厕，后续施工遇到的阻碍相应减少。

表面上看，N 区农业农村局的政策执行，遇到的困难是方案不当，可通过技术修正解决，但实事求是地剖析问题产生的原因，其实是没有注意到环境事务属性。政府提供的同质化建设方案，没有对基层异质性充分考量，造成管道长短不符合具体要求，场地方案无法满足现实情况，建设过程影响群众日常生活。不仅仅是厕所改造要考量异质性，一切关乎居民生活体验的政策，都不仅要分析“事”还要考虑“人”。N 区组织会议实施“临时性”自治，从事实层面弥补了主体缺失和自治缺失问题，体现出两方面协商治理内涵：一是促进诉求表达。协商过程可反映群众诉求，实现对异质诉求的统合；二是推动协同治理。协商是寻求出路的途径，不同诉求寻求治理共识的同时，通过专业人士的把控和建议，能形成可行的协同治理方案。

三是构建组织网络，化解执行绩效维系困境。“厕所革命”不仅包括设施改造，还包括后期的设施管护。为避免村民乱排放污水，营造良好的人居环境，N区建立村社自主管理体系。N区农业农村局的做法，主要包括以下三个方面。①村域内招标，发动有兴趣或外出务工人员回乡置业，推进村域粪池清理、污水运输处理供给。申请到上级政府的承诺后，农业农村局提出五年内提供补贴，前提是污水运输处理量达到考核要求。招标后不少村民开始应聘，由区级筛查个体资质，保障能够完成运输任务。有些村庄没有符合条件的村民，就动员邻近村有能力者负责。垃圾清理的人力工资、运输费用等由村社自主承担，区级整体把控价格区间，动员村民自筹一部分。粪池清理和污水运输落到每家户头，承接者可以精细化供给环保服务，不愿购买服务的村民需要自主清理。②召开村民代表大会，商讨制定规章制度。即使提供市场类环保服务，还是有不少村民想钻空子。农业农村局牵头举办村民大会，下沉基层落实村规民约，共议乱排污水惩罚力度。村干部强调村庄环境治理的重要性，激活村民心中的公共环境意识。各个村民各抒己见，表达自己的诉求。有的村民确实家庭困难，生活不便交不起费用，由有能力的村民共担。③建立村社巡逻小组，负责任务具体落实。为了让村规民约真正发挥作用，农业农村局引导建立村社监督制度，村干部和村民轮流组成巡逻小组，定期对村域内环境巡查，如果发现村民乱排现象，找到源头就要通报批评，并按照村规进行罚款。找不到源头也要开会告诫，说明发现的地点时间。

通过部门下沉与村社合作，N区构建起组织监督网络。参与购买服务的居民，实际是对负外部性付费，他们会更加重视周边环境。巡逻小组的成立、村规民约的发力，会增强村民的公共意识，提高失范行为社会成本。随着嵌入性规则的落实，巡逻小组的工作逐步变得轻松，乱排粪水的情况减少直至消失。事实上，如果发现环境污染，邻居就会主动反映，不少村庄形成互相监督约束，形成美丽家园建设氛围。当相关村社不文明行为快速减少，“厕所革命”政策执行成效就会长期维持。

第二节　自治下沉与小微事务治理

农村环境治理事务可分为两种类型：一是基本公共品为核心的“任务治理”事务，具有规范性、整体性、阶段性、大范围实施特征；二是日常环境维持为核心的“小微治理”事务，具有日常性、不规则、局部性等特征，通常和群众日常福祉密切相关，没有硬性的指标治理规范。对多数的一般农村而言，环境治理的重心在后者。伴随城市化工业化进程，一般农村社会结构转变带来环境乱象；税费改革及其乡村体制改革，弱化了环境失范行为的规制，结果是小微项目落地难、小微诉求满足难、小微规则维系难。不同于“任务治理”导向的基层环境政策执行，一般农村环境事务通常边界模糊，具有人—事结合的事务属性，既有治理单元无法激活乡村德治力量，基层就难形成共同遵守的环境规范。湖北省秭归县为提升环境，推动治理单元下沉匹配社会单元，构建农村小微环境事务治理场景，形成氤氲至基层整体的治理氛围。本节以秭归县的“幸福村落”建设为例，试图探讨德治主导的微治理问题。

一　农村环境治理背景

中西部一般农村指经济仍以农业为主，基本保留传统乡村样态的村庄。有研究估计，一般农村占我国农村总数的95%，[①] 一般农村的日常环境治理水平，不仅关系农村整体面貌，更影响广大农民的幸福感。进入21世纪后，得益于逐渐增多的国家转移支付，一般农村水电路气等基础环境设施建设水平显著提升，日常小微环境却出现治理瓶颈。

（一）农村环境治理现状

一般农村虽大体保留乡土社会诸特征，却面临空心村带来的诸问题，典型情况是，熟人间交往密度下降，社会网络出现“结构

① 贺雪峰：《谁的乡村建设——乡村振兴战略的实施前提》，《探索与争鸣》2017年第12期。

洞”，村民变得日益原子化、村庄交往日益功利化。环境村治主体的缺失，使集体行动难达成，个体环境行为失范。一是环境问题缺乏村治主体。城市化导致村治精英流出村庄，村治主体要从留守人群中选择。选出的村治主体不愿治理环境，毕竟，村庄社会网密度变低，参与治理的社会收益少；非正式网络逐渐去公共性，意味着难以用舆论治理；留守主体个人能力有限，传统村治的合法性资源减少，村干部尽量选择“少惹事”，环境治理的成本提高。二是环境治理集体行动难达成。一方面，传统村社结构变迁，以血缘为基础的共同体凝聚力下降，环境建设集体行动难以为继；另一方面，受制度环境的影响，市场和政府没发挥主体作用，没能及时供给环境产品。三是非正式环境规范难维系。当村民有长远的生活预期，就会自觉遵守环境守则。反过来，当农村卷入现代化进程，村民能从乡土转移到城市，就有背叛村庄规范的条件，村民行为越发个体化，不愿维护公私环境。

税费改革尤其是党的十八大以来，国家从资源汲取者转换为供给者，试图通过资源输入推动农村环境治理。基层环境治理目标是，村治与科层事务有机转化，组织下沉推动治理有效。不过，受政府治理结构变迁的影响，环境治理出现两重问题。一是治理的内卷化。环境治理规范化的后果是，村干部将精力投入服务事项，着眼于留痕和应对上级考核，不再是有温度和耐心的解释。当组织缺乏和村民的常态交往，年轻干部就会只认识小组长，村民对两委班子不熟悉。关联环境事务要做工作，村民会借机发泄不满感。二是治理边界错位。农村环境治理的重心，是处理日常琐碎问题，治理手段要求非强制性和广泛性，大多依赖村庄内生治理资源。当地方基于财政节流的考量，合村并组、撤乡并镇、分流人员等，就会带来环境治理单元变迁。弥散的社群关系加大环境治理矛盾，行政村村组织有事权但缺乏实质治权，使得村干部投入不少的时间精力，但是环境治理的效果不明显。

（二）小微事务治理困境

一般农村环境治理的核心是“小微治理”，关联小微项目、小微诉求及小微规则。内生资源及外生治理的双重作用，使环境治理难以实现三重目标。一是小微项目难落地。乡村振兴背景下，大量外输资源和政策供给，用于农村小微环境治理。涉及群众利益的小微项目，需要村庄配套与村民自筹，项目化治理试图“四两拨千斤”。[①] 但是，村干部数量缩减带来治理能力不足，动员缺位导致钉子户问题突出，组织悬浮弱化干群常态联结，使得“多数人要办的事，少数人阻拦成功”。二是小微诉求难满意。一般农村环境事务不规则且嵌入村民生活，环境诉求通常细小琐碎广泛分布，家里庭院、门前屋后是村民关注的重点。伴随村治组织悬浮和治理单元扩张，村干部缺乏精力治理环境问题，遑论对矛盾问题和小微纠纷的疏导，村民对村治的失望，会生长和积累怨气，激化越轨行为产生。三是小微规则难维系。规范的瓦解表现有三：一是体现在个体退回家庭，与村庄外部分界明确；二是村民不愿意参与公共环境治理，只要不涉及自身利益就对外界不关心；三是村民对村治主体失去信任，规制个体行为缺失合法基础。加上村社缺乏治权，村民有权无责和村组有责无权，不文明环境行为逐渐增多。

二　小微事务治理探索

秭归县隶属湖北省宜昌市，辖区多数农村属一般农村。为破解农村环境治理困境，秭归县自 2012 年起开展治理改革，借鉴“杨林桥经验”建设“幸福村落”[②]，旨在重构县域治理体系，将行政村优化为 N 个村落，以“村落理事会”为组织载体，发动“两长八员”参与治理，推动环境质量的整体提升。

（一）政府重构自治单元

秭归县 2005 年进行“合村并组”，行政村数量缩减至 186 个，村

---

① 折晓叶、陈婴婴：《项目制的分级运作机制和治理逻辑——对“项目进村”案例的社会学分析》，《中国社会科学》2011 年第 4 期。

② 杨林桥镇地处秭归县西南部，是典型的山区农业乡镇。2002 年前，镇辖凤凰岭村下名为铁炉冲的自然村，仅有一条悬崖上开凿的小路与外界联系。2002 年，11 户 42 名村民自发组织，推举袁学商为领头人，在悬崖上开凿出一条山区公路。2003 年，受到该事件启发的杨林桥镇引入“社区”概念，组建农村社区，成立社区理事会。杨林桥镇 14 个村成立社区 306 个，共选举出理事会成员 1028 人。新型农村自治结构被称为“杨林桥模式”，曾在秭归县全县范围进行推广。

民小组数量减少了1/2。据秭归县统计，合村并组后一个村组织要负责28平方公里的环境治理职责，流经水域及公共道路需要村组负责，管理的居民数量达到5000余人。治理单元扩张带来两大问题，一是干部和事务比例的降低，带来村治工作量的激增。干部每天要抓拍点位环境，发现环境问题并及时上报，接收各类污染举报电话。二是单元治理范围的扩大，使组织群众变得困难。秭归县最大的G村，面积有49.5平方公里，村民只有七百余人，属于地广人稀、居住分散。讨论环境专项资金使用情况，小微项目难惠及全体村民，治理共识更是难形成。另外，秭归县的海拔极差能达到1529米，形成“高山核桃、半山茶叶、低山柑橘”结构，有些村庄产业分布层级不均匀，环境项目经常和农产挂钩，易遭遇农户阻拦难施行。

为解决农村环境治理的规模困境，秭归县借鉴“幸福村落”建设模式，对行政村基层治理单元进行重构。具体说来，根据“地域相近、产业趋同、利益共享、规模适度”原则实施改革。各村根据历史、地势、人口、习俗、产业、环境特征等进行划分，村民代表大会同意后即执行。秭归县全域12个乡镇186个村，划分为2055个自然村落，每个村落占地1—2平方公里，大约有30—80户居民居住。农村基层治理单元增加903个，增长了78%；村落平均服务面积达到1.18平方公里，相较村民组平均服务2.4平方千米，服务范围缩小近51%。从村治小微单元的划分结果看，实际是以“行政村—村落”架构，替代原有的“行政村—村民组”架构。村落是村民生产与生活的基本单元，有相同农耕作物和地域文化，习俗文化和亲情文化几乎一致。村落内村民关系密切，平时不仅日常来往频繁，而且受地缘关系的影响，有更强的利益连带性。[①] 相较行政村的一元治理，村落治理有多重意义。①利益冲突单元转化为利益整合单元。产权单位相关甚至相同的农民间，更易形成紧密的利益关联，从而为自治有效实现提供经济基础。[②] 行政村人口密且产业多，村组织发动形成利益共识

① 余练：《农村基层微治理的实践探索及其运行机制——以湖北秭归县“幸福村落建设”为例》，《华中科技大学学报》（社会科学版）2017年第6期。

② 邓大才：《村民自治有效实现的条件研究——从村民自治的社会基础视角来考察》，《政治学研究》2014年第6期。

成本高，小微村落交流和说服成本低，且村民的利益相近又高度关联，整合型利益共识更易于达成。②服务型单元转化为自治型单元。秭归农村底层单元经历了生产队—小组—社区—村落的变迁过程（详见图5－2），相较原先的行政村社区，村落实现服务单位向自治单位转向。如社区侧重自上而下的资源输入与环境服务，会推动道路维护、河流清洁等，村落单位更重视村落治理与发展，更强调村落环境的自我保护和完善。

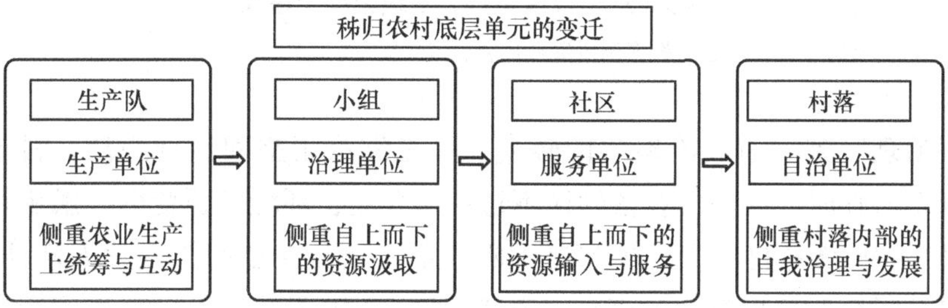

图5－2　秭归农村底层单元变迁

资料来源：课题组根据调研资料自制。

（二）建立三级组织架构

治理单元下沉实现厘清小微治理边界，但还缺乏组织对小微环境事务治理。当行政村社区的悬浮状态没有解决，不能期待村落自主发育出来治理组织，激活村落实现结构重组很有必要。秭归县构建“双线运行，三级架构”结构，双线是指党组织和自治组织两条线，三级架构指党组织和自治组织各分三层，形成“村党组织—村落党小组—村庄党员”和“村委会—村落理事会—村民”三级架构（详见图5－3）。具体而言，乡镇党委对村党委具有领导权，一般来说村支部书记和村民委员会主任是一肩挑，秭归县一肩挑的比例达到98%；乡镇党委就可以直接领导，积极推动党小组组长进入村落理事会，依托党小组组长威信和能力的发挥，推动党小组为村落理事会补充力量，完善村落理事会结构，鼓励有公心的党员承担重要岗位，形成村落小微事务的治理组织。

村落理事会的建立让村落治理有组织载体，实现环境治理从“悬

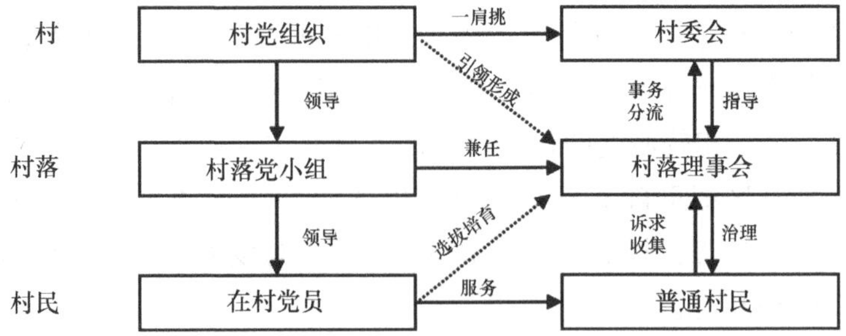

图 5－3 “双线运行，三级架构”框架

资料来源：课题组根据调研资料自制。

浮治理”到“直线治理”的转变。一是缩小了空间治理距离，村干部不必耗时于路途，村落辖区不过一两公里，环境问题变得“触手可及”。W 镇 C 村原先环境问题不断，不光是公共空间长期没人清洁，导致村民普遍抱怨“河流臭、道路脏”，还出现在他人后院里倒厨余垃圾，村民不满上报却因没有实质证据不了了之，村民有“气”没地方发泄的问题。村落理事会成立后，农余时间理事会成员随处“溜达”，发现不文明事情直接点出，井盖翻起或垃圾桶倒下的事，理事会成员会随手解决。乡镇干部感慨“像是多了双眼睛，同时多了双手”。二是小微组织推动规则形成，并保障规则落实。村落理事会积极有为，建立共识基础上的村规民约，附带有一定的奖惩规范，同时负责奖惩的落实。如 C 村定期对村落环境打分并划分八个等级，评分高的村落会给予一定奖励，评分较低的村落则不会。村落理事会为提高治理绩效，建立“村规民约”来规范村民的行为，如明确垃圾收集点位、明确农具堆放点位。在村组织奖励的基础上，对表现好的村民给予奖励。三是村落理事会作为“中间组织”①，能收集整合农户小微诉求，在力所能及自治完成的基础上，解决不了的就上报给村组织，形成天然的事务分流机制。L 镇某村落有村民种植柑橘，但缺少灌溉系统的问题村落理事会无法解决，就上报给村党委并再次上报，

① 吕方：《再造乡土团结：农村社会组织发展与“新公共性”》，《南开学报》（哲学社会科学版）2013 年第 3 期。

乡镇同意后补贴了一部分，再由村民自筹解决问题。L 镇党委书记说："理事会是将村民联系起来，能解决的就自己解决，不能（解决）再向上反映。"

（三）引导乡贤参与自治

合村并组导致大量村干部和小组长退出，"谁来治理""如何治理"成为村治的重要问题。事实上类似秭归县的一般农村，除村组干部外还有社会能人，如退休干部、老党员、老教师。他们热心助人、德高望重，大多已完成人生任务，经济上没有什么负担，有独立的闲暇时间。出于对"生于斯长于斯"的家乡的热爱，愿意增加生活乐趣实现价值，愿意为公益建设贡献力量。但由于缺乏有效的组织，没有发挥作用的平台，内生力量难以被动员，德治资源呈现散漫状态。

秭归县注意到"负担不重的人"大多是相对低龄衣食无忧的老人，有精力、有时间、有参与的热情，依托构建"双线运行，三级架构"，吸纳他们到村落理事会中，逐渐形成"两长八员"的自治型职责分工（详见表 5－2）。其中，党小组组长和理事长总理村落事务，下设监督员、经济员、张罗员、宣传员、帮扶员、调解员、管护员与环卫员。具体到环境治理领域，管护员和环卫员统揽村落环境工作。环境治理是综合性较强的工作，有时需要项目落地、政策宣传、矛盾调解等，"两长八员"大多能对环境治理起推动作用。需要指出的是，"两长八员"经过多年发展，已从原来的 6—8 人转化为 3—4 人。究其原因是在实际运作中，两长八员职责易因交叉造就"虚职"。如某村落管护员和环卫员，负责区域大致相同，每日工作大体相同，加上应急类环境事务少，一人兼职两员更适合。

表 5－2　　**村落理事会"两长八员"职责分工**

职位	职责
党小组组长	1. 带头学习、宣传党的路线、方针政策，每季度组织一次党员学习、活动（可结合村落会议开展）；2. 带头执行国家的法律法规；3. 带头完成村落及村安排的各项工作；4. 带头支持、配合村落工作；5. 争创"五星级"党员和优秀党小组

续表

职位	职责
村落理事长	1. 服从、执行村党总支和村委会的领导，在村落党小组的领导下开展工作，组织理事会和群众讨论村落年度事项；2. 新农合、新农保、费用收缴；3. 农村低保的续保、新增扩面；4. 计划生育“三无”；5. 综治维稳；6. 森林资源管护及防火；7. 精准扶贫、精准脱贫；8. 惠农政策、资料的填写与发放；9. 参加村各种会议及各项中心工作，组织开展好村落会议
监督员、经济员	配合理事长，1. 组织动员按照“一事一议”和谁受益谁投资、群众自愿的原则完成1—2件大家所关心且涉及大多数人利益的事项；2. 组织培训和产业发展；3. 积极参与协调，做好村及以上项目的落实、施工；4. 监督各种涉及村民投资出劳的正常收取费用及使用；5. 监督农民负担卡的发放及涉农惠农政策落实情况
张罗员、宣传员	1. 组织开展精神文明建设和“六小”文化体育活动，组织村落会议，村落公示牌内容更换，各类文化设施设备的使用和管理；2. 协助开好村落各种会议；3. 收集典型材料向村上报；4. 负责红白事张罗并做好鞭炮、白色垃圾的有效处理；5. 农家宴申报
帮扶员、调解员	1. 掌握村落农户的基本情况，及时报告出现的特殊困难人（户），以及需要帮助解决的问题和理由；2. 主动对分散的“五保户”、空巢老人、留守儿童、低保户中的空巢老人、精准扶贫对象加强联系；3. 各类纠纷矛盾的调解；4. 对社会不稳定因素以及不能完全确定的事务进行排查并上报
管护员、环卫员	1. 村落的道路护养；2. 水池、水渠、河道、堰塘的管护；3. 公益设施设备：垃圾桶、垃圾池、洗衣池、路灯、路标识牌、钢护栏的管理和使用；4. 秸秆焚烧；5. 村落内所有环境卫生的组织清理、大扫除；6. 一季度组织一次卫生检查评比

资料来源：课题组根据调研资料自制。

“两长八员”制激活村落治理主体活力，作为村党组织引领的治理架构，能充分吸纳村落内的精英，对村落环境事务进行较好回应，主要通过两大治理方式实现。一是通过功能下沉实现权力下沉。合村并组及村民小组长取消，行政村承担所有治理功能，村组织事权扩张面临能力不足。秭归县建立“两长八员”后，村治力量由10人内变为50多人，提高了村域事务的覆盖治理能力，更重要的是通过治理功能划分，实现治权和治责的匹配下移。一方面，村落理事会的治理主体地位明确，选拔产生的两长八员有管理权，村民清楚有环境问题究竟应该找谁解决。另一方面，村落治理单元接近群众生活，带来村民参与途径的变化，村民可以直接参与治理活动。某村落的村小学王老师，因河流污染问题不满，得知村里招募村落理事会，就主动报名担任环卫员。王老师组织学生清扫河岸垃圾，和理事会成员组建巡逻队伍，对河流周边进行常态巡视。遇到上游流下来的废水，就会找村组织反映。二是吸纳小微精英激活治理效能。一般农村有不少细小琐碎的精英，称其为精英的原因各不相同，一些是村里公认的“长辈”，原先在村里担任职务；一些是在外地务工或者经商，积累经验且有所成就；还有些是某产业大户，在乡村周边发展。相关精英广泛分布，有号召力和公信力，但因缺乏常态参与平台，带来参与兴趣闲置。村落理事会建立后，通过民主推荐推选出村落理事长，再由党委监督保证代表群众。精英发挥作用方式有二，首先，理事长是自愿承担并受村民监督。责任意识是精英治村基础，需要治理主体具有高度责任感，需要对村落治理绩效负责。村落王某乐于助人、为人友善正直，被推选为村落理事长，带领开展环境综合治理，挨家挨户走访村民，了解居民诉求，说服发动群众，重点整治公路沿线堆积物、农户房前屋后水沟杂物和杂草，生活环境显著提升，群众对此满意，他持续连任。其次，精英通常具有社会威望，能代表村民表达诉求。某村第三村落是山核桃种植区，刘经理是典型的产业大户，他种植山核桃加工并销售，是山核桃种植户的代表，加上为人忠厚宽和，被选为村落理事长。他一方面教授农户种植技术，一方面积极指导防虫治病和污染管理工作，不仅使农业产品质量得到提升，同时避免了产业污染，得到农户的认可。

村落理事会对小微精英的吸纳，不仅实现了“代理人”和“当家人”融合，更形成了小微诉求与环境治理的村落协同整合。当越来越多的精英参与环境治理，村民对村落理事会定位有新理解，认为“村落理事会是代表群众的”，有什么事情都找理事长沟通，就能实现自治主体的村落自主治理。相较而言，村组织的行为稍微偏向政府，更体现半行政治理的角色；两长八员并不需要给付工资，一般只需要必要的机构开支，本身是低成本、高绩效的，体现着社会对村治的有益补充。

三　小微事务治理的深化

为激活环境治理微自治体系，秭归县基于村落单元，发动村落理事作为主体，通过“幸福村落”建设破解治理困境。“幸福村落”建设核心是“微治理”，即通过重构治理单元、重组治理结构、吸纳治理主体、激活德治效能，形成微单元、微组织、微精英的“环境微治理”体系，能破解一般农村环境治理共同体困境。

（一）保障协商治理空间

在村落理事会的组织和带领下，项目资金得到较好落实，环境小微项目较好落地，全县基础设施明显改善。据县主管部门统计，从2012年8月到2015年底，秭归县新修田间果园公路656条、1008.39千米，维修田间果园公路2048条、7098千米，新修水渠53062千米，维修水渠743234千米，新修水池9291口、1229518立方米，维修水池1966口、169683立方米，架设水管1757982米，垃圾填埋场4个，购置垃圾箱1.09万个，农村整体环境面貌得到提升，村民满意度水平显著跃升。小微项目有效落地的关键，是“幸福村落”建设提供了资源转换平台。

“幸福村落”建设以来，各县级部门通过项目扶持、政策支持和“一事一议”，加大村落环境专项事务的投入。县政府统筹发展改革局、移民局、国土局等部门的涉农项目资金，重点投入村落单元的环境设施建设，同时对项目实施程序进行优化。一是村委会负责承接进村项目，实施方案、线路规划、占地补偿、矛盾调节等，由村落委员会召集村民协商。W村收到拨付的20万元环境建设资金，想在第三村落建设综合供水设施，包含供水入户、农田灌溉和污水排放，既保障用水安全，又推动环境保护。但是项目落实需要村落自筹配套，需村落理事会和村民同意实施。动员过程有两户不愿出资，为维护大多数村民诉求，第三村落依照“谁出资，谁受益”原则，动员两户缺失的资金由全体村民补交，明确表示两户无权使用项目成果，最终推动项目落地。W村以第三村落的项目承接为例，总结三步走协商自治方案（如图5-4）：①村民理事会会议，基于村庄诉求收集决定是否进行项目承接，会议结束后对村民做思想工作；②利益协调会议，基于钉子户或者修路利益受损问题讨论，商讨是本人还是全体村民承担，确立项目建成后的权责清单；③全体村民大会，形成最终的方案。

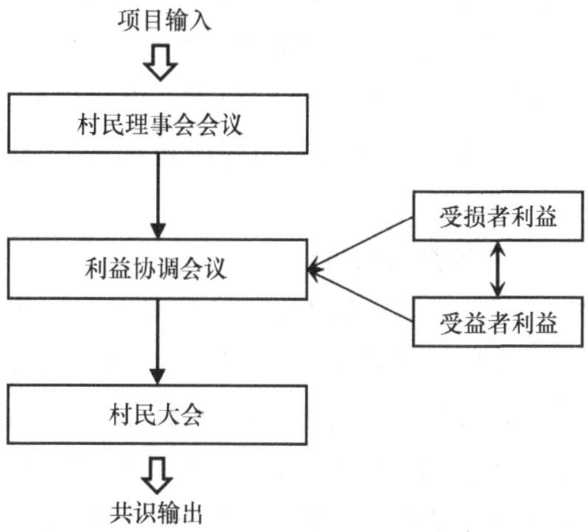

图5-4　W村项目承接协商过程

资料来源：课题组根据调研资料自制。

二是赋予村落理事会一定财权。首先，行政审批方面，过去两万元以上的项目要在乡镇三资管理平台上发包，调整为二十万元以下的项目由村自主发包，十万元以下的项目由村落自主负责发包。该做法不仅简化招标程序，同时转变项目的使用方式，以群众的需求为出发点，充分尊重农民的主体性，进而提高了资金使用率。其次，县财政每年给各个村落拨付一万元专项资金用于秭归“幸福村落”建设，作为村落治理的工作经费保障村落理事会的正常运转，如支付村落成员开会费用，支付相关水电费用，对优秀理事会予以奖励。资金使用明细在村落公开，常态接受村民监督和咨询。最后，县财政每年给行政村拨付一万元“以奖代补”资金，专项用于行政村奖励治理良好的村落，激发村落开展民主治理的积极性，资金由村落理事会与村民商议使用。在公共项目输入条件下，理事会治理资源增加，村级治理活力被大大激发。①

三是党委和村民对村落理事会进行监督，保障项目落地过程合理合法。上级政府退出资金支配过程不代表退出监管，为保障项目资源的正常流向，必要的审计监管不可省略，群众同样要对村落理事会进行问责，环境建设过程发现问题要反映。G村第二村落承接水域污染治理，聘请专业机构进行垃圾清捞，但是水域还是不时有异味。居民向村落理事会反映，理事会不清楚情况就上报镇村，调查发现是上游村落排放废水。通过督导监察全河段治理，镇村合作组成理事会联盟，相互监督、相互促进，最终成功解决该问题，化解村民的治理误会。

（二）“德治”力量参与治理

“幸福村落”建设以来，秭归县环境治理水平显著提升，得益于低成本的村落治理体系。税费改革后，伴随乡村体制改革，项目资源下沉增多，农村环境问题治理任务相应增多。村组早期的环境治理，治理成本高而且效果差。随着村庄步入原子化时代，村民划清个人和集体边界，村庄社会关联相应降低，构建新型组织联结村民手段，成为基层治理的基本命题。秭归县划归村落单元，实际是形塑治理边界和社会基础关系，再辅以村落理事会的组织架构，能通过德治达成“低成本”的环境治理效能。

一是村落理事会的“当家人”身份，使得其动员成本低。村落理事会本就是发动村民，“两长八员”办事动力来自荣誉感。比较而言，村干部薪资主要来自财政拨款，理事会成员报酬则来源于项目和集体经济。B村理事会成员没有固定报酬，2015年拨管护费用年后有余，B村集体收入还有支出性盈余，十余万就成为理事会的薪酬。不过，理事会成员以薪资鼓励为主，除去理事长由于工作量大，每年有三千元左右的工资，外加评比获奖有奖励，“八员”则多是补贴，一年有象征性的几百元，获评“优秀村落八员”，会有三四百奖金。第三村落理事长说：“我随便找个工做，都要比这个高，这个事情还多。

① 杜姣：《村治主体的缺位与再造——以湖北省秭归县村落理事会为例》，《中国农村观察》2017年第5期。

但是大家选你出来，就是要负起责任。”要说明的是，由于村组织和村民的空间距离大，村组织的身份转变为“国家代理人”，村组织和村民间易产生心理隔阂，动员型社会治理难有效实现，自治治理需耗费制度成本。比较而言，村落理事会有柔性动员的潜力，得益于小微单元共同生活，村民们彼此相互熟悉，对彼此性格喜好了解多，在日常“面熟”的基础上，“两长八员”和村民交流，可以采取非正式途径。得益于村民们对“两长八员”的身份较为尊重，两长八员能起到组织带头的作用。A村村民表示：“（村落）理事长带头作用很强，他干啥一般没人反对，大家会学习他。就是他带头，村里才建得好。”

二是村落社会矛盾的德治化解。环境治理难免遇到矛盾纠纷，如占地问题、排放问题，这都是负外部性的体现。虽然客观矛盾小，村民难免会“怄气”，易积累引发大问题，进而造成社会风险。然而，行政倾向的村组织能力有限，无法直接解决小微矛盾，只能任由其自发生长。推动环境优化的一大目标，就是减少日常矛盾的隔阂。截至2015年底，秭归县村落已主动化解纠纷1.3万余件。虽然相关矛盾不全是由环境治理引起的，但仍可看出矛盾化解的效率。实事求是地讲，村落矛盾的有效化解，得益于小微单元建构的社会，“两长八员”引出的德治动员。村落单位对社会舆论有一定“浓缩”作用，村落的事情大家都能看到并评论，个人面子上会过不去，双方不好意思闹大。反之，过大的行政村边界，带来舆论作用“稀释”，社会评论与自己无关，个人就愿意追求私人利益。当村落间有矛盾，如流域交叉的边界摩擦，村落理事会就成为“代理人”，从组织层面进行交流，最终推动矛盾化解。

（三）德治—自治有效协同

环境治理的本质是公共事业，公共利益和私人利益易摩擦，公共利益如何构建成为问题。通过村落社会单元划分，确立了精细对接单元，能保障利益同一性。但是，要实现常态的农村环境微自治，还需要进行长期探索。2021年，秭归县荣获“国家生态文明建设示范县”，创建成功得益于德治与自治有效协同。

首先，开展公共活动，动员和激活参与。一是激活村民参与村落公益事业。村落不少环境治理事务属于公益事业，并无专项资金和治理资源，需要自主管理和自主行动，如道路清扫、水渠清理，水池管护等，需要通过理事会开会划分责任，划给片区党员或理事会成员。然后，理事会成员组织村民集体清理。农民公益参与主要基于两个条件：第一，扁平自治组织——村落委员会，在精英共同体推动和带动下，集体行动往往能得到实现；第二，村庄仍保留内生公共治理资源，村民不排斥公共交流和共同活动。调研发现，有些村落的公益活动参与度高，村民获得感得到显著提升。B村最早推动村落公益事业，在项目进村取得较好进展，“幸福村落”创建号召的背景下，B村引入公益创投技术，推动“小村落·大能量”村落资源联盟，引入专业社工和志愿组织，将环境治理推进到2.0版本，赋能环境治理过程，更好地推动村民参与。二是分类治理，推动环境事业与村民利益耦合。不同村庄小微诉求不统一，如果按照统一方式进行治理，村民不会满意且不愿意参与。秭归县结合当地海拔特征，以垃圾分类为切入点，依照高山、半高山、低山的不同生产生活特点，因地制宜探索形成“三山三料”的垃圾分类治理模式，推动环境整治的同时，实现了小微自治激活。具体而言：①低山实施“公益创投积分制”模式，用积分制将村民公益行为量化，鼓励村民进行垃圾分类治理，年终积分可以兑换生活日用品，通过小微利益带动自治激活；②半高山采用“二次四分法”，首先由农户自己将垃圾简单分类，由“两长八员”的环卫员定时收集，环卫员对分类后的垃圾再次进行细分，可以就地处理的垃圾就生态化处理，有害垃圾和可回收垃圾用其他方式处理；③高山通过“三料利用”，分类用作家畜家禽饲料、生活燃料、生产肥料。分类治理的关键是地势等带来的小微诉求不同，需要小微自治契合村庄生产生活实际，推动村民参与环境治理实践最终形成习惯。三是以责任下移和监督评选，激活自治意识与村庄竞争。①环境治理责任到户，建立相关村规民约，让群众对环境负责。为推动村民参与治理，G村编写“门前三包责任制，庭院清扫要及时；污水排放进管网，垃圾袋装投箱里；全民参与美乡村，自觉缴费不延迟”七字诀，对村民责任进行细分，在村落范围广为流传。②通过监督和评选，保障规则有效落实。秭归县建立由村落管护员、监督员、环卫员组建的美丽乡村“督导队”，对村落环境卫生进行定时督察；

同时推动党员干部带头，对村庄环境进行监督。B村是高海拔村落，垃圾处理的成本高，镇领导发挥带头作用参与村规民约制定，村落理事会和村民共同商定村民公约，通过党组织发动“一个党员带五户”的共建活动，督促农户落实垃圾分类方案。同时，秭归县还创新最美集镇、最美乡村、最美庭院“三个最美”建设，通过层级评选机制成功激活村庄中村民的“竞争意识”，推动村民主动参与村落环境治理诸环节。

其次，治理方式规则化，规则运行日常化。一是治理方式规则化。秭归县围绕乡村治理出台系列规章制度，形成以村落理事会为中心的常态治理体系。秭归县出台《农村基层协商民主实施办法》，从四个方面对村落理事会建设进行规定。①事务分层治理。将村落事务划分层次，涉及面较小的简单事项由当事人自行协商解决，当事人可共同邀请村落“两长八员”当中间人；复杂事项，如社会影响大或涉及多数农户利益的事务，由村落理事会出面进行整体协商，解决不了的事务上报村组织出面解决；涉及基础设施建设，如电力、水利、修路、农业设施建设等大型工程，尤其涉及多个村落或者多个行政村的，需要村组织主动与邻村进行协商，无法解决则由乡镇党委政府出面组织协商。②村落自治界定。“办法”明确村落自治范畴，包括村落理事会成员选举、村落公益事业建设协商、项目落地过程利益调整、财务或自筹方案实施，还有村落公共环境、公共设施、基础路面的后期维护管护及矛盾纠纷调解。③自治主体确立。村落理事会及“两长八员”对村落所有事务负责，既包含上级下达的系列自治有关的事务，又包括促成居民诉求的组织和满足。④小微权力保障。包含村民的知情权、参与权、监督权等，使民主贯穿村落理事会工作的方方面面。县级牵头成立正式规则，保障村落常态环境管理的权力配置，保障村落作为自治主体常态运行。二是小微规则运行日常化。除去正式制度的村落常态环境管理，还要对小微个人进行规则界定。村落理事会颁布的村规民约通常具有非正式性，有效作用有赖共识达成与日常监督。其一，小微规则制定需要共识性协商。小微规则内容和群众密切相关，需要群众参与治理过程。村落理事会召开会议商讨规则，村民认同后会转为自觉行动。村落一般会划分责任区，每个责任区选一户当责任人，农户负责自己区域内的卫生，井口、水池、井盖等公共设施，会落实到人员、规定清洁时间。其二，小微规则的维系需要日常管理。规则需要日常管理保障落实，村落作为自治单位的有效管理基于两点。①村民会自发互相督促。B村第一村落有口水井，约定三户每周清洁一次，有一户没按时到场清洁，同班次的两户打听情况，发现家里老人腿摔伤，他正在县医院照顾老人。村民表示理解：“有事一两次不来没事儿，（但如果）没事儿还一直不来，（村里）人会瞧不起他。”②村落理事会监督激励。如果项目资金有剩余或者上级有奖励，村落理事会都会拿出一部分购买些小奖品，奖励表现好的农户，同时会张贴告示，村民为了荣誉感，会更加遵守规则。同样，“两长八员”会形成巡逻队，发动村民组建志愿巡查队，有些居民农闲的时候会扎堆散步，走家串户动员其组合成队，既交流沟通促进村庄和谐，又能对不文明的行为进行劝阻。

四　小微事务治理的拓展

秭归县的农村环境治理有效，体现了“微治理”和一般农村的契合。“微”作为“治理”的前缀，既指环境治理事务细小琐碎，又含治理单元的“小微”，两者形式上虽然契合，但还需要构建行动联系。事实上，村落作为基本社会治理单元，蕴含利益单元、权力单元、社会单元等，我们需要总结环境微治理的作用机制（如图5－5）。

（一）构建多重村庄关联

合村并组的秭归县普通农村，地缘和血缘边界并不重合，难以形成一致行动单位，超越家庭的彼此联结缺失。究其原因，在于村民的生活彼此未发生关系，生活生产没有利益相关，主要体现在两个方面。一是村治和环境的关联弱。秭归县村干部工资固定且由县乡政府负责，即使争创来的奖金放入集体资金账户，村干部要使用也需要征得上级同意。村内环境治理绩效和村干部没有关系，村干部就会按照上级的治理要求，完成最低限度的表面环境打扫维持工作，造成不少环境问题长期“三不管”，河流污水问题更是缺乏管理。二是村内没有利益联结。行政村的面积大，产业分布较广泛，难形成利益共同体，即使同村大部分人种柑橘，往往是各户种各自的橘子，各找各的

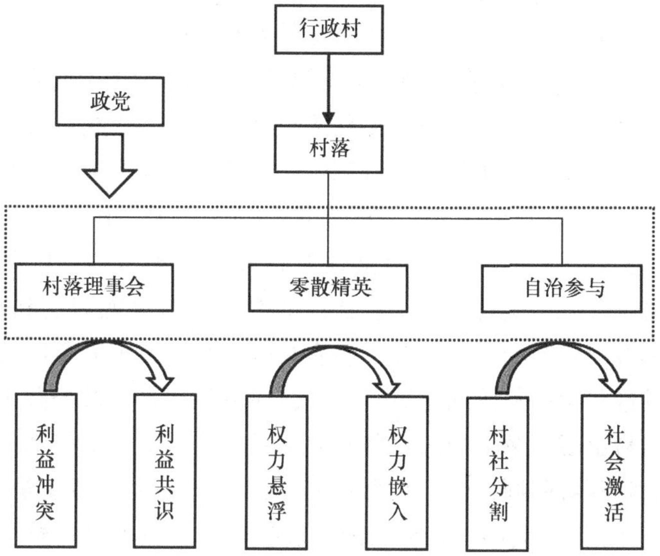

图 5－5　“微治理”的作用机制

资料来源：课题组根据调研资料自制。

客户，没有利益关联，有时还会产生竞争。利益关联缺失使环境治理难实现，一是村干部缺乏办事动力，二是利益共识达不成，项目就迟迟难以落地。秭归县划小基层社会治理单元，构建有整合可能的利益单元，通过多重方式强化利益关联。

一是构建村落理事会和环境治理的利益关联。“两长八员”大多是村庄小微精英，自身享有一定的社会资本，能带动村落进行利益整合。如果村庄建设得更美好，两长八员能获得多维收益。基于利益捆绑和社会荣誉，小微精英用力推动共识达成。B 村第七村落汪老板，是村落生猪养殖大户，开办有一个养殖场，在养殖户里颇有威望。2013 年春节前夕，村干部找到汪老板，希望其担任村落理事长，带领养猪户发家致富。村干部指出建立养猪示范点，采用新技术环保养殖，既能减少幼猪患病的次数，又能提升成猪产量。汪老板坦言：“我首先觉得对自己好，上头拨款下来搞，我的场肯定受益；其次是可以和村干部多走动；还有就是周围的村民都能受益，对大家确实有好处。”在汪老板的带头组织下，周围农户觉得政府项目有用，甚至争着和汪老板一起参与，最终使环保项目顺利落地。

二是微项目落地过程形成良性的利益连带机制。村落理事会有项目使用“财权”，项目资源使用并非政府或个人决策，而是村落理事会召开会议决定，村落理事会要代表全体村民。“双线运行，三级架构”为居民诉求整合提供组织基础，村落理事会作为中间层级，通过“开会”“动员”等方式为项目落地提供结构基础。B村每年召开20多次会议，5万元的项目资金落地要召开村民理事会、村民代表大会、受损者会议、受益者会议。会议的召开使村民能表达利益诉求，不同的利益诉求得到公共整合，形成共识，既避免事后不满意，同时预防建设过程中的村民间矛盾。另外，环境治理多涉及公共事业，公私利益间易出现摩擦。通过村落利益单元划分，确立了精细的对接单元，能保障利益的同一性，难形成对立的利益冲突。即使是有冲突，通过“三步走”，能够得到较好的利益整合，避免项目实施出现“搭便车”现象。Y镇是秭归县大型柑橘种植基地，某种植柑橘的村落有23户村民，因地势原因一直没有通公路，柑橘成熟后需要去“搭车”，或者自己背到市场上卖。村落理事会成立后，第一件事就是集资修建公路，所有农户和两长八员开会商议，基于占道补偿和资金筹集，开展多次会议形成分摊方案。

村落是高度关联的利益单元，不仅产业利益上相互联结，实践中还容易达成利益共识，为共识维持提供规模可行性。产业同质化让利益诉求更加清晰，人口规模小让协商成本更低，空间边界小让监督能高效实现，最终推动村落利益共识形成。

（二）夯实村落自治要素

村庄环境治理能够简约高效，关键是小微组织发挥作用。按照乡村治理结构，农村治理主体有三种类型。一是作为基础治理主体的村组织。按照《村委会组织法》要求，村组织包括党支部、村委会、村监会等，他们依托正式治理结构发挥作用，既承接行政任务又完成政治任务，是村治主体。二是作为辅助治理主体的小组长。村民小组或者是自然村的变形，或者是紧密结合的历史生产单位，小组内部一般有完整的熟人社会，小组长既在正式治理结构中起承接作用，又在非正式结构中发挥自治作用。三是作为补充治理主体的精英，包括能力出众的老党员、老干部，有丰富社会经验的老人，热衷村务的积极分子，有奉献精神的年轻人，等等。他们组成村级非正式治理力量，独立于村组织且没有正式职务。他们在村级日常事务的治理过程中的行动逻辑不同于正式治理。

乡村体制改革及合村并组，使原有“村—组”双层结构解体，行政村的治理边界快速扩张，带来村干部的正式和行政倾向，更多负责对接上级要求任务，而较少履行社会性自治功能，村社精英受多重因素影响，缺乏参与村务治理的动力，加上公共治理活动变少，行政村多是最低限度维持村庄秩序。秭归县意识到悬浮式的村治，很难解决农村小微环境困境，治理主体需要“嵌入”社会自治过程。秭归县在划分村落后，便着手建立自治组织，动员小微精英参与治理，引导发挥德治能力。

一是通过组织嵌入赋权村落环境治理。长期以来，治权掌握在村组织手中，但他们缺乏充足的时间和精力，缺少条件着手培育社会自治。建立村落理事会后，诸规章制度规定理事会的责任，并和村组织划分清楚功能界限，实现了社会自治权力的下沉，村落理事会有权对事务自治管理。当村落理事会被赋予权力，村社精英便希望进入村落理事会，担任职务为村社发展做贡献。权力划分实现自治权下沉，治权嵌入村落治理活动中。

二是通过精英嵌入赋能村落环境治理。“两长八员”参与环境治理，动力来源主要有三方面。①政经收益，主要是指担任村落理事长，会带来一定的经济收入，或者担任“两长八员”成员，能够借机扩展社会关系网，增加获得潜在利益的机会。②社会收益，一般指体制带来的表达性收益。[①] 参与村落环境事务治理，既能获得村民的广泛好评，又能实现个人的政治社会抱负，还能够积累声誉获得权威，对部分精英而言值得追求。③政党动员，指通过党组织的统筹协调，发动党的基层组织网络，实现党建引领村落组织。要说明的是，政治经济收益和社会收益包含私利动机，治理单元越小收益越公私结

① 贺雪峰、阿古智子：《村干部的动力机制与角色类型——兼谈乡村治理研究中的若干相关话题》，《学习与探索》2006 年第 3 期。

合，村庄精英越有动力参与村务治理过程。政党发动社会参与属于外部推动，既通过政党动员激发精英的公共责任，又基于党员的先锋作用带动普通村民参与。“村落理事会”既要满足自下而上的诉求，又要承接自上而下的自治型治理任务，村社精英更了解村社情况，掌握较多的社会资本，非正式治理解决诸类小微矛盾，相较普通村民更有治理能力，从而更能契合环境治理要求。X村的王大爷是镇上的“先进党员”，周边村民对王大爷普遍尊重。他当过村里的小组长，村里有什么政策，王大爷完成得最快最好，村干部说王大爷讲的话，比村干部的话管用。合村并组后王大爷被“退休”，除操劳自家的农活，还给村小学打扫卫生。村落理事会成立后，王大爷很快被推荐为理事长，村民代表大会上全票同意的结果，让王大爷感慨自己“老骨头还有用”，尽心完成村落各项公益建设事业。

通过组织建构和精英吸纳，村落治理单元实现权力嵌入，权力不仅是形式性的权力，更是村落主体赋予的权力，由有公信力、有能力的小微精英掌权，能调动他们的治理积极性，进而实质发挥治理主体作用，实现公益和私利有机结合。

（三）构建常态社会秩序

村庄环境治理，村民与村民的相互关联很重要，关系网络直接影响治理绩效。不管因何种原因形成关系网络，关系网络多会自生自发，多个关系交织及关系核心，自然产生各类关系性权威，即我们常说的有威望有面子；产生维系关系网络的纽带，即我们常说的村社舆论和人情面子。任何村庄都会产生公共舆论，探讨有和无区分意义不大，关键是公共舆论是否发挥作用，能否约束个体失范行为，而不是转为“流言蜚语”，有“评论”却没有规制效能。社会权威要发挥组织和裁判功能，要推动村民合作和形成共同体，就要强化关系网络的公共性。治理权威必须嵌入村庄关系网络，人们因为认可该种关系网络，转而认可关系网络承载者，而不是对私人资源臣服。秭归县构建小微治理规则体系，通过多种方式强化村社关联，实现了环境治理的长期高效。

一是村落内部加强沟通，通过组织各类公共活动，加强村民间公共交流，构建公共舆论的形成场域。当村民的生产生活日益原子化，一般农村缺少公共舆论空间，村民便不在乎他人的看法，卫生问题就会越发糟糕。调研时 W 村村主任感慨道："其实村里不是说害怕啥的，就是大家平时也没啥交集。"日常性的交往频率变少，交流变得越发形式化，村民间就只剩下地域共同点，缺乏社会和情感关联。秭归县创新多种激励方式，调动公共交往的积极性，其中最重要的是动员"开会"。开会是村落有重要问题需要协商，大家就在会议上表达利益诉求，商讨出来各方都满意的方案。具体而言，村落会议并非工作会议，只需简单商量出是非结果，而是要互相表达意见，有可能伴随争吵、发脾气，但是在互相争论的过程中，村民参与公共治理过程，参与到对他人行为的讨论当中，就容易形成公共舆论。会上大家愿意表扬某个农户好，就易成为村民学习的榜样；会上大家都说某户"不道义"，村民就会反省自己是否做过类似事情。

W 村第三村落有两户邻居，为门口地界归属问题一直吵闹。村落理事会和两户打招呼要调解，带领邻里多户开会"评评理、定定性"。会上两户都出示证据，原来是两家祖上互换地，但是当初的协议弄丢，土地登记时没有说清楚，逐渐演变为遗留问题。理事长找知情者作证，缕清事情的来龙去脉，理事长说："你们两户原来关系好，为这几分地闹这么凶，都快变成仇人……在你们家门口，还打架倒垃圾，自家门口不好看，邻居都不舒服。都是一个村落的人，好好爱护环境，有矛盾好好商量。"村民们提出自己的看法，都觉得事情做得过分了，有事情要好好协商，毕竟抬头不见低头见，没必要闹得那么僵。两户逐渐认可并确定地界，村民们对处理结果表示满意。

开会是解决矛盾的重要途径。不仅是利益相关者到场，周边村民同样要到场。邻居加入不仅是参与公共协商并施加心理压力，更是在情感价值层面尽量疏导，表达意见氤氲成舆论，基于共识性规范调解矛盾。邻居加入使矛盾化解有公共性，村民们对什么是好的、什么是坏的要反复讨论，达成共识的过程即是形成规范的过程，对村民而言同样有教育反省意义。调研发现，村落大大小小会议每月有十余场，有时甚至没有固定议事主题，只是聊聊家常、听听大家意见。但就是可大可小的会议，能形成社会公共舆论。

二是通过权威人物联结村社，引导形成村社关联网络。社会关联发挥作用的关键，在于权威人物的组织和裁判。多数一般农村是有社会权威基础的，如红白喜事上的知客先生、督管先生等，热情公道参与相关公共活动，具有较强的社会合法性，能起到联结网络的作用；村里还有九佬十八匠、农村民办教师、政府退休干部等能人，还有产业致富带头能手，通常都有若干维度的社会公信力，能担当引领网络的节点人物。不过，当前一般农村面临的问题是，没有人愿意站出来主持公道，没人愿意为村落发展考虑，原因是能人不愿意惹麻烦，“怕说了没人听”还引起别人误会。秭归县通过村民理事会进行组织，赋予精英群体弹性的社会身份，能人可以基于共同的村落治理目标，相互联结形成更大的公共力量，正大光明地对村落公共事务进行评判。村民对“两长八员”有看法，可直接反映给村组织，村组织再来督促解决。通过组织安排聚拢精英发挥公共作用，就可基于日常交往强化关系纽带，进而结成社会网络发挥舆论的公共作用。W 村第三村落的理事长，很早就想调和两家的矛盾，碍于被说多管闲事未采取行动。借助理事长的身份和两长八员支持，就对两户村民说“我原来不是理事长，没有办法调解。现在我是了，如果我不做，我就是失职。你有怨气表达出来，冲我讲没有关系”。

三是通过良性村庄社会竞争，推动面子发挥约束作用。一般农村，农民都会参与“面子竞争”，都会为社会目标“争口气”。个体的社会行为有社会合理性，不少是害怕公共负面评价，导致自己往后“没法在村里做人”。舆论是“争气”的发生载体，在正反面对比中生成。当村民越发个体化和理性化，评价他人就会演变为“恶习”，社会竞争就会出问题。秭归县通过社会单元建构并加强动员引领，推动良性的“面子竞争”助力环境治理。首先，村落和家庭都会竞争“最美”，除去有社会显示意义的奖励金，对理事会而言是肯定其工作，对农户而言是“有面子”和受尊敬。其次，有些村落设有庭院卫生红黑榜，大家不希望自家的卫生上黑榜，甚至“少颗红星都得去问为什么”。红黑榜的存在加强了村民对比竞争，侧面是对村民注意家庭卫生行为的肯定。

通过多维路径的引导和构建，村落内部逐步形成关系网，村民逐渐变得熟络起来，走动更加频繁、交流更加多元，对公共事务和环境的讨论变多，推动公共舆论有序形成。公共舆论对个体行为的社会性规制，助力个人良好行为习惯形成，能实现常态的环境治理目标。

第三节　诉求回应与自组织治理

城乡融合发展一方面颠覆原来的农村结构，一方面使城乡生活不再截然分开，突出表现为经济发展及收入水平提高，带来村民和谐宜居环境要求。当前农村生态振兴的进阶问题表现为，回应村民“增长型”宜居环境诉求，推动“美丽家园”建设乡村落地。问题是，虽然政府有回应居民诉求的意愿，村民有建设美好村庄的意愿，但基层缺乏自治结构，村民的利益偏好无法整合、集体行动共识难达成，导致基层权责模糊问题，项目资源难以高效配置，造成乡村建设“等靠要”现象严重。在既有基层治理体系外，探讨组织村民的自组织机制，通过权责匹配和协同治理，推动自组织自主治理，越发具有现实迫切性。本节以四川省彭州市丹景山镇“花村街”改造为案例，探讨丹景山镇面临增长型环境诉求回应困境时如何培育社会型自组织，推动环境自主治理实现治理有效与村民满意。花村街自组织自主治理经验，为环境治理提供经验样本。

一　环境诉求回应难题

花村街位于成都市远郊，是丹景山镇的老街，沿着沱江支流建设，距镇政府不到 1 公里，街道全长约 500 米，居民 183 户，院门 230 户，7 条支街贯穿辖区，还有若干条小巷，村民相互较熟悉。凭借良好的枢纽位置，居民多数开店经营。伴随城市扩张带来的经济发展，农民的宜居生活诉求在逐步提升，当村民不满当前的居住环境现状，增长的诉求就会带来回应压力。

（一）环境诉求溢出

城乡融合发展背景下，农村环境产生新问题。当大部分村民环境诉求提升，群众自身既难以组织，政府回应又无效，有限治理能力无法满足增长型诉求，村民就会心生不满。不同于简单的问题导向的环境诉求，增长型环境诉求往往诉求不清，缺乏权责明确的组织承担治理责任，易因无回应带来基层治理困境。具体说来，居住环境不佳带来村民不满，在花村街主要体现在两个方面。

一是村民的环境诉求提高，但环境诉求回应不足。花村街是地震灾后重建区域，相较一般农村基础设施配置完善，不足之处是公共设施的利用。首先，街面卫生。①水沟。花村街很早就有排水沟，灾后重建挖深了水沟，却一直没有引来活水，致使沟内淤泥堆积；有村民不讲个人和家庭卫生，随意倒人粪便和垃圾，导致水沟里长期恶臭。②街面。人气凋零的后果是，门前场地长期无人打扫，尘土和垃圾铺满街道，空气质量越发糟糕，甚至影响个人身体健康。有些老人患有呼吸类病症，对街面卫生问题意见大。③河边。花村街临河一面建设有不少房屋，村民随意将生活垃圾倒进河，河床漂浮各类生活垃圾，原有河边小道无法行走，苍蝇蚊虫不时会出现。有村民表示，“很少会打开靠河门窗，河边简直无法放脚”。其次，居住设施。统规统建的街面设施，无论造型还是墙面，均采用统一规格，由政府负责兴建。十多年的光景过去，出现房屋老化问题。如房屋的瓦片不再结实，因风吹日晒而脱落；房屋外墙掉色严重，公共立柱斑驳不堪；街上的网线到处裸露，扫把撮箕乱堆乱放。沿着路边走过，所有人都嫌弃；住在街面里面的人，大多觉得不舒服。但是，谁来管理成为问题。村民不愿动手维护，觉得是政府的事。另外，当时区域重建主要考虑居住，配套基础设施保障不够，现在的花村街上，既没有安装路灯，又没有公共厕所，更无花草绿化。村民眼见周边村社越发美丽，相对剥夺感越发强烈。部分热心人士找到乡镇，希望“先让水沟通水，使它不再那么臭”；希望乡镇组织清扫街面，不再出现“晴天灰、雨天泥”。但是，往届政府大多形式化回应，口头回复会尽快落实解决，后面解释建设资金有困难，后来变为乡镇没有权管，变成年年反映无解决，村民逐渐从强烈期待，蜕变成失望。

二是环境诉求回应不足引发不满情绪，衍生为对于历史遗留问题的声讨。遗留问题有三大特征：其一是历史，说明以前确实存在某些治理事务；其二是遗留，说明有些历史事务确实没有解决好；其三是问题，说明群众对治理结果存有意见。遗留问题的表现有三。①少部分村民心有怨气，怨气与其说源于历史事件，不如说源于当下的干群互动。村民为了具体的尊严和名誉，会模糊过往事项并重新建构。②有些事务当时已经解决掉，但是政府工作流程不规范，群众工作做得不够细致。随着群众权利意识提高，讨说法要求提供依据，政府因不回应被质疑。③政府将经济发展作为要务，社会治理以维持稳定为目标，不少事务实施“选择性治理”。负面记忆制造出不利舆论，相关遗留问题逐步揭露。

花村街居民诉求源自城乡融合发展中，城乡对比和周边对比产生的差距，但是，新生居住诉求往往权责模糊，且缺乏明确治理责任主体，在政府“大包大揽”惯性下，村民自觉将治理责任推给政府，基层政府自觉应该回应村民。但是，环境治理关联主体众多，回应细小琐碎的事务存在难度，村民的不满情绪逐步积攒，衍化为对遗留问题的声讨，借机宣泄负面情绪，提出不合理要求，带来更大治理压力。

问题的关键在于，“有限资源、无限责任”条件下，政府面临组织治理困境。一方面，在服务型政府建设背景下，乡镇政府需要处置大量事务，丹景山镇需要处理党群工作、平安建设、城市管理、社区建设、民生保障、环境整治、流动人口管理、精神文明建设等多项工作；另一方面，村民新生环境诉求的快速扩张，形成治理问题要求治理介入，基层政府因事多责重无暇应对，治理缺口引发村民对政府敷衍塞责的不满，增长型环境诉求溢出演变为完全的政府责任问题。

（二）组织回应缺失

面对村民居住环境诉求不断扩张，丹景山政府尝试过多种方式，大多因治理方式无效而作罢。首先，系统治理人居环境成本高昂，介入过深难免会引发矛盾，如果政府退出环境治理场域，动员村民自发行动自治化解，城乡融合带来的权利意识，使村民们不愿自发组织，集体行动过程会陷入困境。一是村民对政府的依赖强，无论大小和公私事务，但凡村民有诉求或者不满，都会上报给政府 12345 平台，政府必须解决，带来治责外的应对问题。社区干部表示：“家门口有垃圾、绿化带不美观，类似的（诉求）每天都会收到几十条，关键是我（们）也不是物业公司，很多问题我第一次解决了，但第二次还会有，关键是要居民们自己动起来，不能一直依赖政府。”二是自治形成需要一定条件。城市化发展瓦解了丹景山镇原有社会结构，在缺乏政府引导和外部资源支持情况下，乡村社会是“一盘散沙”，村民大多“自扫门前雪”，日常开会都难以聚集起来，何况组织建设家园。

S大院是灾后安置小区，日常管理十分困难。由于小区内缺乏绿化、没有活动空间，眼看周边小区建设得越发美观，居民便向政府提出环境治理要求，希望小区的公共场地提档升级。居民本就对安置条件和补偿标准不满，加上小区绿化、公共空间等环境长期无主体回应，居民将责任归咎于政府，不满情绪高涨。往届政府干部试图进入小区调解矛盾，但小区居民抵触情绪不减反增。为避免村民情绪发泄滋生更大矛盾，丹景山镇几乎不插手S小区事务。2010年到2020年的十年间，小区基本是放任自流状态。不过，政府退出并未引起自治实现，整个小区公共生活几乎凋零，村民基本上关起门来过日子。由于日常接触性矛盾较多，小区物业费多年难收齐，不可能引进物业公司，导致小区环境很糟糕，不仅杂草丛生、垃圾成堆，毁绿种菜、乱停乱放，乱搭乱建等现象更是司空见惯。

其次，依托成都市2008年创建的村公资金制度，[①] 丹景山镇试图建设配套设施满足村民诉求。丹景山镇的早期乡村公共品供给过程，按照成都市的村公资金使用流程，即政府每年将固定的村公资金输入基层，由村组两级负责搜集群众诉求，依据村组范围和协商来供给。但是，伴随村民的增长型环境诉求增多，村公资金使用效率逐渐降

① 即村级公共服务资金。为了解决农村基本公共品供给难题，成都市创新项目资源输入方式，对成都市下辖村庄进行普惠性的财政补贴。政府不仅向农村输入项目资源，还输入配套资金使用规则，即“六步工作法”。第一步，宣传动员，保证知晓率达到90%以上；第二步，利用一户一表收集民意；第三步，小组内梳理讨论，汇总整理；第四步，村级议事会讨论决定，形成决策共识；第五步，实行监督；第六步，评议整改。

低，原因是新增诉求涉及多元的村民，村民彼此缺少沟通，难以达成建设共识。结果是，尽管不少项目投入使用，无论基层组织还是村民，参与感、获得感不高。如花村街部分村民想跳广场舞，但是没有合适的公共空间，便向政府申请兴建小广场，讨论时不少村民却反对，说："有钱可以买乒乓球桌、建篮球场，广场舞还扰民。"因没法达成一致意见，这件事情也不了了之。

基层协商议事能力的缺失，使自治难形成集体行动。同时，项目资源下沉要求基层承接，却无法形成有效协商议事能力，村民环境治理诉求遂被搁置。丹景山镇推动的基层治理创新，本意是引导自治推动和组织协商，因忽略乡村社会新增诉求特征，致使环境治理诉求不断提高，治理责任主体始终困扰乡镇。乡镇的单向度进入或者退出，都易陷入治丝益棼的窘境。2018 年成都市在全域推动街面治理评比活动，内容涉及公共卫生、居住空间和村民满意等，丹景山镇的花村街不出意外地获得"最差"等级。丹景山镇在全县大会上点名批评，评比结果又在成都市各个乡镇公示。乡镇党委政府深感治理调适压力，决定以花村街为切口进行突破。

二　环境自组织生成逻辑

面对环境治理事务的溢出，及组织治理能力的缺失，丹景山镇决定立足花村街改造，探索培育环境治理自组织路径。首先，丹景山镇践行群众路线，解决前期遗留问题，建立与村社的情感关联，为自组织建设营造氛围；其次，通过厘清治理中权责关系，充分发动有热情的积极分子，为后续自组织形成打下基础；最后，丹景山成功建立自组织，根据治理需要激活组织能力，形成常态运转的"三共委员会"。

（一）政府化解遗留问题

花村街改造，如果找不到村民不满的源头，不解决村民对政府的抵触情绪，政府将无法介入诉求事务，更无法组织村民共同治理。事实上村民不满的产生演变过程并不复杂，根源是村民有改善生活环境的意愿，希望街面保持良性发展势头，希望生态环境宜居、舒适、和谐。虽然村民个体有美好的愿望，但村民自身难以组织起来；加上历史遗留问题叠加，村民将诉求不满归因于政府，使得村庄社会自发形成不利舆论。鉴于前期回应不足导致问题滋生，回应过度同样带来村民不满，丹景山镇决定发挥党建引领作用，重建与村民的情感价值关联。

一是提高乡镇依法治理水平。鉴于乡镇属于政府层级的末端，主导的改革空间较为有限，丹景山镇决定基于群众满意，从法治、高效和民生的维度，在服务治理间寻找平衡。丹景山镇班子下沉梳理群众怨气，再推动党委班子带头，自上而下做好服务，具体说来有三块。其一是高效解决基层矛盾。领导班子以身作则直面矛盾，主动包保疑难问题治理责任。例如有个老妇反映灾后重建拆自家屋，说赔钱却一直没有赔付。乡镇班子确认事实后，问老妇应赔偿多少，老妇回答多少给点，给 1000 元就可以。丹景山镇立即着手解决，并广泛进行内部通报和内部批评。乡镇领导敢作敢为的作风，打破了干部不愿担当作为的风气，凡是农村法治型诉求，政府均明确态度，想方设法及时解决。

其二是干部下沉疏解群众不满。丹景山镇党委下沉走访发现，依法服务让办事者“心里舒服”，会自发向周边人群宣传乡镇变化，但群众心头不满没有消除，乡镇基础治理能力不会提高。了解集体不满的源头后，丹景山镇发现原因并不复杂，不少村民心中的“美好生活”，逐渐与城市认知相接近。如果政府构建畅通的表达渠道，群众的诉求得到合理宣泄，政社就能合作设置治理议程。事实上，乡镇动员干部下沉基层，了解群众诉求时就发现，群众对政府的平等沟通很满意，对政府回应诉求的诚意很满意。丹景山镇实行责任包保制，要求班子成员常态下沉基层，用空闲时间与村民沟通。丹景山镇党政领导周末或下班后走家串户，遇到村民就去搭讪和交流日常生活琐事。花村街村民发现党委袁书记天黑仍在街上，还会就某些基层治理问题向村民请教，对政府整体的亲近感快速提升。

其三是发挥村干部主体作用。大致摸清花村街民情民意后，乡镇发现有些问题来自村社，就动员村干部自主解决问题。乡镇党委多次找陈书记谈话，希望她为街面美好宜居的未来考虑，以切实的治理行动来带动，成就村庄同时成就自己。陈书记说，“正是政府有了变化，村庄才会发生变化”，她的心态和行动改变，源于乡镇党委袁书记“担当作风、狠抓落实”，唤醒了其作为老干部久违的村治情感。陈书记决意与乡镇党委一起，共同努力化解群众不满。

二是发动积极分子参与治理。任何地方都有积极分子、中间分子和落后分子三类人，只有团结少数积极分子作为骨干力量，借助骨干分子动员激发中间分子参与，方能争取落后分子获得总体性支持。[①]囿于丹景山镇的历史现实问题，群众骨干易转变为消极分子。从“批判性公民”角度看，消极分子只是因为参与热情与乡村的“治理滞距”有隔阂，并非政治疏离者和反对者。只要善于进行情感建设，将其参与热情导向正轨，就会助力消极分子转变为积极主体。积极分子的带头示范作用，易形成以点带面的效果，推动乡村集体情感转换。

> 花村街典型消极分子是梁大爷，他长期在成都做生意，是街上“有头有脸”的人。有感于花村街商业凋零，梁大爷意欲组织召开乡贤会，共同谋划乡村发展方向，不想，陈书记直接拒绝提议。乡镇党委袁书记多次拜访，每次都是促膝长谈良久，了解花村街的历史故事，倾听其街面发展设想，充分鼓励和肯定的同时，开诚布公地说明乡镇难处，进而知道梁大爷的不满，源于村干部长期不沟通，村务政务长期不公开，他对干部品格有疑虑。村里陈书记即与梁大爷沟通，表露过往治村心迹的同时，表达出改变环境的愿望，表示听取梁大爷的建议，邀请其参与村庄发展。陈书记组织党员会和坝坝会，提名梁大爷担任“共建委员会”主任，集体表决和发言让梁大爷感动。梁大爷不仅不再组织上访，还到处宣传乡村干部的变化，而且对公共身份很重视，将街面改造当事业做。

三是引导中间分子情感转变。村社的积极分子毕竟只占少数，中间分子和普通群众占大多数，如果不能对他们进行引导和动员，中间

---

① 毛泽东：《关于领导方法的若干问题》，载《毛泽东选集》（第三卷），人民出版社1991年版，第897—898页。

分子就易转为普通群众，积极分子会因孤立而蜕变，带来事倍功半的治理效果。乡村组织组成群众工作小分队，找花村街群众“拉家常、说软话”。考虑到村民白天忙个人工作，他们就晚上走家串户谈心，逐步打开其治理性心结。通过以心换心的当面沟通，站在群众角度梳理分析问题，干部觉得“老百姓还是好相处”，群众觉得干部是为他们考虑，部分矛盾在交流中得以化解。不过，丹景山镇发现只做思想工作还不够，还要切实解决群众关心的事务。群众的不满，表面源于历史遗留问题，核心是美好环境诉求无回应。丹景山镇基于群众关心的环境议题，利用服务治理转变其负向情感。①以民生实事转移不满。村民口中的不少遗留问题，乡镇回应存在现实困难，如部分怨气是生计转型困难，个体和家庭不适应变化。丹景山镇以公共设施建设为切口，引导困难家庭以工代赈赚钱补贴家用；通过文化站引领健身活动，让老人“闲的时候有事做”；积极与外界组织对接就业路子，为村民走向市场供给服务……乡镇的积极作为和沟通引导，让群众看到家庭经济改变的希望，情感重心转向积极行动，进而开始体谅乡镇工作，没有心思再为难政府。②组织群众开会。乡村组织多次组织会议，将群众工作法融入其中。如先让愿意发言的群众表达，包括发展治理的诸事务，耐心倾听并认真做记录，一直到所有的情绪表达出来，公私意见形成多场交锋，换位思考形成操作议题，乡镇再适当进行情感动员，通过愿景引领凝聚共识，推动形成齐心协力共建家园的愿景，使村民的散乱情绪变成理智思考。当民主和集中实现动态均衡，再将能动的情感导向环境事务，就易形成变革治理的“公意”，为组织建设打下氛围基础。

（二）厘清政社权责边界

解决花村街基本矛盾和情感建设问题后，丹景山镇决意对居住环境实施改造。然而，村民诉求大多基于个人生活体验，难免出现权责关系模糊问题，即使政府有意解决，实际也缺乏充足治理资源。花村街改造是从“引水上街”项目开始，“引水上街”是村民十年来最大的愿望。花村街的房屋都是灾后重建的房屋，街上的排水沟长期以来无人清理，生活污水淤积导致整条街脏乱差。村民指出，未引水上街前街上太臭太脏，尤其是晴天可以闻到味道，没人愿意坐在房屋外面。依托彭州市城管局给予的15万元“最美街道”项目资金，加上村社积累的10万元公服资金形成“引水上街”项目启动资金。基于前期矛盾化解和情感动员成果，“引水上街”项目基本没遇到施工阻碍，甚至在商讨后期的建设维护过程中，大部分村民都表示愿意踊跃参与。坝坝会上基于“美丽家园”想象，村民们提出自己的想法，构建起系列改造方案（详见表5－3）。不过，在项目方进场实施之前，陈书记向乡镇汇报工作，乡镇表示改造方案会全面支持，但是项目资金方面存在困难，村民家门口的立面改造，沿街商铺的铺面形象改造等，政府没有责任大包大揽，无条件供给会造成“等靠要”。

表5－3　　**花村街改造一二期方案**

	改造名称	改造内容
一期	引水上街	引水上街、水电气表的覆盖
	打造立面	主要是刷柱子
	拆雨棚	将过去五颜六色的雨棚拆掉，配合政府风貌打造，做出古香古色的风雨廊，一个风雨廊要花5000—6000元，有的居民家里有两个铺面，就要做两个风雨廊，要花上万元
	做花坛	主要区域的设置花坛，栽树；中段和下段的节点打造
	重新整理网线	将散乱网线进行归类，找专人整理
	规划停车场	把车辆都停在了街道外围空地
二期	搬花、栽花、门前美化	把自己家的绿植摆出来，另外还筹资统一购买一批花卉

资料来源：课题组根据调研资料自制。

为解决项目资金缺口，在乡镇党委政府推动下，乡镇和村民“约法三章”，提出要“滴水为界”划清政社权责边界，由村民自主梳理自治事务清单，按乡镇党委袁书记的话就是，“该政府做的政府做，该老百姓做的老百姓做，政府只做公共空间的事情，应该老百姓自己做的政府坚决不插手”。具体说来，街道改造属于政府供给的公共品，但两侧房屋及其附属物（立柱、风雨廊等）属于居民私有物。在顺应群众环境诉求的基础上，政府向居民收集改造意见，提出只有居民先做好自家的事情，如立柱刷漆、雨棚改造等工作，政府再投入资金

“引水上街”。换言之，居民享受政府服务的权利，以承担个体责任为前提。通过数次召开坝坝会，乡村干部与群众面对面交流，明确群众诉求和政府责任，扭转群众环境主体意识，“老百姓都是讲道理的，做的事是为他们好，他们自己也知道，过程就很配合”，陈书记说道。村民夏大爷表示：“政府支持我们做这些事，受益的还不都是我们，做好了是我们的，乡镇背不起走。”在划清权责边界后，村民主动投身立柱、风雨廊打造，承担起宜居环境的自治责任。要说明的是，乡镇干部对“约法三章”提议心里没底，没想到坝坝会沟通村民都能接受。“公私属性”划分明确了权责边界，改造项目遂顺利推行，村民自觉行为转换为势能，助力街面全面治理效能提升。

当然，权责清单的建立并非一帆风顺，环境诉求的多元化异质性，使得共同行动难免发生争议，村民间个人利益易发生摩擦。花村街通过精英劝说、群众斗群众方式，构建起村社内部的矛盾化解自治机制，促使少数“反对”群众自觉转变态度，形成“群众内部问题、群众内部化解”的善治局面，其中的典型例子是停车位置协商。花村街作为老街街面狭窄，村庄没有公共停车场，不少村民指出，“车辆停进来确实破坏风貌”，但“车停出去出问题谁来负责”。在乡村干部引导下，居民召开坝坝会商讨该问题，起初很多居民不赞同将车停到街外，夏大爷表示“街道打造是村民的事情，不是政府和社区（应该管）的事情”，部分村民逐渐认识到“街面治理要靠大家努力”，经过多轮协商达成一致——“花村街的街内不能停车，在外面停车自己出钱”。

基于前期的政府治理和村治工作，大致扭转了群众“等靠要”心态，激发群众“想要为家园做贡献的劲儿”，但“劲头”需要进行合适引导，需要梳理出具体的方向，方能转化为具体的环境治理能力。诉求整合及权责厘清，为村民参与治理提供指导，明确公权力权责范围，同时为群众“需要做什么”提供方向，为自组织的建立提供功能性指导。

（三）共建共治家园环境

知道具体需要做什么只是其一，更重要的是“谁来做、怎么做”。长期以来，花村街村民集体生活凋零，私人生活越发个体化，没有集体行动的基础。村民即使有自主建设意愿，却困于没有有效组织机制，不知如何推动集体行动。以“不代办、不包办、依靠群众、组织群众”作为治理理念，丹景山镇陆续召集开展15场“坝坝会”，梳理待改造诉求，整合群众的意愿，发现“引水上街”项目实施后，群众改造立面的诉求强，主要是“每天都能看到，（感觉墙面）乱七八糟”“光裤子漂亮还不行，衣服不漂亮不行”。立面改造关联刷漆业务，属于村民私人自治的事务，需要村民自行协商策略。在乡镇政府的推动和支持下，村民协商成立“共建委员会”。花村街2018年6月召开集体坝坝会，投票选出街上五位“最能干的村民”作为代表，包括有名气的夏大爷、主动配合迁坟的杨大爷、老党员周大爷、乡村教师杨阿姨、开饭店的赵大叔，这5名成员组成“共建委员会”，管理资金，实施自主改造。

“共建委员会”坚持协商自治原则。决策方面，立面刷漆预算多少，哪种漆面为大家所接受，要找哪家施工队合作，“共建委员会”均牵头讨论。委员会既发起微信群会议，又灵活组织现场坝坝会，经过多次细节匡算和比较，确定收300元/户改造费，“共建委员会”连同村干部，上门收费并开具共建票据，村干部负责执行和监督，不介入村民自治过程。对少数不及时交费的村民，“共建委员会”轮流做工作。经过多次积极协调，有1户困难户没交费，在获得共同理解的基础上，村民自愿平摊该户费用。筹集的费用由“共建委员会”管理，招标施工信息线上线下公示，组织村民现场填报现场唱票，最终确定26元/米的粉刷方案。为规避专业决策和施工错误，“共建委员会”邀请“乡贤”来探讨，公示期内村民提出不同要求，“共建委员会”即与其去市场比选，向群众告知详细行程信息，公示活动的一切差旅支出。施工期间“共建委员会”全程监督，搭梯子全面丈量漆面长度，做详细记录向村民说明。

“共建委员会”成员每天往返于街面，不仅使得村庄立面焕然一新，村民还切实感受到居住环境的变化，委员会的负责态度获得称赞。更重要的是，“自主建设”过程村民有“满意度”“参与感”“获得感”“自豪感”，委员会作为代表将治理展现眼前，打破村民对既有环境项目建设的刻板印象，村民对“共建委员会”不仅放心而且认可。

“委员会参与到工程建设的过程中，就知道社区干部是怎么做事的，就知道社区工作的难度在哪里了。”过去村民对工程项目和办事流程不了解，易因信息差对基层干部形成刻板印象。委员会的参与打破刻板印象，社区在项目实施过程中发挥争取政策资金、组织群众成立自治组织、组织召开坝坝会的作用，至于具体的决策、实施则主要依托共建委员会和老百姓。

鉴于立面刷漆中“共建委员会”发挥的作用，丹景山镇决定延续自主治理路径，全面动员村民自主建设属于他们的家园。一是扩展“共建委员会”的功能，全面介入花村街提升改造和自主建设事宜，带领村民全过程参与规划设计、方案确定、施工比选、物资采购、工程验收等各环节，凝聚村民的共建意识。具体而言，丹景山镇发动乡村规划师下沉，与“共建委员会”一同协商建设方案，形成“科学性、可行性”的改造方案；确立具体的议题后，“共建委员会”召开坝坝会与群众沟通，发动群众参与到家园建设过程中；如果少部分村民反对，“共建委员会”就进行动员和引导；“共建委员会”对改造方案负责，对施工队伍、施工过程监督，对施工质量负责，接受群众监督。花村街“共建委员会”成立以来，已经基本完成各类环境卫生项目打造，街面变得越来越宜居和谐。

一次常规的坝坝会，有户居民向共建委员会提议建设公共活动场所。主要是花村街街道较窄，又没有公共活动场所，村民只能在街面上、铺面旁喝茶聊天。共建委员会向陈书记反映诉求，经过协商发现，近几年不少农户外出打工，村里闲置房屋有不少。陈书记主动和共建委员会做某房屋区位不错的农户工作，该村民无偿腾出两间屋子作为公共场所，取名为“花村堂屋”。堂屋的建设需要对老屋进行必要的装修，经过开会协商、村民自筹和参与建设，不久花村堂屋便投入使用，村庄生活有了公共场所。为使堂屋的日常清洁得到保障，共建委员会和村民协商设立使用规章，日常管理依靠村民自治，依照协商排好的顺序，每天有村民负责到堂屋值班，负责开关门和卫生清扫。

引导发育更多的自组织，弥补共建委员会功能，提升整体自治效能。项目“共建”很快实现花村街的景观蝶变，好花好水“谁来维护、如何维护”成为新问题。花村街建设过程中，共建委员会主任向乡镇抱怨，有村民乱扔垃圾致使水沟污染，污水随意倒在街面致使路面湿滑，他上前制止却遭遇反讽，“不是让我们白费工夫”。袁书记对其工作表示认可，同时对其进行安慰和鼓励，她注意到该类事情不是个例，需进一步加强维护建设。为解决新兴环境乱象，乡镇向村民发动号召，形成“共治委员会”，村里不少党员、热心群众报名参与，后经开会协商产生28名志愿者。“共治委员会”协商后分工负责，如设置“花司令”管理花草摆放，设置“水司令”每日定时开关水闸，设置摊位负责人管理出摊占道，设置车辆负责人管理乱停乱放，等等，只要街面出现相关不文明行为，就自发转换劝导和教育村民。“共治委员会”成员不仅做好分内事，而且“看到哪里不对”，就“主动去管一下”，当“什么事情都会有人管”，就易形成集体治理合力。

公共环境变好有利于发展街面经济，在政府引导下于2018年11月开会，居民民主选出5位生意人组成“共营委员会”，承担起带领居民打造街面业态，发展经济谋求共富的责任。在共营委员的积极动员下，10多位居民开铺子做生意，陈书记和甯主任还带头，开起简餐店和茶馆。为进一步提高村民的营商热情，委员会成员组织各类活动，提供营商建议、给予支持鼓励，包括举办传统棒棒会、冷餐会、邻里小吃比赛等活动，村民委员会主任自豪地评价小吃比赛，“很多好东西我没见过，原来都可以拿出来卖”。“共营委员会”旨在改善村民生活，发展商贸业态提升街区活跃度。“共营委员会”创办以来，基于村民建议举办活动，既加强村庄的公共交往，又增强村民营商热情，街道氛围越发蒸蒸日上（如图5－6）。

目前为止，丹景山镇已经建立二十余个“三共委员会”，有效解决了当前环境治理中增长型治理诉求承接主体缺失问题。“三共委员

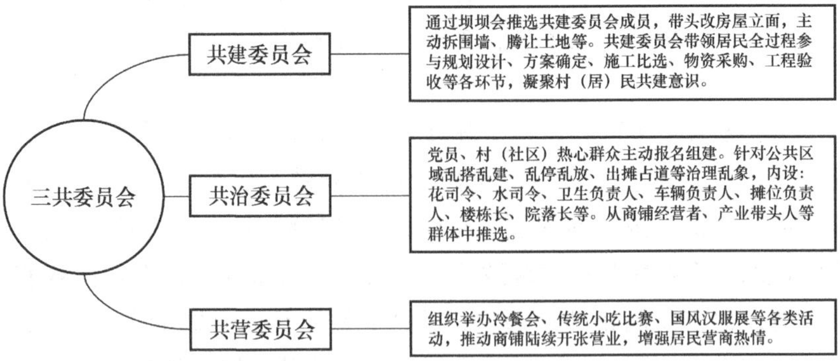

图 5－6　花村街“三共委员会”

资料来源：课题组根据调研资料自制。

会”发挥作用的关键在于，通过组织路径推动行动边界划分，使乡村集体行动得以生成。一是伴随基层治理任务扩张，传统自治组织——村委会治理负担快速加重，难有动力组织村民集体行动，丹景山镇依托“利益共享、规模适度、群众自愿、便于组织”① 原则，推动治理下沉构建自治主体的自组织；二是在组织间权责厘清的基础上，丹景山镇围绕自治“事项”清单，保障和推动自组织的运行；三是政府和村组织只起到引导和发育作用，运转过程强调自组织主体的运作；四是自组织能对社会精英进行吸纳，在原子化社会中能形成社会资本，推动农村环境治理项目落地。如果说权责边界划分只是将群众“应该做什么”进行情境定义，自组织建立则对“谁来做、怎么做”有对策，弥补了单一环境治理机制的不足，促进增长型环境诉求满足。

三　环境自组织治理实践

自组织为当前的环境治理提供组织基础，依托系列组织支持和运转机制，有效满足城乡融合发展下的环境治理诉求。以丹景山花村街

① 毛一敬：《党建引领、社区动员与治理有效——基于重庆老旧社区治理实践的考察》，《社会主义研究》2021 年第 4 期。

的治理过程为例，分析自组织在外力的保障下，如何通过德治与自治的有机结合，实现新生环境事务治理有效，对探讨诉求增长背景下，如何实现环境的宜居和谐，具有重要的现实意义。

（一）赋权自组织治理

村民环境诉求增多且多元复杂，对自组织的组织能力提出挑战。一方面，自组织人数不多，以花村街共建委员会为例，只有5个负责的成员，要负责大量琐碎工作，有时为商讨一个事项，要通知街面几十户，电话打不通时，还要上门找，只要有一个人不同意，就要设法做工作避免矛盾，很多事情都很费心费力。另一方面，环境治理牵涉具体个人，要考量群众的情感和价值诉求，不能依靠简单程序来推动，否则易产生内部矛盾。为使自组织运转有效，丹景山镇推动组织和社会建设，培育组织网络与社会网络，赋能自组织建设家园环境。

一是组织支持。组织支持包含两方面，首先是村组织对“三共委员会”的支持。“三共委员会”是积极分子选举形成，志愿参与本身并没有报酬，主要依靠委员会成员倾心为民服务，建设美好家园后的“获得感”来维持。因人居环境治理关联事务多，自组织成员难免感到工作压力大。要长久维系委员会成员的参与治理动力，不仅需要委员会成员自身的道德坚守，更需要村组织的总体支持和多维保障。花村街的情况是，村社干部定期会和“三共委员会”成员进行沟通，购买小礼品赠予并代表村社感谢，言语上会对委员会成员“加油鼓劲”，加强成员对自组织的认同感，形成家园建设情感激励。

> 花村街共建委员会组长说：“我觉得做的是有意义的事，像担任共建委员会组长，我就把自己当成是打杂的，村民解决不了的事情我解决。累肯定是累的，身体累心不累。有段时间我想放弃，说句老实话，因为（环境建设）打的是持久战。但后面社区支部书记一直鼓励我，我就想，如果现在放弃，我们做这么多的成绩，岂不是前功尽弃，最后还是坚持下来。”

其次是扩展组织的社会边界，利用多种方式赋能组织。丹景山镇不少沿街小区没有物业，政府曾发动积极分子担当单元长、楼栋长，负责信息传递、矛盾化解等小事治理。环境治理过程，村组织会发动单元长、楼栋长还有小微志愿组织，协助自组织完成信息传递、动员开会、资金筹集等工作。由于单元长、楼栋长并非正式组织成员，往往需要形成自组织再利用群体力量去动员。

> 问及如何保障单元长、楼栋长作用，某委员会成员表示：“要了解他平时的作风，看看群众对他怎么看。打比方，我们和小区里人摆龙门阵，了解他愿不愿意做事噻。书记发动我们，我们去发动单元长、楼栋长、党员、老干部，还有志愿者，他们再去发动村民，就串起来了嘛。不是钱多钱少的问题，发动主要是靠荣誉感，但凡建设好的单元长，还有最美楼栋长评选，他们好荣耀。只有把所有这些人“抓”起来，才能把环境建设抓起来。”

二是社会动员。环境治理涉及人心情感和价值治理，个体家园认同差异会导致不同行为。社会动员的核心就在于，通过组织撬动激发村民环境意识，推动群众动手建设自己的家园。一方面，自组织起到模范带头和组织引领作用，以组织的自身行为宣扬家园理念，能感染和带动周围村民参与环境治理过程。花村街共建委员会组长在街面改造时，常用“我们大家自己出钱参与，街面整洁、发展好了，是我们自己享福，是我们的事情不是政府的事情”，发动居民形成主体意识，推动“共同家园”成为情感纽带。另一方面，自组织开展日常活动依托群体会议，需要动员广大群众参与村社公益事业，参与的过程中形塑“我的家园”主题，提升村民的主人翁意识，凝聚宜居环境建设共识，组织撬动方能有力量（如图5-7）。

> FY小区2期是灾后重建统建安置点，2010年修建好。因小区面积大，居住人口涉及七个村上万人，内部环境卫生对小区来说始终是痛点。为加强小区环境治理，共建委员会和共治委员会共同参与，与镇政府和村社组织共同商议，决定在其中五栋楼进行试点，发动楼栋长、单元长、党员先行示范，围绕“小区是我

家，治理靠大家”主题，开楼栋坝坝会激发群众参与。小范围会议取得较大成功，家园意识逐渐深入人心，参与成员达到69户，自主捐款4600元，自主无偿筹工筹劳参与十余人，涉及垃圾点位建设、环境标语打造、小区志愿中心、活动中心建设等工程，相关楼栋单元看到建设成果便效仿，环境治理效能遂得到整体提升。

花村街的街面改造项目，街上180多户居民凑钱，200—400元不等，共凑来3万多元。凑钱很重要，不是因为环境打造依靠老百姓出钱，而是因为老百姓自己出了钱，他会产生参与感和主人翁意识，出了钱，老百姓就知道珍惜和爱护。不出钱，由政府来包办，村民就成为项目开展的客体被排斥出去，“都不珍惜，有人毁坏也不阻拦，等着村里和政府来做。出了钱，有自己的一部分心血，就懂得珍惜了”。

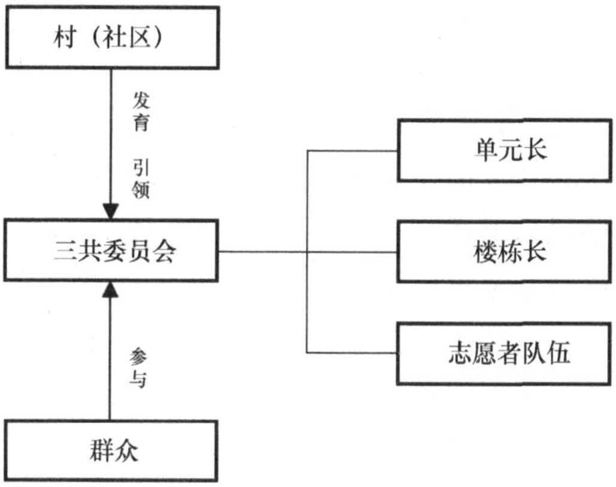

图5－7　“三共委员会”的运转过程

资料来源：课题组根据调研资料自制。

（二）自组织协商动员

花村街环境建设的各项工作，并非共建委员会的私自决定，而是通过召开大量坝坝会，集体讨论和决策形成的结果。自组织是会议的组织机构，负责发动和引领村民，形成常态的参与和议事平台。集体选择往往面临行动困境，尤其是环境治理诉求多元，难以形成一致的建设意见。通常情况下，自治事务大多牵涉居民利益，随意开展会招来村民反对，日常积累的矛盾会越积越深，导致协商不起来、协商难执行。为使集体选择能够形成，花村街的惯用做法是“坝坝会”。

> 丹景山镇党委袁书记总结为“不分白天黑夜开坝坝会，一有矛盾就去开坝坝会”，“针对问题开会，车子怎么停放要开会，水沟修多宽多深开会，水沟上的盖子取不取、换不换要开会，有的事不是开一次会就解决。开了会就没有遗留问题，老百姓就不会不满意”。

共建委员会主任就经常开坝坝会。开坝坝会前要做充分准备，如选择委员会成员，需要社区干部提前摸底和商量，形成意向性的候选人名单；在会场，委员会要积极引导村民热烈讨论，选出村民多数认可的成员。“每次开坝坝会的前天晚上，我都会睡不着觉，会在脑袋里思考，（老百姓）会提出什么问题，我们怎么去答复。”主任最后指出，“开坝坝会，要解决很多问题，能解决很多问题”。开坝坝会的功能如下。①集体选择。坝坝会的集体决策方式，为在场群众提供机会，利用头脑风暴形式，有利于群策群力。②组织协商。社区规定参加坝坝会，必须是家里可以当家作主的人，因此，会议就不容易走向形式化，而是会发挥实际作用和效果。坝坝会上，组织发挥引导作用，要控场，要不断把问题和矛盾抛给群众解决。坝坝会上的一事一议，针对不同问题进行协商，推动利益协调，避免后期矛盾。往往一次坝坝会难以推动集体决策，会以逐步推进的方式来展开，一次会议解决不了开第二次，丹景山镇有个项目，就开会 30 多场，历时两个多月。

协商是不同利益统一的过程，不能简单等同于开会讨论，还包括动员说服和协调。不同于政府的治理风险考量不愿意推动，自组织会开会探讨利益协调机制，引导多元的个人意见逐步达成“同意的计算”，从而推动环境治理的有序推进。开会协商过程，自组织通过多种方式实现集体选择。

一是组织社会集体力量，减少少数反对意见。花村街环境治理项目，不少决策无法落实源于“少部分”人的阻止，大部分人的意愿因而无法实现，政府需要扭转意识协调利益。政府治理“钉子户”面临高成本，不仅难根本化解琐碎利益矛盾，稍不注意还容易激化矛盾。自组织通过引导村民，利用集体舆论、人情面子等，对少部分的“钉子户”进行劝说，能形成低成本的社会动员。

街面改造过程，在夏大爷的建议下，居民开会共同决策，将沟渠由“深而窄”改造为“浅而宽”。扩沟美化环境的同时带来入户不便——不注意有可能踩到沟里去。袁书记坚持每户同意扩沟才扩，不能把责任都推到政府身上。大多数村民希望沟渠加宽和环境变美，主动劝说引导少数村民转变想法，最终大家纷纷同意签字，自愿承担自身行动责任，不再把皮球踢给政府。

风雨廊违建过程类似。有少部分居民自主安装塑料雨棚，影响街道古色古香整体风貌；有一部分修得太长太大，影响整个街道的视线。共建委员会成员做思想工作，告诉居民不撤除对街面发展的坏处，灌输“打造我们的家园”思想；对于实在顽抗的，代表们据理力争，仅用了两天时间，就让村民主动拆除，且没有居民乱建。

二是自组织带头，引领集体选择。相较正式组织距离群众生活远，自组织的优势在于其从群众中来深入群众中去，和群众之间建立起常态亲密关系。丹景山镇不少村民和“三共委员会”成员相识，“三共委员会”往往发挥引领带头的作用，村民们对自组织保有本能的“相信”感。有些环境治理牵涉私人利益，村民难免会产生抗拒心理，无法顾及全局，更难长期考量，自组织带头“舍小利，为大家”，推动群众意愿的逐步转变，带动村民共同参与治理。

花村街改造要拆除雨棚及违规建筑，起初大部分居民都不愿意拆除。共建委员会的王主任，改造同样牵涉他家的雨棚，全部拆除损失不比其他居民小。在担任共建委员前，王主任担任多年村民委员会主任，为人坦诚直率、有较高的威望，在花村街改造过程中，村民有什么意愿，他都第一时间满足，村民对王主任较感激，对其认可度相应较高。拆除雨棚时，他让带头村民到他家喝茶，主动拆除自家的雨棚，说“拆棚子不是给别人看的，是给我们自己人看的”，教育村民们主动参与改造，维护好村庄居住环境。在他的带头带动下，越来越多的住户自发改造，逐渐形成集体行动效应，街边的改造工作遂顺利完成。

作为自组织的“三共委员会”，具有正式组织不具备的优势。一是自组织虽有组织雏形，但并非遵从固定的规范执行，而是对“家园”有朴素的情感。自组织为了建设家园，能持续引领推动集体行动，村民能感受到自组织的“热情”，对其产生信任，构建出“我们感”，进而配合促进集体行动形成。二是自组织成员往往是积极分子，参与治理并非替代公权力，而是以“家园建设”名义组织起来，氤氲群体力量和激发集体意志，从而更接地气地动员村民参与。引领和动员过程中，自组织可以调动社会舆论、进行分类治理、率先示范等，多重路径推动全过程的自治治理，实现诉求整合和自主治理目标。

（三）自组织建立规范

城市化下农村社会结构松散，村民们难以自发组织起来，缺乏规制章程使组织松散。为推动自组织持续发挥治理作用，丹景山镇在自组织成立之初，便构建嵌套的制度规范。一是构建自组织章程。为了维持自组织持续有效运转，需要在组织内部建立章程，包括确立组织的人事章程、治理章程等。花村街的“共治委员会”，建立之初确立七类“委员”，包含花司令、水司令、环境卫士、车卫士、文明卫士、生态卫士、秩序卫士，分别对应环境问题的各类关键问题。通过自愿报名和居民推选形成委员名单，委员的进入和退出都要乡镇审核，日常运作有具体时间安排和次数安排。虽然没有严格规定必须到场，但村委会和村民会监督，如果发现问题村民可以举报，持续性不参与导致岗位空缺，村组织可以开会协调换人。实际运作中，自组织有一定的程序规范，涉及项目财务、购买服务等内容，都有相关规章进行规定。需要说明的是，“三共委员会”成立后，村民对自组织运转较放心，没有人提出查阅收支情况，反而是自组织主动公布，张贴宣传栏、转发至微信群（如图5－8）。

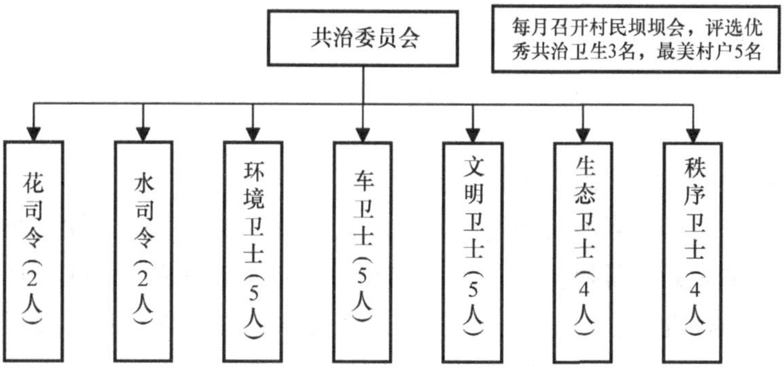

图5－8　“共治委员会”的组织架构

资料来源：课题组根据调研资料自制。

二是建立自组织主导的规约。农村出现的多重结构重组，不可避免地带来规则溃散问题，传统村规民约难以发挥作用。自组织带动社会常态治理，需要构建自组织主导的规则。规则治理有效有赖两点：其一是村民们共同认可；其二是有效激励与约束。花村街召开坝坝会协商，村民们共同参与规则制定，每个人都必须发表意见，形成决议要共同签字，通过开会形成规则纽带，如若发现违反规则现象，则视为违背自己诺言，以舆论方式进行惩罚。另外，自组织设立村社激励和约束手段，花村街以“三共委员会”名义，建立了“最美村户”“最美个人”的奖励，通过开坝坝会方式进行评选，选出的村户大多有代表性，会成为村民榜样。自组织为激发成员积极性，保障村民满意和治理效能，协商设置社会激励机制。如共治委员会每月会召开坝坝会，评选出来环境卫士和最美村户，并给予公开会议表彰的奖励。

针对车辆乱放、乱倒垃圾、损坏设施乱象，JL小区建立有多项规范，却囿于缺乏物业，有制度无管理。为形成小区内部整体的行为规范，共治委员会组织召集村民，开展坝坝会商讨小区自治公约，居民充分表达自己意见。为解决小区物业空缺，以三共委员会为主，辅以志愿者、党员、楼栋长等，设立岗位并由参与主体认领。三共委员会再和居民商议小区管理制度，如卫生管理制度、楼栋长轮换制度、志愿服务制度，从各方面对环境治理事务进行细致规定。具体执行过程中，三共委员会不定期检查落实情况，针对不完善的地方提醒并组织商讨对策。

（四）协助自组织治理

不可否认，当前的环境诉求多元且模糊，具有不确定性且难划分权责，需多元力量协同回应。自组织并非环境治理的“万能药”，不少事务的权责不在自组织，需要自组织配合责任主体。对村民反映的环境事务，如果自组织通过自治无法解决，政府部门要弥补自组织失灵，基于分级分类和协同治理的原则，协助或主导农村环境事务治理。

花村街“共治委员会”由声誉好的“五老”组成，共同分享村社治理社会权威，村民有小微诉求或有不文明行为，“共治委员会”成员除开柔性沟通，还会开会讨论社会性治策。如果诉求是私人性事务，“共治委员会”就批评教育，否则，就组织群众开会讨论，激活公共舆论进行约束。“共治委员会”无法有效解决的事务，或群众诉求有一定合理性，关联乡村组织治责的事务，“共治委员会”厘清问题向上反馈，村组织解决不了的再上报，乡镇沟通确认后再及时应对。针对“共治委员会”自主解决的事务，乡村组织除了保障主体地位，还会协调治理资源支持和赋能（如图5－9）。

花村街的街面狭窄，难建设公共停车场，不少村民将车停在门口，导致道路更加拥挤，影响商铺的日常经营，有村民抱怨道：“要发展就不能停车，停车就不能发展。”随着花村街改造第一期改造工程结束，不少村民认为现在的环境变好了，没理由因为没地方停车变坏，就向“共治委员会”提出建议，在周边空地建配套停车场。停车场需上报村镇，由镇上同意规划建设用地，并且要配备人员看管。镇上对上报的诉求表示支持，需要村民每月自筹3000元，指派专人看管车辆停放。“共治委员会”召开坝坝会和村民商讨，向村民解释说虽然每月有固定费用，但是出现问题例如车辆刮擦，乡镇政府要承担主体责任。如果自行停在街道上，被刮被偷后果自负。大部分村民表示认可，均摊下来的成本不高。村民基于多方均衡，逐步改变停车习惯，现在的花村街街面宽敞，行人、交通便利，村民们表示满意。

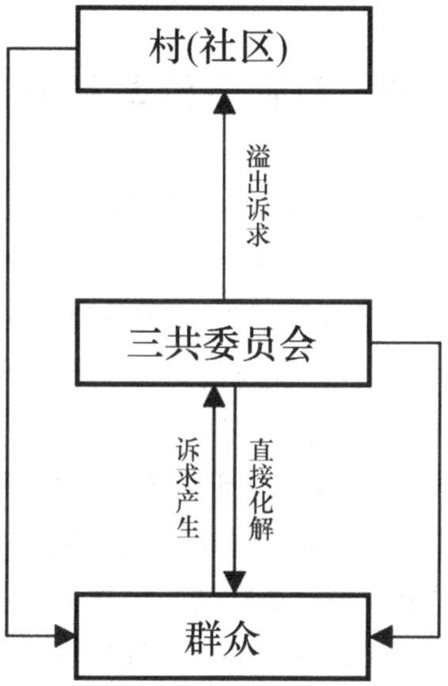

图5－9　“三共委员会”的分级协同与共同回应机制

资料来源：课题组根据调研资料自制。

第六章 组织振兴与治理协同

第一节 要素下沉与治理赋能

“以组织振兴促进治理有效”是党和国家立足基层场域，对乡村治理提出的价值期许与路径指引。自1988年《村委会组织法》颁布以来，我国逐渐形成“乡政村治”治理体制。一方面，经由“撤乡并镇”和“县乡改革”，乡镇政府的行政属性强化，如果不落实国家政策任务，不应对自上而下的矛盾纠纷，乡镇一般不会介入村治过程；另一方面，嵌入社会的村治活力十足，除特定时期需要乡镇支持，多数时候依托社会性权威，村组织能自主维持秩序。不过，伴随城镇化进程推进及国家发展战略转变，乡村治理社会基础变化，乡村治理的制度环境同时变迁，基层事务属性呈现出复杂变化，既指向规范化、法治化、专业化治理需要，又指向模糊化、综合化、情感化群众诉求，对应的问题是乡村组织回应能力降低。如何通过自上而下的治理要素驱动，实现同自下而上要素变迁的互构，基于“三治”协同机制赋能基层组织，成为乡村有效治理亟待破解的问题。

一 组织振兴的治理背景

进入21世纪后，农村社会发生结构性变革，呈现出复杂的场域特征。其一，工业化城镇化进程加快，社会诸事务的流动速率增加，带来空间治理难度和风险。其二，农业税费改革后，大量惠农资源和治理规则下沉农村，打破长期以来农村的简约治理状态，乡村治理模式发生系统变革，内生治理规则有待重建。其三，农民的生活诉求与公民意识增强，“美好生活向往”呼吁基层治理转型。农村社会和制度环境的嬗变，要求基层组织调适治理，积极回应多重要素变迁现实，践履治理有效的时代目标。

（一）风险社会的治理要求

城乡经济发展冲击均质和稳定的农村社会，使农村呈现出异质且多变的社会特征。典型表现为城乡价值观念逐步融合，农村社会阶层分化快速扩大，诉求多元性、对立性快速提升，空间发展权益分配成为问题。当城镇化带来城乡统一的市场，农村社会快速向“城乡社会”[①] 转型，农村风险治理就会越发有必要。

第一，空间主体多元。以静态的传统农村作为参照，村民以家庭作为生计单位，缺少流动机会与集体身份同构，因而产生强村社认同。城镇化工业化加快的结果，是农民生计模式发生变革，职业身份越发复杂和多元。抽象来看，村庄内既有传统农业，又有现代农业产业，村民既依赖现代工商业就业，又瞄准生活新需求就业。具体看来，村民的经济身份和社会交往多样，带来其“农民”社会身份的模糊，村民的“农民”感知越来越弱，生产和生活诉求快速城市化。

第二，村庄交往算计。市场理性交换原则及现代国家规则嵌入农村，一方面形塑出村民个人利益中心和精于算计的理性思维与行动逻辑，一方面推动依托血缘地缘纽带建构的关系网络瓦解。乡村社会的情感归属与社会认同式微，带来村庄社会交往的个性化、功利化，社会关联呈现出经济算计与松散冷漠特征。具体说来，长远生活预期被理性计算替代，常见的情况是生活中互帮互助的伦理被抛弃，人情讲究支出度量和短期逐利，村社共同体难以承载价值期许，个体基于理性考量和市场选择，构建契合自身地位的关系网，衍生出各类新兴派别群体。公共舆论失效、公共议题失语、公共交往缺失、公共价值衰落，如何应对个体化社会的问题，成为新时期乡村治理的破题关键。

第三，社会结构分层。城镇化进程下的空间嬗变，使乡村呈现出复合特征。一是外来人口流入带来人口结构复杂的特征，突出表现在东部发达及城郊农村。我们调查的珠三角和苏南农村，外来务工人口数量超过本村人口，直接影响个体空间权利实现，如何应对空间分

①　吕德文：《“城乡社会”是啥样，怎么管》，《环球时报》2021 年 5 月 19 日第 5 版。

化，协调主客关系矛盾，成为基层治理重点。二是村庄出现阶层分化，在相当一部分村庄，受市场机遇、资源禀赋、网络优势等因素影响，形成内生性经济分化的结构特征，[①] 一方面催生差异性的生活方式，如日常作息的工业化、闲暇生活的丰富化，一方面辐射至乡村生活的方方面面，加剧基层场域空间利用规则不稳定。

总结起来，时空流变带来的地域混杂与群体分化，在有限的乡村空间不断扩张和积累，易激化基层场域的空间争夺与主体冲突，加上礼俗规则和组织权威的弱化，带来内生治理资源匮乏及治理能力不足。当乡村社会风险因素不断增加，基层组织就需要借助外力，夯实治理能力实现新型社会整合。

（二）治理目标的变迁要求

村庄社会变迁带来的复杂化只是其一，更大的变化是，国家对基层治理要求不断提高，具体表现为制度规范的下沉渗透。我们将治理改革分为上下两维。自下而上来看，村庄社会的异质化发展和村民美好生活需要生长，赋予新时代基层治理积极有为的价值期许。自上而下来看，以人民为中心的内在治理意蕴，要求治理主体向发展型治理方向转变，通过外部驱动推动治理过程与基层需求匹配，从治理在场、治理有序走向治理有效。双重逻辑共同作用乡村“接点”，催生基层治理复杂的规范。

第一，治理要求规范化。税费改革前，乡村治理实践遵循结果导向，轻微违法行为易嵌套式频发。税费改革后，村庄内生利益及外输利益激增，引发村域主体的谋利积极性，富人积极投入村庄权力和组织竞争，形成乡政村治框架下的富人治村。治理动机的单一化与功利化使村治面临小微权力腐败问题，治理组织悬浮带来村庄失序，持续侵蚀社会内生公共性。党的十八大后，国家加强全面从严治党和技术治理，对村组织的规范要求增多，地方政府部门督查增多，半正式治理空间被大大压缩，私人治理不再有施展空间。党的十九大中央部署“治理有效”的乡村振兴战略，将“服务型组织”“规范行政”“人

① 朱战辉：《村庄分化视角下乡村振兴实施路径研究》，《云南民族大学学报》（哲学社会科学版）2022 年第 2 期。

民为中心”等提至核心位置，规范组织治理和规范秩序构建成为基层治理重点，[①] 基层治理过程需要遵循层级和条线治理制度。

第二，治理导向服务化。21 世纪后的国家权力下沉目标由国家政权建构转向城乡统筹发展。税费改革尤其是党的十八大后，村治事务越发从基础设施建设，转向软性小微公共服务供给，承载以人民为中心的政治指向，乡村中心工作变得多变和繁复。大量思想教育、文化社会事务被纳入基层治理视域，五水共治、环境整治等成为基层治理重点。如何积极有为供给多元服务，回应群众增长的美好生活需要，成为基层组织的新兴任务。

（三）复杂事务的治理要求

基层事务是基层治理的内容。根据事务来源和属性差异，可将基层事务分为三大类：其一是政治事务，即在国家权威嵌套至乡村场域的过程中，承载国家目标与价值倡导的任务，农业税时期“刮宫引产、收粮派款”、新时期的“精准扶贫”均为典型；其二是行政事务，即县乡组织层层分派给村组织的工作，如行政资料核实、统计报表报送；其三是治理事务，即乡村内部日常公共事务，如公共产品供给、矛盾纠纷调解。党的十八大前的政治任务较少且有阶段性，县乡两级只要没有促进发展合作的需要，一般不会干预村组织事务治理过程。结果是，村组织能依赖乡村结构力量，实现事务治理渐进均衡。现代乡村因时空嬗变，需应对庞杂的多元事务。

伴随自上而下的项目资源输入，基层组织规范化建设要求，法治政府建设和程序治理进程加速，基层组织承接的事务大幅增多。与之对应，伦理秩序流变与村社共同体解体，带来农村有限空间与个人行为扩张的矛盾，个体异质分化下的空间资源竞争，构成治理事务的新型样态。农村社会面临复合型治理挑战：一方面，基层组织要创新治理机制，高效回应既有治理事务；另一方面，基层组织要突破传统线性思维，回应新型事务与异质村民诉求。传统与现代、社会与国家、特殊与规范的治理要求，带来前所未有的治理混沌和难度，要求基层

---

① 贺雪峰：《规则下乡与治理内卷化：农村基层治理的辩证法》，《社会科学》2019 年第 4 期。

治理提升组织韧性匹配多元事务。

第一，从内部性走向溢出性。即事务逐渐超越传统的村治边界，对横向纵向组织治理提出要求。个体需求的溢出是公共管理的逻辑起点，农村基于乡土社会建构的自治体制，能依托内生规则与主体协商解决治理事务。但是，伴随着法治社会建构与市场经济发展，衍生出诸多外部效应复杂、牵涉主体多元的新型事务，如私搭乱建治理与工业污染处理，无法利用单一治理主体和单一治理方式解决。同时，国家权力下沉和治理要求提高，促使部分自治事务演变成为行政事务，如传统调解失效与多元矛盾增加，使得部分民间矛盾纠纷难解决，这些上移至政府部门要求匹配治理责任。当然，部分强私人性弱公共性的事务，因私域治理不力产生外部性进入公共领域，若不进行公共治理会影响“美好生活”，带来属性模糊事务进入公共视野。部分事务溢出私人领域，延伸为公共治理诉求。如农集区的物业服务，立足农村自治治理体制分析，应属于动员型治理范畴；置于城市治理体制和基层场景，需要清晰划分市场与政府治理责任。前述问题的共通特点是，缺乏明确的制度政策依据，但兼具法律底色与情感诉求和价值需要，当新增事务无法被科层体系吸纳，易引发公众反感与治理危机。基层组织要填补法治程度与基层诉求罅隙，就要协调规范治理与灵活治理关系，如何实践尚待破题。

第二，从事本性走向连带性。即乡村事务的多元属性、场域特征及治理绩效，要求治理规则、治理资源、人际关系等要素动态适配。具体说来，伴随城镇化工业化进程，农村空间和主体空心化程度加深，需要基层组织介入舒缓张力。但是，外向型治理任务增多，与传统乡村“人治”过程有矛盾，需要行政介入重塑秩序。同时，城乡发展和空间流变，带来新增事务增多和溢出，需要加强多元治理能力。多重事务聚集于有限乡村空间增加了复杂性，事务治理的关键不仅要求厘清客观事务属性，还要梳理清楚背后的情感利益和要素关联，不少还表现出行为连带与关系嵌入的特征。如修道扩路类的公共品供给，不仅仅是工程项目实施问题，还会因占地引起利益调整，涉及利益调整背后的村庄关系，还有些与历史遗留问题有关。事务的高嵌入性与强连带性，使得事务治理过程既会激活村庄关系网络，又会产生“拔出萝卜带出泥”的效果，从而既需要关系嵌入型的组织治理过程，又需要源头治理和综合治理结合。立足事务属性分析会发现，当事务不仅存在专业性与交叉性互构，而且风险性和模糊性俱在，“人—事”结合和事务多元共行，其中，不少事务治理延伸出的治责，已逾越基层组织能力限度。但在属地管理框架下，基层组织不得不直面事务交织的复杂问题域，如果没有组织协同治理应对复杂性，基层组织会因“头痛医头、脚痛医脚”带来应付型治理风险。

梳理基层治理变迁逻辑会发现，“组织振兴”逻辑与风险社会形成、治理理念革新、事务属性多元息息相关，三者相互交织、共同促成“组织振兴促进治理有效”的证成依据。组织振兴的要点在于构建“三治”协同机制，实现“组织在场、治理有为、治理有效”。

二　要素下乡的治理逻辑

国家借助“资源下乡”“规则下乡”“监督下乡”为基层组织运行楔入资源与法治元素，目标是构建依托正式权力撬动非正式权力、依托正式权威构建社会权威的“三治”协同格局。从实践看，国家治理下沉确然丰富了乡村治理的制度和资源基础，问题是，单向过密供给规则并加强督查易消解基层组织注意力。当国家治理下沉同乡村组织的衔接罅隙趋宽，法治难依托积极治理实践转换为制度权威，基层组织运转易出现群像化低效问题。①

（一）重塑基层治理场景

税费改革尤其是党的十八大后，基层治理战略发生重大变化，呈现出由单一到系统，由维持到发展的趋势。新时代基层治理之“新”，体现在基层治理资源、任务、规则变化。要素下沉只是治理发端，国家意志与战略延伸能否转为真正的治理成效，还需基层治理实践检验，其中的关键问题是，治理内容与方式能否契合基层治理场域，实现组织还权赋能和适度治理自主。

一是治理任务下乡，挤压治理空间。任务下乡是国家介入乡村的

---

① 周申倡、戴玉琴：《村级治理中“德治涵养自治”逻辑的政治学分析》，《宁夏社会科学》2021 年第 3 期。

重要路径，国家政权对农村治理的控制能力将会随之增强，农村人口国家意识与政治认同，将会在任务下沉执行中得到逐步建构，① 进而推动国家的基层目标实现。1998 年村委会组织法全国正式推行后，村组织被赋予自我管理农村内部事务权力。作为农村事务的治理主体，村组织要围绕村庄事务展开工作，相应成为任务下乡承接主体。

纵向来看，任务下乡在基层治理新战略的指导下，呈现出阶段性到持续性、从基础性到全面性演变特征。农业税费时期，村组织最重要的任务是协助县乡完成“两上交”与计划生育，税费改革以来，惠农政策资源输入和服务型基层组织建设成为基层治理方向。基层行政制度和治责趁机向下延伸，治理资源与治理目标同时增加，及基层场域治理事务流变，使村组织中心工作变得多变繁复，形成包括村庄公共品供给、建设基层服务型组织、完成临时性重点任务在内的任务体系，任务属性与任务类型差异影响中心工作的落实方式。①完成村庄公共品供给。后税费时期至今，国家借助政策引导和项目资源扶持，推动第三方力量（工程队）直接下乡主导公共品供给，村组织主要承担承接和服务工作。当然，基层政府会基于“一事一议”制度和行政发包制度，动员村组织完成村内公共品供给。②建设基层服务型组织。村组织需要承接的常规性事务主要有两块：其一是旨在规范村组织运作的事务，如要求严格遵守行政流程延伸的资料存档任务；其二是促进村组织有效服务的事务，如承接政府部门下沉的服务类工作，要每天坐班从事窗口行政服务。③完成临时性重点任务，主要是围绕重点政策落实和地方治理创新需要，承接层层分解的非常规硬指标任务，如 2018 年推行的村居环境整治，前些年城镇扩张带来征地拆迁，部分临时性重点任务要求多，甚至会下沉到小组要求其协助。基层重点任务常规化倾向的明显，意味着要占用村组织大量精力。

伴随治理任务下乡及治理理性化建设，基层事务的治理要求趋严趋具体，文牍主义和痕迹管理成为基层治理的重要工作。相对应的变

① 徐勇：《“行政下乡”：动员、任务与命令——现代国家向乡土社会渗透的行政机制》，《华中师范大学学报》（人文社会科学版）2007 年第 5 期。

化是，村组织工作更加正式正规，大量的村治工作要求遵循政策文件，有时要求遵照政府工作方式。无论社会维稳还是网格管理，抑或农业生产以及纠纷调解，均要求程序规范和资料存档。治理任务增多带来规范增加，体现为做事留痕机制建立，村组织不停填写报表，不时拍照留存证据。

二是治理规范下乡，组织运转异化。治理规范是约束治理行为的重要工具，统一规范能促进国家政权对社会的嵌入与整合。① 治理规范内容丰富，不仅包括行政程序、法律规范，还包括政策流程、治理标准。规范下沉与村治组织异化密切相关。当农村社会结构剧变，村治的社会基础变异，放纵村组织进行自主治理，易使村治权力不受约束。无论是能人治村还是乡贤治村，都存在权力变异的可能性。其一是宽松约束的背景下，乡镇的谋利倾向严重，易借助项目资源的输入机会，同村组织结成利益共同体，不时侵害基本民生权益。其二是治理规范缺失背景下，村干部具有较大治理弹性，灰色治理易带来社会混乱。二者的治理后果相似，即基层治理能力不断弱化，易引发治理正当性危机。基层组织变迁路径说明，遵从结果导向且规则意识薄弱，缺乏权力监督的村治不稳定，易受社会势力把控。国家要持续输入惠农资源，满足村民美好生活向往，显然不能寄希望于村干部私德，乡村二元分治的格局需改善。

（二）重构基层治理规则

对乡政村治框架下的政权建设路径进行审视，会发现当前村治不符合现代规则治理要求，理应通过制度与规范设置强化基层组织行为监控，保障村治规范从而弥合国家资源落地与法治推进短板。② 党的十八大后基层治理被纳入层级化、条线化、法治化规则建设过程，《“十四五”城乡社区服务体系建设规划》将“完善乡村管理和运行体制”作为基层核心议题，要求大力提升村治理性化、法制化、规范化、技术化、标准化水平。规范治理内涵不断拓展，主要体现在人、

---

① 韩鹏云：《国家与乡村关系的实践进路及反思》，《湖湘论坛》2021 年第 4 期。

② 张静：《国家政权建设与乡村自治单位——问题与回顾》，《开放时代》2001 年第 9 期。

事、规则三个方面。

一是“人”的职业化，基层组织规范建设下村干部职业化趋势明显，形成坐班制、考勤制、工资制支撑性制度。其一是坐班制，即指村干部需按照管理规范要求，到固定的工作点位上下班，有事需向主管部门请假。陕西省韩城市党家村，当地要求村支部书记工作日必须在岗，时间为早上8点至中午12点，副职村干部在岗3天/周，其余村干部在岗2—3天/周，可以根据要求依次轮岗。其二是考勤制，是指村干部必须接受细致严格的考核，坐班与打卡情况与工资挂钩，绩效由详细评分标准规定。坐班期间，镇政府不定期派人来检查，如果检查时村干部不在，就要对其进行批评教育，还要依据指标体系扣分惩罚，扣掉的分数折算成津贴，年终发放时进行专项扣除。其三是工资制，全职化意味着不能继续兼业，为保证村干部工作动力，就进行村干部收入改革。村干部报酬变成“工资”，由地方政府转移支付来承担，多数的村干部工资分两块，即基本工资和考核工资，有的地方称为“绩效工资+绩效津贴”，与公务员的工资体系接轨。

二是“事”的行政化。当前的基层组织承接的任务，由项目资源与条线任务构成，制度落地要求事务处理规范。其一是工作形式格式化。村干部不再像过去那样主要跑田间地头和做群众工作，而是将大部分精力用于过程考核与痕迹管理。其二是工作任务的数目化，典型特征是目标管理责任制向农村基层延伸。规范治理任务和要求增多，就会推动村组织逐渐被行政体系吸纳，作为治理组织的最底端要承接层层嵌套和逐级细化的指标任务，专项工作（如耕地保护、食品安全、精准扶贫、疫情防控等）需要签订责任书。数目考核的结果是，村组织转向应对指标考核的精细治理过程，基层呈现刚性执行与过程监督特征，基层治理被行政考核“套牢”，① 演绎出唯上唯指标逻辑。

三是治理合规化。其一，治理规则行政化，即治理由内生向外嵌转化，村组工作流程规范化。以低保审核为例，农户要先自行提出申请，村里收集资料填报表，再经镇区两级核查，由区民政局确定名

① 王汉生、王一鸽：《目标管理责任制：农村基层政权的实践逻辑》，《社会学研究》2009年第2期。

单。确定低保户的过程需要民主评议，需要村组织公示和审后公示。低保评审由县乡组织配合完成，乡镇要派工作小组入村核实，除工作人员走访了解情况，还会借助辅助的技术手段，即大数据系统进行核对。工作人员可以登录系统了解申请者的家庭所有信息，如银行存款、社保医保、公积金、房屋登记、农用机械。工作开展严格遵循程序，追求数据材料的全面完整。其二，治理规则法治化。具体表现在三个方面：首先是迎法下乡弥补社会变迁下乡村权威真空，试图构建内嵌法治的村规民约；其次是村治全面贯彻法治原则，依法依规办事成为村组织工作常态，同时是上级监督和民众诉求常态；最后是基层党建规范不断强化，常见表现是村组织每月召开党建活动和两委会议，强调规范行为、规范思想、规范作风的重要性，学习自上而下旨在规定村治的制度规范。调研的川西各地，只要中央出台的政策囊括基层组织，村干部均要先视频学习政策解读，再到县乡现场学习政策精神，然后形成各类会议记录与会后感受，旨在提升村干部的政策理解水平。

理性化建设对促进村治规范意义重大。一方面使村治呈现程序主导逻辑，一方面对村干部依法治理能力提出要求。不过，规则下沉是否契合农村治理，还需结合多重要素综合讨论。当前大部分农村，城乡一体化尚未支撑乡村“准城市化”，借鉴城市治理原则构建常规化全天候规则，未必能够完全匹配农村基层治理需要。一方面，村干部被纳入正式管理体系，享受类似公务员的财政待遇，成为隶属乡镇的基层准行政工作者。但是，“村庄保护人”的治理底色没有发生质变，村干部需要协调行政和村民的关系。过度唯上的结果是，村组织既未能真正组织化机构化运转，又失去与生俱来的群众工作优势。另一方面，痕迹管理与部分事务治理不匹配，将治理资源错配不必要的程序过程，用行政逻辑解决一般治理问题，易使有限的治理资源被耗费和空转。当政府过分强调痕迹管理，基层就会将留痕作为政绩，为了留痕而留痕，围绕痕迹要求做事，而非针对群众要求回应，甚至出现伪造过程材料，虚假留痕应对检查情况。

（三）重建基层治理策略

党的十九届四中全会提出，“健全权威高效的制度执行机制，加强对制度执行的监督，坚决杜绝做选择、搞变通、打折扣的现象”。随着国家监察体制改革，为加强基层小微权力规制，确保资源和行政下乡有效，行政监察职能向村社延伸。① 具体而言，监督下乡主要有三个方面。

其一是治理效果监督。结果监督是基层治理监督重点。不同处是传统监督重在对最终结果监督，当前监督是常规化、阶段性成果检查，不仅次数多、频率高而且要求高。调查湖北郧阳桃沟村发现，精准扶贫层级督查已然形成体系，检查层级辐射乡—区—市—省与国家级，目的是保证政策任务基层有序落实。其二是治理过程监督。重点是对村治程序规范进行督查，即日常称谓的“留痕监督”与“文件监督”。仍以精准扶贫工作为例，从群众评议伊始就严格遵循标准，保留可证明的过程资料作为留痕证据，以供各层级各部门各时段考核审查，基层党建、环境卫生等治理工作亦然。其三是违规行为监督。经常与积分制考核挂钩，与纪检监察问责工作相结合。如环境卫生治理通过扣分处罚进行，樱桃沟村负责卫生的村干部指出，现在村内卫生监督非常严格，村内卫生工作须遵循流程，要准备横幅、标语、照片、资料，形成多类型文字材料上报政府。责任部门会通过技术和行政手段不定时检查，对过程资料不满足记录要求、整改速度低于标准的（如不能当天处理）进行处罚。

监督下乡的初衷是强化规范问责，助推基层治理依循法治规范。不过我们调研发现，当前监督呈现明显的“向上”趋势。监督机制的不接地气和不科学易挤压村组织的治理自主性，使其作为向下输入资源与向上反馈诉求的衔接角色弱化，为规避单向度监督与规则过密带来的行政问责，村组织会创新痕迹管理形式实现避责自保。具体而言，当前的监督有三大特征。①规范文件是督查重点，作为考核问责的依据。痕迹管理制度下，乡镇根据上报的过程文件，掌握村治工作的进度与成果。乡镇对文件质量及痕迹数量的要求，使制作档案和材料泛滥成为常态。为完成超额的考核指标与繁重任务，村组织除耗费

① 董石桃：《监察下乡：监察职能向基层延伸的国家治理逻辑》，《行政论坛》2021年第1期。

大量的人力物力外，还要想方设法增加财力人力。②监督以上级部门为主，群众的社会参与不足。随着重要部门权力被上收，乡镇垂直管理部门越来越多，乡镇部门对村组织监督增多，推动监督打分脱离“强化对上负责、落实对下负责”的政策目标，不仅影响村组织做群众工作的积极性，村组织治理结构同样被解构。③考核追求过程标准化、专业化。高边界、高强度的监督问责，一方面束缚了村干部的权力运用，降低了村社治理嵌入性、灵活性，使得村治行为越发趋于保守。一方面引发村组织的策略主义行为，利用痕迹管理将上级规范关注变为其自我保护和规避治理风险的手段。

比较而言，单向度监督引发的基层策略主义，在东西部地区呈现不同样态。在总体治理资源丰富的东部发达农村，村组织能依据上级任务和群众需求，自主整合和配置资源增加治理能力。在大部分中西部欠发达农村，行政下乡未能破解村治困境，行政控制和向下输送的任务，未能填补公共权威及权力真空，反因日益增多的治理要求，产生人和事的双重组织挤压，使治理运转陷入形式主义陷阱，带来责重权轻的治理困境。村组织不得策略主义行事，将有限资源投放到协助完成项目，应对上级目标考核的轨道来，缺乏足够精力能力满足群众诸诉求，公共服务治理易悬浮于村社。总结起来，监督下乡因机制不契合衍生出的问题，既是压力型体制和考核压力下沉的必然结果，又是资源不足和避责思维下的主动选择。表面不同的发生过程指向的共同问题是，监督下乡实践同乡村治理需要脱离，村组织的向下回应动力受到不同程度的影响。

三　组织治理的现实困境

当前的乡村治理面临转型阵痛。尽管国家通过多重治理要素下沉，试图推动治理资源和制度的供给与运用，有效填补乡村资源、制度和权力空白，但在基层衔接与转换低效的情况下，难以实现治理任务与诉求有效对接。基层组织行动困境的表现是，难以对变迁的事务有效治理。根据事务涉及的治理主体，可以将治理失效分为三类。

（一）村治事务治理失效

村治事务是指事务涉及主体与产生影响，主要留在村社组织和社会内部。发达乡村的村庄事务治理失效，主要表现为日常秩序难以维持，公共资源输入供给有困难。

一是村庄日常秩序难维持。日常秩序是治理形塑的基本秩序，包括村社公共决策、决策执行与公共监督内容。首先表现为决策混乱。自治脱轨可能出现决策权由精英长期掌握，导致民主决策制度虚设并陷入“人治”的局面，进而诱导出现激烈的派性竞争与冲突。如果多元派系进入村庄决策体系，可能导致公共决策过程拉锯，引发公共议题的设置难题。其次表现为执行困难。执行困难源于村治基础能力下降，与社会变迁和权力斗争互构。一方面，派性斗争导致村干部轮替快，致使日常治理因选举被阻滞，当政者致力于寻求短期效益，导致村社公共利益不时遭到侵害，政策落地不时受到基层阻碍，另一方面，当政者的职位合法性不足，公共权威共识快速分化，[①] 当村干部的治理权威不断下降，村治工作越来越难以开展，就易出现私人治理的现象。最后表现为监督困难。村庄权力监督有两种方式：一是自治制度内涵的民主监督，二是社会自发的舆论监督。随着制度与社会变迁的互嵌，两类监督方式被快速破坏。具体说来，制度监督伴随自治混乱被破坏，设立监事会的监督效果并不确定，多数的村治缺乏必要制衡力量。村庄舆论监督绩效被削弱，源于社会变迁带来舆论式微，村民变成基层政治旁观者。当掌权者自由挥霍权力优势，私人资源会渗透进权力过程。

二是公共品供给存在问题。村庄公共品主要来源于进村项目，理想情况下是政府保障村社自治供给，村社自主决定进村项目类型和内容，再通过申报和审批实现规范治理。事实是，不少地方是政府主导型供给，基层治理问题延至项目落地。一方面，村庄公共性解体及村民理性扩张，易出现“只讲权利不讲义务”的情况，村民为谋取私利最大化耍泼刁蛮，只要关联私人利益即漫天要价，为高额诉求不配合政策执行，使公益项目推动困难重重。另一方面，村庄政治过程的常态不稳定，带来进村公共品供给问题。村庄政治乱象的直观体现

---

① 赵旭东、辛允星：《权力离散与权威虚拟：中国乡村“整合政治”的困境》，《社会科学》2010 年第 6 期。

是，财务支出与工程建设无序。[①]

（二）溢出事务治理错位

溢出事务是指发端于村庄，但社会影响范围较大，涉及治理主体众多，有些超越村治范围，具有溢出效应事务。溢出事务的治理无效是指，现有的“乡政村治”框架无法应对，事务治理过程是低效率甚至空白的。

根据溢出的事务属性，可将事务划分为两类。一类是细小琐碎型事务，往往属于村庄治理范围的事务，诸如村庄集体资产管理、基础服务设施修建更新、村级选举与决策民主，城镇化带来的占道经营等，前述事务归于村治范围，但是当村庄政治失控，或者村治过程走向混乱，村治型事务就容易溢出村庄，成为政府不得不管的事务。一类是庞杂无序的溢出型事务，该类事务虽然发生在村庄，一般超出单一的村治界限，涉及更大范围公共利益。例如，水土污染、盗采盗挖、公地侵占，有研究将其称为“大事”。[②] 理应由县乡政府与部门共同管理，“条块”协同不力易造成久拖不决，使事务升级超越固有属性，成为有潜在风险的政治问题。例如，北京市平谷区的金矿盗采，原本属于环境保护问题，但在2016年5月，平谷区金海湖镇发生重大金矿盗采案件。

无论细小琐碎的事务因治理不善溢出，还是庞杂无序的固有溢出类事务，都具有两方面的特征。一是缝隙性，溢出事务由于发生的场域在村庄，处理涉及乡镇或者上级部门，要依据事务的元属性找到适宜治者，并不是件容易的事。治理组织内部易因权责模糊，易采取相互推脱及层层卸责方式，使不少事务或者处于行政缝隙中，或者处于行政与自治的缝隙中。二是复杂性，溢出事务本身就模糊复杂，溢出的基础性原因是“剩余”，即单一治理难有效解决。例如，全国范围内广泛存在的河砂盗采问题，既是环保治理又是土地管理问题，既是交通运输又是水务监管问题，行政管理与基层自治问题交叉，事实

---

① 多数村庄财务实行“村财镇管”，需要两委共同签字申请。村治多方难达成支出共识，两委开会时就易形成政治竞争，难以达成建设性的公共意见，只好以不断争吵结束会议。当财务支出不顺利，项目就无法正常推进。

② 潘维：《小事关涉民心》，《北京日报》2017年5月8日第13版。

是，该类问题已经溢出村庄，牵涉多个相关责任主体。

针对缝隙性与复杂性的溢出事务治理，一方面需要行政与自治紧密配合，一方面需要投入大量治理资源形成治理能力。但农村基层治理体制转型迟缓，简约治理向现代治理过渡慢，形成常态的乡村粗糙治理格局，导致溢出事务的治理无效。具体说来有以下两点。一是乡镇治理内卷化与组织悬浮化，难对自下而上的“小事”及时处理，维持性治理倾向引出的“不出事”“不得罪”逻辑，易造成村民“闹大”行为和相互效仿，造成“小事”因没人管不断升级为“大事”。二是“乡政”与“村治”难题的叠加，造成基层治理能力弱化，基层组织的回应动力降低。并且，伴随项目制推进及“条条”权力的增强、法治政府建设和村组织行政化建设，乡村两级失去灵活应对的体制空间，易造成“小事”积累演变成大事，形塑出基层形式治理与应急治理问题。即一方面基层组织难以独自解决，另一方面基层组织难以协同，更大的问题是，基层各部门同样难协同治理，基层只能进行维持性治理，权宜性将稳定问题压制住，造成“大事”不断孕育与间歇性爆发，乡村常态治理被破坏，乡村社会风险逐步增大。

（三）群众诉求回应无力

为提高政策执行水平，提升资源的利用效率，精准对接群众诉求，技术手段被引入基层治理，成为重要的基层治理工具。实践中却存在技术消解治理问题，具体表现在以下三个方面。

一是行政规范消解村庄自治机制，弱化了村社干部诉求回应能力。技术治理的内核，是通过网格技术、大数据等现代技术手段嵌入，优化基层组织的事务治理流程。为保证基层治理过程的规范化，不少地方都建立起具备技术治理特征的精细化、标准化考核体系。该种自上而下的考核压力与全面细致的流程约束，使基层治理过程丧失主动性、灵活性，并且，过于严密的规范治理流程不符合事务的综合性、整体性与不规则性属性，[①] 一方面会推动基层干部尤其是位于技

---

① 刘锐：《事务结构、条块互动与基层治理——农村网格化管理审视》，《贵州社会科学》2020年第4期。

术链条最低端的村干部，围绕行政规则和行政指令被动应付任务，原本村庄场域围绕事务自治解决的干群互动和多元治理局面，会被缺失主动性和灵活性的技术治理规范替代，村庄民主自治和社会自治被转换为行政解决机制。另一方面使基层干部被迫应对大量规范程序延伸出来的文牍事务，大量精力消耗于程序“合规”而非真实治理，[①] 群众依托技术渠道反映的治理诉求得不到实质性解决，未能被技术吸纳的模糊诉求亦得不到回应。

二是科层压力消解分级治理机制，强化了乡村场域矛盾化解难度。科层化改造下的乡村关系，由指导与被指导的关系，转向准行政上下级关系，一方面使村组织成为乡镇派出机构，一方面推动乡镇成为村治问题兜底主体。具体说来，当村干部受行政考核监督制度约束，从治理主体变成行政服务主体，意味着村干部难再发挥“治理权威”，只需要当好照章办事的办事员。低工资绩效、低职业预期和流程式服务，使得村干部职位失去社会吸引力。不仅没有村民愿意竞选村干部，下沉的事务还要按期完成，乡镇就派驻村干部兼任第一书记，全权统筹村庄诸行政和治理事务。与人员兜底相对应的是，村组织上移治理事务，但凡有事务难以处理，村组织就及时向上级汇报，将事务治理责任交给乡镇。结果是，网格技术的嵌入为村组织转移治理压力提供畅通的渠道，基层治理“大事”和各类“小事”涌入乡镇。问题是，吸纳进科层体系的基层事务，在缺乏事务分类治理机制的情况下，无论村治事务还是行政事务，甚至综合事务都被简化为行政事务，必须按照行政规则和规范来处理，符合程序主义和文牍主义要求，基层组织更难进行灵活分类治理，反而造成事务治理的低效化。

三是服务内卷消解基层治理机制，弱化了群众对村组织的认同。如前所述，缺乏相应治理机制改革配套的技术嵌入，使基层组织一方面囿于行政督查和考核规范，必须严格遵循处置程序通过“痕迹管理”证明过程合规，不可避免地带来大量的基层行政负担。另一方

① 金江峰：《服务下乡背景下的基层“治理锦标赛”及其后果》，《中国农村观察》2019 年第 2 期。

面，技术治理的标准性与基层事务的混杂性与模糊性不匹配，使得基层组织既难以采取适应性的治理方式，又要基于技术考核的指标压力供给服务。当基层服务要求不断提升，基层治理能力没有提升，甚至被行政规则所束缚，诉求回应就会带来另类结果，即一方面村民产生较高的服务期待，村组织没有足够的资源满足，另一方面造就村民只讲权利不讲义务的观念，村民大量不合理要求被生产和上移，当村民“等靠要”的想法不断增多，依据“有求必应”要求又必须回应，村庄基本正义观会被打破。另外，当服务的内卷速度赶不上村民无序要求，村民对基层组织的信任度就会降低，村治的合法性就会被技术治理消解，使得服务过程不仅没使村民满意，反而滋生出普遍怨气和干群隔阂。①

四　组织振兴的“三治”出路

通过组织振兴的实践性阐释，可以大致得到如下结论：其一，组织振兴是组织规则、机制、能力三维振兴，其中，治理任务、治理规范与监督下沉，试图实现基层权力结构与治理体系的重塑，将基层事务导入分类治理轨道，再构国家与农民公共关联；其二，治理要素与治理成效需要实践性转换，组织作为治理主体是其中关键。可以将基层组织理解为治理资源导向治理效能的中介变量，唯有基层组织保有活力、持有能力、坚守秩序，方能实现国家战略与群众诉求的良性互动。当前的问题是，一方面，既有基层组织与治理架构无法回应时空嬗变下的治理问题；另一方面，国家对基层组织的规范改造未发挥预期成效，反而带来传统治理机制的负功能增加、行政与自治衔接异化的问题。通过组织振兴重构基层治理，使国家意志与资源顺利进入乡村，是基层治理能力提升、实现治理有效的关键。

（一）要素下乡的治理面向

对村治实践困局发起的探讨说明，单向度复制制度和行政逻辑，会牵引村治走向治理有效的反面。根源在于，通过过密的行政下乡和

① 杜姣：《服务型政府转型中的技术治理实践——以12345政府服务热线的乡村经验为例》，《西南大学学报》（社会科学版）2019年第6期。

繁重的规范，将本应“行政的归行政，自治的归自治”的内容重新混合。事务分类治理与权力边界的模糊加上复杂制度催生的唯上逻辑，使基层组织应对政治活动、公共生活与自治领域时缺乏弹性，出现要么介入无效要么无法介入的常规治理障碍。我们应基于基层治理的两重性，对任务下乡、规则与监督重新审视，通过制度与机制重构推动形式权威向实质权威转化，逐步走向“国家强、社会强”的治理有效局面。①

基层治理的两重性。首先是治理组织的多元性。从横向权力主体分布看，乡村治理主体有党组织、自治组织、经济组织。党支部是村庄政治领导机构，村委会作为村民自治组织，与村党支部的成员重合度较高，既要承担行政任务，又要回应村民诉求。集体经济组织是新兴组织，主要负责集体经济发展。不同的乡村产生不同的治理组织，组织振兴应结合乡村现状创新协同方式。其次是治理对象的复杂性。其一是不规则性。不规则性不是说没有规则，而是指不是基于现代公共规则，农村事务深受地方规范的影响，即使经济发展带来理性扩张，不少事务仍带有传统村治色彩。传统村落文化、社会关系网络等，会不同程度影响基层治理，事务解决既依靠村干部的关系网络，又依靠村干部群众工作经验。其二是连带性。指基层事务往往是多重逻辑作用的结果，治理不能只“就事论事”不考虑其他，家族关系、邻里关系、干群关系等会影响事务属性。正所谓“牵一发而动全身”，只有基于事物的变迁逻辑发现其内部关联，方能立足主要矛盾进行针对性治理。其三是模糊性。指事务属性在不同阶段和地方有差异，难以根据科层职能划分明确的治理类型，更难以基于清晰的边界分别应对，只能依据村组织的在地优势，依赖村干部的动员治理能力，解决行政模糊但基层清晰，村治主体能自治解决的事务后，再上报政府科层治理事务。

基于基层治理的双重特性，可以得到两点治理结论。第一，空间事务变迁要求调适治理，治理任务下乡具有结构合理性。当前基层治

① 张雪霖：《治理有效：社区公共事务性质与社区权威的二维框架》，《社会科学文摘》2022 年第 4 期。

理采用属地管理体制，基层组织要对辖区进行全面管理。除开少数基层组织有结余经费，如集体组织有集体经济收益，可自行聘用人员自主管理，多数基层组织不会增加人员。要应对不断增多的基层事务，防止因没有及时有效管理，演化成为治理风险和社会问题，就需要推动行政权力下移，提高回应的及时有效性。要注意的是，服务治理并非文牍化的文字材料填报，而是指切实提升依规则治理水平，切实呼应有效治理的多元内容。服务治理的作用是，为基层组织权威生成提供载体，通过干群互动提升回应性治理能力，推动行政—自治清晰基础的融合。第二，事务复杂要求提升治理韧性，治理规则与监督下乡应保有弹性。理论上讲，我们可以依据事务属性，将自治事务交给自治做，行政事务推给行政管，但是，无论传统的基层治理事务，还是新型的基层治理事务，二者都聚集在同一属地范围内，均引起事务连带及其治理困难。更何况村庄社会快速变迁，村民行为缺少村社规范约束，同样会带来要素治理的风险。当既定的有限的村庄空间，既难以按照群己界限分类，又难以按行政归属分类，那么，无论重行政轻治理，还是重回应轻预防，抑或是重分类、轻整体，都可能引出治理问题。我们需要基于要素下乡契合，探讨如何构建韧性的组织治理体系。

立足乡村场域会发现基层治理具有多维性，基础组织应当发挥中枢性治理功能。下沉事务是本体，是组织开展工作、构建权威、回应诉求的基础；规则与监督是“法治”表现，目的是实现规范治理与有效治理有机结合。既有的乡村治理实践问题在于，单向度发挥“法治”的标准规范功能，忽视德治与自治要素的嵌入及党组织引领下的全域“法治”（详见表6－1）。

表6－1 **下沉要素的既有问题与理想转向**

	任务	规则	监督	“三治”结合情况
既有实践	任务丰富，为治理实践提供权威基础，但行政任务过多，挤占组织注意力	规则统一性强，与基层实际不匹配，不契合的规则引发治理难题	单向度与高强度监督，难促进治理实效，同时引发策略主义	规则意义上的“法治”要素突出，“自治”与“德治”相对弱化，党建引领“法治”实践不足

续表

	任务	规则	监督	“三治”结合情况
未来转向	任务丰富，以服务为导向，为权威转化与干群连接提供基础	规则兼具规范性与灵活性，与基层实际匹配	双向监督，促进治理实效的同时增强群众获得感	三治融合、治理向下

资料来源：课题组根据研究内容自制。

（二）组织协同治理的路径

总结时代经验与理论阐释我们会发现，组织振兴关键是组织规则、能力及话语建设。

其一是基层组织的规则之治，关键是规范村庄利益分配，构建认同型公正秩序。通过梳理基层组织的制度化建设进程可以发现，不论是“富人治村”“能人治村”还是“中农治村”，都只能适配于特定时期的部分治理需求，伴随乡村社会变迁与现代要素楔入，上述模式或多或少会显露出“私人治理”的特征，带来的结果是治理导向的非公共性、治理原则的非法治性、治理过程的非民主性、治理结果的低满意性。随着时间的演进，会引发多重危机。当国家基层治理目标发生变化，不论一般农村还是发达农村，均亟须创新基层治理路径，克服双重治理危机的同时，促进善治实现美好生活。需要说明的是强调规则之治，不等同于前文的规范下乡与监督下乡，强调的是基于乡村场域、立足乡村治理事务，在村规民约与法治规范间寻求弹性空间，在保障村级治理规范的同时，保持治理组织一定的活力。对不同社会基础的乡村而言，规则之治呈现不同指向。具体来说，发达农村的规则之治倾向于“收”，重视如何通过选举规则规范，压缩富人群体间的贿选空间，保障民主选举权的有效；重视公共治理尤其是公共权力运用、公共资源分配，强调权力约束与监督、群众参与与表达，典型代表为浙江省的“宁海 36 条”与“五议决策法”。一般农村的规则之治则倾向“放”，目的是推动治理组织适应城乡融合事务，通过规则引导如网格化制度、接诉即办制度，赋能治理主体并倒逼基层主体践行治理责任。两类农村的共同处在于，都通过规则嵌入强化干群联结，通过常规的治理制度运行过程，将群众纳入规则的制定、修正与执行监督当中，转自上而下的法治要求为自下而上的群体认同。

其二是基层组织的能力建设。一是事务治理能力建设，根据公共事务性质，可将治理事务分为清晰和模糊两种，分别对应“治事”和“治人”逻辑：前者要求基层组织按规则办事，强调对法治规范的理解力执行力，规则事务治理的专业技术能力；后者要求治者深入问题背后的关系，针对表面的问题引入人情面子。值得注意的是，在一般农村中，对事务的二元划分往往难以实现，事务治理能力多指向综合治理，即综合治理要素提高治理效能，“乡—村—组”三级主体同时发力，实现事务的层级与协同治理，既发挥专业的行政力量，又发挥非正式的治理力量，运用乡村社会资源，降低基层治理成本。[①]伴随事务的膨胀发展，治理事务的跨主体性、治理效果影响域增加，溢出型事务快速生成。事务治理的关键是，通过基层治理机制构建，打通基层协同治理障碍，形成对溢出型事务的整合治理，典型案例为北京平谷区为破除砂石盗采现象的部门分割与孤岛效应，构建的“街乡吹哨、部门报到”的县域组织治理机制。二是基层组织的引导力与组织力建设，关键在于依托自上而下的组织建设，调整治理方式完善治理结构，对内外治理要素进行有机整合，目的是实现事务的自治有效。组织引导力的必要性在于，构建基础秩序只能保证秩序稳定，增强群众获得感还需加强自治，而在社会基础变迁的背景下，群众往往难有自主参与的强动力。因此，基层组织的引导力建设，应以推动群众参与自治为目的，基于事务治理激发社会参与。

其三是基层组织的话语建设，即基层组织的治理权威建设，及基于实践获得的群众认同，又被称为组织的实质合法性。基层组织的话语建设，是“以人民为中心”的现实实践，其动因在于制度权威以公共组织为基础，但制度下沉只是权威构建起点，不意味着权威认同同步产生。权威认同产生的关键在于，组织行为是否符合法治理念及村规民约、治理结果是否能够获得群众满意、治理话语能否内化为治

① 赵晓峰：《“双轨政治”重构与农村基层行政改革——激活基层行政研究的社会学传统》，《北京社会科学》2016 年第 1 期。

理主体及治理对象的价值认同。从实现路径来看，基层组织话语建设的关键在于，提升组织的社会性治理能力，通过治理实现政策预期，积累群众的政策认同，增强德治引领的效能。从具体举措看，组织话语建设往往与群众工作相关，例如联村制度、党员联户制度，典型案例为丹景山镇“三共”组织运行，基层政府将村民动员和组织起来，建立输入与表达的融合机制，创新形式多次召开坝坝会，拿出村民的意见供大家讨论，通过自治方式达成自治诉求，再就自治事务进行坦诚沟通，动员和组织群众参与自治。通过组织工作方式改变，及对自治事务的回应，使村民产生获得感、认同感，将民主协商制度表达转为民主协商实践，提升了基层组织的公信力与合法性。

第二节　属地执法与条块组织治理

伴随城市规划区拓展，城市功能不断外溢。郊区农村作为城乡过渡区，具备交通便利、地价便宜等区位特征，成为城市扩张政策承接体。郊区农村因空间集聚，具有资本流动性，易产生治理风险，[①] 具象化为模糊连带的矛盾纠纷、多元异质的服务诉求、牵涉复杂的缝隙事务。一般说来，风险在场不等于治理失效，关键是认识治理事务属性，导向对应性事务治理机制。面向深层连带与利益联结的事务，传统治理机制难以发挥作用，事务溢出边界与基层治权上收，引发乡镇和部门的治理难题，属地体制下治理机制失效，造就农村法治与自治事务治理困局。基于协同治理原则调适治理，推动事务的“三治”协同治理，有其现实必要性和迫切性。本节结合北京平谷调研经验进行探讨，平谷作为城郊农村治理先行区，围绕法治事务进行精准化、体系化治理，提供德治、法治、自治协同经验样本。

一　郊区农村的治理困境

随着城市扩张步伐加快，郊区农村相较一般农村，遭遇新兴的治

① 何艳玲、赵俊源：《国家城市：转型城市风险的制度性起源》，《开放时代》2020年第4期。

理内容。如何适应流动开放的空间事务，优化治理机制，增加治理资源，提高空间事务的应对能力，成为郊区农村的治理考验。通过治理机制调适，提高治理组织能力，可实现针对性治理。当属地体制构成事务治理基本框架，基层组织要想发挥治理效能，还需要突破组织协同困境。

（一）郊区农村事务变迁

城镇化以前郊区归属明晰，遵从乡政村治治理格局，民主治理富有活力。为保障城市经济社会的发展需要，政府调整行政区划推动郊区建制，城郊农村向城市前沿地带转化，形成地理区位环绕城市的郊区。城市与郊区关系的日益紧密，使得城市治理的相关要素，开始作用于郊区农村空间，使农村社会呈现复杂面向。将郊区农村纳入“城区—乡村”序列可发现，横亘于城乡间的郊区农村具备其独特性，有必要对事务特征展开单独讨论。

一是乡村的利益流增多。从地理区位来看，郊区农村空间主要指临近城市中心的边缘区域，较近的市场距离及较低的土地价格孕育出郊区农村利润空间，推动郊区成为城市工业和服务业发展的基点，催生劳动力市场化和土地资本化。①劳动力市场化。郊区经济呈现交叠化与多元化特征，为外围农村及中西部农村提供丰富就业机会，我们通过调研了解到，郊区尤其是大城市及东部沿海地区郊区，成为当地中老年农民及年轻人的外出打工选择。外来人口流入会改变郊区农村空间人口结构，使农村关系出现多元利益交织特征。②土地的资本化。城市扩张提高郊区农村开发价值，激发村组织开发集体土地意愿，使郊区集体呈现出“福利共同体”形态，[①] 农民与土地的原有生产关联，向权责明晰的财产关联方向转化，农民的私人财产意识日趋增强，交往逻辑趋于理性化、算计化。与此同时，郊区农村空间潜在的经济发展利益，吸引不同的势力参与空间开发，引发集体利益与个人利益博弈，经济权利与劳动权益博弈问题。治理规则模糊的情况下，易引发派性竞争和村民上访，对郊区农村社会现代化产生冲击。

---

① 田孟：《“郊区社会”的兴起与城乡关系的新变革》，《天府新论》2022 年第 1 期。

二是农村治理风险增大。郊区既是空间经济社会形态，又是现代化建设基层单元。现代化要素进入郊区农村，带来的不仅是经济发展契机，还使郊区稳定的社会形态打破。郊区农村不仅要直面人口流动的潜在冲突，还要直面诸类要素集聚引发的社会不平衡。我们调查的大城市（如北京市和苏州郊区农村），伴随规模性空间开放、人口拥入和诉求增多，郊区农村的治理难度和治理风险增加。①流动人口管理与服务风险。外来人口进入郊区农村，脱离原有基层治理体系，只有进行动态的社会认证，方能变成属地管理客体。我们调研发现，大部分乡镇实施半正式的认证机制，很难避免村民逃避认证行为。结果是，流动人口扩大活动空间，肆意侵占既有村庄公共空间，不仅易引起接触性的纠纷，还出现外地人抱团现象。外来人口的居住地，不仅缺少配套安全设施，还有卫生环境等问题，防火防盗变得有必要。②空间竞争引发的治理风险。空间治理源自西方国家的公共领域争论，以城市空间公私领域明晰界定与产权归属为前提。兼有城市性与农村性的郊区农村，显露出公私产权混合的复杂空间形态，易因规则不稳定引发空间冲突。例如，伴随外来人口大量涌入，郊区农村房屋租赁市场兴起，加之早期宅基地管理不严格，大量出租房不断建高外扩。一方面，村民基于公共空间产权模糊，扩占私人边界建设出租屋，邻里围绕空间相邻权问题，争夺剩余空间并产生冲突。明确公私生活空间边界，拆除越界的附属棚屋，越发具有现实必要性。另一方面，村民的空间认知向权利方向转变，过去常见的狗吠猫叫、车辆鸣笛成为问题，甚至村民打骂孩子、在家种花养草等，都会引起邻居的“扰民”抱怨，向基层政府投诉环境问题。③治理事务膨胀化与缝隙化。现代化要素非均衡侵入农村，带来郊区农村公共性缺乏，要求政府发挥属地管理的职责，对郊区事务进行全方位治理。反观郊区农村，要素流变带来基层治理事务的膨胀和繁杂，既包括模糊连带的传统邻里纠纷和家事矛盾，又包括人口流入与村民市民化下的个体化异质化服务诉求，还有新增的治安消防和卫生管理诉求等事务。更重要的是，生产空间与生活空间分离程度弱，二者的缝隙潜伏各类突发风险，如生产安全不到位，易引发居住风险；工友关系变成邻里关系，形成基层社会亚文化。各类事务相互叠加和不断转化，易形成系统性、突发性伤害。在流变的空间稳定农村秩序，破解空间事务变异成为基层治理考验。

三是空间管理的碎片化。与城乡融合发展相关联的是城市治理规则嵌入，郊区农村事务治理主体职能化部门化。理论上，空间分割不等同于空间碎片化，[①] 部门分工基础上的政府管理，具备权责清晰、执行高效的制度特征，但其发挥作用的前提是，应用的场景由匀质空间构成，治理事务具有高度标准性和规则性。然而现实是，郊区农村事务环境复杂多变，即使各条线各司其职，还是难以克服权责边界模糊的困境，难应对不断增加的空间无序。导致无法被行政吸纳的治理事务溢出，成为郊区农村治理的灰色地带。

基于空间流变视角可以发现，伴随城镇化进程与城市治理的渗透，郊区农村的空间特征、管理制度与动力机制[②]均转变。空间单元变迁的结果是，郊区农村面临复杂情景。首先，事务朝“人—事”分离方向转变。如果说一般农村事务是“人—事”结合，需要通过做思想教育和情感疏导，达到矛盾处理和秩序维持的目标，郊区农村则是空间性质发生变化，连带影响空间事务属性和基层治理要求，正式规则治理越发有现实基础。其次，事务的数量和类型增多。如果说一般农村是人口流出，基层事务围绕农业生产展开，郊区农村作为人口流入地，生产和生活事务快速增多，除开常规邻里纠纷和家事矛盾，新增治安消防和卫生管理，空间利用过程带来大量事务。比较而言，治理事务变得多样，不仅有类型上的区分，而且呈现出规律性特征。最后，事务的琐碎模糊。尽管变迁的事务逐渐分化，但不少事务没有完全脱嵌：一方面，行政和自治事务交叉，二者有一定可转换性，有些甚至综合和模糊，很难进行明确分类；另一方面，脱嵌于自治空间的事务，部分呈现出多元属性，需要多部门联合治理，部分则作为剩余事务，难以对应明确治理主体。

---

① 朱静辉、林磊：《空间规训与空间治理：国家权力下沉的逻辑阐释》，《公共管理学报》2020年第3期。

② 杜鹏：《郊区社会：城乡中国的微观结构与转型秩序》，《社会科学研究》2021年第3期。

（二）郊区农村治理困境

抽象比较经济体量和事务结构，大城市周边郊区空间事务，与一般小城市无太大差异。但是，部分郊区仍是乡村建制，无论人员安排还是组织架构，均参照乡村体制进行设立。当基层治理目标与治理能力不协调，就会带来治理内卷化和悬浮化。事实是，当县乡村组织难以进行有效政策转换，就将带来基层事务治理失效。

一是乡镇向下治理不足。首先，乡镇组织内卷化。即乡镇治理资源日益耗费于组织内部，难以对基层问题做出及时有效反应。究其原因，一方面是乡镇行政事务日益复杂。乡镇位于五级政府的最底层，近年来的治理任务日益加重，层层加码的政策指标压在乡镇。同时，随着乡镇规范化建设提质，"办事留痕""数据统计"等指标，纷纷转为更多的文牍工作。二者叠加使乡镇要完成"自上而下"的多重任务，文牍与留痕工作叠加伴随监督问责，逐渐占据乡镇的行政资源。另一方面是行政理性推进，税费改革后的乡镇政府，变成对接上级任务为主，服务民众诉求为辅。项目制运作使乡镇耗费主要精力来协调，乡镇不断细化部门招募临聘人员，应对的过程导致人员分散化和权力细碎化，结果是乡镇政府内部运行成本过高，甚至难以形成有效的组织内部协同。以北京市平谷区民政局为例，全局有 22 个科室，有近 200 名工作人员，权力分工的细碎化，使得除开主管领导知晓全局，办事员只知道分内事情，对同科室其他事务不清楚。各个科室都以民政局的名义向下压责，乡镇民政办忙于应付各条线任务，通过不断增加内设科室和工作人员来应对。乡镇事务增加与行政理性化互构，导致乡镇组织叠床架屋，乡镇工作人员结构越发臃肿。表面上看，乡镇可动员的人员众多，治理资源较为丰富，事实则是，乡镇主要精力陷入空耗境地，难以对辖区事务及时治理。

其次，乡镇政府悬浮化。即乡镇政府日常运作脱离群众诉求，既不愿意又不能够强力介入基层事务，乡镇政府与社会处于脱节状态。乡镇政府悬浮在税费改革后成为普遍问题，主要是失去"三提五统"后乡镇政府失去财权，没有能力介入基层公共品的供给过程。同时，项目制的运作方式及考核要求，推动乡镇将主要精力放在跑项目上，对项目进村外的基层事务缺少治理动力。行政任务政治化推动乡镇悬浮于基层，导致其弱化对村庄的治理主导权，基层事务信息逐步由村干部掌握，乡镇难以越过村级回应事务，“间接性治理”发生质的变化。

最后，乡镇政府治权弱化。乡镇处于压力型体制与条块体制下，一方面，政策执行压力和考核压力被层层传导至乡镇，乡镇面临五级政府中最繁重的压力，同时，自身财权、事权和人事权被不断上收至区县。上级政府掌握总体性权力的结果是，其既可以利用层级权力限制乡镇裁量权，又可以利用优势权力下沉治理责任。另一方面，条条部门随着科层专业建设和权力集中增强而越发强势，乡镇丧失多数对辖区事务的独立治理权，治权被分割的结果是乡镇一旦遇到治理难题即向上报。资源匮乏和事权不配却又承担治理职责，使乡镇被迫利用有限资源应付多重任务和冲突目标。“乡政难为”自税费改革后就存在，且随着时间推移越发难有作为。当乡镇部门人、财、物及工作内容等都由县级职能部门管理调配，乡镇实缺乏相应的统筹权，有责无权就成为乡镇治理难题。

二是村级治理悬浮。当乡镇需要承担的事务不断增多，层层压力在乡镇一级沉积。受有限的治理资源束缚，乡镇难有余力回应新增事务，就会推动治理责任继续下沉，嵌套给最基层的村组织。国家推行村民自治的初衷，是以“四个民主”为载体引导民主，达成村庄善治的政治社会效果。但当自治制度运行脱离国家预设轨道，无论村政还是村治均出现问题，造成事务治理的悬浮。

首先，村庄治理的行政化。村组织作为村务治理主体，本应积极治理村内事务，但是，项目下乡带来行政下乡，村委会迎来大量政治与行政事务，不得不应付上级的检查考核，做信息报送和资料整理工作。同时，上级政府出于任务完成考虑，不断对村治组织施加影响，导致村组织运转日益行政化。村治行政化后果是多元的，如带来村级治理程序的规范化，统一流程呈现形式化透明，但事务治理本身被忽视。当村组织忙于应付上级事务，既无精力回应村内诸事务，又因村庄事务的快速变化，找不到妥善的处置手段，就为遵守行政处置规则，采取形式化运作手段。结果是，村治无法回应小微事务，行政治理消解村治灵活性，治理效率降低，治理效果变差。

其次，组织空转下的低回应力。乡政村治模式下村庄治理以村务为中心进行简约治理，乡镇政府向下汲取资源的同时不干预村庄自治过程，[①]“政务”和“村务”的相互配合和支持，多数时候能实现自治事务有效解决。新的历史时期，村庄层面的政治、社会和自治事务治理，不断受到乡镇及以上行政力量的介入。行政过密化与村治程式化复合作用，推动村级治理注意力逐渐转向回应行政需求。村级治理作为基层治理体系末梢，面向的是广大群众生产生活，处理的是与群众密切相关的事务，具有治理需求微小化的特征。群众诉求的差异性与多样性，需要基层留有自治空间，能调动不同群体参与治理，通过沟通、合作、妥协达成共识。在现行行政资源、事务和规则输入下，城市治理与科层治理的原则和方法被推向乡村，违反了农村事务属性和基层半正式治理的特性。以基层事务的模糊性为例说明，基层事务的模糊性指基层事务难以根据科层职能划分为具体类型，一方面源于农村事务的琐碎复杂使得对其明确区分的成本高，另一方面源于制度变迁与社会变迁的结构性矛盾，使治理实践很难将模糊事务划归具体部门，事务模糊要求采用“变通”“模糊”和“相对合理”的治理方式。[②] 常常体现在村庄调解工作中，即村庄矛盾往往牵扯空间和血缘互动，人与人的关系难以用数字和标准切割，在调解村社内部出现的纠纷时，村落文化、社会关系等会影响处理方式，维持特定关系往往高于厘清对错。但在正式的制度规范下，调解工作要求理性化、有序化，追求的是形式治理结果，反而加剧了调解的成本，不利于村庄关系维护。当村级治理变成标准化、规范化治理，差异的、非正式的、非标准的村治事务，就难通过自治或治理得到有效回应，治理就陷入高成本消极治理陷阱。

三是部门治理局限。当乡村事务不断溢出，同时基层治权上收，根据依法行政与规范治理原则，县级部门必须对郊区农村事务进行回应。区级部门基于垂直管理原则，遵循部门职责要专业治理。但是，

---

① 唐皇凤、王豪：《可控的韧性治理：新时代基层治理现代化的模式选择》，《探索与争鸣》2019 年第 12 期。

② 桂华：《赋予基层治理更大能动性》，《环球时报》2020 年 12 月 18 日第 15 版。

条块体制协调障碍，带来部门孤岛效应。

首先，垂直管理存在局限。一方面，在我国的县乡体制下，部门与乡镇权责长期不匹配，县级部门是乡镇的考核方，加上乡镇的属地管理政治属性，县级部门无动力介入乡村事务，位于科层底部的乡镇政府又没有执法权，无法对县级部门进行召集和统筹，只能根据县级部门反映的情况，等待县级执法部门随机反应。另一方面，在垂直管理体制下，县级部门与终端治理场域脱节，行政权力从上至下收紧的同时，治理责任却自下而上在削弱，结果是就算县级部门基于政治压力，投入对职责内的基层事务的管理，会因为远离基层而反应过慢，难达到有效的满意结果。两方面局限带来县级弱治理，县级部门的履职效率较低。

其次，专业管理存在局限。县级部门的主要特点是专业化。一方面，县级部门需要依据明确职责履行职能，高效处理边界清晰、权责明确的事务，但郊区农村事务往往多元复杂，单一的专业部门难以解决模糊事务。另一方面，专业管理职责带来“官僚主义人格”，即办事主要依据文本和以往惯例，难以对基层新生事务及时处理，造成“训练性无能”和治理无效结果。[①] 县级部门间开展有效合作，是应对多属性事务的正路，但是随着县级部门专业程度不断提高，党的十八大以来各个条条部门治理任务加重，地方块块的自主统筹空间缩小，各部门均按照部门规章办事，缺乏常态整合各部门的动力和能力，造成科层治理的“孤岛效应”。

四是协同治理的困难。县级部门大多是科层组织最基层，不少部门在乡镇设有派出机构。多数情况下，乡镇政府没有法定管理权限，县级部门既为避责，又为实施权宜治理，缺乏与乡镇政府合作的意愿。常见协同治理路径是，县级部门通过非正式行政，将治理责任下移给乡镇政府。如县域违建执法，执法权力资源由县国土局掌握，国土局在乡镇设立国土所，国土所不一定有执法权。国土所发现违建事项后会报给乡镇，乡镇政府无法对违建事务进行处置，只能在确认事

① 何艳玲、钱蕾：《“部门代表性竞争”：对公共服务供给碎片化的一种解释》，《中国行政管理》2018 年第 10 期。

务后继续向上报备。国土局基于属地管理体制，将治理责任下压给乡镇，要求其承担属地治理责任。理论上讲，乡镇当然可以再上报，但是，除开县级党委有动力统筹，或者乡镇与部门有私人关联，乡村事务担责主体多是乡镇。乡镇虽然与基层信息距离短，能及时发现事务的变动状况，但缺乏执法权会带来治理空白。即使县级部门及时治理，待协同的部门既可能规避风险，又可能基于相关原因无意配合。县级党委政府发起运动式治理，囿于没区分出条块职责与指挥权限，带来治标不治本的遗留问题，协同整治变成一阵风式一刀切。

二　属地执法的治理协同

北京市以网格化管理为抓手，匹配属地管理体制创新。以“双安双打”专项治理行动为基点，推动“街乡吹哨、部门报到”改革，通过输入基层治理规则，构建条块协同机制，破解事务治理难题。以“接诉即办”改革为要点，通过优化基层治理机制，实现赋权于民的实践转向。最终，北京市通过系列治理改革回应矛盾，推动郊区农村事务精细治理，实现“小事不出村，大事不出乡，难事条块协同一起办”的治理格局，有效串联“三治”体系的诸要素，为郊区农村治理提供经验遵循。

（一）技术嵌入强化属地管理

面对郊区农村的事务治理问题，各地纷纷自主探索破解方案。北京市郊区农村作为我国经济发展先行区，一方面面临人口流动、城市扩张、利益密集等空间问题，其中，消防安全与砂石盗采等问题溢出传统的治理边界，转化成需要条线部门协同配合的复杂问题；另一方面服务于首都职能和全国统摄的中央性，一定程度上消解了北京市作为城市的地方性，农村治理被大量重大活动及政治需求消解，缺乏连贯性的制度输入与治理体制建设，无法撬动治理机制回应群众诉求，带来治理的滞后性、权益性。事务不断扩增与规则输入滞后，结果是政府既无法有效回应传统事务，又难以应对新增的基层事务，大量模糊事务没有治理，引发政治和治理风险。北京市借助网格化管理机制，嵌入属地体制实现治理创新。

属地体制有两大特征：一是治理主体管理属地空间事务，二是基于“谁主管谁负责”原则确定治责。郊区农村空间是生产、生活和政治复合体，其间充满空间争夺与权力关系矛盾。为缩减空间事务治理阻距，及时治理基层场域问题，破解潜在的治理风险，北京市引导农村治理主体参与问题治理，将现代信息技术融入空间治理。2010年起，北京市政府在远郊区县扩散“万米单元网格管理法”和“城市部件网格管理法”为代表的网格化管理机制。我们通过调研发现，北京市的网格化管理区别于上海、深圳等区域的实践模式。一方面，北京市的网格化管理体系有系统和完备的制度支持，另一方面，技术与规则嵌入没有引发基层治理过密问题，而是体现出“以事管人、结果导向”的实践均衡。具体说来，网格化管理围绕三方面展开。

一是通过基础网格单元的构建，楔入行政组织的空间分布。治理单元划分是网格化治理起点。传统基层治理单元以行政区划为据，单元空间边界模糊且覆盖广阔，难以匹配郊区农村发展中出现的诸类问题，尤其难回应复杂交错的基层事务。为重塑基层治理单元，匹配资源以助力精细治理，北京市推动重构治理单元。横向上，融合行政区划现状与农村自然地理条件，以100—150户家庭为基本治理单元，将辖区划分为若干网格状单元，一个基础网格设立一个网格管理员，负责该网格内所有基层事务。就调查结果看，网格员工作有两个方面：一是发现和上报问题及收集和反馈数据信息，包括环境保护类、公共设施类、入户检查等八类事务；二是风险巡查，既包括硬件设施方面的安全隐患，又包括对流动人口的信息管理，如收集外来人口和出租房信息。根据规定，网格员需每日在责任片区巡查，一旦发现问题要根据事务类型拍照上传。同时，对于简单的矛盾纠纷，网格员可以自行解决。通过网格单元和网格员配置，基本实现无缝隙巡查与全覆盖，避免事务治理空白问题出现。纵向上，北京市设立网格化管理平台，实现“一竿子插到底”管理，强化空间治理的嵌套层级。具体而言，北京市在县（区）—乡（街道）—村（社区）三级分别设立网格化管理平台，县（区）为一级平台，主要负责管理和监督网格员工作，汇总全县（区）网格事务信息，进行统一的调度和指挥，发挥“信息收集、任务分派、督查考核”职能；乡镇（街道）为二级平台，主要通过传达县级平台的监督信息，推动治理责任的分配和落实，目的是既依法依规履行事务处置职责，又督促村组织回应村治事务；村（社区）为三级平台，又称为村级网格服务站，负责对网格员的全面常态管理工作。作为一线网格组织，村组织要承担县乡平台下达的各项工作。各区可以依据行政进村事务的规模，广泛调研确立增加网格员的名额，以乡镇为主体向社会购买人事服务，村组织在主职和务工干部外，可以新增临聘人员作为治理辅助，如果村组织仍有人员增加的需要，就提出申请由区镇两级复核，再由公共财政补贴按流程招聘人员。与纵向管理机制相匹配的是人力资源下沉，为提升网格公共事务的处置效率，北京市将条线部门即县（区）职能部门与乡（镇）职能科室人员编入网格，通过公布姓名、电话号码及负责事务的方式，打通行政组织与基层事务对接渠道，通过职能部门力量输入强化网格事务治理能力。

通过基层治理空间的微分割，北京市实现行政组织对流变空间的全方位投射，把管理架构由原有的“县（区）—乡（街道）—村（社区）”三级，转换为依托网格制度形成的“区—街道—网格”组织覆盖体系。通过纵向网格的划分嵌套，与横向网格的扩散覆盖，使基层空间中的每片区域、每个家庭、每个个体，都被吸纳为组织治理具体对象，相当于确立网格责任人包保范围与治理责任。

二是通过双重管理体制的建构，实现治理力量的空间化整合。北京市的网格制实行双重管理体制。“双重管理体制”是指，网格员同时接受网格中心和村两委直接管理。一方面，网格员需要对网格中心负责，接受其工作分派与监督考核：网格员需要将工作情况经由信息系统反馈给网格中心，经网格中心汇总后会反馈给乡镇科室。科室依据属地原则管理涉及的相关区域，向网格员下派工作任务并进行监督，以问题上报率、事务解决率为依据对网格员考核。另一方面，北京市实行“网格长兼任化，网格员专职化”，村两委成员兼任网格长，实际工作中两委成员作为网格长，有权对管辖片区网格员直接管理，包括结合工作需要划分网格，分配网格员并向其派发工作，调动网格员并对其进行考核。村级考核对网格员工资发放有影响，村两委对网格员的领导遂较为实在。我们调研发现，各村网格制的实际运作受村两委影响大，网格员管理体制对于村主体权利的保留，使得网格员的工作能耦合村组织需要，突破以往网格制度棚架化、形式化问题，推动空间治理工作融入小微网格。最明显的表现是，在兼任村两委的网格长的统筹下，村干部和网格员分工有所侧重。村干部负责较为突出、集中、重大的治理事务，网格员则主要处理细微、琐碎的事务。例如巡查发现隐藏在角落的易燃物，及时上报以利于消除安全隐患；再如检查出租房内消防设施；或者给老人送生日蛋糕；通知村民领取集体发放的小福利；有时会调解日常生活的小矛盾。

“网格长兼任化，网格员专职化”实践，使不同类别的网格员工作边界明确，责任归属相应清晰。一旦网格制成为有控制属性的网格职责后，网格员的主要工作就成为综合工作，对基层治理而言兼有基础性和专门性，工作的同质性较强，工作方式重复性高，并且一定程度嵌入当地社会关系，网格运转成本大大降低，运转效率相应得到提高。从治理功能看，网格员一方面弥补村治不足和盲区，以辅助角色填补村治微小缝隙；另一方面，网格员作为有效的冗余力量可以随时被调动起来，参与乡镇下派的专项工作和应急工作，如应对非洲猪瘟时，各村的网格员都被动员起来，两天内完成数据统计工作，再将数据上报给镇畜牧办。从形式上看，北京市的网格化管理主要内容与多数地区并无太大的区分，实际上则是，针对网格员的“双重管理体制”能实现行政与自治平衡，既强化政府治理资源和执法权掌控，同时强化村社层面的属地优势和治理责任，能够立足实际问题明晰执法部门专业能力，与村组织的协调能力既明确界限又有机配合，形成常规权力与日常治理耦合的治理格局，有利于网格员深度嵌入村民的日常生活秩序，贴合村治实际成为灵活治理力量。

三是通过网格运行机制构建，推动事务吸纳与解决。北京市对网格员工作进行全面细致的安排，形成农村网格化管理的具体运行机制。首先是信息采集机制，北京市于县（区）、乡（街道）、村（社区）三级组织建立网格信息收发中心，督促网格员定期巡查与入户及时更新事务信息，要求网格员将基层潜在风险及时上报。其次是事务处理机制，从具体问题发单到相应部门处置，网格员都要及时跟进并反馈，不在规定时限内完成工单，必须清晰说明情境原因。再次是联动处理机制，网格内的小微事务，一般由网格员负责，若发现较复杂的事务，网格员需要逐级上报，由网格中心协调解决。通过技术治理机制建设，基层政府能将治理事务转换为基础数据，一方面提升清晰事务的解决效率，一方面筛选模糊的基层事务。横向来看，当网格事务能清晰反馈，就能顺势厘定权责清单，明确条线的发现职责。纵向来看，依据事务风险演变轨迹及在线感知，逐级配置适应性资源促进发现，就可构建统分结合发现机制。

农村网格化管理机制实施后，政府被动应对格局逐步改革，维持性治理导向逐步纠正，网格成为行政主动下沉的依托，突破了简约治理的信息阻隔，基层政府得以全息掌握基层，时时知晓事务属性和矛盾动态。通过逐级上报、闭环处理和及时反馈，实现基层从消极治理到积极治理方向的转变，为后续的分流和分类治理提供条件。但是，网格化管理机制尽管能实现行政力量下沉，基于行政考核收集信息发现问题，可能因层级过滤带来信息失真，且实际解决需要治者拥有相应治权，有时需要各个部门的紧密配合。行政能力是否具备尚未破题，有效治理还需要进行持续改革。

（二）规则调适加强属地执法

网格工具的敏捷治理功能，能呈现基层场域潜存问题，打破镇村组织治理惰性。问题是，网格化管理机制只是治理的“识别器”与“传感器”，虽然可以将郊区农村的复杂事务经治理技术过滤进入决策者的视野，但基层事务具有模糊性、琐碎性，治理主体与事务对应性不清晰，当网格化管理无法直接提升地方社会事务治理能力，乡镇“看得见却管不着”和部门“管得着却看不见”的难题就仍无解，甚至带来“看得见却不想管”的基层消极治理图景。

2017 年，北京市平谷区为应对严重的盗采问题启动“双安双打”[①] 专项活动，实践过程将运动型治理提炼，成为“街乡吹哨、部门报到”的组织治理机制，成功将治权赋予乡镇，保障依法治理能力，构建双层治理格局。[②] 通过吹哨机制实现的“条块”协作具有较

① 即安全生产、安全稳定，打击破坏生态行为、打击违法犯罪。

② 安永军：《常规治理与运动式治理的纵向协同机制》，《北京社会科学》2022 年第 2 期。

强操作性，联合执法链工作经验很快被扩展到北京市全市推广，形成时至今日仍有生命力的“街乡吹哨、部门报到”机制，呈现出在既定的属地管理与条块关系结构下，以规则输入优化治理机制的逻辑。具体说来包括以下五方面内容。

一是乡镇赋权。在现行属地管理体制下，乡镇政府要承担属地责任，但“条条专政”带来乡镇责权不匹配，后果是乡镇虽然要对属地事务及时反应，却不能采取有效的手段对其进行治理。当乡镇自身没有被赋予相应执法权，没有足够的权威指挥区级部门，甚至无法调动区县部门派出机构，乡镇政府的治理权威弱化，会导致职责事务溢出。“街乡吹哨、部门报到”改革的首要目标，就是协调建立乡镇政府赋权制度，即赋予与乡镇属地责任相当的治理权，赋权载体主要是吹哨权和考核权。具体说来，其一是赋予乡镇政府吹哨权，即乡镇政府在发现问题后，能及时召集本区县部门，到达乡镇辖区履行职责。区县部门接到乡镇号令，必须在规定时间予以反应，其二是赋予乡镇政府考核权，原有的考核体系是，区县部门对乡镇高压考核，区县部门普遍履职动力弱，习惯性将治责推诿给乡镇。通过建立乡镇对区县部门的考核权，部门履职责任被落实，部门履职动力被调动，乡镇获得完整处置权。

二是构建清单。推动行政组织理性化是治理现代化的应有之义，但是当区县政府过分重视行政系统内部的规范化、专业化建设，不注意政府权责体系动态平衡，不注意提升基层事务综合治理能力，就会导致应对复杂事务时，出现治理缝隙和权责模糊。针对基层模糊复杂的溢出事务治理问题，“街乡吹哨、部门报到”改革建立清单制度，以基层问题为导向，围绕解决实际问题的目标，制定问题清单、权责清单和效果清单，将模糊问题纳入规则和程序治理过程，实现行政对复杂问题的全链条应对。主要包括三块内容：首先是建立问题清单，平谷区从基层治理“顽症痼疾”入手，通过上下联动和“条块”组织协同，梳理出全链条问题；其次，围绕原来横向和纵向权责不清问题，平谷区梳理出权力清单，编制城乡环境治理、安全生产、“河长制”等多项专项责任清单，明确51个区县部门的责任事项并将考核内容细化，厘清各个部门的具体权力责任，为“街乡吹哨”改革提供法定依据；最后，平谷区建立区县部门治理效果清单，即建立工作台账并定期检查，把握问题解决的流程和进度，针对疑难问题开展协商会议，通过党政统筹实现联动治理。

三是力量下沉。垂直管理体制导致治理资源过分集中在区级部门与区级政府，“街乡吹哨、部门报到”改革为增强乡镇治理能力建立区县力量下沉制度。其一是推动区县执法权的下沉。通过“三在一听”制度，即区级执法人员“在哪吃饭，在哪干活，在哪考核，听哪指挥”，实现执法力量的“五下沉”，即“重心下移、人员下行、资源下沉、政策下调、权力下放”。其二是推动区县干部的下沉。干部下沉一方面带来执法权的直接下移，一方面带来区县治理资源的顺势下移。区县干部下沉可分为以下几点。①执法干部的下沉。即围绕基层事务执法问题，将区级部门执法人员直接下派到街镇，如围绕水污染整治问题，2017 年平谷区将环保、水务、农业等部门 50% 的机关干部下派到一线参与治理。②执行干部的下沉。即围绕中央、北京市与平谷区的重大政策精神，下派相关部门和综合部门干部到基层，配合乡镇和村庄推动相关政策执行，如 2018 年平谷区组建 80 个工作队、393 名干部入村开展工作，重点围绕村两委、社区换届选举工作，对换届重点、难点村逐户走访，绘制驻村工作的“施工图”，突出一村一策，落实解决措施。

四是无缝隙执法。原有执法部门间的体制性分割，导致当应对的事务复杂多样，容易出现治理缝隙产生剩余事务，剩余事务难以得到系统处理。平谷区“街乡吹哨、部门报到”改革建立执法链条制度，解决执法部门的“条条”分割问题。执法链条制度建立在赋权制度、清单制度和干部下沉制度基础上，围绕基层问题清单的治理难题，梳理出利益链条和关系网络，区县执法部门根据各自职责分工，现场进行链条式、联动式处理。在整治砂石盗采中，国土部门直接治理土壤盗采问题，交通部门整治大货车违法运输，环保部门处罚水土污染和尾气排放，公安部门开处罚单并进行扣押。后期如果涉及犯罪问题，就打通“行政”与“司法”的渠道。具体说来，公安机关主动作为和适时介入侦查，保障执法效果，检察机关积极履行立案监督职能，提升公诉效率。

五是加强督查问责。强力落实“街乡吹哨、部门报到”机制，就必须建立督促考核制度且保障其有威慑力。平谷区为调动条块积极参与联合整治，建立落实“街乡吹哨、部门报到”的督查问责制度，即以建立台账、执法留痕、相互考核等方式，保证每一次部门执法和联合执法都落到实处，如每一次的“吹哨”事务都要“全记录”，包括电话谁打的、打给谁了、谁接的，部门几点到现场、都有哪个部门到，真正把责任落到责任部门和责任人。

“街乡吹哨、部门报到”改革，一方面赋权接触一线事务的基层组织，使基层治理主要力量——乡镇政府能及时发现问题，同时有能力有资源解决职责问题，践行了中央强调的“源头治理”原则。另一方面整合区县执法部门，推动执法从分割到整合，既有专业化规范执法，又能整合式综合执法，乡镇依法治理能力提高，实现了依法与有效统一，大批基层顽疾得以解决。如平谷区推行吹哨改革后，河道“四抢”问题被打击，节省拆迁腾退资金10亿余元，2016年以来累计拆除违法建设310万平方米。再如大气污染防治，对“三烧八小六个一”和“三尘”“两散”推动源头治理，截至2019年9月底，PM2.5的平均浓度为39微克/立方米，同比下降18.8%，金海湖水质20年来首次达到二类标准。

（三）条块协同推动事务回应

“吹哨改革”集中在行政系统内部，针对的是空间流变事务治理，条块关系失衡衍生的组织治理问题，易忽视农村空间的常态事务治理，带来两方面的后果：其一是政府只能针对“大事”进行运动式回应，无法通过常态巡查实现源头治理，“小事”变“大事”既提高治理成本，又易引起运动式治理问题；其二是关涉居民福祉的“小事”没有解决，居民对政府改革的实际获得感不足，基层治理既无法实现村民满意的公共目标，又难以通过改革实践建构价值关联。为扩大“吹哨改革”的成果，提高服务型政府建设水平，2019年，北京市启动“接诉即办”改革，推出12345政府服务热线，将吹哨权赋予广大居民，倒逼服务型政府建设。具体包括两方面内容。

一是建立闭环处理流程。即将全市政府部门和区域热线统一纳入12345热线。截至2021年，北京市已经整合54条全市政府热线，将全市16个区，343个街道乡镇、市级部门和公共服务企业全部接入12345热线平台系统，通过诉求口径的统一实现群众诉求的“一号响应”①，破除群众与政府的交往障碍与感知无力。一网通办的事实依据是，空间流变使得基层事务的专业性和复杂性与日俱增，需要推动横向多部门和纵向多主体协同治理，处于行政系统外部的群众难以辨识第一责任主体，综合的基层诉求与专业的部门治理难以直接耦合，进而会阻碍政民沟通；一网通办的价值目标则是，贯彻基层治理的人民性，通过治理技术降低信息沟通成本，推动政府与民众间的有效互动，真正践行以人民为中心的价值。具体而言，12345通过整合的平台统筹区县政府及职能部门，串联从问题发现、诉求办理、结果考评再到通报预警的治理全过程。①建立完整的问题处置流程，囊括问题识别与政府派单两项子流程，核心在于第一时间将民众诉求转为操作性治理实践，并通过任务派单明确责任主体、推动责任落实。传统行政治理及网格化治理，基层治理发现多是决策者自上而下挖掘，挖掘的对象是已经呈现出相应表征的显性事务。可能产生的问题是，治理资源被行政逻辑捕获：一方面难以匹配生发于群众日常生活的诉求和“小事”；一方面无法对尚未显露但有风险的隐蔽事务及时回应与阻断。12345热线的重要性在于，开放市民热线建构民众与政府的沟通界面，将民众纳入基层事务识别主体，将基层问题发现权归还民众，将民众反映的问题形成治理数据。民众上报治理诉求和基层事务，平台就会进行行政分类识别，依法层层呼应并分级派单。②诉求办理和解决，核心在于分析事务责任归属，推动各治理主体调动资源，帮助民众解决问题和满足民众需求。接诉即办的实质在于，政府与民众通过对话、协商和谈判，对公共事务及其治理方式达成共识，然而，居民诉求未必都具有正当性、合理性和适宜性，未必都属于公共问题，未必需要政府采取干预措施。我们调研了解到，自12345热线开放后，大量私人诉求侵入公共治理。诉求办理阶段需要对诉求原因溯源，而后进入解决阶段，对合理诉求解决并对不合理诉求解释。③结果考评和反馈，核心在于问题能否有效解决，诉求主体能否真正对治

---

① 李文钊：《接诉即办的北京经验》，中国人民大学出版社2021年版。

理结果满意，即既包括考评的物理事实，又包括考评的制度事实。北京市“接诉即办”体系建立“三率”“七有”“五性”考评指标，对相关部门和治理主体进行考核。④治理预警和反思，核心在于通过定期的周报、月报等，对目前的治理问题进行梳理，进而回答两大基层治理问题。其一，诉求治理过程，基础性制度创新和机制创新，能否有效减少治理问题和民众诉求，进而减少基层治理各类风险。其二，诉求分析过程，是否发掘潜在的治理逻辑链，未雨绸缪主动开展治理，获得预防性治理效果。我们调研发现，基层事务具有连带性，很多时候，居民诉求的话语表达为 A 事件，相关主体进行挖掘发现，其实际想反映的是 B 问题，如果未展开持续互动与跟进，忽视根源性的 B 问题，就可能引发基层治理风险。

二是建立闭环实施机制。即构建全过程闭环处理流程中，针对性建立阶段实施机制。其一是构建分类处理机制。为保证回应居民诉求的及时有力，“接诉即办”改革建立分类处理机制。主要包括两方面内容：①根据居民诉求的类型，平台将问题回应和处理时间分为四个等级，分别是 2 小时、24 小时、7 天、15 天，保证相应治理主体能完全解决问题，而不是形式主义拖延推诿；②根据居民诉求处理难度，将问题化解分为两类。第一，对不合理的村民诉求，12345 会下派给基层，目的是推动基层政府介入，做好群众解释说服工作，运用情理法赢得诉求方认可。第二，对合理的村民诉求，划分基层组织能解决的问题、复杂难依靠基层组织解决的问题、基层无法或者不能解决的问题，而后进行精准派单。具体而言，对需要解决的基层事务，12345 热线会根据三定方案与属地原则，将村民诉求直接下派到基层组织，实现“小事不出社区，大事不出街乡”。如果问题复杂，就依靠“吹哨报到”由多部门协同解决，实现“难事条块一起办”。对重要的问题，会根据层级责任归属实行“双重派单”，分别指派给基层政府及区级政府、市级部门，目的是实现统筹与执行的双轨并行。其二是强化监督考核机制。为督促群众问题得到政府切实回应，“接诉即办”改革建立起多重督促机制。具体包括以下三方面内容。①建立起清晰的绩效考核体系，对各区各街道（乡镇）进行排名，根据排名位次建立奖惩机制。根据时间性跨度，主体考评有两类：首先是月度评价，即对不同类型的街道（乡镇）进行排名，形成先进类、进步类、整改类和治理类街道（乡镇）分类；其次是年度评价，当年12月份对全年绩效排名进行公布，主要为排名前30的街道（乡镇）。12345热线通过考评制度，既生成排名事实又赋予绩效功能，构成平台奖励和惩罚的基础，进而对相关主体进行激励，倒逼其积极治理。②发动市—县（区）—街（镇）纪委对“接诉即办”实施情况常态监督，聚焦“对办理群众诉求态度恶劣、作风粗暴、假办理、假作为、假履职、整改不力、未见实效等12类问题”,[①] 形成强大的督查考核威慑力。③开展阶段点评会，市委书记号召区（县）委书记召开点评会，重点对区（县）“接诉即办”实施情况进行现场通报并批评或表扬，并通过配套机制保证“接诉即办”改革入脑入心，复制强化改革落实机制，区（县）委书记召集街道（乡镇）书记召开点评会，通过进行现场表扬和批评将治理压力层层传导落实。

“接诉即办”改革实现三方面成效。其一，通过将吹哨权赋予村民，实现“吹哨权利”的再平衡，突破吹哨主体权责失衡情况下报到机制的落实困境，通过压力传导和激励制度形成政府与居民精诚合作的治理格局。[②] 其二，围绕事件回应和群众满意，重申公共服务治理的公共价值，通过“接诉即办”机制与12345平台，再次推动治理资源常态下沉，实现“民有所求，我有所应”为民服务效果，构建民生导向型回应治理机制。其三，网格化治理是自上而下行政收集治理数据，接诉即办是自下而上反馈群众诉求，后者在前者基础上进行递进式补充，实现非规则事务与常规治理的协调，进而构建起基层治理的双层结构。

三　郊区农村的“三治”路径

针对北京郊区农村事务的系列治理改革，实现了信息技术、治理规则、运行机制嵌入，通过组织调适实现基层治理水平跃进，即将事

① 李文钊：《“接诉即办”的北京经验》，《北京日报》2020年12月21日第13版。

② 孙柏瑛、张继颖：《解决问题驱动的基层政府治理改革逻辑：北京市“吹哨报到”机制观察》，《中国行政管理》2019年第4期。

务转变为信息数据，进而转化为组织行动，又达成空间秩序维护、群众诉求实现目标。我们从中发现，空间特征与事务属性带来的治理要求变迁，推动网格技术和规则治理对治理能力的提升。

（一）网格赋能事务自治

郊区农村作为城市外扩的前沿阵地，面临由人口流动、资源汇集、空间狭窄、服务缺位等诸要素引发的治理问题，传统的简约治理模式被人口流动、经济发展等单维度目标捕获。围绕资源密集形成的诸主体权力利益联盟，使郊区治理呈现出相对粗糙应对样态，后果是基层治理陷入维稳的怪圈，治理组织要花费诸多资源，常态事务治理逐步失效。面对郊区农村事务大量增多和不断溢出，自上而下对治理要求增高的现实，以系统治理应对多属性事务，以技术手段倒逼组织变革，成为回应群众诉求，解决基层问题关键。通过梳理事务属性变迁逻辑发现，郊区事务已经部分规则化、常态化，基层行政力量需要适当下沉，但是，郊区农村仍存在大量模糊治理事务，需要沿用综合治理方式应对。

网格化管理的治理效用在于：第一，网格化管理通过技术嵌入，实现智慧技术全域覆盖，既可实时定位“人、事、地、物、组织”，借用监控视频转成清晰治理数据，又可利用内置的智慧治理软件和治理模块，保持行政独立同时实现“虚拟”组织扩权，通过横向信息整合推动动态的监控管理，从而增强国家基础权力，高效监管细小风险；第二，网格化管理作为常态治理机制，可以依托规律性、固定性传输规则，一竿子插到底的管理制度，将不规则的基层事务筛选出来，进入具备统筹权的决策部门视野，构建匹配的事务治理模式，实现前期识别与后期治理的双层格局；第三，网格化管理建立起层级联动中心，可在不破坏条块结构的基础上，基于信息技术统合条块和社会主体，完成属地体制延伸出的治理要求。

（二）规则赋能组织治理

当前，郊区农村治理普遍呈现碎片化治理模式，受限于属地管理体制与条块关系约束，部门和政府难以针对事务属性灵活调适。不过，条块主体职责结构并非一成不变，法治要素一方面会通过考核压力与流程约束，使基层治理丧失主动性、机动性，另一方面能借助网格制度与党政权威构建起赋能机制，为条块主体职责的弹性运作提供空间。北京市的“街乡吹哨、部门报到”改革，区县党委基于赋权制度、清单制度和干部下沉制度，围绕基层事务模糊治理难题重构治理网络匹配新工作职责，实际是在调适既有的、割裂的治理框架。

网格化管理及相关治理规则的效用是：第一，权责清单制度通过党委统筹赋予条线部门新职责，自上而下推动基层事务进入组织注意力领域，在党委引导与监督机制推动下，原有的“高层被动，底层消极”的治理局面，转变为“高层积极，底层主动”的协同局面，基层组织会主动增加治理资源，扩充人员应对服务类事务，实现回应性体制下的服务；第二，网格化管理制度可以推动条块协作，降低组织再造的治理成本，发挥“运动其外，常规其内”的治理效用。各部门依托网格平台与执法清单相互协作，实现职能任务与运动治理高度耦合，维系了既有结构框架与治理过程的稳定性，较低的调适与沟通成本，能保障基层良性治理，建构协同治理的积极性。

（三）技术畅通社会参与

郊区农村公共事务的治理过程，实际是治理话语权建构过程。从话语制度主义视角看，观念对话语权建构具有重要作用。公共治理是传递观念的互动过程，既包括协调型对话又包括沟通型对话，最终目标是构建制度治理共识。当基层组织被网格技术、大数据等技术手段，及规范化、理性化的严密考核所裹挟，位于技术链条最低端的乡村干部，要围绕行政规则和行政指令被动应付治理，围绕自治事务呈现的干群互动治理，就会被丧失主动性和灵活性的规范程序替代。依托干群互动建构的社会认同会消解，带来诸如“干部努力，群众无感”的基层治理悖论。

党委统筹的网格化管理及“接诉即办”改革，能够重塑政府与民众的关系，政府部门的沟通渠道，推动主体间的持续对话。对政府与民众而言，对话核心为公共事务、公共事务处置标准、群众满意的原则为何。对政府部门内部而言，对话核心为事务处置责任主体，最有效的治理手段和方法在哪里。总结起来，通过“事务识别”与“事务解决”循环，治理主体间可以不断通过对话沟通达成治理共识，建构制度创新与基层治理话语认同，实现由单维度行政主导走向多维度群众满意。

第三节　权力规范与法治嵌入社会

伴随城乡经济一体化推进，浙北农村经济迅速发展。从村庄样态看，农村与城镇融为一体，村庄生活基本城镇化；从社会结构看，礼俗社会受市场经济冲击，转变为理性特征的新乡土社会。同时，经济活跃带来丰沛的利益流，推动其成为利益密集社会。当基层治理机制未能适时调整，权力主体博弈会引发诸多困境，突出表现为派性竞争问题，使基层法治及自治建设面临艰巨挑战。如何根据变迁的治理环境和治理资源，回应快速现代化带来的叠加治理问题，如何通过正式治理规则的嵌入与转化，以法治为基撬动德治与自治要素，推动乡村治理体系和乡村治理能力现代化，成为实现基层善治必须回答的问题。党和国家高度重视农村治理问题，新时代提出推动农村“三治”协同，即是针对农村问题治理革新。较早遭遇现代化冲击的浙北农村，无论基于组织还是社会治理层面，都应探索“三治”协同治理机制。本节以“宁海36条”治理经验为载体展开讨论，试图基于混乱走向法治的多维路径，探讨发达农村如何实现“三治”协同治理。

一　发达农村治理困境

发达农村因村庄变迁与发展主义战略，形成“强政府—强社会”治理框架，推动基层形成“富人治村”类型和私人治理模式。缺少有效干预和监督的村治，带来私人治理负面效应扩大，进而与村庄社会结构深入互动，造成发达农村政治社会危机。

（一）发达农村治理特征

发达农村治理是在“乡政村治”框架下，由国家和社会力量形塑而成的。一方面，21世纪初的乡村体制改革，改变了乡村治理的既有逻辑，发展主义塑造出乡村关系；另一方面，发展农村工业化路径差异，带来村民不同生产生活面向，阶层分化及富人群体崛起，围绕村庄利益竞争进行关系构建，塑造出独特的乡村治理新秩序。

一是基层利益密集。在地方治理场域中，利益密集具有鲜明的政治社会学意义，[①] 能够通过影响基层治理秩序，进而对乡镇治理方式产生作用。地处经济发展腹地的发达农村，受快速城市经济辐射及国家政策支持，呈现“外生性及内生性利益密集”特征。抽象看来，农村密集利益形成，一般源于两大原因。

首先，村庄内生利益密集。发达农村就地工业化，能实现本地城镇化，随之带来三类变化。其一，村民非农化，传统农业向集聚的现代农业转变，带来乡村“财富和资源总量”的快速增加，[②] 村民生计由传统耕种转向多元。其二，工业化城镇化引发土地升值，尤其是每亩几十万元的建设用地，能使诸如珠三角和苏南农村，依靠物业出租和土地收入，维持集体成员的高福利生活，城市化发展带来土地级差，集体公共收益相应增加。其三，外来人口大量涌入，带来宅基地价格上涨，原本为满足基本居住需求的宅基地，受市场化影响变成资源和资产，有的宅基地售价高达上百万元，引发内外利益主体激烈争夺。

其次，村庄外生利益密集。发达农村所处的区位优势，带来两类外部资源输入。一是中央为推动城乡统筹发展，向农村输入大量项目资源。经济发达地区与大城市带，依靠快速工业化积累起强大的地方财力，能落实“以城带乡、以工补农”战略，直接体现的是众多惠农项目进村。伴随地方发展和项目进村，利益分配成为基层治理的重要内容。二是城市平面扩张带来利益输入，在外扩性发展规划的推进下，大量的农村土地被转为城市用地，带来土地及附着物价值上升。尤其是近年来，城市发展和扩张态势迅猛，边缘区域资源流量大幅提升，包工头和开发商遂汇聚，争夺征地拆迁形成的开发机会。

二是强政府与强社会。不同于中西部乡镇的“政权悬浮”和脱嵌性治理逻辑，东部发达地区因更早进入工业反哺农业的阶段，需要进行工程建设、土地开发、农房改造等，乡镇作为乡村发展治理主体，承担的辖区任务总体较重。另外，身处“晋升竞标赛”体制内，乡

---

① 杜鹏：《利益密集、制度创新与乡村治理现代化——基于浙江“宁海36条”的实践分析》，《华中科技大学学报》（社会科学版）2019年第5期。

② 韩鹏云：《村民自治实践样态与转型方向》，《中国特色社会主义研究》2015年第1期。

镇一方面以经济指标考核村庄，推动村组织引资发展经济，一方面希望保持村庄相对稳定，为经济发展提供坚实的保障。结果是，发达地区乡镇创新方式，加强对村组织的控制。

比较而言，发达地区的乡镇普遍较强势。为实现发展治理的协调，乡镇须依靠村干部协助，那些社会权力大、“说得起话”的群体，尤其是村庄富人阶层，是乡镇重要依凭对象，如果能与富人阶层合作，调动其参与村治的动力，就能落实项目进村任务，摆平不合作的少数村民。发达地区乡镇拥有雄厚资源，对村庄治理面向有要求，会构建强政府—强社会治理结构。“强政府”指政府凭借多样的治理工具，能对村干部实施多样化的控制，“强社会”指村干部来源于上层（富人）群体，不仅拥有领导村治的话语权，还因巨额财富积累和活络的关系网，具备较强组织运作和村政能力，乡镇与富人群体相互配合，构成发达农村治理的主要架构。

乡镇对村组织的控制，可以分为三种类型：一是制度化控制，即通过纵向层级加强对村干部的影响，发达地区乡镇可通过后备干部培养，或者引导和动员村庄党支部选举，通过村支部书记加强对村干部群体管理。二是通过行动支持和协助村组织，推动精英更替影响村级治理，如通过授权扩大村级权力，增强村干部治理正当性，协助争取项目和贷款等，为村庄发展聚集必要资源，与村干部建立密切的私人关系，增强乡镇对村组织的影响力。三是乡村两级组织的资源交换，即乡镇默许村干部获得灰色利益，交换村干部对乡镇的配合和服从，同时，富人群体为扩展经营性业务，会产生对乡镇的权力依赖。富人与乡镇达成的治理默契，带来富人治村的特定现象。

三是基层治理秩序。发达农村的经济发展带来利益密集，经济社会分层带来权力分化，掌握优势权力的富人因利益诱导，积极投入村庄权力和组织竞争。乡政村治下的“富人治村”，因治理目标单一功利，易形成“私人治理”模式。

发达农村因经济发展带来内生利益密集，因项目资源输入带来外生利益密集，利益密集引发内外主体的谋利积极性，带来村社治理的高村民参与热情。村庄竞争中胜出的富人阶层，事实上成为最有权势的主体，“富人治村”会逐步成为常态。①“富人治村”的意愿。严格来讲“富人”包括两类：一类是主要利益在乡村外并面向全国，一类是主要利益以乡村为核心并向外拓展。第一类对当村干部无兴趣，他们已是纯粹市场主体，第二类是愿意当村干部的，谋取职位是有“利”可图的。一是成为村干部就获得政治身份，可以为在地产业发展拓展渠道，同时，依托体制身份能拓展关系。二是成为村干部掌握体制权力，能以己为中心建立资源分配网络，包括获取工程的优先承包权，掌握土地指标的分配权。②“富人治村”的环境。富人担任村干部源于治理空间，一是“发展主义”逻辑的乡镇政府，乐见并支持富人群体担任村干部，既辅助乡镇完成发展任务，又充当治理主体助力稳定；二是中央倡导“先富带动后富”，曾出台“双带”“双强”① 的政策，富人从政有实践空间；三是后税费时期村干部行政任务少，县乡两级不要求村干部坐班，村干部是兼职兼业干部。③“富人治村”的优势。一方面，在去公共性的村级竞选中，富人凭借实力易获得成功。另一方面，日常的村治过程中，富人有充足资源应对。兼职村干部收入较低，只有一定的误工补贴，忙于生计的中下层无力担任，例如办公事的车船费，跑项目的交际费，甚至纠纷化解需要掏钱，富人有意愿投入治理。另外，面对不合作者甚至反对派，富人拥有足够的治理资源，能够摆平不合作者，保证社会基本稳定。

东部发达农村的“富人治村”，从治理目标到权力运作，均遵循“私人治理”② 逻辑。①“富人治村”的动机。村民积极竞选村治位置，要么是为获得社会收益，要么是为获得经济收益。发达农村的村庄关系理性化，村治职务的社会收益低，富人当村干部主要为利益，即捕获村庄周围的密集利益。通过“虚职”搭建权力攀附平台，扩展人脉强化利益网络。②“富人治村”的运作。“富人治村”现象的形成，逻辑上分为两个阶段：一是谋取村治职位的网络构建阶段，二是治理过程的权力运作阶段。富人会构建以己为核心的网络，动员网络成员不断发力，宣传己方政治道德优势。行使职务权力阶段，富人为保证治理有效，尤其是圆满完成上级任务，一方面会保障本派性利

① “双带”即村支书带头致富带领群众致富，“双强”即政治素质强发展能力强。

② 王海娟：《论富人治村的“私人治理”性质》，《地方治理研究》2016 年第 1 期。

益来源，一方面要拉拢非体制精英，构建起“权力的利益网络”①。当村干部基于利益载体不断吸纳，形成派性优势压制反对力量，就能实现组织利益和个人目标。③“富人治村”的方式。富人以私人资源作为治理纽带，建构匹配派性利益的村治模式。富人村干部基于私人资源和关系，推动“以私济公”和“大公无私”治理。例外如富人会私人补贴村治，不索要村干部职务的报酬，私人出资供给村庄社会福利；富人利用私人网络引入项目资源，接洽政府关系促进项目落地，为村庄发展自掏腰包筹资筹劳。

（二）基层治理逻辑与后果

围绕密集利益的分配过程，农村社会被充分动员起来。不过，富人群体拥有垄断性权力，只有民主选举缺乏民主决策，更少民主管理和民主监督，使得乡镇支持和纵容“富人治村”，易出现自治“一放就乱”② 的局面。

一是选举失序。村民自治基础环节是村庄选举。村庄选举制度的设计初衷，是通过广泛选举推出合适的当家人，自下而上赋予村治社会合法性。当富人围绕村干部职位竞争，运用权力优势进行动员，选举过程就可能失序。

富人进行选票动员，主要基于三点考量：一是富人交往对象在村外、社会性威望不高，缺乏密切的村庄交往积累的认同感。二是富人能通过利益动员，引导选票方向、保证自己上位。三是发达农村的社会弱公共性，缺乏约束不正当行为的机制。激烈的村庄选举往前发展，单靠资金已难以分出胜负，就易出现采用多种非常规手段，获得相较对方优势的现象。

二是派性竞争。竞争者围绕权力争夺形成派性，贯穿村庄权力运作全过程。派性不仅在换届选举中展开竞争，还会围绕村庄治理展开竞争。派性竞争者多谋求私利，权力竞争经常不会带来权力制衡局面，而是出现你死我活的相互倾轧。

---

① 吴毅：《“权力—利益的结构之网”与农民群体性利益的表达困境——对一起石场纠纷案例的分析》，《社会学研究》2007 年第 5 期，

② 徐勇：《论中国农村“乡政村治”治理格局的稳定与完善》，《社会科学研究》1997 年第 5 期。

派性竞争的生成，既源于新熟人社会“熟悉的陌生感”，又源于富人为核心的团队加持。理性化程度高的普通参与者，有意无意、主动被动选择站队。要注意的是，派性竞争的密集利益，大多是产权主体模糊。诸如绍兴农村实行的是两田制，村组织将责任田划归自己，村干部既可以发包土地获利，又可以卖地获得集体利益，一旦划入城镇规划区被征，村组织作为集体土地的所有者，可利用产权模糊享有索取权。

三是村治乱象。缺乏民主监督和民主决策的村治，为村组织滥用权力创造了空间，加上“强政府—强社会”的治理框架，乡村组织容易结成政绩联盟，村干部行动缺乏有力监督。很长一段时间里，发达农村的村干部的以权谋私，既包括获取物质资源，又包括建构分利秩序。物质资源获得主要表现为吃拿卡要和公款吃喝，倒卖变现公共资源与截留下沉的资金。另外，利益密集的结果之一是，村集体具有丰沛集体资金，当审计监督制度未下沉，村干部可能伪造票据，侵吞或者挥霍集体资金。滥用权力表现为利用公共职务权力，围绕利益建构有利于己的分利秩序。

权力结构变迁与常态治理乱象共振，就会造成发达农村的双重危机，即村民不满引发治理危机，派性竞争引发政治危机。一是治理危机。发达农村虽然取得经济绩效，却因选举失序引发治理困境，增加村庄事务治理难度的同时，激化群众不满引发情感行为，表现为诸事务的常态治理无效。

首先是诉求回应低效。一方面，富人掌握分配权用来谋利，表面的公共服务与实质的分利规划间存在紧张，富人不会全身心投入治理，难有动力回应村民需求。另一方面，激烈的派性竞选及后续的派性抵抗，使得掌权者难形成稳定预期。村支部书记采取“政治—行政”二分方式治理，即积极应对上级交办的任务，其余事务交由一般村干部，群众诉求类的小微事务，采取类行政的方式处置，解决不了就向上反映。回应需求与手段的脱嵌，带来小微事务不断沉积，当事者的不满情绪持续累积，成为派性斗争的导火线，会削弱村干部的治理权威。

其次是日常治理低效。“富人治村”与派性竞争具有共生性，即越是利益密集派性竞争越是激烈，日常治理越易陷入空转和停滞。一是日常决策困难，即村干部分化成两派，双方在公共决策环节持续拉锯，导致常态公共议题的难推进。二是日常建设困难，主要表现为“在野派”会动员成员，“对人不对事”侵蚀村干部信誉，破坏“在朝派”主导的设施建设。

最后是公共品供给低效。一是公共品供给困难，一方面，公共建设受派性势力阻拦，难以做到决策的公平公正，另一方面，村民易策略主义行为，演变为“无公德的个人”，涉及自身利益时坐地起价，甚至就地闹事阻碍施工。二是公共品供给扭曲，受派性竞争及分利格局的影响，村干部缺乏行使监督权意愿，致使工程建设过程缺乏约束，不仅难承载项目建设普惠目标，还易引发多个治理风险点。

二是政治危机。政治危机是深层次危机，具体表现在两个方面。一是失去程序合法性。富人通过不正当手段谋得村干部职位，背离选举“当家人”维护公共利益的目标。二是失去实践合法性。一方面，“富人治村”难有效回应村治诉求，群众从对组织治理能力的质疑，逐渐转为质疑组织合法性，另一方面，分利集团的侵权行为，使村级权力运作缺乏公正，加剧村民的反感。

围绕利益分配展开的斗争，造成村庄人际交往撕裂。①村庄正常生活被撕裂，派性区分使家庭间关系紧张恶化，不同派性的村民往来会减少，带来日常交往的隔膜。②原本衰微的公共性被撕裂，派性行动及关系使村庄公共性无处安放，村民的治理认知变成非公益的标准，村庄关系陷入理性算计之中，[①] 公共生活和公共利益的无感，使村民难以有共同体认同。关联“去公共性”的问题中，阶层对立问题在加剧。富人治村格局下，上层掌握优势权力，中层极力追赶维持，中下层及下层村民，成为权力边缘者。社会和政治双重排斥，带来权力边缘者窘境，既无法实现社会价值，又无法享受福利政策，由此产生阶层之“气”。[②] 阶层之“气”的充盈爆发，推动部分村民去反抗，依托派性斗争治理情景，易演变成为派性斗争的工具。

---

① 卢福营：《治理村庄：农村新兴经济精英的社会责任——以浙江省永康市的私营企业主治村为例》，《社会科学》2008 年第 12 期。

② 应星：《“气”与中国乡村集体行动的再生产》，《开放时代》2007 年第 6 期。

二　法治规范基层组织用权

利益密集带来派性竞争，使村庄公权滥用私用现象严重，村干部的贪污腐败问题突出。宁海县实施“宁海 36 条”推动规则之治。刚开始通过“权力运行透明化、村庄治理法治化”重构基建基层治理，后来通过“治理主体多元化、公共服务便民化、经济建设市场化”加强服务制度建设。① 因实现村级权力内容的监督全覆盖，开启基层治理新方式新途径，被中央一号文件写成“宁海经验”，誉为“依法治国的村级样本”。②

（一）制定小微权力清单

受益于区位优势与国家战略支持，发达农村利益密集必然存在，吸引诸精英参与治理很正常，富人治村的初衷在于，发挥经济精英的资源优势，实现基层治理目标转型。问题是，在缺乏双重规范约束条件下，富人群体未能实现预期治理目标，将村治操纵为精英垄断权力的格局，公共治理沦为分利集团运转载体，民主在村级治理中没有实现。围绕该问题，宁海县践行群众路线吸纳群众意见，通过党委统筹整合部门规定，以“高位推动”方式实施规则下乡，最终形成完整的自治制度集群——“宁海 36 条”，具体而言包括三方面的内容：“确定权力边界”的村级小微权力清单，“厘清权力运行”的小微权力运行流程，“监督权力运转”的村级问责与监督制度（如图 6 - 1）。

从权力范围来看，村治依法具备的权力是“小微权力”。从群众切身利益与获得感出发，村级小微权力运行是否得到规范，与乡村善治目标实现紧密相连。富人治村的问题，本质是对小微权力的私人滥用。要实现对治理权力的运行监督，首先要推进权责明晰化、精细化。2014 年，宁海县纪委协调政府和部门展开调查，动员村干部和村民广泛参与，以规范村级权力行使，方便群众办事，落实群众对公共事务的参与权、知情权、决策权、监督权为核心，对村级权力进行

---

① 巢小丽：《乡村治理现代化的建构逻辑：“宁海 36 条”政策绩效分析》，《中国行政管理》2016 年第 8 期。

② 李人庆：《依法治村如何可能——浙江宁海小微权力清单改革的案例研究》，《中国发展观察》2014 年第 12 期。

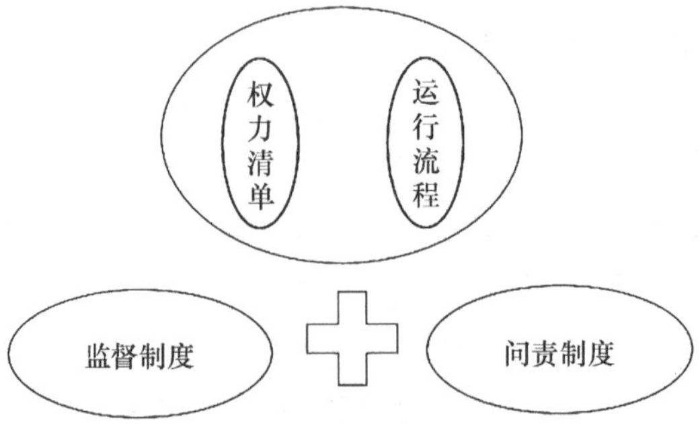

图6－1 “宁海三十六条”的制度集群

资料来源：课题组根据调研资料自制。

汇总归类，形成涉及村级重大决策事项、招投标事项、财务事项、工作人员任用事项、阳光村务事项及集体资产资源处置事项等集体管理事项19条，涉及村民用章事项、计划生育服务事项、救助救灾款申请事项及其他村民服务事项17条，三十六条内容被称为《宁海县村级权力清单36条》（具体内容见表6－2）。

表6－2 **宁海县村级小微权力清单**

类别	具体事项
村级重大决策事项	1. 村级重大事项“五议决策法”
村级招投标管理事项	2. 物资、服务采购；3. 微型工程；4. 中小型工程；5. 大型工程
村级财务管理事项	6. 财务开支；7. 出纳现金支取；8. 非村干部工资报酬发放；9. 招待费支出
村级工作人员任用事项	10. 团、妇、民兵组织人员任用；11. 治调、计生等其他工作人员任用；12. 文书、出纳（报账员）任用；13. 临时用人、用工
阳光村务事项	14. 党务公开；15. 村务公开；16. 财务公开
村级集体资产资源处置事项	17. 集体资产资源处置；18. 财产物资管理；19. 集体土地征收及征收款发放
村民宅基地申请事项	20. 农村宅基地审批

续表

类别	具体事项
村民救助救灾款申请事项	21. 低保（五保）申请；22. 救灾、救济款物发放；23. 办理被征地农民养老保障；24. 大病救助申请；25. 党内关爱基金申领
村民用章管理事项	26. 印章管理；27. 户籍迁移；28. 分户手续证明；29. 殡葬管理；30. 水、电开户申请领取
计划生育服务事项	31. 计划生育办证；32. 流动人口婚育证明办理；33. 计划生育家庭奖励扶助金发放
服务村民其他事项	34. 入党申请；35. 党员组织关系迁转；36. 矛盾纠纷调解

资料来源：课题组根据调研资料自制。

三十六条事项的整合和出台，囊括政府部门各类各项村治事务，基本涵盖所有的村社治理和服务内容，主要从两个方面回应基层诉求：一是回应村民限制干部滥权，遏制治理腐败的迫切愿望，村级竞选和治理遂风清气正；二是整合基层各种小微权力，打破县级部门各自为战的状态，既提高了监督管理的效率，又提升了行政服务效能。二者的共同目标是，以县域治责明晰提高权力规范水平，使村治成为有效的资源承接平台。

（二）规范权力运行流程

宁海县统一部署制定“宁海 36 条”，为村庄权力运行设计了程序，解决了以往村民只有被动的选举权，缺乏其他的政治参与渠道，只能消极表达诉求的问题，民主不再限于选举民主。村民政治参与权利的畅通，带来对权力的全过程监督，为表达诉求提供畅通渠道。为了保证权力运行的公开透明，杜绝村级权力的暗箱操作，落实村民办事享有一次性告知、限时答复办理权利的规定，预防村干部的“吃拿卡要”及“推诿拖延”现象，宁海县设计出办事流程图，通过“五议决策法”优化流程。

一是通过“六个明确”① 梳理权力运行过程，明确村级组织与村

---

① “六个”明确是指必须明确每项村务工作的事项名称、具体实施的责任主体、权力事项的来由依据、权力运行的操作流程、运行过程的公开公示、违反规定的追究办法。

干部职责，形成涵盖各种事项的四十五张办事流程图，清晰勾勒出村级权力运行的转变。为了增进村民了解，促进村干部理解，宁海县将梳理出来的村务工作责任及运行流程图全部上墙公布，并且通过漫画的形式将“四十五幅”办事流程图印成手册发到每家每户，让群众明白要办的事“找谁办怎么办”，从而真正将“宁海三十六条”用起来，切实用制度维护自身合法权益。

二是形成重大决策的“五议决策法”，保证决策的参与性和科学性。“五议决策法”是将村庄重大决策分为五个步骤（如图6－2），其一是党组织提议，指重大事项决策实施由村级党组织提出初步意见，自然村由党小组和集体资产管理小组动议。其二是两委会商议，指召开村两委联席会议，对党支部或党小组的提议进行论证，把党组织的意图转入自治程序。其三是党员大会审议，指把村两委会的商议意见交由党员大会审议讨论，表决通过。其四是村民代表会议决议，指按照有关规定，把审议意见交村民代表会议讨论，并表决通过。凡是行政村的重大事项，由全村村民代表进行表决，自然村的重大事项，由自然村村民代表进行表决，并形成会议决议。其五是群众评议，完善决策实施方案。对讨论通过的重大事项，由行政村或自然村形成详细具体的实施方案，向全体村民公布，接受村民的评议。“五

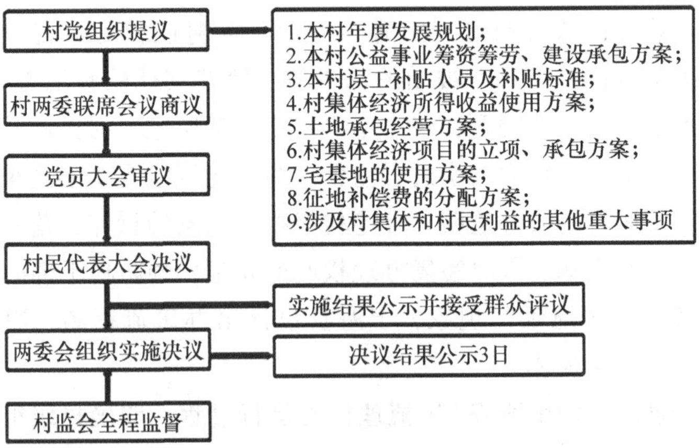

图6－2 “五议决策法”

资料来源：课题组根据调研资料自制。

议决策法”核心在于，只要涉及村集体和村民利益的重大事项都必须经过民主程序，通过“开会”机制的启动，一方面变农民消极参与、事后参与为事前积极参与，体现民主治村原则，一方面通过自上而下的制度输入改变既有的利益博弈方式，使被边缘化的群众能够进入治理场域，激发各类主体寻求法理依据并进行自我表达，在不断的讨论中重构基层治理秩序。可以说，“宁海36条”的施行，既为村庄权力运行提供了法治框架，又为村治主体自我调适保有空间，实现了规则与弹性间的动态平衡。

（三）强化滥权问责监督

无论是36条小微权力事项还是45张办事流程，都是政府书面整理的正式基层治理制度。宁海县以系统思维建立村级权力运行常态监督制度和村干部滥用权力问责制度，回答了村庄小微权力清单“谁来监督”、“如何监督”和“怎样惩罚”的问题。

一是建立监督制度。虽然“宁海36条”已经通过厘清权力边界与梳理权力运作流程对村庄小微权力进行确权和限权，但要保证该种确权和限权有效运转还须建立小微权力监督机制。宁海县先设计相关制度流程，再加强权力的内部监督。一方面，宁海县将村级权力运行划分为若干个阶段，每个阶段由不同的权力主体参加，实现了基于流程的分权制衡。另一方面，宁海县建立村级公共事务决策共同签字制度，重点工程须由四套班子负责人签字，再由联村干部、联村领导同时签字后向乡镇申请拨款，从而防止村支部书记一家独大、村组织整体腐败现象，实现小微权力的互相制衡。同时，宁海县建立全方位外围监督机制，“宁海36条”的运行流程赋予党员和村民线上监督渠道，通过驻村干部与聊天长廊打通村民与政府的沟通渠道，村民既可以直接向基层政府反映情况，确保对小微权力运行的实时监督，又可以通过宁海县建立的“阳光村务网”监督村财公开，查询村干部报酬和村务招待费用及各类分配型资金使用状况。政府发动群众参与村治监督的方式，一定程度降低了村级权力监督成本。就平行监督而言，宁海县推动在村庄设立专门监督机构——村监会，村监会专门负责对村两委工作事务进行监督，尤其是对重大事项与建设项目决议监督，嵌入村庄增设村级监督权力机构，弥补了既有村庄权力体系不足的问题，建立社会化长期性内部监督机制。就行政监督而言，宁海县一方面增强直接监督机构——乡镇纪委的工作职责职能，加强乡镇纪委对村庄的整体监督责任，以党内监督实现对村庄小微权力的监督，一方面建立专门监督机构——“三资”管理中心，专门负责对农村集体资金、农村集体资产与农村集体资源常态监督，直接针对以往村级腐败高发领域——小微项目、集体资产和公共资源，保障项目资金、资源分配、资产管理全程公开透明。

二是建立问责制度。要严格执行村级小微权力清单，就要处置违反规定的干部，不仅需要进行原则化的规定和口号化的宣称，还需要建立对违反者明确的追责举措，问责制度的配套建设因此显得尤为必要和迫切。参照“宁海36条”的制定路径和经验，充分考虑当地的经济发展水平和社会治理状况，宁海县制定配合“三十六条”执行的追责制度，如出台《宁海县农村干部违反廉洁履行职责若干规定责任追究办法草案》《宁海县农村集体“三资”和财务管理责任追究办法》，详细列举村干部可能存在的48项违纪行为，并对不同类型的违规操作制定全面具体的处理手段。详细的违规行为界定及追究方式确定，既让村干部知晓用权违规后的具体后果，又让乡镇明确处罚违规的合法依据，乡村组织在确认后能依法执行，因此从源头杜绝了违规违法行为。要注意的是，村干部不隶属行政科层一员，村干部的行为不受科层制度约束与管控，超越科层管理领域和内容，乡镇难以有效约束村干部。“宁海36条”整合出台的配套监督追责办法，为乡镇有效治理村庄提供依据。即使不能通过人事升迁、行政降职、干部任免等手段制约村干部，乡镇同样可以用警示谈话、责令检讨、通报批评等组织手段来进行制裁，还可以通过警告、严重警告、开除党籍等党纪手段约束。

宁海县推动村治规则重塑为社会重建营造了环境，县乡合作打击贿选，遏制小微权力的滥用，直接效果是村庄腐败滥权行为大大减少。“宁海36条”实施后的第一年第一季度，针对村干部的信访数量同比下降51%。[①]“宁海36条”设置的办事流程，即细分的“四十五

① 王杰秀、闫晓英、李玉玲：《宁海“36条”：将村级小微权力关进制度笼子》，《中国民政》2015年第22期。

张流程图”，使得村民可以依章办事，村干部必须按照村级治理流程服务，村干部“吃拿卡要”的行为不再。

三　法治规范嵌入社会治理

通过相关制度设置，地方政府把村级权力运行的知情权、参与权和监督权交给村民，村民能参与对村庄公权力的全方位和全过程监督过程，突出民众的公共服务需求主体地位，能推动广大村民有序参与决策，“参与式监督”能激活村民自治制度。不过，重塑村治规则可能因规则至上，坚持程序正义降低治理效能。宁海县创新联村干部，完善党建引领机制，提升村庄治理的整体效能，探索可推广的善治之路。

（一）联村制度引导自治

联村制度作为具有中国特色的基层制度安排，是指基层政权按照一定原则将干部分派到某个村庄，负责督促、协调村庄落实各项行政工作的一项制度。[①] 联村干部代表乡镇领导、指导、督促和协调村干部完成下达至村庄的所有任务，承接国家行政和政治事务中关联村庄工作的部分。联村制度作为乡村治理常规方式，2013 年前就在浙江农村广泛存在，其设置目的是强化乡村组织关联，保证过渡时期基层社会稳定。联村制度在很长一段时间，主要发挥政策信息的传达作用，未能深度参与村庄治理过程。2014 年后，宁海为推动乡村治理改革，激活联村制度改变村治结构。

1. 联村制度运行模式

宁海县联村联户制度作为党的群众路线载体，在回应社会复杂需求、提升基层治理能力方面发挥重要作用。根据浙江省政策要求，各镇推行包村责任制，需由班子成员牵头，一个班子成员至少负责一个村；一般乡镇干部专职驻村，驻同一村不应少于 2 年。同时，从班子到中层再到一般干部，都需直接对接群众诉求，对接户数自上而下递减。另外，各镇需要成立驻村中心，由乡镇党委副书记兼中心主任，

---

① 田先红：《联村制度与基层政府动员——基于浙江省 A 县的经验研究》，《长白学刊》2019 年第 5 期。

负责统筹驻村中心的全面运作。中心常务副主任由领导班子讨论决定，一般选取经验丰富的乡镇老干部，对联村干部具有监督考核权。在模糊政策要求的指导下，宁海县结合地区需要细化制度。

第一，联村制度的设计。宁海县联村制度以乡镇政府为主体，乡镇依据治理需要统筹干部下村，联村制度大致有三方面的内容。一是联村干部的组成成员。联村干部由三个层次即联村领导、联村组长、联村组员组成，联村领导由乡镇副科级及以上领导干部担任，负责多个村庄组成的片区驻村工作并兜底责任，联村组长由乡镇中层干部即科室主任担任，具体负责某个村庄的驻村工作且不时随机更换，联村组员由各个科室推出普通科员担任。抽调的一般是两类干部，一类是基层经验丰富的老干部，一类是需要培养的年轻干部，两类干部互相配合组建工作组，目的是实现经历与专业、技术上的配合。抽调的联村干部仍然保留在原单位的干部身份和编制性质，但一般而言遵循“归村不归线”的原则，以协助、配合驻村组长参与村庄日常治理为主，原本负责的主要工作暂时移交他人。一般而言，联村干部每周在村时间不得少于四天。在联村干部三级队伍中，最关键的人物是联村组长，他（她）不仅负责进村工作的推动、沟通、协调，还负责村级重大决策和治理任务的把关，村庄出现任何不利于政府治理目标的事务，联村组长作为救火队员要火速处置。联村组员既利用驻村机会向联村组长请教学习，又充当联村组长的“准秘书”配合解决，遇到少数稳定类、棘手类事务要报联村领导，联村领导视情况决定自行解决还是上报党委。

第二，联村干部的配备。乡镇政府会根据村庄发展治理情况，将全镇范围的村庄分为复杂村和稳定村。复杂村是指村庄出现派性斗争，村庄主要领导协调力不强，导致进村项目难以落地和验收的村庄，稳定村的情况与之相反，至少表面上村庄很稳定，政府不为项目落地担心。一般乡镇政府会把协调能力较强，受主要领导重视的中坚干部，[①] 分配到复杂村去既解决治理矛盾，又推动政府工作有序开展。联村领导对复杂村重点关注，根据复杂村的复杂原因，调整联村干部

① 贺雪峰：《论乡村治理视域下的农村基层中坚干部》，《湖湘论坛》2018 年第 5 期。

的人员安排，保证能有效推动村庄事务。一般而言，联村干部每两三年会调整一次，既通过联村过程推动乡镇干部了解村庄，从而应对复杂多样的乡村治理情境，又使联村制度成为乡镇干部锻炼重要机制，依据联村综合能力进行评优提拔，既能保证人事晋升的公正，又能提高乡镇整体能力。

第三，联村干部的考核。乡镇对联村干部实施“属地包干”办法，即将上级政府下派的任务和本级政府的发展治理工作，以跨村片区和行政村为单位进行发包，通过联村领导重视联村组长负责和联村组员配合，三级联动和有效协同促进工作完成。一般而言，发包出去的行政和政治任务只问结果不问过程，联村干部对治理村事务负有终极治责，年终考核依据政府常规工作与村庄治理情况来评定。联村工作绩效既由群众和村干部打分，又叠加乡镇领导打分和各个科室打分总体确定。联村工作做得好的干部，对群众工作方法要掌握，对组织领导统筹力有要求，推动乡镇面向基层治理。联村工作基于属地空间分工，遵循基层治理的整体治理原则，而不是专业技能的科层分工制，联村干部需具备协调能力，使乡镇干部个体能力得到锻炼，工作态度逐步端正的同时，乡镇半正式行政能力提升。

2. 联村干部工作方法

村治依据事务来源包括两方面内容，一是自下而上与关系调节有关的社会事务，一是自上而下与职责履行有关的政府工作。联村干部通过外来优势及干部光环，可以发挥“鲶鱼效应”激发和构建村庄关系，依托活络的关系推动矛盾有序解决，体现联村干部能力的是协调村治矛盾。联村干部根据任务性质不同，采取不同的工作方法完成。具体有以下几方面内容。

一是“穿针引线”构建与村庄的关系。面对村庄繁多的治理任务，联村干部会发挥节点作用，一方面，作为中坚干部熟知乡镇政府运作规则，联村干部会基于村庄治理诉求，协调乡镇相关科室帮助治理，另一方面，作为名义上级指导乡村治理工作，不仅要协调村干部间的关系，保证村两委班子团结有序，还要与村庄精英建立友好关系，使得当其推动政府决策下沉基层时，会获得村庄精英的支持和协作，还要利用身体在场机会与民沟通，通过“抬头不见低头见”的日常熟悉感，及为民服务过程积累的民间威望，推动国家权力有效介入村庄事务。联村干部深入村庄与群众打成一片，通过积极作为化解诸类矛盾，促进精英与大众、民众与民众关系的缓和，能增进村民相互了解和相互信任，培育和引导活络的村庄关系。

二是有为有位完成乡镇交代的工作。宁海县联村干部制度的创设，既为解决村治稳定问题，又为乡村发展注入新动力，该类发展延伸的治理工作，往往政治压力大、完成时间紧，单靠既有行政条线难保证完成。联村干部基于前期日常治理积累的威望，梳理出促进政策执行和有效治理的利益相关者，再通过召开村民大会和做群众工作推动。联村干部作为行政层级和党政层级代表，需要在治理过程发挥核心领导作用，将抽象政策分解为具体任务。例如，宁海县推动村庄垃圾分类工作，联村干部首先给村组干部和村民开会，印发册子入户宣讲并在公共场合宣传，确保村干部和村民都了解和理解。其次是以身作则亲自参与垃圾分类监督工作，与村干部沟通如何创新垃圾分类管理工作，联村干部甚至手把手教村民如何分类。再次是与村民沟通与村干部会商，创新垃圾分类工作的方法，有的村设计垃圾分类积分制度，有的村构建志愿服务小分队，有的村依托妇女主任进行动员，联村干部根据对信息源的理解，经过加工转化为可以执行的方案，再以亲身示范提升村民参与动力。

宁海县的联村制度创新使联村干部职责拓展，发挥出重要的治理协调者和引领者功能。

一是指导村级治理。联村干部要将上级政府政策、乡镇指示精神传达给村组织，同时将村组织和村民的诉求反馈给上级，起到上传下达的信息中介作用。从村庄选举到日常治理，联村干部要根据不同治理需要，或者主导治理，或者协助村干部，或者带动村干部共同推动工作，或者联合多方主体进行治理，联村干部既要注意遵守法治，又要注意遵循民情民意，还要基于工作经验和能力，整合治理资源进行输出。

二是监督村级治理。联村干部作为自上而下的监督落实主体，对推动“宁海 36 条”在村庄的落地实施发挥了重要作用。一方面，联村干部全面参与村庄会议，尤其是村庄治理的重大事宜，会落实监督职责保证决策民主，尤其要符合“宁海 36 条”的要求，避免出现一言堂和决策寡头化问题。另一方面，联村干部要进行村庄财务把关，集体开支要经过联村干部审核，考察是否合乎规定、材料齐全和遵守程序。凡村庄大型项目建设支出，需要联村干部签字确认，项目实施过程要保持沟通，联村干部要有监督约束权。

三是落实行政任务。面对乡村日益增多的治理任务，联村干部既要注意治理规范，通过引领和督促落实规范，推动村庄治理工作变规范，又要督促村干部落实工作，配合村干部沟通治理事务，确保重点工作顺利完成。要注意的是，联村干部既作为政策执行主体，又作为村级治理主体发挥作用，集多重治理角色于一身做工作，如果联村干部只有专业经验，没有协调能力、没掌握工作节奏，就可能导致治理调适的混乱。不过，执行困境与个体行动有关，尤其是与联村工作动力有关，需要熟稔群众工作的艺术。①

四是信息搜集。联村干部的重要工作是，实现对村庄全面掌握。联村干部通过经常下村，参与村庄治理和走家串户，能掌握村庄治理的源信息，通过反馈项目实施情况，涉及村庄稳定的治理信息，可帮助政府形成判断信息，提前介入将矛盾快速消灭，做实做细治理推动有序发展。联村干部依据掌握的村庄情况，基于经验及时反映治理建议，能纠偏“不接地气”的政策执行内容。联村干部时常入户，可准确掌握农户信息，针对不同农户情况，反映不同的家庭信息，推动福利政策实施，其中，政府重点关注的五保户、低保户、重症户、孤老户、留守儿童等问题，均能通过联村干部有意识地搜集实现精准治理。

联村制度功能的发挥需要国家与社会关系的平衡，如果县乡将联村制度当作落实工作的工具，联村干部基于个人权威和组织资源执行，可能带来政府包办、村干部边缘化、精英俘获等问题。联村制度功能的发挥需要给予实践性空间，规避部门和政府卸责带来的执行困境，依据村治情况发挥联村干部积极性，加强对联村干部配套制度管理。② 比较而言，宁海县基于村庄问题适时创新治理，相较不少地方

① 刘成良：《联村制度：转型期基层社会治理的制度实践与反思——基于浙东 H 镇的调查》，《华中农业大学学报》（社会科学版）2018 年第 2 期。

② 张国磊、张新文：《基层社会治理的实践路径与制度困境研究——基于桂南 Q 市“联镇包村”的调研分析》，《中国行政管理》2018 年第 1 期。

的执行工具偏向，能切实发挥出政治和治理效能。

（二）拓展社会治理范围

联村干部嵌入村庄治理，一方面确保了村庄规则有效落实，一方面促进了基层任务完成，但是，村庄存在大量小微事务，并且随着经济社会发展，村民需求异质性增强，如何基于联村干部的纽带功能，建立健全基层治理体制，满足村民美好生活需要，是基层治理的新课题。宁海县积极推动村庄生活治理,[①] 主要从两方面满足村民需要：一是推动乡村自组织发展，自我满足私人性的需求；二是积极推动家园建设，满足宜居环境需求。

1. 培育乡村自组织

自组织是村庄公共治理的必要补充力量。一方面，自组织承担部分自治职能，能有效减轻村组织的治理压力；另一方面，自组织为民众参与提供载体，参与过程中能助力公共精神培育。就调查情况而言，可以将宁海县的农村自组织划分两类，分别是自我服务组织与自我调节组织。[②]

首先是村庄的自我服务组织，自我服务组织主要包括两种：一种是非专业性服务的志愿队组织，吸引有闲暇、有公心的村民参加，一般是先进党员带头进行动员，可以给予志愿时长记录和优秀表彰，激发村民自愿参与服务的热情；一种是提供专业性的服务，如村庄消防队、巡逻队，需要有固定时间者参加，既要具备专业的素质，又要进行技能训练。村庄既要给予一定的物质支持，又要号召新乡贤捐赠和参与。

其次是村庄的自我调节组织，村庄是半开放的共同生活场域，日常生活中难免出现矛盾，难免出现在个人利益驱使下，阻碍村庄公共建设的情况。以往邻里矛盾与家庭矛盾，多由次生型权威村干部调节，如今由于村干部职业化，村民的熟悉感降低，不信任感逐步增

① “生活治理”必须直接面对有差别的个人，指向公共议题外的私人生活。详见熊万胜《社会治理还是生活治理？——审思当代中国的基层治理》，《文化纵横》2018 年第 1 期。

② 冉光仙：《场域与边界：农村社区微治理的本土化逻辑》，《甘肃社会科学》2020 年第 3 期。

加，既有调解模式难以胜任。宁海县积极挖掘本土资源，发动村庄有威望、有公心、有闲暇的新乡贤调解矛盾，鼓励其参与村庄纠纷调解，形成简便易行的调解机制。

以“老娘舅”为例。早在十多年前，宁海县就推出“老冯说事”“老何说事”，他们多为村镇干部退休后被聘到矛盾调解中心。“老娘舅”从非正式创新演变为全县推广，主要是“宁海 36 条”实施后村干部的竞争动力降低，村干部注意群众基础不愿得罪村民，加上村民对懂政策、懂法律的调解方式有要求，为了在情与理、基层与官方，传统与现代间找平衡，“老娘舅”便被推上治理前台。2015 年实施“老娘舅”至今，“老娘舅”在子女赡养、家财侵害等事务上，能综合多方因素调解获得各方满意，遂发展成为农村矛盾调解的中流砥柱。

2. 引导家园建设

宁海县农村的村民面向村庄生活，无论精英还是村民在村居住，都将村庄视为长期居住发展空间，对在村庄实现人生价值有期待。宁海县通过“宁海 36 条”打击贿选，通过联村制度重建村庄规则，通过乡村自组织化解矛盾，保障了村庄的基本稳定。但是，要让村庄自治彻底激活，村民都愿意参与治理，共同守卫生活的家园，还需要通过自治实现。宁海县选择家园建设为切入点，引导村民关注自身生活环境。激发参与的公共建设，既包括有形的公共设施供给，又包括无形的生活需要供给，以生活治理为对象来说明。

一是营造公共文化。伴随生活水平提高和消费能力增强，村民的个人诉求就会快速增长，围绕私人喜好兴趣建立趣缘圈。宁海县发现，政府动员村民参与文化活动，大多数村民表示工作忙没时间，但是，如果有好朋友组织村民活动，村民一般会爽快同意和参与。二者的反差从侧面说明，政府开展的文化活动没号召力，没有与村民的兴趣爱好结合，没找到适应群众的活动形式。宁海县就大力扶持趣缘圈子，引导其满足村民文娱需求，同时进行适当的宣传和动员，使其从关注私人生活类的组织，发展为具有公益属性的组织。以丁家村的广场舞为例，该广场舞由 33 岁的某积极分子带领，逐渐扩展到扇子舞、腰鼓舞、雨伞舞、太极扇等，通过丰富的文化活动拓展参与者幸福感显著提升。随着参与的人数增多，广场舞队伍发生分化，成立了专门的太极拳队。宁海县发现后并与其沟通，动员她成为自组织联络者，再与其协商文化活动内容。在她的精心带领组织下，太极拳队伍快速发展。乡镇再创造比赛机会，给予荣誉奖励和展示平台，逐步将组织公益特征激发，引导到与政府一致的路上。政府的适度有为，提供场地、设备和平台，人们的休闲参与热情释放，村民的文化生活丰富，政府同时实现治理目标。

二是开展庭院治理。大多数村民长期生产生活于村庄，村庄规划对村民有切身影响，村民对村庄规划相对较关心，但是，以往的规划要么服从政府安排，要么因利益竞争进行无序的安排，宁海县政府基于村庄规划的普惠性，创新治理重构村民的主体性。[①] 宁海县通过乡村组织进行社会动员，既有效满足村民的生活宜居需求，又以庭院治理为载体凝聚人心。具体路径是，让村民成为村庄规划的开发主体与受益主体，基于充分民意表达使规划成为公共利益，引导村民认同自身就是主人，村庄建设的实质是重建家园，个人应该承担公共建设责任。以长街镇大祝村为例，鉴于妇女在家无事可做，长街镇妇联试点美丽庭院建设项目。长街镇投入 2 万元作为奖励资金，鼓励村民建设自家庭院，按照最终呈现的效果发奖。政府设置了一、二等奖，分别奖励 1000 元、500 元。通过以奖代补的方式，用于购买花种的支出，当年的效果立竿见影。长街镇继续推广经验，最高可得 2000 元奖励。虽然力度没有变化，村民依然踊跃参加，且相互间有竞争。有村民说，“其他人都弄了，你一个人不弄，就很不好看”。通过利益动员激发家园感受，村民不仅在乎社会评价，还愿意让家庭变美，收获尊重，以组织力带动社会力，事实证明效果很好。

（三）培育基层政治德性

通过联村制度和生活治理，一方面推动了治理任务完成，一方面满足了美好生活需要。如果政府治理内容仅及于此，村民可能只有社会认同，无政治参与的积极性，治理的正当性仍难确立。造成村民要

① 张环宙、黄超超、周永广：《内生式发展模式研究综述》，《浙江大学学报》（人文社会科学版）2007 年第 2 期。

么“等靠要”，过度伸张个人政治权利，要么对村庄一切不管不问，一有不满就“闹大”[①] 解决。推动“善治”必须破题生活领域，重塑公共政治的正当议题，宁海县通过三方面来推动。

一是以治理重塑村庄政治。首先，宁海县农村作为发达农村，有村民关心的密集利益，村民有参与村政的动力。宁海县通过重塑规则方式，一方面重新确立选举原则，村民的政治权利是平等的，有决策权、监督权等权利；另一方面通过权威制度的细化，提供多重政治参与渠道。村庄权力不再是封闭结构，而是呈现一定程度开放性，避免村庄政治过程排斥。其次，早期“私人治理”带来公共参与闭塞，村民普遍对公共活动排斥，表现为个人中心主义，“只讲权利不讲义务”，只是抱怨，不愿意付出，宁海县通过干部带动和情感治理，引导群众积极参与村庄公共事务和政治事务，一定程度能恢复公共生活纽带，基于政治过程培育共同体。

二是基层党建加强引领。积极治理能推动村庄政治重建，但正义观念产生需要政治发力。宁海县加强基层党组织建设，着力提高党组织的先进性。宁海县狠抓基层党组织建设，一方面严格党员选拔工作，严格党组织程序执行。从积极分子、预备党员到正式党员，每一道程序须符合组织规范，保证党员是有公心、讲道德的先进分子，保证党建过程的公平民主，避免村支书的大权独断。另一方面严肃党组织的政治生活，宁海县严格党员的日常考核，时刻保持党员教育警醒，在严格党员开会纪律，引导党员学习先进理论的同时，加强对党的大政方针的理解，针对党的决议民主讨论，又开展自我批评与批评，通过教育督促引导改变。严肃的组织生活推动党员认知变化，感受到自身与普通群众的不同和神圣使命，党员因此会严格要求自己，尽量保证常态优良品质。

三是践行党的群众路线。先进的党组织只能保证作风硬朗，重建群众组织信任需加强引领，即党组织起带头作用走群众路线，服务群众构建有机干群关系。宁海县动员党组织走基层，通过深入群众与群众沟通、村民一起考评党员方式，促进党员创新工作方式，提升群众

---

① 徐祖澜：《公民“闹大”维权的中国式求解》，《法制与社会发展》2013 年第 4 期。

的认可度。宁海县同时构建党员联户政策，要求每月至少联系群众1次，做到“上级政策讲解、重点工作发动、民意诉求收集、矛盾纠纷调解、文明新风倡导”等5个“到户”，同时，宁海县把“不满情绪、突发事件、矛盾纠纷、红白喜事、生病住院、生活困难、违章违纪”等列入党组织和党员必须关注和跟访的联户事项，搭建党组织—党员中心户—党员—农户（居民户）四级网格，每个网格设立2户至5户党员中心户，每户中心户联系5名至15名党员，每名党员联系5户至20户农户（居民户），织密全县“一张网”，联通“寻常百姓家”。为加强党建网格建设，宁海县对党员设岗定责，根据村庄实际需要设立岗位，由党员认领并履职尽责，充分发挥党员先锋带头作用，增强党员参与村庄建设、社会管理的积极性，通过党支部统一制作责任岗标牌并在村庄各处公示的方式，将党员姓名和岗位职责亮出来接受监督，再将复杂的政务和村务分解和细化，使党员都能有发挥作用的平台，党的使命就能转为实操内容。

第七章　结论

本书以国家与社会互动的农村事务治理为主线，围绕有效治理和群众满意目标探讨“三治”协同的机制。在城乡融合发展视野下，探讨农村“三治”协同机制，要对农村治理性质有理解，对乡村事务属性有认知。我们以事务有效治理为目标，描述国家和社会转型条件下，事务变迁过程和治理难题，明确乡村事务治理三重目标，提出针对多元事务的“三治”协同路径。先分析既有乡村治理机制局限性，再探讨“三治”协同机制实践路径。

本研究认为，“三治”协同治理的是基层事务，事务属性受村庄空间影响。一是物理空间。村庄是一个资源匮乏的社会，遭遇人口和诉求增多的现实，易出现生存空间挤压问题。[①] 一方面，经济发展带来生活诉求增多，提高有限空间资源竞争度，如果非正式权力不再有效，村庄不再具有价值生产力，就会出现个人追求绝对权，带来社会自治过程的矛盾；另一方面，空间拥挤带来事务的连带性，依靠正式制度强行界定边界，不仅难以弥合矛盾，难以获得双方认可，还容易惹火上身、降低治理权威。事务连带性对规则治理提出要求，正式规则应保障村庄空间治理主体性。

二是社会空间。虽然城市社区空间更加拥挤，人们的生产、生活、交往分离，意味着除开居住事务上的连带，日常行动几乎没太多联系，社区关系高度陌生化。反观农村社会，人们的生产生活活动重叠，人口密度不高、交往密度高，经济发展带来人口流动，城乡生活

① ［日］寺田浩明：《权利与冤抑——寺田浩明中国法史论集》，王亚新等译，清华大学出版社 2012 年版，第 145 页。

方式带来个体化，村庄熟人社会蜕变为半熟人社会，但变迁方向难通达陌生人社区。人际关系带来两大特征：其一是公共事务受人际关系影响，事务处置既要注重客观公平，又要注重弥合人际关系；其二是规则下乡要注意社会效果，要对社会关系情境有一定把握，注意借势村庄关系权威治理。当人们依托村庄从事人口生产，需要维持村庄生产生活秩序，就不能追求抽象性的绝对公平。

三是权力空间。社会主体有属于自己的空间，事务治理由空间关系决定。空间可治理的前提是，个体空间社会权利平衡，形成有组织化的状态。[①] 常见的村治模式是基于物理空间和社会空间的互构，产生社会规范治理人—事结合型事务。当社会规范逐渐失去治理能力，人们利用空间就会带来负外部性，典型表现是私自改造房屋、占有公共基础设施，出“气”而非谦和退让。当约束行为的治理主体和治理责任缺位，行动主体缺乏规范激励和内在认同，就会因村民行动的摩擦，带来权力竞争事务的增多，进而造成权力斗争纠葛。创新国家权力渗入村庄的方式，重建基层组织治理结构，界定基层事务属性边界，方能治理事务外部性，提高行动主体规则意识。

农村空间事务属性的变迁，需要进行“三治”协同治理。依据村庄空间的影响，城乡二元结构下的村庄事务，不仅事务数量少且性质简单，村级治理主体大致能应对。村级治理包括两块内容，一是依托经济社会基础进行治理。集体经济、社会关联、精英结构等，能影响村民自治实践过程。常见的村治过程依托社会结构，即利用社会规范和共识治理。二是依托政策执行势能转换治理。后税费时代国家向农村输入资源，村组织可以进行分配型治理，包括动员式治理和民主治理两类。常见的村治过程是，利用政治授权和行政支持，提升基层政策执行能力，进而激活村庄、动员村民。

城乡融合发展过程，带来基层治理三大变化：一是村民生活逐渐脱嵌，事务向纵深方向发展，一部分事务具有较强社会性，称为“人—事”结合型事务，一部分事务有治理外部性，称为“公共池塘

---

① ［法］亨利·列斐伏尔：《空间的生产》，刘怀玉等译，商务印书馆 2021 年版，第 48 页。

资源”；二是村治的社会基础瓦解，尤其是非正式规范瓦解，基层秩序亟待法治规范，相对应的是，不少新增事务关联政府治责，需要正式规则下沉治理；三是诸事务依托村庄生长，受制于村庄空间的影响，具有拥挤性和模糊性。理论上讲，我们可以划分事务边界，构建“三治”分类治理机制，事实则是，拥挤空间带来事务连带性，人际关系带来事务嵌入性，资源争夺带来事务政治性。一方面，针对乡村事务的连带性，难以实施单一主体治理；一方面，嵌入乡村的事务有三重属性，需要自治、法治、德治协同治理。

综合前面几章的分析，本研究得出五个结论。

第一，乡村事务的连带性，排斥单一治理机制，必须构建“三治”协同治理机制。依据乡村空间的二维性，可以将乡村事务分为两类，人—事结合类和人—事分离类事务。理想情况下，人—事结合类事务对应社会性治理，人—事分离类事务对应规则性治理。人—事结合类事务治理难题是，有些事务脱离自治范畴，进入纯粹个人—社会范畴，有些事务向上溢出，进入法治治理范畴。人—事分离类事务治理难题是，有些事务嵌入村庄物理空间，类似奥斯特罗姆的“公共池塘资源”，有些事务脱嵌村庄物理空间，可通过法定规则普遍治理。柔性划分事务的属性边界，建立健全协同治理机制，能降低治理成本，提升群众满意度。“三治”协同的关键是：发挥自治治理的主体作用，保障村社自主治理的边界，厘清政社组织治理职责，提高嵌入性事务治理水平。发挥德治的润滑作用，提升村民的道德意识，提高村民参与积极性，重建村治的舆论基础，提高法治的政治德性。发挥法治的保障作用，实施脱嵌性事务的法治治理，加强普法宣传与自治的结合，夯实法治治理村庄合理性。

第二，党建引领“三治”协同，是乡村有效治理的基础。自治、法治、德治不可能自发协同，而是依托阶段性的乡村问题治理，实现动态的有机的“三治”协同。法治与自治协同纽带是党建，党组织既要引领政府部门治理，建立健全多元共治制度链条，又需要借助基层党组织了解需求，推动法治与村治的精准对接，更需要借助党组织权威性，发挥党组织的统筹机制，弥合法治与自治的隔膜，推动乡村事务共建共治。与法治和自治关系类似，德治是通过道德舆论治理。

不可能搞几场活动、评几个模范等就形成，而是依靠群众、发动群众、组织群众。只有做群众工作，动员可以依靠的先进群众，团结占多数的中间群众，抵制少数落后的群众，方能结合村庄情境，形成社会治理共识，激活村民参与活力。类似的，正是党组织引领德治建设，利用党组织服务群众的机制，探讨如何构建共识性规则，利用党组织纵向到底架构，构建多层级党建引领机制，发掘需求，培育骨干、引领参与，协调下情上达和上令下行，法治与自治的边界因此厘清。党组织凭借治理优势，既可以整合乡村社会，又可以凝聚治理共识，还能弥补法治不足，党组织对协同“三治”、促进乡村善治意义重大。

第三，“三治”协同治理的难点，在于推进法治有效下乡。当前乡村治理有两大难题：一是乡村治理依凭的村规民约失效，情理法有序治理的局面瓦解，人们对法治下乡有需求，试图平衡社会转型混乱，乡村司法能力待提高；二是人口流动带来新增事务，传统的乡村治理机制难以有效，需要法治下沉应对法治事务，乡村执法能力亟待提高。不过，法治下乡面临实践问题。首先，乡镇法治力量薄弱。乡镇执法力量人数少，承担大量行政工作，不能常态下乡执法。其次，法治治理的权责分立。乡村执法主体是县级机构，执法的主力却在乡镇政府，乡镇能发现法治问题但没有处置权，执法机构有意无意不处置。再次，法治力相对分散。事务的连带性要求整体性执法，但执法权分散配置在各部门，单一主体鉴于力量薄弱消极执法，运动式执法容易出现遗留问题。无论从法治运行成本看，还是从法治治理效果看，都要注重与自治和德治协同。“送法下乡”时将运行机制融合进自治过程，将自治德治要求融入操作环节，只有解决基层治理难题，保障村民自治有效运转，增加德治治理的权威性，法治下乡治理方能见效。

第四，“三治”协同治理的重点，在于保障自治的空间。限于当前的乡村治理实践问题，不少地方的自治改革遵循法治，主要是推动规则和程序下乡。规则下乡的后果是，治理程序的合规越发重要，基层组织从嵌入性治理，变成一切听从行政指挥，一切治理呈现程序痕迹。自治过程依附于正式规则，易带来村组织的科层化，及村治过程行政化问题。原因无他，下达规则的政府部门相较村组织，行政层级和政治权威均更高，能调动资源促进村组织服从，结果是自治过程被行政吸纳，治理成本由基层组织承担。当村治过程越发唯上化，难以应对多元复杂的事务，为了推动基层组织向下治理，就要加强留痕监督水平，进而造成治理内卷化。坚持村社治理主体性，就是充分运用村社资源，治理要坚持因地制宜。政府自上而下下沉治理任务，应与自下而上的村治结合。一方面，政府不能一刀切要求基层，而是给予基层组织政策转换空间，推动基层治理与实际结合。另一方面，向基层组织下达命令时，注意配套政策转化所需要的资源，保证村治的主体治理空间。政府当然要规范村治过程，但要坚持从群众中来、到群众去，调研了解村治实践中的问题，通过多方协商和多维联动，保障村社主体的治理实践空间。

第五，“三治”协同治理的关键点，在于提升德治能力。德治的核心是组织群众，构建内生社会秩序。一般研究提出的德治，是通过榜样力量进行治理，榜样是否能起示范作用，存在诸多的不确定性。德治的根本是组织群众，形成村庄正义公平的舆论，为法治和自治实施奠基。任何社会都必须有秩序，缺失了社会共识和内生规则，就容易出现丛林政治，带来常态社会冲突。凝聚村庄行为共识，整合散化的社会结构，要引导表达集体情感，推动形成集体规范。当村庄社会形成舆论，少数人不遵守规则，会遭遇声誉上的代价，甚至造成“社会性死亡”，个人就会内化规则行为。分析社会结构生产的基础，会发现先进群众占少数，麻木的中间群众占多数，越轨的群体同样占少数。只有调动公益性强的人，推动他们觉醒和参与，将积极有为者组织起来，方能唤醒大多数群众，推动协商民主和民主集中，形成集体规范和集体意识。当前的问题是，仅靠法治无法解决家门口的事务，缺乏共识的动员型治理，易出现少数人反对困境，或强制决策侵权问题。组织群众需要深入群众倾听诉求，既需要党组织穿针引线，发挥领导功能培育德治，夯实基层治理的民意基础，又需要解放乡村干部，让他们有时间走家串户了解情况，有精力做群众工作、回应群众诉求，还需要挖掘潜藏的乡村“五老群体”，引导社会自己建设美好生活。提升自治的开放性和社会性，基于公私诉求提高法治能力，需要组织群众为核心的德治。

第一节　城乡融合下的事务治理

在相当长一段时间内，血缘地缘主导的传统治理格局，是乡村基层治理的主要方式。改革开放后，基层治理任务有两大变化，一是放权让利下的“收粮派款”，充分调动农民的积极性，促进了农业生产的发展，二是分税制下放活地方财政自主权，充分调动地方发展的积极性。两重治理改革叠加的后果是，地方政府权力自主性大大增强，无论人事、行政还是财力都呈现灵活性。

如果乡村社会没有进入发展视域，政府发展利益与乡村关联弱，政府会集中力量谋自身发展，除开必须完成的国家治理任务，一般不会主动介入基层治理，乡村自主治理空间较大。具体说来，地方政府为保质保量完成“政务”，直接的方法是利用地位层级，基于国家目标的权威性和政治性，要求基层组织密切配合完成。基层组织会将“政务”嵌入村务，利用“村务”治理积累的资源来完成。在相当长的时间里，“政务”数量较少且有阶段性，基层组织的用力重心因此向下，将大量精力用于处理“村务”，主要依凭乡村的内生资源。在“剥削型城乡关系”阶段，基层组织面对的是简单治理主体，应对的是变迁较慢的简约事务，只需要处理常规“村务”，依靠村社资源即可。从国家治理角度看，“权力的文化网络”① 存在，使村社组织主体的事务治理，不仅效率高而且效果好，坚持村治的主体地位，有其现实必要性。国家虽然出台若干基层治理制度，但基层组织制度化治理能力不高，很多时候依靠社会内生资源，即使正式权力下沉治理，要基于非正式方式运作。该类治理模式的主要问题是，地方政府作为新增层级，发挥承上启下的治理桥梁的作用，基于国家目标加入自身目标，创新手段要求基层组织执行。当地方政府是发展型政府，或者地方政府有谋利诉求，或者完善税费收缴任务，就会吸纳基层组织治

① ［美］杜赞奇：《文化、权力与国家：1900—1942 年的华北农村》，王福明译，江苏人民出版社 2010 年版，第 10 页。

理，易侵犯村民的生存权益。税费改革及乡村体制改革，打破了村民自由流动的枷锁，城市化、工业化的快速发展，带来城乡社会结构的巨变，主要表现在以下三个方面。

一是村庄共同体瓦解，“德治”要素成为问题。很长的一段时间里，村庄弱流动性及农业生产主导，要求个体交往遵守公序良俗。当村庄舆论约束力降低，没有公共力量来纠正，村民就依凭意愿行动，自发选择公共交往事务。与其对应的是，村民建立关系时会考虑实利，典型表现是人情面子的异化。当仪式性人情不再是凝聚共识途径，而是变成私人炫耀消费和敛财的工具，传统内生交往秩序就走向紊乱。乡村治理的德治基础瓦解，直接的后果是村治权力少约束，易出现无作为、乱作为情况。当村庄因开发弥漫密集利益，就易出现派性治村和分利秩序，侵犯村民基本权益引致反抗。当村庄没有开发、利益稀薄，村组织可能没有动力治村，推动“小事”积累变异为“大事”。常态的“自治”依赖村干部的道德，需要利用私人资源动员型治理，不仅治理成本高且效果不稳定，还易出现“少数决”带来的治理困境。二是家庭共同体解体，村民生活成为问题。当城乡二元体系被打破，劳动生产尽管依然重要，村民生活却越发独立和脱嵌。闲暇增多不仅没带来幸福，反而催生庸俗化的问题。“关起门来过日子”成为常态，村民空虚无聊的感受日深，安排好私人生活成为问题。但当子女不再量入为出展开生活，只图自身感官的潇洒快乐，为维持高消费习惯，承担买车买房压力；当父母不再考虑减轻子辈的负担，而重自我养老和个人享受，就易沉溺多样市场娱乐形式。当家庭越发支离破碎，哪种生活方式合理，哪种生活理念契合，成为个人考虑重点。无论老人还是子女，均难以安顿成员生活。如果不进行私人生活治理，家庭问题就进入公共领域，影响民众整体幸福感。三是城乡融合带来行动多元，引发拥挤社会治理问题。网络发展和交通便利的结果，是村民习得城市生活方式和理念，为了追求美好生活会付诸行动。行动对象既包括公共设施、消防安全，又包括人文环境、空间卫生，还包括供给公共服务、环境宜居等，家门内外的行动和交往方式，环绕村民生活形成公私活动空间。人们在有限的空间竞争资源，带来拥挤社会治理纠葛。如果不能构建空间规则，解决空间行动的摩擦，每个人成为资源使用阻碍者，就会造成空间行动和权利界定的冲突。

当基层事务已发生变化，再用原有的村治方式，很难获得满意的效果。如运动式治理短期效果明显，但是，不规范治理机制易遗留问题，可能带来相关问题的反复。再如无论私人治理还是行政治理，都易因方式运用的简单直接，没有可供遵守的社会共识，只注客观结果不注重自治过程，带来表面绩效与实际的偏差。理论上，可以适应事务的变化，切实提升基层治理能力。但是，城乡融合下的基层公共事务，是负外部性个体行为总称，当个人行为溢出造成负面的社会影响，就演变为公共领域事务治理。当事务发生多元转向，就不仅影响个人的幸福感，还造成基层治理难题。基于有效治理目标，需要立足事务属性。一是基层事务的模糊性。传统人情交往核心的网络，构建的社会共同体机制，向下可以实现私利向公意转换，向上可以实现权力向私人转换，是私人诉求公共转换结合体。通过人—事结合的嵌入性治理，能以客观事务推及主观情感，通过人际关系的修复和调和，实现事务柔性和整体化解。当村庄社会关联缺失，难以短时间重构人—事关系，明确治理权责就有难度。将其简化为行政主体治理职责，会出现跨越基层治理层级、跨越部门职权范围问题，回应治理成本高，结果难使群众满意。将其化约为村治事务，不仅易造成治理错位，加剧属地管理困境，提升事务的政治维度，还会推动事务向上移动，转换为法治治理事务。二是基层事务的抽象性。当村民生活方式不再立足村庄情境，而是主动被动受现代理念影响，村民就会将主观诉求期待转为现实行动方式，要求政府供给感知到的多维生活。但是，何谓“美好生活”没有明确固定的目标。对治者而言，基本公共服务供给只是基础，还要补短板满足个体需要，既包括供给结果令人满意，还包括供给过程有温度、有风度。国家力量一方面必须介入模糊的村庄事务，一方面要遵循法治协同自治，避免干预不当。三是基层事务的政治性。当美好生活成为治理议程，从中央到地方着力输入资源，试图满足多元发展的需要，激发村民的主人翁意识，基层事务就会产生政治性。党作为责任性、使命性的政治组织，既坚持为人民服务的政治伦理，又基于党的组织网络渗透至基层，党组织需发挥和转换治理功能，既通过做思想工作疏导价值情感，引导个体诉求转换融入公共诉求，又通过社会动员和民主治理，界定公共诉求的治理层次，既要利用政治社会嵌入特质，原则性和灵活性处理事务，又要立足政治原则，夯实村民的政治认同。基层多元事务的多维性和连带性，使自治、法治、德治协同有必要性。构建“三治”协同治理机制，不仅能实现事务的源头治理，还能实现事务的精细治理，探索出事务的系统治理路径。

第二节 强国家时代的基层治理

自下而上看，当前乡村事务的治理问题是，治理任务与治理资源不匹配，多元诉求与治理能力不匹配，复杂治理与组织机制不匹配。使得本应基层自治的事务，向上求援转变为法治事务，本应及时回应的法治事务，下压给基层要求自治治理，本应是德治治理事务，沦为技治主义[①]治理孤岛。当无论依靠主体还是规则，既难以实现分类治理，又难以实现协同治理，就要借势国家治理资源，保障乡村治理主体性，激活村民参与的活力。事实上，伴随治理能力的提升，国家设法高强度介入农村。

首先，资源下乡。党的十八大后国家的支农力度持续增强，每年向“三农”进行财富转移 2 万亿元以上，不仅是为保持农村的基本生产生活秩序，也是为实施乡村振兴战略、决胜全面小康，构建更为舒服宜居的“强富美”乡村。相较水电路网基础设施建设，需要占用私人使用的资源，发挥基层动员型民主治理机制，当前的资源下乡供给内容，很多不再是纯粹的公共品，而是具有一定的公共属性，村民自治的效果不好，需要德治润滑和法治保障。其次，规则下乡。规则下乡指向两个方面：一是保障资源下乡过程顺利；二是提高政策基层执行能力。规则下乡包括两个方面；一是制定基层治理诸规则；二是要求治理遵守规则。相关部门自主组织督查，要求基层刚性执行任务，与行政督查相联系的

① 肖滨、费久浩：《政策过程中的技治主义：整体性危机及其发生机制》，《中国行政管理》2017 年第 3 期。

是，纪委加强巡视力度，提升政策落实水平，加强基层“四风”建设。规范基层组织的治理行为，利于提升基层执行能力，不过，不加强法治政府建设，督查缺乏法治思维，就会出现官僚主义作用，带来基层规则治理脱嵌化，自治主体性会受到压制。最后，技术治理。基层组织自主运用信息技术，能提高契合性事务治理水平，但是，各地引入的新兴技术，是强制推入乡村社会。技术治理有两大特点：一是要将基层事务转为标准化可观察信息，二是事务治理是非人格化的和行政导向的。技术治理作为基层治理机制，会推动基层治理逻辑变迁。典型问题是，基层事务具有连带性，不仅要嵌入人际关系，还受拥挤空间影响。以去人格化机制应对事务，以脱嵌化的流程应对事务，引发顾客导向治理模式，带来群众“等靠要”行为。

通过制度和资源输入推动事务有效治理，具有现实必要性和解决针对性。问题在于，农村基层事务琐碎模糊，且具有人—事结合的属性，事务嵌入的村庄空间不同，主导的事务治理机制存在差异，基层治理逻辑会有所差别，当我国的国家能力逐步增强，渗透农村基层治理的动力增强，国家权力全方位介入农村治理事务，如维护乡村治理自主性的同时，夯实法治保障下的“三治”协同机制，是值得深入探讨的问题。强国家时代的基层治理问题，不是解决思路和路径有问题，主要在于基层治理机制没有调适，引发体制与社会的不契合问题。从事务治理角度看，简约事务对应的是乡村治理机制，复杂事务对应的是“三治”结合机制。复杂事务治理需要国家权力介入，以便基于非线性的属性多元事务，构建相匹配的多元治理机制。无论是权力的组织网络增强，还是党政科层制①作用的发挥，抑或行政权力全方位下沉，均有体制渐进变迁的合理性。但是，村庄既是物理空间又是社会空间，还因有限的资源竞争带来空间权力问题，当城乡融合发展机制初步建立，城乡诸要素的流动趋势增强，就会带来村庄治理事务的复杂，带来基层事务治理难度增加。但是，从简约治理变为复杂治理，不意味着治理体制要变得复杂，毕竟，复杂体制不仅增加负荷，提高基层治理的成本，还不一定保证有效治理，更大的问题是，

① 刘炳辉：《党政科层制：当代中国治体的核心结构》，《文化纵横》2019 年第 2 期。

体制复杂带来制度协调难度增大，体制与社会复杂关系难理顺。如果我们坚持现行乡村治理体制，基于事务变迁状况调整机制，推动“不变体制变机制”① 的三治要素协同，就能妥善应对事务属性。新时代的“三治”协同机制，既强调国家权力介入，又注意实施平衡性治理，权力渗透要提升治理效能。国家要尊重乡村主体，调适性治理村社事务，调适的核心是不抛弃村治主体地位，行政要依法并创新下乡方式，实现与德治和自治的有机结合。关键点在于，国家要认识到自身能力有限，保证乡村自主治理空间，尊重内生秩序的构建逻辑，否则，基层组织不仅会消极对待国家权力，还会上移基层事务减轻自身治责。基于变迁的乡村事务属性，乡村组织要借助资源和政策下乡机遇，创新机制提高德治和自治治理能力、增强村民政治社会认同。

一是要创建制度政策转化空间。国家的基层治理目标发生变化，需要通过制度政策推动变迁。推动制度政策基层有效执行，要将事务复杂性纳入视野。应对基层复杂性不是控制复杂性，如果决策者首先想到的是控制基层，出台刚性的政策规则提升控制意图，就会发现基层执行主体并非像机器人那样行动，机械执行不一定带来事务治理绩效，更大的问题是，决策者越是设法控制复杂性，各方就越可能脱离控制，就越会激起下一轮的控制，从而使政策执行陷入内耗，即控制系统变得越发复杂，协调性成本随之快速提高，乡村治理体制陷入空转。从制度政策执行角度看，应对基层复杂性的关键是简化程序，通过上下联动和反馈调节进行适应性调整，有效协调政策统一性与执行灵活性。一方面，应对复杂性需要激发执行活力，调动基层执行者应对复杂性的能动性，适度的控制和激励是必须必要的，另一方面，基层组织作为一线执行和治理主体，下移政策管理权进行执行授权，助力其结合现实转化政策势能很重要。基层组织没有能力应对复杂性，就会设法规避主体治理责任。乡村复杂不只源于村庄类型复杂，不仅源于事务变迁动态性，更在于同一区域甚至同一县域，会包罗多元村庄事务类型，放权不进行有效监督不可取。推动制度政策调适性执

---

① 杨华：《“不变体制变机制”：基层治理中的机制创新与体制活力——以新邵县酿溪镇“片线结合”为例》，《公共管理与政策评论》2022 年第 1 期。

行，给予基层组织适当的授权，使其能依法进行自主治理，就能提升基层治理能力。

二是要保障县域治理适度自主。基层治理诸主体中，县级组织是完备政权，有转化政策势能的能力，保证政策的县级转化空间，才能保障村社自主治理。拥有适度的协调治理权力，县级政府就能推动政策细化，与复杂基层实际结合起来，为赋能村社创造空间。县级治理策略有三种，其一是向上反馈政策制定问题，通过扎实调查和解释问题，提供足够的证据供参考。上下间有效互动和面向实际调整，能实事求是争取政策转换空间，为操作层面因地制宜提供保障。其二是统筹县级资源解决问题。县级治理资源有两类，动态资源和常态资源，一般说来，常态资源一定时期相对稳定，治理能力体现为治理机制，动态资源即向外争取资源，常见的方式是争夺上级注意力，通过适当的途径向上反馈问题，获得理解后给予资源支持，县域治理资源就能相应增加。其三是配置资源解决问题。不管自下而上的事务治理，还是自上而下的县域政策执行，实现高绩效都要配套治理资源。当县级组织有一定自主权，县级组织就能立足基层事务复杂性，主次分明地推动县域治理，提高基层事务治理能力：其一是扩大基层治理资源，治理资源既可以是人力资源，又可以是物质财政资源，还可以是制度政策资源；其二是提升干部治理积极性，县级组织可以通过党建引领“外引内培”村治主体，筛选“爱农村、爱农民”的治理型乡贤，创新激励机制激发村民参与治理的积极性；其三是技术赋能构建“虚拟政府”，“虚拟政府”与新增事务对应，当技术与基层治理过程结合，协调和配合应对复杂事务，就能构建弹性机制，提升基层治理效率。

三是要提升基层事务治理能力。事务的多元分化和总体复杂，带来既有组织应对难题，可以总结为治理粗糙，概括起来主要有三点。其一是历史遗留问题。当乡村事务跟随村庄变迁发生质变，村组织对基层问题的认知不够，就会引发乡村情境遗留问题。历史遗留问题渊源复杂，易引发民众不可名状的不满，典型表现为群众对干部不信任，不仅不配合事务治理的过程，还旧事重提增加治理的难处。其二是组织治理动力不足。主要与两大因素有关：①组织没有及时提升能力，对基层出现的情况和问题，缺少发现和治理的能力，基层组织的不重视、不作为，放任有些问题自发扩大；②治理主体双向卸责，即基层组织无所作为，选择向上推卸治责，基层政府按部就班运转，选择向下压实治理责任，不愿承担模糊主体责任，“反应性治理”成为常态。其三是治理机制失效。当事务数量和性质发生变化，就要构建新型治理机制。一方面，要提高村民的道德意识，重构村治的共识基础，另一方面，要针对村治权责范围外的事务，推动法治下沉实现分类治理。更重要的是，针对公私模糊的基层事务，要构建社会性治理机制。乡村治理能力的提高，不仅要求体制匹配事务结构，而且要求机制契合事务属性，不仅关联组织资源匹配，还关联组织机制优化。既需要梳理基层事务类型属性，从源头上构建预防治理措施，又需要针对事务的连带性，协调主体进行系统治理，还需要提高群众工作能力，实现事务精细治理的同时，获得群众满意和政治认同。

第三节 “三治”协同实现乡村善治

农村“三治”的理念和功能研究，对农村社会到底发生何种变化，新兴乡村治理机制如何构建，没有提供清晰的可操作的答案，立足乡村的实然经验很重要。我们依据融合型城乡关系，将治理放置在乡村空间维度，基于乡村事务的多维属性，探讨“三治”协同实践过程。

首先看法治。乡村治理的法治需求，与三大事务治理有关。

一是乡村生活变迁问题，期待法治下乡规范。当前的乡村社会发生巨变，一方面原有村治矛盾减少，一方面新型生活矛盾增加。传统的村治方式难解决，政府不介入会影响社会和谐。常见的干预方式是，政府出台强制规定，如酒席多少钱一桌，哪些节庆活动办酒席，虽迎合村民诉求有实施合理性，但不遵从法治原则易引起村民不满。只有当行政融合法治思维，对模糊的事务妥善用法，保障村治的主体地位，注意法治社会基础，治理效果方能持续。二是乡村社会新增矛盾，需要法治下乡处置。新增矛盾有两块，一块是村治权责范围外的治理事务，盗采河砂、偷伐森林、矿产开采等，属于该类事务，典型特征是“看得见的管不着”，“管得着”的有意无意“看不见”。一块是与村治关联有法治属性的事务，典型是宅基地利用中的诸矛盾，特征是法治与自治边界模糊，多元主体如何治理小微事务，值得进行分析。无论是不同行政主体合作治理困境，还是行政主体与自治主体协同治理困境，都易带来权力运用越位，及基层事务治理无效。地方政府要以解决基层实际问题为导向，就要在提高法治下乡水平的同时，推动法治事务转为法治事实。三是基层治理方式变迁，需要法治下乡进行制衡。国家建设完善的法治基础设施，带来上访、投诉、检举等权利表达渠道的畅通，群众可以求助廉价有效的法律服务。一方面，村民只要发现违规违纪问题，不管村干部是否实质违法，都可利用便捷的渠道，表达内心的不满，引入司法救济功能，约束基层治理环节。加上县域纪检监督力度加强，会倒逼基层组织恪守法治。另一方面，缺失社会性约束的基层组织，权力易任性出现微腐败。无论是实施“四议两公开”制度，实现基层民主治理的全过程公开，还是推动的“小微权力清单制度”，解决权力寻租和规则不明，都是通过基层治理法治化，提高村干部的法治意识，保障治理的公开透明。

乡村社会变迁及其治理矛盾，使乡村与法治产生亲和性。但是，法治下乡存在诸多问题。首先，司法服务机制待优化。尽管国家向农村供给基础设施和法律服务，供给不均衡使得不少农村的法律获取成本仍然较高。特别是民事纠纷，民法的原则性强，没有具体的规定，需要发挥协商调解作用，如何提供亲民便捷的法律服务，让村民可以接受成为问题。各地都在为供给乡村律师服务，免费为农民提供法律咨询，但是，购买服务难明确考核，服务效果又很难评估，效果其实是差强人意。其次，乡镇司法力量仍不够。税费改革及乡村治理体制改革，使乡镇的司法力量更趋薄弱，虽然近年来国家逐渐重视，着力加强乡镇司法所力量，司法所工资待遇提高，组织人员也逐渐增强。但是，基层法治事务不少模糊琐碎，越发正规的司法力量难以直接治理，司法力量结合自治和德治，将法治问题转为清晰事务，方能履行自身责任，收获法治的权威。最后，需要整合涉农法律。从农村事务对应的法律服务看，应该有相关法律进入基层普法，通过执法推动法律体系整合。但是，涉农法律大多分散，运用过程有“冷”“热”区分。某些垂直部门如食安所、城建所，力量有限不主动下沉农村，却将执法责任推给村组织。总结而言，界定法治力量与村治力量关系，构建法治、自治、德治的协同机制，对提高乡村法治水平意义重大。

再来看自治。村社自治的重要性自不必多言，不过，当前的自治新老问题交织。

一是民主选举问题。从制度实践来看，中西部利益流相对稀薄，村民参与民主选举的动力弱，不仅村庄换届选举易流于形式，选举过程易受社会力量约束，自治易演变成村干部自治。反过来，发达农村利益流相对密集，精英为谋取私利积极参政，使村庄竞争性选举变异，易带来治理的政治危机，村民自治变为“去政治的自治”。[①] 二是民主决策问题。民主决策内容是利益协调，需要动员型治理实现。动员不仅关乎利益分配，还关乎思想认知统一。动员型治理的目标是“少数服从多数”，即压制少数人的利益，进而保证多数人获益。问题在于，少数人为何会支付成本，成本支付意愿有多大。当获益的人指望搭便车，失利者拒绝崇公抑私，就会陷入“民主”有余、“集中”不足的窘境。三是民主治理问题。即使民主决策达成一致意见，执行起来仍会有不确定性。即使当政者可以压制意见，通过舆论或强力推动分配，村民的不满会带来遗留问题。随着外部政策形势的放松，尤其政府出于维稳考虑，选择“花钱买平安”的策略，会诱导部分失利者谋求私利，进而改变民主治理的进程。四是民主监督问题。当乡村治理的德治基础不再，动员型治理依靠私人资源，易带来“少数决”权力制衡问题。即如果“少数决”能够推动决策执行，易带来超级权势和寡头治理，执政者不仅占有集体资源，还会垄断村务信息发布。结果是，村民对村治没有热情，社会监督流于空泛。五是行政干预问题。依据《村委会组织法》，乡村组织平等主体关系，以利益为纽带达成合作，如果村组织基于庇护进行隐蔽治理，易出现微腐败及村霸治村现象。当地方政府行政任务增多，自觉将若干简单的任务下沉，带来村组织的类行政属性，进而影响村民自治开展。当地方政府的发展任务增多，会要求村社组织配合完成，灰色势力治村容

① 杜鹏：《论乡村治理的村庄政治基础——基于实体主义的政治分析框架》，《南京农业大学学报》（社会科学版）2019 年第 4 期。

易实现，治理过程有悖自治逻辑。

完善转型期乡村自治有迫切性，关键是从哪些方面来完善。首先，推动自治与法治协同。自治事务需要自治权力行使，权力运用要依凭自治规则。自下而上的地方性规范解体，易推动自治从公共性走向私人性，要让村民自治回归自治正轨，需要自上而下的制度供给，通过公共权力重建自治规则。不同地方的自治问题有差异，很难统一细化自治规则。需要地方政府深入基层，了解村民自治问题源头，因地施策完善自治制度。其次，激发村民自治活力。村民自治作为治理机制存在问题，可以利用外部因素激活自治体制，完善保障机制发挥自治的正功能。发挥自治的主体效用，既需要激励村干部有所作为，又需要激发自治制度探索。简约高效的方式是与德治结合，通过党建引领调动为民服务动力，提高群众参与治理积极性，增强村治的荣誉感、获得感。再次，推动自治与德治协同。国家为推动乡村振兴战略，每年向农村转移大量项目资源，如果既利用定额分配输入机制，又利用竞争性分配输入机制，将资源下乡与村民参与结合起来，通过民主自治方式配置资源，自治就能重建村社主体性。围绕公共资源如何高效配置，村民要表达社会利益偏好，集中共识需要扩大参与，参与过程可以凝聚村民意志，增进社会团结、重构公共性，动员与参与的良性互动，能促进自治有效运行。最后，自治应贯彻群众路线。强调自治过程走群众路线，是因为群众路线是治理的政治原则，治理合法性来源于与群众保持血肉联系。基层组织坚持群众路线，从群众中来、到群众中去，积极为人民谋福利，自治才会具有正当性。群众路线作为组织机制，有其独特群众工作方法，如延续至今的领导驻村机制，已发展为多样的联村机制。将关心群众落实到具体行动，自治将因强大的社会民意基础，将使动员与参与实现有机均衡。

再来看德治。农村经济条件改善情况下，精神文明逐渐成为问题。

乡村社会转型过程，原有社会共识逐渐瓦解，新型价值理念快速成长。现代化转型是个体化的过程，如何重塑转型行动伦理，成为真切的社会问题。家庭孝道沦落、公共精神衰微、消费文化不当影响、网络“攻城略地”等，构成农村多元德治问题。事实证明，当国家权力退出基层后，单靠社会秩序自发运转，不仅难以解决问题，还会引发德治问题。如果说改革开放以来，单纯强调经济建设、忽视精神文明建设，使农村出现精神空虚、公德沦丧等问题，随着城乡经济社会建设水平提升，精神文明建设就成为时代问题。国家目标决定了推动乡村德治，不仅是强调参与治理，维持乡村基本秩序，还应该引导农民成为人民，通过人心治理[1]推动理念转型。多数乡村德治的载体是公共活动，尤其是公共文化服务和设施建设，但是，乡风文明建设应该“体用”结合，即将“人心治理”的“体”与基层治理的“用”结合，将社会肌体细胞建设与思想道德建设结合。乡村德治关键是深入人心，知道群众想要什么，知道群众怎么想的，然后是针对性治理。

德治要有效实现目标，需要与自治、法治协同。①德治需要与法治协同。城乡融合过程不可避免产生问题，如大操大办问题、农村养老问题，移风易俗是德治重点内容。推动移风易俗有效，需要发挥法治作用。一方面，风俗习惯问题既无立法，又没达到违法程度，政府治理应注意依法。政府制定规则既要遵守法律，又要符合农村社会认知。毕竟，消费方式和风俗习惯变迁，与农民生产生活息息相关，农民知道哪些合理，哪些必须要根除。法治规范移风易俗内容，要与农民需求现实相适应，避免一刀切带来后遗症。法治与德治协同的强制性，强制权威不仅来自法律，而且来自广泛的民意，因认同产生集体行动。只要政府下乡了解现实，能知道村民的所思所想，制定的政策就有生命力。②德治需要与自治协同。即使制定接地气的制度，如何推动使其持续发力，是乡村德治的难点。常见的方式是，推动自治下沉发挥乡贤作用，夯实村民小组的社会自治功能，再由村组合作实行公平治理。小组治理的核心是参与，有参与就会有表达和集中，形成的决策就会有共识，再上升至行政村层次，发挥民主治理功能，就能获得广泛群众认可，治理就有社会公共性。有的地方以德治事务治理为抓手，引导成立不同类型的自治类自组织，同样能实现由“私”

---

① 唐亚林：《以人民为中心的治理观：中国共产党领导国家治理的基本经验》，《中国行政管理》2021 年第 7 期。

到“共”再到“公”的转换，关键是自组织运转践行自治原则，自组织治理与村组织有机联结。

总结而言，单向依靠单一的治理机制，难以实现事务治理有效。乡村振兴背景下，乡村治理有三重目标：一是解决乡村社会变迁的诸类问题，二是满足群众增长的精神文化需要，三是提高政策执行能力、夯实群众社会认同。理论层面需要多元治理，实际治理需要“三治”协同。正是“三治”要素围绕治理共识平等互动，实现组织与主体间、制度与技术的有效协作，从而能实现整体大于部分的治理绩效。

第四节 “三治”协同的研究展望

本研究提出的事务治理框架。认为在国家—社会二元框架下，应加入城乡关系的维度。城乡融合发展背景下，国家对应的社会是“抽象社会”,① 农村利益不仅越发多元，关系形态不仅更为复杂，还加入多样的要素流动。乡村社会的非线性变迁，意味着乡村事务的多元，需要构建“三治”协同机制。鉴于乡村基层事务的复杂多元，我们需要探讨“三治”治理路径，进而提炼“三治”协同的中观机制。

一 “三治”协同的政策路径

基于事务治理框架探讨有效治理路径，笔者提出要保障基层自主空间。基层自主如何促成有效治理，其实需要进行细致的探讨。主流研究在国家—社会框架下，导出两类不同的基层自主治理结论：一类是社会发育视角下的实体自治，一类是政社合作视角下的分权自治。二者指向表面相似的奥斯特罗姆框架，即如何推动公共事务的有效治理。当自主治理被划出边界和实体运用，下一步改革似乎就是剥离外部力量，推动村庄走向多元共治的格局，助力乡村走向自治与德治协同型治理。与剥离乡村法治治理对应的是，政府通过购买服务供给公

① 李猛：《论抽象社会》，《社会学研究》1999 年第 1 期。

共服务，甚至运用市场方式培育社会组织，将城市治理体制向农村扩散。那么，治理就会经过自主调适，回归其应有自治角色。社区与村庄的空间性质差异，使社区改革路难以成功复制进村庄，乡村治理既非分权基础上的实体自治，又难与法治治理划分清楚边界。如果我们缕清楚村庄空间性质，缕清楚乡村事务治理问题，我们会发现“三治”协同机制，无论从治理成本还是治理绩效来看，都应是乡村治理现代转型方向。我们应祛除乡村自主治理学理误解，基于事务的属性探索“三治”协同机制。

当前的农村无论从社会变迁，还是从生活方式变革看，都很难再沿袭“乡政村治”路径，除开基层组织的治理资源相对有限，更重要的是村民有美好生活追求。理想的事务治理模式应该是基于纵向权力结构，构建行政—半行政半自治—自治治理机制，使乡村实现“小事不出村”的同时“大事不出镇”有效治理。完全行政指向县级政府及部门，半行政半自治指向乡镇政府和村社组织，二者的差异是行政—自治程度不同。无论传统治理事务复杂化，还是新增治理事务的“剩余化”，都需要纵向治理体制应对。假设乡村事务有效分流分类，应能实现理论假设的边界治理，事实是乡村事务嵌入乡村空间，存在固有的连带性和模糊性，“三治”协同才是乡村善治路径。尤其随着我国城市化、工业化加速，城市从单打独斗走向跨圈集群，村庄受城市的影响越来越大，村庄事务会逐渐复杂化。随着发展主义走向发展治理并重，管理职能垂直和规范力度逐步加强，公共服务向下要求获得群众满意，乡村治理内部要素外部环境变化。乡村振兴背景下的乡村治理，既不可能按照权责一致的建议，实现静态治理组织权责统一，又不会按照权责分离的思路，推动属地体制下完全民主自治。乡村治理应基于事务属性，构建“三治”协同的治理机制。“三治”何以协同已在前文有交代，我们需要探讨如何优化协同机制。

一是乡村治理的目标应明确。城市发展的状况不同，辐射村庄能力有差异，村庄出现不同的问题。有的是乡村利益稀薄，谁来治村成为问题，村庄面临解体风险，有的是利益密集和治理规则缺乏，村庄面临派性无序竞争风险，有的是制度过密和协调复杂，村庄面临社会没有活力、治理成本推高问题，等等。解决乡村多元问题，应明确乡村治理目标，尤其要搞清楚乡村治理为了谁，乡村振兴谁服务谁的问题。当前村民群体诉求已然分化，以不在村村民意见作为参考，不以在村农民意见作为参考，可能出现乡村振兴超前化。少部分村庄可以承载中产阶层消费品位，推动“强富美”乡村社会建设，大部分村庄需要面向在村户，为他们的生产生活提供服务，满足他们的美好生活向往。强国家时代的乡村资源输入，不仅囊括基本的民生产品，还包括发展型公共设施，及村民福祉类的服务。自上而下的治理目标应是适度引导，不能不顾及在村群众的真实需要，不能不考虑基层组织承接能力。当政府输入巨量的治理事务，不立足村庄的多元治理诉求，又为防止基层选择性执行，用严密标准和要求来管控，基于目标—任务要求高治理结果，要求规定时间有展示政绩。基层治理就会越发国家化，治理过程会被精密地计算，会追求最优的可视目标，事务治理就走向混乱。面向变迁的村庄事务，分辨清楚真正的农民，搞清楚他们所思所想，兼顾体制要求和社会诉求，方能实施有针对性的基层治理，更新治理方法创新“三治”机制。

二是提升基层治理能力。实现协同治理的核心是，不同主体平等且有为有位，推动构建公共价值目标共同体，优化协同治理机制和执行力。问题的关键是，如何激励基层组织动力，提升基层组织治理能力。基层组织动力首先源自能力，如果自身没有强综合治理能力，既难以有效化解村庄复杂多元的矛盾，又难以协调上级组织治理支持。当基层组织无法履行治责，就易无所作为或推脱卸责。基层治理能力可以从资源角度分析，要有物质性资源和权威性资源。只不过，物质性资源获得不是依靠实体赋权增能，而是通过协同机制实现资源集中。比较而言，权威性资源尤其是群众满意，带来的声誉积累和社会权威，是基层治理能力提升的方向。先看第一重能力，村庄事务相较社区事务，尽管部分有一定外溢性，需要行政组织切入治理，但是，多数事务需要自治治理，自治治理能力需要增强。协同治理针对多元事务，事务存在连带性和模糊性。有些新增事务不在自治范围，需要推动德治和法治应对，有些自治事务越发多元模糊，需要德治和法治机制配合。但是，无论哪类事务治理，都要立足村庄空间，发挥自治的主体作用。再来看第二重能力，乡村事务人—事结合及群众满意目标，要求基层组织常态走基层、问民苦，以解决问题为契机建构与群众的关联，以高效服务过程和结果获得群众认可。群众诉求内容较为多元，群众满意的目标有两个：第一，是否认可空间事务的治理规则；第二，是否有规则意识并自觉行动。治理规则指向模糊连带性事务，需要“三治”协同重建内生规范，规则意识指向个体思想观念，需要党建引领“三治”协同改变。增强权威性资源和物质性资源，方能进行统分结合式的治理。

三是强化党建引领。乡村社会处在剧烈变迁时代，表面看是事务杂乱无章，背后是规则失范和人心散乱，如果基层组织只就事论事做工作，演变为准行政或准社会组织，不实施源头治理收拾世道人心，不进行系统治理兼顾情感价值，基层治理就会“按起葫芦浮起瓢”，或者治理成本变得越发高昂。分析基层事务的多元属性发现，提升基层治理能力任重道远，党组织有效领导是关键性基础。加强党组织的组织力建设，提升党建引领基层治理水平，具有深刻的现实性紧迫性，至少对应两方面的议题。一是党组织作为村庄领导权威，亟待提升社会动员和组织力。党的群众工作方法、机制和路线，对破解乡村治理多元难题很有效。虽然不同村庄的事务不同，人心散乱的表现有差异，治理不足的程度有轻重，但是，只要党基层组织发扬民本传统，坚持全心全意为人民服务，就能推动社会人心的整合。所谓“得民心者得天下”，当基层党组织勇于担当，为民服务善于作为，就能提高绩效合法性，获得广大群众的信任。以认同为基础发挥党建引领机制，理顺情感凝聚人心的同时动员群众，就能切实推动“群众”转变成“人民”。党组织做实基础性工作，基层组织就能接续发力，以问题为导向调适政策，基于琐碎事务治理过程，提升基层组织公信力。二是党建引领基层治理实践，以提升治理自主性为要务。一方面，当基层党组织明确政治属性，自我革新提升全面引领能力，党组织就会成为社会活力源头，提升群众参与治理的积极性。例如2020—2022年新冠病毒防控期间，不少党员报名志愿者身先士卒，不仅彰显了党员的先进性，而且促进社会风气正向转变。另一方面，当党组织成为基层治理的有生力量，就能支持、引导和助力基层组织有为治理。即党组织能基于使命感责任感，因地制宜创新群众动员方式，畅通民意的表达渠道、汇集转换群众的意愿，有助于解决社会共治达成难题。党组织同样能基于为民服务宗旨，督促基层组织积极回应事务，尤其是针对基层的治理惰性，党组织政治属性发挥作用，能带动干部的工作作风有效转变。

二　未尽的“三治”研究议题

基于对乡村基层事务和村庄空间性质的理解，笔者从多个层次探讨如何实现有效治理，试图将自上而下与自下而上的视角结合。笔者打破“三治”结合研究成果中，注重思辨性探讨和阐释性扩展的进路，对国家与社会范式进行适度的修正，转向城乡关系下事务治理框架。本研究的学术贡献，是基于村庄空间性质探讨事务治理要求，从县域治理角度把握“三治”协同机制。在对治理问题进行总分结合探讨的基础上，本研究论证“三治”协同的机制和路径，对党建引领“三治”协同机制进行多维分析。本研究的不足之处有两个，一是对土地利用对事务属性的影响探讨不够，二是对党建引领“三治”机制探讨不够。

前文曾经提及村庄与社区的主要区别是，空间资源拥挤和人际关系影响。其实，现实的乡村基层事务治理问题，不仅受社会空间和物理空间影响，还受土地工业化路径影响。浙北农村工业化源于个私经济，大多是从家庭小作坊开始，一步步扩大土地占用规模，在宅基地上建成前店后厂。随着生产规模的扩大，村民就会从房屋里移出，将房前屋后的空地占用，直至占用完村庄的空地，自行寻找可以交易的土地，虽然有部分企业转型成功，进入工业园区规范发展，部分企业仍然滞留在村庄。带来的影响是，村庄土地相对稀缺，经济发展得越好，建设用地价格越高。加上村民收入水平和消费能力提高，带来宅基地生活功能需求增大，构建出宅基地指标和实地流转市场。村庄的内生型利益密集，引起众多精英回流竞争，进而造就派性竞争村治格局，对村民自治的影响较大。

珠三角农村地处改革开放的最前沿，地方招商带来“三来一补”企业落户地价便宜的农村。集体而非政府对村民征地，征地难度会相对小很多。集体和农民互动的过程，直接决定利益分配机制，无论是村民土地入股分红机制，还是共有土地自主分配机制，都是在政府默许和支持下，推动集体土地分批入市交易。城乡经济的快速发展，带来大量外地人拥入，不少集体直接募资和募地，建设出租屋获得租金收入。带来的结果是，珠三角农村以集体为单位，获得大量的共有出租收益，对内因巨量的利益产生派性政治，对外因共同的利益组织起来。

苏南农村以集体方式发展工业，发展的基础是原来的社队企业，20 世纪 90 年代后期，集体企业壮大形成规模，远超农业成为主导产业，农民会就近到工厂打工。不同处是，苏南农村工业与政府关联密切，集体要扩大规模和引进技术，就需要向当地银行借贷，需要获得政府的认可和帮助。集体工业发展一方面带来集体土地占用，一方面带来集体治理体制转型。21 世纪后随着《土地管理法》越发严格，全国统一买方市场快速形成，为扩大经济先发优势地位，当地政府不仅积极招商引资，投资建设完备的基础设施，将优质企业引入工业园区，而且鼓励村组织招商引资，招商越多越能得到奖励，基层组织的积极有为，一方面带来高额的土地租金，一方面带来政府对村庄的支持。结果是，集体经济发展得越好，租金收入越是稳定透明，村干部社会威望越高，越能进行有效治理。

多数发达农村的基层治理，都可归因于土地工业化路径，不同处是政府介入集体土地程度，集体土地利益分配公开透明程度。至于占多数的中西部一般农村，市场经济体制下的后发劣势，使得村庄几乎难有工业化机会，增减挂钩政策制造的土地市场，对政策执行要求高且风险多，村庄命运受区位和地理影响。

不同地方土地工业化路径，带来的村庄事务呈现出差异性，对应的治理方式虽然有区分，仍要坚持自治主体地位，推动县域治理机制创新，“三治”协同机制仍是根本。不过，土地利用引出的治理议题，超越乡村“三治”协同范畴，与国家或政府治理有关，探讨过多过细易偏题，因此不进行专门的论述。但是，通过土地制度探讨基层治理，同样能深化村庄秩序的理解，后续研究如有扩展可能，会作为下一个研究方向。

基层党建同样是个不错的研究角度，党建与“三治”的关系不可谓不密切。常规的政党研究认为，政党是特定阶级或阶层的利益代表，应代表所属的群众进行利益表达。中国共产党代表人民的根本利益，要提高党的基层执政正当性，就要基于乡村变迁的诉求，增强党的先进性和代表性。某方面讲，党的代表性越强、代表能力越高，越能增强党的领导权，越能夯实党的正当性。当前的问题是，如何与时俱进提高党组织代表性，提升党的群众组织力和社会号召力。对当前基层党组织功能，一般研究从两方面探讨。首先是基层党组织建设困难多，主要是农村缺乏新生党员力量，基层党组织因组织建设弱，难发挥党员的模范带头作用。其次是党建引领效果不佳，从党发挥政治属性角度，观察基层党建引领议题，固然是一个好思路。但是，各地基层党组织建设如火如荼，党建引领治理方式不断创新，党建引领治理效果如何测量，还需要进行接地气的辨析。近年来从上到下加大党建力度，基层党建引领效果还是很明显，党组织战斗堡垒作用得到发挥。核心的问题是，党建政治势能如何转变为治理效能，引导构建高质量的乡村治理格局，将集中和民主有机统一起来。党建引领是发挥政治作用，承担应有的引领治理功能，协助和监督基层治理，不是参与事务治理本身。本研究通过案例说明和分析，试图探讨正当有效的事务治理机制，从侧面探讨党建引领治理的多元路径。例如党作为最权威的组织，如何与相关组织构建关系，党建引领是否需要确定引领的单位，群众工作如何适应当前社会，基层党建如何避免科层制建设的弊端等。反过来，如果从基层治理的角度切入，同样会发现党建引领价值。例如“三治”作为乡村治理机制，不可能实现自发和有效协同，党组织作为能动力量行动，能厘清“三治”要素的主次关系，构建实践性“三治”协同局面，再如基层治理不仅是“事务”治理，还有世道“人心”的教化整合，党组织能做群众的思想工作，能将“人”和“事”进行系统结合，实施综合治理和情感治理，“三治”协同因党建而有灵魂。

正是因为党组织的有位有为，全方位不同层次引导治理，“三治”协同能发挥治理效用。限于田野调查和研究议题，本研究不专门研究党建，对党建引领的思考分析，多是立足基层治理场域，研究党建嵌入治理的方式，没有对基层党组织建设，党建引领治理的维度，进行全面深入的探讨，是为研究缺憾。但是在各地农村调研的过程中，笔者明显感受到党建引领治理方式，与村庄事务类型有一定的关联，需要立足事务属性专门探讨，尤其是村庄规模和村庄发展，不仅影响基层党组织建设的展开方式，还影响党建、基层组织和村民的关系，如何基于村庄事务比较研究的视野，对纷繁多样的个案进行分类，深化党建引领治理议题，是本研究继续用力的方向。

两大议题很有价值，需要进行专门讨论，一篇研究报告难以穷尽，好在我们身处伟大的时代，面向生动的基层治理实践，有条件进行全身心的研究。希望后续继续获得项目支持，跟进思考不断扩展研究议题，为伟大时代贡献微弱智慧。

书山有路，砥砺前行！

参考文献

书籍

杜姣：《村庄治理现代化的实现路径》，中国社会科学出版社 2021 年版。

费孝通：《乡土中国》，上海人民出版社 2006 年版。

高翔：《放权与发展：市场化改革进程中的地方政府》，浙江大学出版社 2020 年版。

龚维斌主编：《社会管理改革创新》，国家行政学院出版社 2013 年版。

顾培东：《社会冲突与诉讼机制》，法律出版社 2016 年版。

何艳玲：《公共行政学史》，中国人民大学出版社 2018 年版。

贺雪峰：《村治模式：若干案例研究》，山东人民出版社 2009 年版。

贺雪峰：《乡村治理与农业发展》，华中科技大学出版社 2017 年版。

李文钊：《接诉即办的北京经验》，中国人民大学出版社 2021 年版。

梁治平编：《法律的文化解释》，生活·读书·新知三联书店 1994 年版。

潘维：《信仰人民：中国共产党与中国政治传统》，中国人民大学出版社 2017 年版。

苏力：《送法下乡——中国基层司法制度研究》，中国政法大学出版社 2000 年版。

吴毅：《小镇喧嚣——一个乡镇政治运作的演绎与阐释》，生活·读书·新知三联书店 2007 年版。

徐勇：《乡村治理与中国政治》，中国社会科学出版社 2003 年版。

阎云翔：《私人生活的变革》，龚小夏译，上海书店出版社 2009

年版。
杨华：《陌生的熟人：理解21世纪的乡土中国》，广西师范大学出版社2021年版。
张静：《法团主义》，中国社会科学出版社1998年版。
折晓叶、艾云：《城乡关系演变的制度逻辑和实践过程》，中国社会科学出版社2014年版。
郑杭生主编：《社会学概论新修》，中国人民大学出版社2014年版。
[德] 马克斯·韦伯：《支配社会学》，康乐、简惠美译，广西师范大学出版社2010年版。
[法] 亨利·列斐伏尔：《空间的生产》，刘怀玉等译，商务印书馆2021年版。
[美] 埃莉诺·奥斯特罗姆：《公共事物的治理之道：集体行动制度的演进》，余逊达、陈旭东译，上海译文出版社2012年版。
[美] 杜赞奇：《文化、权力与国家：1900—1942年的华北农村》，王福明译，江苏人民出版社2010年版。
[美] 李怀印：《华北村治——晚清和民国时期的国家与乡村》，王士皓译，中华书局2008年版。
[美] 文森特·奥斯特罗姆：《美国公共行政的思想危机》，毛寿龙译，上海三联书店1999年版。
[日] 寺田浩明：《权利与冤抑——寺田浩明中国法史论集》，王亚新等译，清华大学出版社2012年版。
[日] 田原史起：《日本视野中的中国农村精英：关系、团结、三农政治》，山东人民出版社2012年版。
[意] 安东尼奥·葛兰西：《狱中札记》，曹雷雨、姜丽、张跣译，中国社会科学出版社2000年版。
[英] 卡尔·波兰尼：《巨变：当代政治与经济的起源》，黄树民译，社会科学文献出版社2013年版。
[英] R. A. W. 罗兹：《理解治理：政策网络、治理、反思与问责》，丁煌、丁方达译，中国人民大学出版社2020年版。
[英] 迈克尔·曼：《社会权力的来源》（第二卷·上），陈海宏等译，上海人民出版社2007年版。

期刊论文

安永军：《常规治理与运动式治理的纵向协同机制》，《北京社会科学》2022年第2期。
安永军、刘景琦：《“中间结构”：资源下乡背景下国家与农民联结的新机制》，《农业经济问题》2019年第9期。
巢小丽：《乡村治理现代化的建构逻辑：“宁海36条”政策绩效分析》，《中国行政管理》2016年第8期。
陈柏峰、董磊明：《乡村治理的软肋：灰色势力》，《经济社会体制比较》2009年第4期。
陈柏峰：《“气”与村庄生活的互动》，《开放时代》2007年第6期。
陈柏峰：《乡村基层执法的空间制约与机制再造》，《法学研究》2020年第2期。
陈波：《公共文化空间弱化：乡村文化振兴的“软肋”》，《人民论坛》2018年第21期。
陈家刚：《基层治理：转型发展的逻辑与路径》，《学习与探索》2015年第2期。
陈家建、甘瑞霖：《县域治理中的协调型部门——对D县发改局的个案研究》，《社会科学研究》2021年第2期。
陈荣卓、唐鸣：《农村基层治理能力与农村民主管理》，《华中师范大学学报》（人文社会科学版）2014年第2期。
陈义媛：《以村集体经济发展激活基层党建——基于烟台市“党支部领办合作社”的案例分析》，《南京农业大学学报》（社会科学版）2021年第3期。
崔盼盼：《乡村振兴背景下中西部地区的能人治村》，《华南农业大学学报》（社会科学版）2021年第1期。
党国印：《“村民自治”是民主政治的起点吗?》，《战略与管理》1999年第1期。
邓大才：《产权单位与治理单位的关联性研究——基于中国农村治理的逻辑》，《中国社会科学》2015年第7期。
邓大才：《村民自治有效实现的条件研究——从村民自治的社会基础

视角来考察》，《政治学研究》2014 年第 6 期。
董石桃：《监察下乡：监察职能向基层延伸的国家治理逻辑》，《行政论坛》2021 年第 1 期。
杜姣：《村治主体的缺位与再造——以湖北省秭归县村落理事会为例》，《中国农村观察》2017 年第 5 期。
杜姣：《服务型政府转型中的技术治理实践——以 12345 政府服务热线的乡村经验为例》，《西南大学学报》（社会科学版）2019 年第 6 期。
杜鹏：《郊区社会：城乡中国的微观结构与转型秩序》，《社会科学研究》2021 年第 3 期。
杜鹏：《利益密集、制度创新与乡村治理现代化——基于浙江“宁海 36 条”的实践分析》，《华中科技大学学报》（社会科学版）2019 年第 5 期。
杜鹏：《论乡村治理的村庄政治基础——基于实体主义的政治分析框架》，《南京农业大学学报》（社会科学版）2019 年第 4 期。
杜鹏：《农村社会动员的组织逻辑与治理效能》，《天津社会科学》2022 年第 4 期。
杜鹏：《转型期乡村文化治理的行动逻辑》，《求实》2021 年第 2 期。
杜焱强：《农村环境治理 70 年：历史演变、转换逻辑与未来走向》，《中国农业大学学报》（社会科学版）2019 年第 5 期。
耿羽：《“输入式供给”：当前农村公共物品的运作模式》，《经济与管理研究》2011 年第 12 期。
龚天平、张军：《资本空间化与中国城乡空间关系重构——基于空间正义的视角》，《上海师范大学学报》（哲学社会科学版）2017 年第 2 期。
桂华：《赋予基层治理更大能动性》，《环球时报》2020 年 12 月 18 日第 15 版。
桂华：《项目制与农村公共品供给体制分析——以农地整治为例》，《政治学研究》2014 年第 4 期。
郭亮：《扶植型秩序：农民集中居住后的社区治理——基于江苏 P 县、浙江 J 县的调研》，《华中科技大学学报》（社会科学版）2019 年第

5 期。
海莉娟：《从经济精英到治理精英：农村妇女参与村庄治理的路径》，《西北农林科技大学学报》（社会科学版）2019 年第 5 期。
韩鹏云：《村民自治实践样态与转型方向》，《中国特色社会主义研究》2015 年第 1 期。
韩鹏云：《富人治村的内在逻辑与建设方向》，《中国农业大学学报》（社会科学版）2017 年第 4 期。
韩鹏云：《国家与乡村关系的实践进路及反思》，《湖湘论坛》2021 年第 4 期。
郝文强、王佳璐、张道林：《抱团发展：共同富裕视阈下农村集体经济的模式创新——来自浙北桐乡市的经验》，《农业经济问题》2022 年第 8 期。
何包钢：《协商民主和协商治理：建构一个理性且成熟的公民社会》，《开放时代》2012 年第 4 期。
何得桂、韩雪：《引领型协同治理：脱贫地区新型农村集体经济发展的模式选择——基于石泉县“三抓三联三保障”实践的分析》，《天津行政学院学报》2022 年第 4 期。
何艳玲、钱蕾：《“部门代表性竞争”：对公共服务供给碎片化的一种解释》，《中国行政管理》2018 年第 10 期。
何艳玲、赵俊源：《国家城市：转型城市风险的制度性起源》，《开放时代》2020 年第 4 期。
贺雪峰、阿古智子：《村干部的动力机制与角色类型——兼谈乡村治理研究中的若干相关话题》，《学习与探索》2006 年第 3 期。
贺雪峰：《规则下乡与治理内卷化：农村基层治理的辩证法》，《社会科学》2019 年第 4 期。
贺雪峰：《论乡村治理内卷化——以河南省 K 镇调查为例》，《开放时代》2011 年第 2 期。
贺雪峰：《论乡村治理视域下的农村基层中坚干部》，《湖湘论坛》2018 年第 5 期。
贺雪峰：《谁的乡村建设——乡村振兴战略的实施前提》，《探索与争鸣》2017 年第 12 期。

胡永佳：《村民自治、农村民主与中国政治发展》，《政治学研究》2000年第2期。
黄宗智、龚为纲、高原：《“项目制”的运作机制和效果是“合理化”吗?》，《开放时代》2014年第5期。
黄宗智：《认识中国——走向从实践出发的社会科学》，《中国社会科学》2005年第1期。
季丽新、陈冬生：《自治、法治、德治相结合的乡村治理体系生成逻辑及其探索》，《中国行政管理》2019年第12期。
江宇：《“烟台经验”的普遍意义》，《开放时代》2020年第6期。
姜晓萍、许丹：《新时代乡村治理的维度透视与融合路径》，《四川大学学报》（哲学社会科学版）2019年第4期。
姜裕富：《农村基层党组织与农民专业合作社的关系研究——基于资源依赖理论的视角》，《社会主义研究》2011年第5期。
蒋国河、江小玲：《乡村振兴中的资本下乡与村企关系：互惠难题与合作困境》，《江西财经大学学报》2022年第1期。
焦长权：《资本进村与村庄公司主义》，《文化纵横》2013年第1期。
金江峰：《服务下乡背景下的基层“治理锦标赛”及其后果》，《中国农村观察》2019年第2期。
康晓光、韩恒：《分类控制：当前中国大陆国家与社会关系研究》，《社会学研究》2005年第6期。
郎友兴：《走向总体性治理：村政的现状与乡村治理的走向》，《华中师范大学学报》（人文社会科学版）2015年第2期。
李博：《“一体两翼式”治理下的“三治”融合——以秦巴山区汉阴县T村为例》，《西北农林科技大学学报》（社会科学版）2020年第1期。
李芬芬、王春鑫：《新中国成立以来农村环境治理逻辑：理念变化、政府职能转变及模式变迁》，《城市学刊》2020年第4期。
李海金、焦方杨：《乡村人才振兴：人力资本、城乡融合与农民主体性的三维分析》，《南京农业大学学报》（社会科学版）2021年第6期。
李猛：《论抽象社会》，《社会学研究》1999年第1期。

李棉管：《自保式低保执行——精准扶贫背景下石村的低保实践》，《社会学研究》2019年第6期。

李人庆：《依法治村如何可能——浙江宁海小微权力清单改革的案例研究》，《中国发展观察》2014年第12期。

李勇华：《自治的转型：对村干部“公职化”的一种解读》，《东南学术》2011年第3期。

李芝兰、吴理财：《“倒逼”还是“反倒逼”——农村税费改革前后中央与地方之间的互动》，《社会学研究》2005年第4期。

李祖佩：《项目进村与乡村治理重构——一项基于村庄本位的考察》，《中国农村观察》2013年第4期。

李祖佩：《“资源消解自治”——项目下乡背景下的村治困境及其逻辑》，《学习与实践》2012年第11期。

林尚立：《公民协商与中国基层民主发展》，《学术月刊》2007年第9期。

林万龙：《中国农村公共服务供求的结构性失衡：表现及成因》，《管理世界》2007年第9期。

刘炳辉：《党政科层制：当代中国治体的核心结构》，《文化纵横》2019年第2期。

刘成良：《联村制度：转型期基层社会治理的制度实践与反思——基于浙东H镇的调查》，《华中农业大学学报》（社会科学版）2018年第2期。

刘春荣：《国家介入与邻里社会资本的生成》，《社会学研究》2007年第2期。

刘磊：《“三治融合”实践中的国家与社会关系》，《中国社会科学报》2021年4月14日第5版。

刘锐：《事务结构、条块互动与基层治理——农村网格化管理审视》，《贵州社会科学》2020年第4期。

刘锐：《治理困境背景下乡镇形式主义的生成逻辑》，《西北师大学报》（社会科学版）2021年第2期。

刘太刚：《对公共事务概念主流观点的商榷——兼论需求溢出理论的双层公共事务观》，《政治学研究》2016年第1期。

刘伟：《论村落自主性的形成机制与演变逻辑》，《复旦学报》（社会科学版）2009 年第 3 期。

卢青青：《经营村庄：项目资源下乡的实践与困境》，《西北农林科技大学学报》（社会科学版）2021 年第 6 期。

吕德文：《“城乡社会”是啥样，怎么管》，《环球时报》2021 年 5 月 19 日第 15 版。

吕德文：《论集体学术》，《社会科学论坛》2013 年第 6 期。

吕德文：《乡村治理法治化的实践过程——基于 P 县砂石盗采治理的分析》，《华中农业大学学报》（社会科学版）2019 年第 2 期。

吕德文：《乡村治理 70 年：国家治理现代化的视角》，《南京农业大学学报》（社会科学版）2019 年第 4 期。

吕方：《再造乡土团结：农村社会组织发展与“新公共性”》，《南开学报》（哲学社会科学版）2013 年第 3 期。

吕青：《“村改居”社区秩序：断裂、失序与重建》，《甘肃社会科学》2015 年第 3 期。

罗峰、徐共强：《基层治理法治化视野下的权力清单制度——基于上海市两个街道的实证研究》，《复旦学报》（社会科学版）2018 年第 2 期。

马良灿、李净净：《从利益联结到社会整合——乡村建设的烟台经验及其在地化实践》，《中国农业大学学报》（社会科学版）2022 年第 1 期。

毛一敬：《党建引领、社区动员与治理有效——基于重庆老旧社区治理实践的考察》，《社会主义研究》2021 年第 4 期。

欧树军：《“治理问题体制化”的思想误区》，《文化纵横》2012 年第 4 期。

潘维：《小事关涉民心》，《北京日报》2017 年 5 月 8 日第 13 版。

仇叶：《城乡一体化地区乡村治理逻辑的转换——对沿海农村村级治理行政化改革的反思》，《求实》2020 年第 6 期。

渠敬东、周飞舟、应星：《从总体支配到技术治理——基于中国 30 年改革经验的社会学分析》，《中国社会科学》2009 年第 6 期。

冉光仙：《场域与边界：农村社区微治理的本土化逻辑》，《甘肃社会科学》2020 年第 3 期。
任宝玉：《乡镇治理转型与服务型乡镇政府建设》，《政治学研究》2014 年第 6 期。
阮云星、张婧：《村民自治的内源性组织资源何以可能？——浙东“刘老会”个案的政治人类学研究》，《社会学研究》2009 年第 3 期。
沈延生：《村政的兴衰与重建》，《战略与管理》1998 年第 6 期。
孙柏瑛、邓顺平：《以执政党为核心的基层社会治理机制研究》，《教学与研究》2015 年第 1 期。
孙柏瑛、张继颖：《解决问题驱动的基层政府治理改革逻辑：北京市“吹哨报到”机制观察》，《中国行政管理》2019 年第 4 期。
孙冲：《村庄“三治”融合的实践与机制》，《法制与社会发展》2021 年第 4 期。
孙庆忠：《离土中国与乡村文化的处境》，《江海学刊》2009 年第 4 期。
唐皇凤、王豪：《可控的韧性治理：新时代基层治理现代化的模式选择》，《探索与争鸣》2019 年第 12 期。
唐丽霞：《乡村振兴战略的人才需求及解决之道的实践探索》，《贵州社会科学》2021 年第 1 期。
唐亚林：《以人民为中心的治理观：中国共产党领导国家治理的基本经验》，《中国行政管理》2021 年第 7 期。
田孟：《“郊区社会”的兴起与城乡关系的新变革》，《天府新论》2022 年第 1 期。
田先红：《联村制度与基层政府动员——基于浙江省 A 县的经验研究》，《长白学刊》2019 年第 5 期。
田先红：《行政包干制：乡镇“管区”治理的逻辑与机制》，《理论与改革》2021 年第 5 期。
汪锦军：《嵌入与自治：社会治理中的政社关系再平衡》，《中国行政管理》2016 年第 2 期。
王成龙、蔡张瑶：《村级集体经济组织发展的理论逻辑与重要现实问题分析》，《农村经济》2022 年第 8 期。

王春光：《农村流动人口的“半城市化”问题研究》，《社会学研究》2006年第5期。

王海娟：《资本下乡与乡村振兴的路径——农民组织化视角》，《贵州社会科学》2020年第6期。

王汉生、王一鸽：《目标管理责任制：农村基层政权的实践逻辑》，《社会学研究》2009年第2期。

王华：《发展与治理：地方政府的角色与难题》，《中国行政管理》2007年第2期。

王杰秀、闫晓英、李玉玲：《宁海“36条”：将村级小微权力关进制度笼子》，《中国民政》2015年第22期。

王浦劬、汤彬：《基层党组织的权威塑造机制研究——基于T市B区社区党组织治理经验的分析》，《管理世界》2020年第6期。

王荣武、王思斌：《管理区干部和村干部的互动过程与行为》，《社会科学研究》1996年第3期。

王诗宗：《治理理论与公共行政学范式进步》，《中国社会科学》2010年第4期。

王伟杰：《“外嵌型悬浮”：新时代资本下乡的空间张力及优化策略研究》，《现代经济探讨》2021年第9期。

王向阳、沈迁：《村庄乱象、制度创新与规则之治——基于“宁海36条”的田野调研》，《治理现代化研究》2018年第4期。

王勇：《复合型法治：对破解乡村治理难题的一种制度性框架》，《法商研究》2022年第3期。

魏程琳、徐嘉鸿、王会：《富人治村：探索中国基层政治的变迁逻辑》，《南京农业大学学报》（社会科学版）2014年第3期。

文军、高艺多：《社区情感治理：何以可能，何以可为?》，《华东师范大学学报》（哲学社会科学版）2017年第6期。

吴海峰：《2005河南乡镇撤并：分流超编“乡官”17万》，《人民论坛》2006年第3期。

吴理财：《改革开放以来农村社区文化的变迁》，《人民论坛》2011年第24期。

吴毅：《“权力—利益的结构之网”与农民群体性利益的表达困

境——对一起石场纠纷案例的分析》，《社会学研究》2007 年第 5 期。

吴重庆：《从熟人社会到“无主体熟人社会”》，《读书》2011 年第 1 期。

夏志强、谭毅：《“治理下乡”：关于我国乡镇治理现代化的思考》，《上海行政学院学报》2018 年第 3 期。

肖滨、费久浩：《政策过程中的技治主义：整体性危机及其发生机制》，《中国行政管理》2017 年第 3 期。

谢小芹、简小鹰：《从“内向型治理”到“外向型治理”：资源变迁背景下的村庄治理——基于村庄主位视角的考察》，《广东社会科学》2014 年第 3 期。

熊万胜：《社会治理还是生活治理？——审思当代中国的基层治理》，《文化纵横》2018 年第 1 期。

徐勇：《村民自治：中国宪政制度的创新》，《中共党史研究》2003 年第 1 期。

徐勇：《“分”与“合”：质性研究视角下农村区域性村庄分类》，《山东社会科学》2016 年第 7 期。

徐勇：《论中国农村“乡政村治”治理格局的稳定与完善》，《社会科学研究》1997 年第 5 期。

徐勇：《县政、乡派、村治：乡村治理的结构性转换》，《江苏社会科学》2002 年第 2 期。

徐勇：《乡村文化振兴与文化供给侧改革》，《东南学术》2018 年第 5 期。

徐勇：《“行政下乡”：动员、任务与命令——现代国家向乡土社会渗透的行政机制》，《华中师范大学学报》（人文社会科学版）2007 年第 5 期。

杨华：《“不变体制变机制”：基层治理中的机制创新与体制活力——以新邵县酿溪镇“片线结合”为例》，《公共管理与政策评论》2022 年第 1 期。

杨华：《华中乡土派的经验立场》，《社会学评论》2014 年第 1 期。

杨华：《农村基层治理事务与治理现代化：一个分析框架》，《求索》

2020 年第 6 期。
杨华：《县域治理中的党政体制：结构与功能》，《政治学研究》2018 年第 5 期。
杨桓：《社会空间视域下的城乡结合部社区治理创新——以成都市犀和社区为例》，《社会主义研究》2019 年第 2 期。
杨善华、苏红：《从“代理型政权经营者”到“谋利型政权经营者”——向市场经济转型背景下的乡镇政权》，《社会学研究》2002 年第 1 期。
杨雪冬：《压力型体制：一个概念的简明史》，《社会科学》2012 年第 11 期。
叶敏：《联村干部：基层治理体系的人格化运作》，《中国行政管理》2022 年第 4 期。
应星：《“气”与中国乡村集体行动的再生产》，《开放时代》2007 年第 6 期。
于涛：《组织起来，发展壮大集体经济（上）——烟台市推行村党支部领办合作社、全面推动乡村振兴》，《经济导刊》2019 年第 12 期。
余佶：《我国农村基础设施：政府、社区与市场供给——基于公共品供给的理论分析》，《农业经济问题》2006 年第 10 期。
余练：《农村基层微治理的实践探索及其运行机制——以湖北秭归县“幸福村落建设”为例》，《华中科技大学学报》（社会科学版）2017 年第 6 期。
俞可平：《治理和善治：一种新的政治分析框架》，《南京社会科学》2001 年第 9 期。
俞可平：《中国公民社会研究的若干问题》，《中共中央党校学报》2007 年第 6 期。
郁建兴、任杰：《中国基层社会治理中的自治、法治与德治》，《学术月刊》2018 年第 12 期。
张晨：《城市化进程中的“过渡型社区”：空间生成、结构属性与演进前景》，《苏州大学学报》（哲学社会科学版）2011 年第 6 期。
张丹丹：《统合型治理：基层党政体制的实践逻辑》，《西北农林科技大学学报》(社会科学版) 2020 年第 5 期。

张国磊、张新文:《基层社会治理的实践路径与制度困境研究——基于桂南 Q 市“联镇包村”的调研分析》,《中国行政管理》2018 年第 1 期。

张环宙、黄超超、周永广:《内生式发展模式研究综述》,《浙江大学学报》(人文社会科学版) 2007 年第 2 期。

张静:《国家政权建设与乡村自治单位——问题与回顾》,《开放时代》2001 年第 9 期。

张利庠、唐幸子:《新乡贤、变革型领导力与乡村治理——基于嵌入式多案例研究》,《农业经济问题》2022 年第 10 期。

张明皓、豆书龙:《党建引领“三治结合”:机制构建、内在张力与优化向度》,《南京农业大学学报》(社会科学版) 2021 年第 1 期。

张雪霖:《村干部公职化建设的困境及其超越》,《西南大学学报》(社会科学版) 2016 年第 2 期。

张雪霖:《治理有效:社区公共事务性质与社区权威的二维框架》,《社会科学文摘》2022 年第 4 期。

赵鼎新:《论机制解释在社会学中的地位及其局限》,《社会学研究》2020 年第 2 期。

赵旭东、孙笑非:《中国乡村文化的再生产——基于一种文化转型观念的再思考》,《南京农业大学学报》(社会科学版) 2017 年第 1 期。

折晓叶、陈婴婴:《项目制的分级运作机制和治理逻辑——对“项目进村”案例的社会学分析》,《中国社会科学》2011 年第 4 期。

郑中玉、杨静岩:《线性进化,还是城市社区建设的新开端?——对村改居社区的再认识》,《社会科学》2022 年第 9 期。

周飞舟:《从汲取型政权到“悬浮型”政权——税费改革对国家与农民关系之影响》,《社会学研究》2006 年第 3 期。

周庆智:《改革与转型:中国基层治理四十年》,《政治学研究》2019 年第 1 期。

周申倡、戴玉琴:《村级治理中“德治涵养自治”逻辑的政治学分析》,《宁夏社会科学》2021 年第 3 期。

朱静辉、林磊：《空间规训与空间治理：国家权力下沉的逻辑阐释》，《公共管理学报》2020 年第 3 期。

朱战辉：《村庄分化视角下乡村振兴实施路径研究》，《云南民族大学学报》（哲学社会科学版）2022 年第 2 期。

左卫民：《"诉讼爆炸"的中国应对：基于 W 区法院近三十年审判实践的实证分析》，《中国法学》2018 年第 4 期。

［美］黄宗智：《重新思考"第三领域"：中国古今国家与社会的二元合一》，《开放时代》2019 年第 3 期。

Yijia Jing, "Between Control and Empowerment: Governmental Strategies towards the Development of the Non - profit Sector in China", *Asian Studies Review*, Vol. 39, No. 4, October 2015.

后　记

本书是我的国家社科基金结项报告，名为《乡村振兴背景下农村“三治”协同机制研究》。初稿本来是基于城乡互动视角构建农村治理类型，再分别就不同类型农村治理事务进行分析，指出其与“三治”关联的现实经验和学理逻辑。几经修改，内容大大拓展，相较原来的思路，几乎是重写一本。其中的探索历程，经历过方知深刻。命名时依循原题目稍作修改，既算是对过往研究探索的纪念，又算作对乡村治理的阶段总结。既然是后记，有必要交代下本书的来龙去脉，梳理下本书写作的问题意识，并指出本研究可能的局限。

自 2011 年 9 月跟从贺雪峰教授读博，开启我的农村问题研究学术路，我即关注乡村社会多元治理问题，并一直从事驻村驻镇调查。持续 10 多年的田野调查，让我对乡村治理变迁现状及问题，有了切实和饱满的经验感受，用学术观照当代乡村治理，是本书产生的初衷。我在 4 年的博士学习期间，人们普遍将取消农业税费作为历史背景，我所在的华中村治团队，以其为基础展开国家与社会互动的研究，一方面分析自上而下的资源下乡诸议题，一方面调查自下而上的矛盾化解诸议题，乡村社会结构巨变是重要分析维度。党的十八大后的乡村治理，相较后税费时期有两大变化：一是城乡融合发展进程明显，二是国家的乡村治理目标变化。尽管不同农村的发展阶段不同，乡村社会问题表现有差异，不过，城市化信息化对农村的影响是深刻的，不同农村治理问题变得多元复杂，只运用“政治统合制”“行政发包制”抑或“简约治理”视角，难全面深入爬梳和理解乡村治理问题。本研究试图借鉴城乡互动框架，自下而上分析事务属性，基于事务属性治理要求，分析当前乡村治理的困境现状，指出“三治”协同的必要性和路径。

确定了研究思路，我即寻找研究框架，并进行田野调查。2015年，我的博士毕业论文关心的是农村宅基地管理议题。当时运用的是公共池塘资源治理框架，基于多地田野经验揭示宅基地管理现状并进行解释。当时我就发现，农村宅基地问题的出现，既与乡村社会诉求变迁有关，又与乡村治理能力弱化有关。取消农业税后，宅基地管理的老问题不仅没有被重视和解决，反而因乡村组织的无为带来新问题。其中最显著的表现是，乡村组织难应对不均质的诉求，当制度变迁速度过快过急过硬，就会陷入行政吸纳治理境地。客观上，宅基地管理是个好问题，但因田野调查的不深入，收集的资料有些碎片，论文表达得并不成功。最终，博士论文取名为《土地、财产与治理：农村宅基地制度变迁研究》，于2017年由华中科技大学出版社出版。有些许遗憾和不甘的同时，重塑了我继续探索方向。

该篇博士论文开启两个研究路径：一是从事务治理角度，对基层事务的多样性进行考察，发现基层事务不只是性质有差异，还有规模性、嵌套性和动态性特征。农村事务的产生不仅要考察“物品”属性，还要考察行动者及其互动方式，进而找到适合的治理机制。二是从组织管理角度，对基层组织与地方政府关系进行考察，发现基层治理不仅受乡村社会影响，还受制度环境下的组织间关系影响，治理是一个复杂的演进调适过程，如果不厘清乡村社会治理结构，不理解县乡组织治理结构，考察体制与机制的关系，就易陷入微观经验的过度阐释，宏观问题抽象演绎问题。为理解事务和治理的关系，我于2018年进入乡村治理议题，进行多地田野调查工作。其间，我对成都、苏州、绍兴等地治理观察比较，在郊区社会和普通农村间的来回穿梭，不仅增加了我的“县域治理”经验质感，而且使我对“市域治理”产生浓厚的兴趣，逐渐形成城乡融合的分析视角。本书中“三治”结合的经验案例分析，即是立足城乡互动维度的展示。

在发达农村和城郊农村多年多次田野调查，叠加我读博期间的一般农村田野调查，使我逐渐感觉到，当前的乡村社会研究应告别“后税费时代”，当前的乡村治理研究同样要告别“后税费时代”。全新的乡村社会形态值得观照，全新的乡村治理模式值得研究。将其称为何种“时代”，学界有不同说法，不过，关键是厘清时代性特定问题，立足实现群众美好生活的目标，揭示问题发生的经验机理，提出接地气的政策建议。发现新兴研究议题，不能不令人感到兴奋，再加上工作单位需要，我继续拓展奥斯特罗姆研究思路，同时基于更中观的学术思考从事田野调查。相较过去强农村性的一般农村调查，2018年后我的田野调查内容丰富且广泛，从事务治理角度思考乡村治理问题，基于不同视角揭示层次性逻辑，国家治理—地方治理—基层治理的复杂互动，成为我近年来主要的学术关注点。所谓念念不忘、必有回响，农村事务治理主题长期萦绕于心，将过程性思考逐渐表达出来，国家社科项目即顺利结项，本书的产生就顺理成章。

尽管从研究内容看，宅基地管理和乡村治理差异大，但是，本书的主要视角和观点，相较过往研究有延续性。本书强调立足乡村事务的独特属性，乡村治理变迁核心是匹配事务，应着眼构建简约高效的治理机制。当乡村社会的自发秩序变弱，党建、行政、技术等多元治理要素嵌入，不仅赋能而且重构乡村治理机制，有现实必要性和匹配契合性。但是，切忌用高大上的考核制度和复杂绵密的治理技术，破解本就羸弱虚空但现实需要的乡村社会治理结构。乡村社会存在的多元模糊事务，要求乡村治理具有多样性，治理变革的目标是嵌入和结合。“三治”协同治理是既传承简约治理传统，又立足事务治理需要的机制创新。“三治”协同有效治理乡村事务，源于其既激活已有制度和方法，又适应复杂事务协调层级治理要素。

本书部分章节内容已在学术期刊上发表，编入本书时按照书稿体例进行修正。有些是章节分拆放在不同的位置，有些是删减了论文参考文献，有些则是基于论文再拓展。近年来，受多地田野调查经验的启发，我的乡村治理认识更深入，部分内容正修改发表中，有些是调整了表达的重心，有些是调查了论证的主题。再表达过程既反映我的思考，同时昭示着学术研究的永无止境。

本书的大部分内容，都是实证研究产物。有些是我深入一线调查，受基层干部启发的产物。有些是参与华中村治团队蹲点调研，受每天晚上的小组讨论、每三天的大组讨论启发。有些是受华中村治同仁的无私支持，基于一手资料和电话请教的结果。持续用力于田野的过程，日以继夜的写作路上，得到不少关心和帮助。首先，我要感谢导师贺雪峰的督促，每年他都会组织多次调研机会，支持已经工作的同仁继续参加，只要态度端正深入乡村基层调研，乡村干部和群众的真知灼见，都会深深触动调研群体。访谈的人越多，直观生活感受越多，越对他们爱得深沉。其次，我要感谢华中村治团队同仁，他们对我近年来的学术进步给予支持，完成本书特别需要感谢他们。杨华、易卓、杜姣、杜鹏、李永萍、袁明宝、余练、刘超、张建雷、王海娟、褚明浩、石惠文等，不仅热情给予我经验指导，耐心与我进行多次学术讨论，分享宝贵的调查发现和资料，还倾囊相授和指点迷津。学术共同体的相互鼓励、你追我赶的共同进步，让平淡的学术研究过程，增加不少灵动的色彩。我指导的硕士生张承文、黄源源、唐银彬、李滔、赵苓熹、潘越、方艺璇、罗晓、刘小琪等，有些参与过我组织的实地调研，有些参与过部分报告的写作，有些参与过书稿内容的修改，他们既是我学术观点的聆听者，又是多次调查讨论的参与者，尤其是张承文、黄源源两位同学，为我分担不少书稿修改压力，纸短情长，特别感谢。

四川大学公共管理学院，尤其是行政管理系大家庭，对我的研究路径很包容，为我的研究营造温馨氛围，姜晓萍教授、夏志强教授、范逢春教授、王敬尧教授等，对我的教学和研究过程给予诸多帮助。我从事本书写作的过程，他们从多方面给予指导，既有学术的灵感，还有待人的热情，特此感谢！

还要感谢中国社会科学出版社。没有出版社各编辑的辛勤努力付出，本书出版不会那么顺利！

最后，感谢父母多年来对我的培养，给予的无条件全天候支持！感谢妻儿给予我充分自由的学术探索空间，并最大程度理解和支持我的工作！尤其是女儿的乖巧聪慧和善解人意，为那些平静的日子增加了不少欢乐！任何语言都难表达对家人的感谢！希望自己能在学术路上勇攀高峰，做出有价值有水平的研究，用最好的作品回报他们！

刘锐

2024 年 3 月 25 日初稿

2024 年 5 月 20 日改定